“十四五”普通高等教育会计专业精品规划教材

资产评估学教程

（第2版）

ZICHAN PINGGUXUE JIAOCHENG

龚菊明 主编

苏州大学出版社
Soochow University Press

图书在版编目(CIP)数据

资产评估学教程 / 龚菊明主编. --2 版. --苏州：苏州大学出版社，2023.12(2025.6 重印)
"十四五"普通高等教育会计专业精品规划教材
ISBN 978-7-5672-4289-0

Ⅰ.①资… Ⅱ.①龚… Ⅲ.①资产评估-高等学校-教材 Ⅳ.①F20

中国国家版本馆 CIP 数据核字(2023)第 012235 号

资产评估学教程(第 2 版)
龚菊明　主编
责任编辑　施小占

苏 州 大 学 出 版 社 出 版 发 行
(地址:苏州市十梓街 1 号　邮编:215006)
镇江文苑制版印刷有限责任公司印装
(地址:镇江市黄山南路 18 号润州花园 6-1 号　邮编:212000)

开本 787 mm×1 092 mm　1/16　印张 25　字数 577 千
2023 年 12 月第 2 版　2025 年 6 月第 2 次印刷
ISBN 978-7-5672-4289-0　定价:68.00 元

图书若有印装错误,本社负责调换
苏州大学出版社营销部　电话:0512-67481020
苏州大学出版社网址　http://www.sudapress.com
苏州大学出版社邮箱　sdcbs@suda.edu.cn

“十四五”普通高等教育会计专业精品规划教材

编 委 会

前言 Preface

资产评估是一种社会经济活动，其活动和服务范围涉及不同市场主体之间的资产转让、资产重组、资产抵押、财产保险、财产纳税等经济行为。培养高素质的资产评估专业人员是我国资产评估行业健康发展的重要前提，也是对高等教育提出的新要求。了解和掌握资产评估理论和法规知识，不仅仅是资产评估从业人员的必备条件，而且也是与从事资产评估相关的其他经济行业人员的重要条件。如从事生产要素市场、产权市场、房地产市场以及证券市场等行业的从业人员，只有熟悉和掌握资产评估的有关理论和法规政策，才能更好地开展本行业业务。

本书是在吸收国内外相关教材精华的基础上，结合我国2016年出台的《资产评估法》和2017年修订发布的《资产评估准则》编写而成的。本书主要阐述了资产评估的基本原理、基本方法，针对不同的资产，详细说明了其评估特点、评估要领、注意事项。本书内容广泛详尽，包括了各类资产的评估及某类资产评估中不同方法的应用。本书在详细阐明资产评估理论的基础上，十分注重在现实中资产评估业务的实际应用性和操作性。通过对一般性和典型性实际评估事例的分析，读者能够掌握资产评估理论和提高实际操作技能。本书在对资产评估理论、评估方法的介绍中除了力求文字表述通俗易懂外，还十分注重对理论作必要解释，以消除读者的阅读障碍；同时，本书通过对例题的解答和图表的演示来解释资产评估理论难点和大量的计算公式。这些安排有助于读者掌握资产评估理论，提高阅读兴趣。全书共分九章，包括总论、资产评估方法、机器设备评估、房地产评估、无形资产评估、长期投资评估、流动资产评估、企业价值评估、资产评估报告与档案等内容。

本书可作为高等院校财经类专业的教学用书，也适合从事资产评估的相关人员和其他需要了解资产评估基本知识的人士自学之用。

由于资产评估有许多理论和实际应用问题尚处在不断探索和发展中，且限于作者的水平，书中难免存在不当之处，敬请广大读者批评指正。

目录 Contents

第一章

总 论

学习目的与要求

通过本章学习，了解并掌握：

1. 资产评估的涵义；
2. 资产评估的主体和客体；
3. 资产评估目的和价值类型；
4. 资产评估假设和原则；
5. 资产评估程序。

第一节 资产评估的涵义

一、资产评估的产生和发展

资产评估是市场经济的产物。资产评估是一种社会经济活动，其活动和服务范围涉及不同市场主体之间的资产转让、资产重组、资产抵押、财产保险、财产纳税等经济行为。人类社会最初发生在原始公社氏族之间的产品交换，不需要进行资产评估。当人类社会的劳动成果从物物交换转变为以货币为媒介的交换时，便产生了商品经济。商品经济在把生产条件和生产成果共同纳入它的约束，并以市场规则建立人们之间的社会联系时，就产生了资产评估的客观需要。例如，土地本来不是商品，但是按商品经济机制实现流动，由承租者支付给土地所有者一定报酬以取得土地使用权，无疑有利于提高土地生产率。确定应支付的土地所有者报酬正是典型的资产评估问题。又例如，企业主放弃对企业的所有权，将其作价转让给其他企业主，因作价涉及企业所有生产条件的组合，并表示一般商品价格问题，因而也要进行资产评估。

商品经济机制进入生产条件的配置，产生了资产评估的需要。但是，资产评估并没有立刻成为社会分工中的一个专业性行业。因为，最初资产作价的需要并不普遍，作价技术与一般商品作价和会计核算相比，也没有更多的复杂性，是当事人自己就可以解决的。资产评估成为社会分工中的一个专业性行业，则是现代市场经济的产物。现代市场经济的发展，生产要素流动、组合的市场化程度日益提高，大大发展了资产业务。从资产所有权的组合、变动来看，不同所有者的合资、合作和联营，企业兼并、合并和分设，企业租赁、出售以及实行股份制等，使资产流动日趋社会化；从资金流动的角度看，融资租赁、抵押贷款、发行债券等普遍发展，使资产业务与信用紧密结合；从生产要素的再生产角度看，不仅仅是生产要素的购置按历史成本收回的过程，而且需要考虑由物价变动与无形损耗所导致的重置成本的变化，同时还需考虑财产保险的问题。此外，不动产的买卖、租赁，企业的破产、清算等也进一步拓宽了资产业务。资产业务的社会化、多样化、普遍化对资产评估的技术与法规提出了较高的要求，从而使资产评估得到了相对独立的发展，成为一个不同于财务会计的专门行业。

资产评估作为一种有组织、有理论指导的专业服务活动起始于19世纪中后期。20世纪40年代以后在世界各国得到较大发展。20世纪70年代以来，世界各国的资产评估活动开始趋于规范化和国际化。

中国的资产评估是在改革开放和建设社会主义市场经济的过程中兴起的。它首先是从维护国有资产，加强国有资产管理起步的。改革开放以后，国有企业对外合资合作、承包租赁、兼并破产等产权变动行为日益增多，为确定合理的产权转让价格，维护所有者的合法权益、防止国有资产流失，在20世纪80年代末期出现了国有资产评估活动。1989年，国家国有资产管理局颁发了《关于国有资产产权变化时必须进行资产评估的若干暂行规定》。1990年，国家国有资产管理局批准组建了资产评估中心，负责全国的国有资产评估工作。1991年11月，国务院颁布了国务院第91号令《国有资产评估管理办法》。该项法规是我国国有资产评估制度基本形成的重要标志。在以后若干年间中国的资产评估事业得到了迅速的发展，无论是从业人员，还是评估项目，抑或是评估的范围都迅速扩大。

1993年12月，中国资产评估协会正式成立，它表明中国资产评估行业已逐步从政府直接管理向行业自律管理过渡，评估对象也由国有资产向各类所有制性质的资产扩展。1995年3月中国资产评估协会代表中国评估行业加入了国际评估准则委员会，标志着中国资产评估活动汇入了国际资产评估活动之中，中国的资产评估行业管理组织已经与国际评估组织接轨。1995年5月由人事部和国家国有资产管理局联合发布了《注册资产评估师执业资格制度暂行规定》和《注册资产评估师资格考试实施办法》及规范注册资产评估师签字制度，从而正式建立了注册资产评估师制度，并组织了全国统一考试，产生了我国第一批注册资产评估师。自此，中国资产评估行业的发展已初具规模。

1996年5月，中国资产评估协会受托制定了《资产评估操作规范意见（试行）》，标志着我国资产评估业逐步走上规范化操作的新阶段。中国资产评估行业虽然起步较晚，但发展速度是空前的。迅速发展的资产评估事业，在体制改革和对外开放中，维护了包括国有资产产权主体在内的各产权主体的利益，促进了我国市场经济的建设和发展。同时，也得到了国际评估界的重视和认可。在1999年北京国际评估准则委员会年会上，中国成为国际评估准则委员会常务理事国。

2001年9月1日，《资产评估准则——无形资产》颁布并实施，它是我国资产评估的第一个具体执业准则，标志着我国资产评估准则建设迈出了第一步。

2004年2月，颁布并实施了《资产评估准则——基本准则》和《资产评估职业道德准则——基本准则》。两项基本准则确立了我国资产评估准则的基本理念和基本要求，奠定了整个资产评估准则体系的基础。

2007年，涉及主要评估程序和主要执业领域的资产评估准则基本建成，初步构建了我国资产评估准则体系。2007年11月，财政部发布了中国资产评估准则体系。此后，在资产评估准则体系规划下，我国资产评估准则建设继续紧跟市场和执业需求，有序、协调发展。截至2016年，资产评估准则体系包括业务准则和职业道德准则两部分，共计28项准则。

2011年8月，财政部发布《资产评估机构审批和监督管理办法》。

2016年7月2日，十二届全国人大常委会第二十一次会议审议通过《中华人民共和国资产评估法》，自2016年12月1日起施行。资产评估法对资产评估机构和资产评估专业人员开展资产评估业务、资产评估行业行政监督管理和行业自律管理、资产评估相关各方的权利义务责任等一系列重大问题作出了明确规定，全面确立了资产评估行业的法律地位，对促进资产评估行业发展具有重大历史和现实意义。

2017年4月，财政部出台了《资产评估行业财政监督管理办法》，为在财政部门实施监督管理的资产评估行业落实资产评估法的管理要求提供了依据。

为贯彻落实资产评估法，财政部和中国资产评估协会对资产评估准则进行了全面修订后重新发布，构建了包括1项基本准则、1项职业道德准则和25项执业准则在内的新的资产评估准则体系。2017年8月，财政部发布《资产评估基本准则》；2017年9月，中国资产评估协会发布修订后的25项资产评估执业准则和职业道德准则，实现了资产评估准则的与时俱进。

2018年10月，中国资产评估协会修订发布了《资产评估执业准则——企业价值》《资产评估执业准则——资产评估程序》《资产评估执业准则——资产评估档案》《资产评估执业准则——资产评估报告》四项执业准则，规定从2019年1月1日开始实施。

2019年5月，中国资产评估协会制定发布了《人民法院委托司法执行财产处置资产评估指导意见》，规定从2019年7月1日开始实施。

2019年12月，中国资产评估协会制定发布了《资产评估执业准则——资产评估方法》和《珠宝首饰评估程序指导意见》，规定从2020年3月1日开始实施。

2020年12月，中国资产评估协会制定发布了《企业并购投资价值评估指导意见》，规定从2021年3月1日开始实施。

2022年1月，中国资产评估协会制定发布了《体育无形资产评估指导意见》，规定从

2022 年 3 月 1 日开始实施。

2022 年 8 月，中国资产评估协会制定发布了《资产评估执业准则——知识产权》，规定从 2023 年 9 月 1 日开始实施。

2022 年 9 月，中国资产评估协会制定发布了《数据资产评估指导意见》，规定从 2023 年 10 月 1 日开始实施。

我国资产评估准则体系包括资产评估基本准则、资产评估执业准则和资产评估职业道德准则三大部分。

资产评估基本准则是财政部依据《中华人民共和国资产评估法》《资产评估行业财政监督管理办法》等制定的资产评估机构及其资产评估专业人员执行各种资产类型、各种评估目的资产评估业务应当共同遵循的基本规范。资产评估基本准则是中国资产评估协会制定资产评估执业准则和资产评估职业道德准则的依据。

资产评估执业准则是中国资产评估协会依据资产评估基本准则制定的资产评估机构及其资产评估专业人员在执行资产评估业务过程中应当遵循的程序规范和技术规范，包括具体准则、评估指南和指导意见三个层次。

第一层次为资产评估具体准则。资产评估具体准则分为程序性准则和实体性准则两个部分。程序性准则是关于资产评估机构及其资产评估专业人员通过履行一定的专业程序完成评估业务、保证评估质量的规范。目前已发布的程序性准则有：《资产评估执业准则——资产评估报告》《资产评估执业准则——资产评估程序》《资产评估执业准则——资产评估委托合同》《资产评估执业准则——资产评估档案》《资产评估执业准则——利用专家工作及相关报告》5 项。

实体性准则是针对不同资产类别的特点，分别对不同类别资产评估业务中的资产评估机构及其资产评估专业人员的技术操作提供指导。目前已发布的实体性准则有：《资产评估执业准则——机器设备》《资产评估执业准则——不动产》《资产评估执业准则——珠宝首饰》《资产评估执业准则——无形资产》《资产评估执业准则——企业价值》《资产评估执业准则——森林资源资产》6 项。

第二层次为资产评估指南。资产评估指南是针对出资、抵押、财务报告、保险等特定评估目的的评估业务，以及某些重要事项制定的规范。目前已发布的评估指南有：《以财务报告为目的的评估指南》《资产评估机构业务质量控制指南》《知识产权资产评估指南》《企业国有资产评估报告指南》《金融企业国有资产评估报告指南》5 项。

第三层次为资产评估指导意见。该层次较为灵活。已在具体准则层次设置了准则的资产，其细类资产的评估规范，采用指导意见形式；资产评估业务中某些具体问题的指导性文件，采用指导意见形式。目前已发布的评估指导意见有：《投资性房地产评估指导意见》《金融不良资产评估指导意见》《实物期权评估指导意见》《专利资产评估指导意见》《著作权资产评估指导意见》《商标资产评估指导意见》《资产评估对象法律权属指导意见》《文化企业无形资产评估指导意见》《资产评估价值类型指导意见》《人民法院委托司法执行财产处置资产评估指导意见》《珠宝首饰评估程序指导意见》《企业并购投资价值评估指导意见》《体育无形资产评估指导意见》《数据资产评估指导意见》等 14 项。

资产评估职业道德准则从专业能力、独立性、与委托人和其他相关当事人的关系、与其他资产评估机构及资产评估专业人员的关系等方面对资产评估机构及其资产评估专业人员应当具备的道德品质和体现的道德行为进行了规范。

二、资产评估的概念

资产评估是市场经济的产物,其业务涉及产权转让、企业重组、破产清算、资产抵押、资产纳税等经济行为。经过一百多年的发展,资产评估已成为一个在现代市场经济中发挥基础性作用的专业服务行业。要准确把握资产评估的定义,应首先把握与之相关的若干概念和术语。

(一) 资产

资产的概念从不同的角度可得出不同的定义。在会计学中资产被表述为由过去的交易、事项形成并由企业拥有或控制,预期会给企业带来经济利益的资源;在经济学中资产被表述为资本或财富;在法学中则将资产表述为财产权利。作为资产评估对象的资产概念有其特定内容和界定方式。

任何一项经济资源必须同时具备五项条件,才能确认为资产评估对象意义上的资产。

1. 现实性

被评估的经济资源必须是现实的,在评估前业已存在的。现实性的含义是:(1)经济资源的存在是业已发生的经济活动的结果,其实在性只有在当前和今后能够被证实的,才能进行评估。(2)曾经确实存在过的经济资源,如果现在已经消失,就不再具备现实性,因而不能成为评估对象。(3)现已存在,将来继续发挥作用,并可能改变存在状况的经济资源,也不具备现实性,不能作为现实状态的资产加以评估。

2. 控制性

经济资源的控制权归属于特定行为主体,控制权意味着对资产的支配、使用权和收益分享权。经济资源的控制权表明了资产评估对象的概念边界。但控制权是受到严格界定的,控制权要强调其实际意义,诸如企业的代销商品、代管物资、受托加工材料等,尽管企业负有管理责任,并且可能因之受益,但只要企业没有获得对这类资产的实际控制权,就不能作为资产评估的对象。

3. 有效性

对被评估资产自然属性的判别视其是否具有有效性,没有效用的不能列为评估对象,有效用的才可列为评估对象。资产的有效性是指经济资源服务于特定行为主体的经济过程的自然属性,即服务于其价值形成和使用价值形成的过程。有效性与盈利性不是一个概念。盈利性并不是有效性的前提,有效性也不意味着一定能盈利。虽有效用但由于各种原因暂时闲置,或虽使用但暂时不能形成盈利的生产设备,依然是资产,依然能够作为资产评估的对象。

4. 稀缺性

被评估资产的社会属性是稀缺性。市场经济中的经济资源具有商品化的意味,经济资源无论是否存在于商品形态,无论是否具有价值,在其配置过程中都采用着价格形式。稀缺性本身并不存在和产生价值,但由于稀缺,经济主体要获得其控制权必须付出代价,因为付出代价才具有价格形式,经济资源才能成为资产。

5. 合法性

被评估资产的法律属性是受经济主体控制的,受法律保护的,能合法受益的经济资源。凡是不能受到法律保护的经济资源,尽管是被现实控制的,也不能作为资产评估对象加以确认。

(二) 评估

对评估概念的认识应该把握如下要点:(1)评估是价值认识和判断的思维过程;(2)价值判断是评估的一种表现形式,评估与选择密切相关,选择是评估的外化;(3)评估是先将需要评价的资产排列出价值序列等级,然后确定其在评价序列中的特定位置的思想过程;(4)评估的原则是经济原则,也就是代价最小原则,或者机会成本最小原则;(5)评估中的价值是根据机会成本衡量的;(6)评估中的机会成本是预估机会成本,而不是现实机会成本;(7)机会成本的衡量尺度是需求,这种需求是在供给与需求规律、效用递减规律和报酬递减规律综合作用下的需求;(8)评估的最终基础不是“至善”“最佳”,而是“经济”,人们总是把那些机会成本最小的资产评估为最具有价值,或价值最大的资产。

基于以上认识要点,资产评估中的评估概念应表述为:评估是指专业人士根据所掌握的数据资料,对资产价值进行定性、定量的说明和评价的活动。也就是说评估是服务于资产市场交易的价值判断的中介服务行为,是对被评估资产的价值依预估机会成本的大小排列顺序,并进行选择判断,进而确定资产在特定时空条件下的合理价值的思维过程。

评估实际上是对影响资产价值的因素及其变化规律进行的专业分析,这种分析一是要尽可能搜集与评估相关的各种信息,做到持之有据;二是要求评估人员坚持实事求是的认识路线,具有去粗取精、去伪存真的分析能力,能做到言之有理;三是评估人员和评估机构应对其作出的专业判断承担相应的责任。

(三) 价格和价值

价格是指在特定的交易行为中,特定的买方和卖方对商品或服务的交换价值的认可,以及提供或支付的货币数额。价格是一个历史数据或事实,是特定的交易行为中特定买方和卖方对商品或服务实际支付或收到的货币数额。

价值是一个交换价值范畴,它反映了可供交易的商品、服务与其买方、卖方之间的货币数量关系。资产评估中的价值不是一个历史数据或事实,它只是专业人士根据特定的价值定义在特定时间内对商品、服务价值的估计。

资产评估是对资产在价值形态上的评估。严格地说,是对资产价值的货币表现,即资产的现时价格的评估,是评估主体按照特定目的,遵循法定的标准和程序,运用科学的方法,以统一的货币为单位，对被评估对象的现时价格进行的评定和估算。为了便于理解评估价值，可以从下述方面对评估价值加以认识。

1. 评估的价值是交易价值

从某种意义上讲，被评估的资产价值是效用价值，是从“有用即值钱”角度去探究资产值多少钱。评估价值从表面上看是评估机构的从业人员判定、估算的价值，但资产价值的真实体现是产权交易发生时的交易价值，而交易价值的最终判定者是交易双方当事人。成功和正确的资产价值估定是交易双方当事人都认为合理并被认同的价值，因而资产评估人员也应从交易双方当事人角度考虑资产价值问题。交易双方当事人面对被交易资产，大体上是从三个方面来判定其价值的：(1)从收益角度来判断，考虑被交易资产能为购买者创造多少未来的收益；(2)从成本角度来判断，考虑重新购置该项资产需要支付多大金额的费用；(3)从市场角度来判断，考虑从市场上获得同类资产所需支付的价格。如果交易双方基于上述考虑而得到的资产价值认识一致时，交易即可达成；如果交易双方有交易的愿望，但限于双方不同的立场，或因不具备专业知识，不了解足够的信息等原因，而对被交易资产的价值认识不一致时，即会聘请作为中介服务行业的资产评估机构为其提供一种估价意见。此时，资产评估人员对被交易资产的估价实际上也是从上述三种角度，或者说三种途径来进行的。

概括地说，资产评估价值是评估中介机构依据可利用的有关资产市场价值资料所作的资产市场价值的推断。资产市场的交易价格是指资产在交易过程中，由买卖双方所确定的资产的成交价格。资产评估的目的是为评估委托方提供资产的底价，具体资产市场交易价格是多少，最终由买卖双方经过讨价还价来确定。资产评估价值准确与否要由市场交易价值来评价，资产评估价值与资产市场交易价值完全相同，是对资产评估质量的最高肯定。实际上这种相同是很少见的，评估中介机构要做的是如何使资产评估价值与其市场交易价格更接近，或者努力将它们之间的差异控制在一个比较合理的可以允许的范围内。

2. 评估的价值是市场价值

从某种意义上说，被评估的资产价值的真正意义是其作为市场价值的货币表现。因为：

（1）资产价值评估的依据来源于市场，具有现实的或潜在的接受市场检验的特征。对进入市场交易的资产，其评估价值的验证是直接的，只有把被评估的资产置于特定的客观市场状态下，才能考虑调整出较为正确、适用的评估价值。对未进入市场交易的资产进行评估，也要确定其市场价值，才较为合理、可信。这时的评估可以称之为“模拟市场条件的评估”。

（2）市场价值是指被评估资产的公允的内在价值，而不是某种特定的成交价格，是得到普遍认同，具有较多合理成分的价格，而不是由于成交方特殊亲密或利害关系所形成的大大低于或高于客观市场价值的、容易引起争议的价格。

（3）评估价值是指评估基准日的市场价值。资产的价值是个动态的概念，因而资产评估中的价值是指特定时间、地点和市场条件下的价值，具有很强的时效性。人们对于资产评估价值之所以存在不同的认识，其主要原因也是因为对资产评估中价值的时空特定性认识不充分的缘故。评估基准日可以是过去、现在或者未来的时点。

（四）资产评估的定义

资产评估，是指评估机构及其评估专业人员根据委托对不动产、动产、无形资产、企业价值、资产损失或者其他经济权益进行评定、估算，并出具评估报告的专业服务行为。资产评估的核心是对资产在某一时点的价值进行估算。

资产评估概念除了规定资产评估是一种价值评定、估算行为外，还强调了资产评估的主体、客体、法律性质和服务成果。具体包括：

（1）资产评估主体。资产评估的主体是资产评估机构及其评估专业人员。

（2）资产评估客体。资产评估的客体是指资产评估的具体对象，包括不动产、动产、无形资产、企业价值、资产损失或者其他经济权益。

（3）资产评估服务的法律性质。资产评估是受委托人与资产评估机构依法订立的资产评估委托合同约束的专业服务。

（4）资产评估服务的服务成果。资产评估是对评估对象价值进行评定、估算的专业服务，资产评估机构出具的资产评估报告是向委托人提供的服务成果。

三、资产评估的主要服务领域

我国资产评估行业的专业服务已涵盖经济建设众多领域、多种经济行为、各种资产类型，体现出广泛性和综合性特点。从经济行为类型来看，资产评估为企业改制和上市，合资、合作经营，股权转让，资产买卖和置换，债转股，担保融资，破产清算，保险赔偿，损失补偿，税收，司法诉讼，会计计量等众多经济行为提供了广泛的评估专业服务。从评估对象的资产类型来看，包括企业整体资产、债权类资产、存货、机器设备、房屋建筑物、土地、专利、商标、著作权、专有技术、珠宝首饰、森林资源资产、矿产资源资产以及各种经济权益。

从经济行为的角度，资产评估在我国主要的服务领域包括：

（一）国有资产

我国资产评估行业是从服务于国有企业与外资合作起步的。迄今，涉及国有资产的资产评估业务仍然是我国资产评估行业主要服务领域之一。

在国有企业放权让利改革、引进外资、清产核资、公司制和股份制改革、进入国内国际资本市场、建立国有资产出资人制度、混合所有制改革、实施境内外投资并购等改革进程中，资产评估积极参与国有企业改革和国有资本战略重组，提供专业的资产价值估算和经济行为定价依据。

通过资产评估确定国有资产的实际价值，有助于形成国有资产管理最重要的基础资料。依托资产评估反映资产的实际价值，为优化国有资源配置和国有资产保值增值提供依据，有利于防范国有资产流失。资产评估已成为维护国有资产权益的重要专业手段之一，也是我国国有资产管理的必要程序。国有资产评估已经成为我国目前主要的法定资产评估业务之一。

国有资产主管部门对资产评估报告的使用主要是审核相关经济行为定价依据的合规、

合理性。国务院国有资产监督管理委员会发布的《中央企业资产评估项目核准工作指引》和《企业国有资产评估项目备案工作指引》等文件，规定了对报送国有资产主管部门核准或备案资产评估项目的审核要求。

（二）资本市场

我国资产评估行业对资本市场的服务始于国有企业股份制改造和上市，目前资本市场依然是我国资产评估行业重要的服务领域之一。

我国资本市场已发展成为包括主板市场、中小板市场、创业板市场以及全国中小企业股份转让系统（俗称“新三板”）的多层次、多板块市场体系。资产评估参与资本市场业务项目数量和规模越来越大，功能和作用日益增强。资产评估为推动企业的股票发行及上市、服务并购重组、引导投资行为、优化资源配置、规范市场秩序、保障资本市场安全高效运行和整体稳定发挥了重要作用。资产评估师已经与独立财务顾问、注册会计师、律师一起成为服务于我国证券市场和上市公司的主要专业力量。

资产评估对资本市场提供的专业服务主要包括：

（1）为拟上市公司变更为股份公司时的注册资本核定进行出资资产评估；

（2）为新股发行定价了解拟上市公司价值进行企业价值评估；

（3）为上市公司并购重组、资产取得或处置等产权变动提供相关定价参考服务；

（4）为上市公司财务报表编制过程中的合并对价分摊、公允价值计量和资产减值测试等提供资产评估服务；

（5）为资产证券化、发行公司债等业务提供基础资产、担保资产的收益预测或价值评估。

在上述领域，资产评估通过向交易参与者提供评估服务，为上市公司、投资者、证券监管与交易管理机构以及社会公众等提供了丰富、专业的资产价值信息。

对于公司首次发行股票，用于股份制变更的资产评估报告属于申请企业的申报材料，证券监督管理部门审核申请企业的申报材料及招股说明书时，会关注资产评估报告以及申请企业、中介机构对相关信息披露的合规情况。

对于上市公司的公司并购、资产收购、资产置换、以资抵债等行为，证券监督管理部门等对资产评估报告的运用主要是审查或监管资产定价依据的合规、合理性。

（三）金融领域

金融领域也是我国资产评估的重要服务领域。资产评估行业的价值估算、分析等专业服务，促进了我国金融行业的改革和发展，对金融创新、加强金融监管和风险防控提供了有益支持。

资产评估在金融领域提供的专业服务主要包括：

（1）为国有商业银行等金融企业的股份制改革提供资产评估；

（2）为新股发行定价，对拟上市的国有金融企业进行企业价值评估；

（3）为银行债权转股权提供对被转股企业的企业价值和拟转股债权的评估；

（4）为资产管理公司金融不良资产处置提供价值评估或价值分析服务；

（5）为商业银行等金融机构抵（质）押贷款提供押品价值评估。

财政部门和相关金融企业在国有金融资产评估项目核准（备案）时，对资产评估报告的使用主要是审核相关经济行为定价依据的合规性、合理性。

金融不良资产评估业务包括资产评估专业人员执行的以金融不良资产处置为目的的价值评估业务和价值分析业务。后者是指资产评估机构及其资产评估专业人员根据委托，对无法履行必要资产评估程序的金融不良资产在基准日特定目的下的价值或者价值可实现程度进行分析、估算，并出具价值分析报告等咨询报告的专业服务行为。

在金融不良资产处置环节，资产评估通过提供对金融不良资产的价值评估或价值分析业务，为不同经济主体间的利益分割以及指导金融不良资产处置定价、监督处置行为和衡量处置效果发挥了专业基础作用。

抵（质）押贷款中，对押品价值的评估是中外评估实践的重要领域和资产评估行业的传统业务。

对抵（质）押的评估需求，主要包括三种情形：（1）贷款发放前设定抵（质）押权的评估，作为确定发放贷款的参考依据；（2）实现抵（质）押权的评估，作为将押品折价或变现时的定价参考；（3）贷款存续期对押品价值动态管理所要求的评估，以便根据押品的价值变化对贷款风险防范提出建议。

资产评估机构的评估，为提高抵（质）押担保质量、保障银行债权安全、及时量化和化解风险提供了有效的专业支持。

（四）司法领域

资产评估可以为涉案标的提供价值鉴定服务，评估结论是司法立案、审判、执行的重要依据。

资产评估提供的司法鉴定服务，主要包括：

（1）司法审判中揭示与诉讼标的相关的财产（权益）价值及侵权（损害）损失数额等。这类业务主要包括刑事案件定罪量刑中对相关损失的估算和民事诉讼中对诉讼标的财产（资产）价值、侵权损害损失额的评估，为司法审判提供参考依据。

（2）民事判决执行中帮助确定拟拍卖、变卖执行标的物的处置价值。2009 年 8 月最高人民法院发布的《最高人民法院关于人民法院委托评估、拍卖和变卖工作的若干规定》，规定“拍卖财产经过评估的，评估价即为第一次拍卖的保留价”。资产评估的结果可以作为民事执行的参考依据。

资产评估提供专业支持，有助于提高司法审判的权威性，提升案件处理的公正性，维护社会公平正义。

（五）非货币资产出资

以非货币资产出资设立公司或对公司增资扩股，是投资企业中较为常见的形式，对出资资产进行评估是资产评估较为常见的业务之一。

《中华人民共和国公司法》规定,“对作为出资的非货币财产应当评估作价,核实财产,不得高估或者低估作价”。公司成立后“发现作为设立公司出资的非货币财产的实际价额显著低于公司章程所定价额的,应当由交付该出资的股东补足其差额;公司设立时的其他股东承担连带责任”。

对于可以用于出资的资产,公司法规定,“股东可以用货币出资,也可以用实物、知识产权、土地使用权等可以用货币估价并可以依法转让的非货币财产作价出资”。符合国家工商行政管理总局《公司注册资本登记管理规定》规定的股权、债权可分别用于出资或转为公司股权。

资产评估的评估结果用于揭示出资财产的公允价值,可以保障企业的股东、债权人以及社会公众的利益。

在 2014 年 3 月《公司法》修订前,办理公司设立或增资登记的需要向工商行政管理部门提交用于出资的非货币资产的资产评估报告和验资证明。《公司法》修订后实行资本认缴制的公司,在办理与出资相关的公司登记时,工商行政管理部门不再要求其提交资产评估报告和验资证明,资产评估报告成为被出资企业留存的备查文件。工商行政管理部门在对企业公示信息抽查时,资产评估报告能够帮助其判定企业申报出资额的合理性。对仍有实收资本要求的企业,公司登记时还需要提交依法设立的验资机构出具的验资证明,涉及非货币资产出资的应当出具资产评估报告。工商行政管理部门在办理公司登记时对其用于出资的非货币资产的作价(折股)依据进行审核。

资产评估揭示的出资财产价值,有助于核查企业资本的真实情况和公示信息的诚信水平,显化企业从事经营活动、承担债务责任的物质基础。

(六) 税收领域

我国在核定税基、确定计税价格、关联交易转让定价等税收领域都对资产评估产生了需求。资产评估的独立、专业地位可以为税收的征管提供公允的价值尺度。

目前我国税收征管部门,要求提供或备查资产评估报告的情形主要有:

1. 确定非货币资产投资的计税价值

按照税法规定,以非货币性资产对外出资,应当确认非货币性资产转让所得的,税收征管部门要求“企业应将股权投资合同或协议、对外投资的非货币性资产(明细)公允价值评估确认报告、非货币性资产(明细)计税基础的情况说明、被投资企业设立或变更的工商部门证明材料等资料留存备查”。这实际是要求企业取得用于投资的非货币性资产的资产评估报告。税收征管部门使用评估报告的目的是审核、确定计税资产申报价值的公允性。

2. 确定非货币资产持有或流转环节所涉税种的税基

根据持有或流转的情形,对非货币性资产的持有或流转,可能会涉及流转税、所得税、财产税和土地增值税等税种。对纳税申报不合理、未制定计税价格标准且价值不易按照通常方法确定的非货币性资产,税收征管部门会要求提供资产评估报告。税收征管部门使用评估报告的目的是根据涉税情形,确定相关非货币性资产的应税流转额或所得额、财产价值或增值额。

与税务领域相关的业务还有抵税财物处置环节的资产评估。如对抵税财物的拍卖，按照规定，除有市场价或可依照通常方法确定价格之外的拍卖对象应当委托评估，评估的目的是帮助确定相关财物的拍卖保留价。

资产评估可以为税收征管部门依法治税、提高税基核定权威性和税收征管效率提供专业技术保障。

（七）会计计量领域

公允价值计量方式被引入会计系统，为越来越多国家的会计准则所采用，引发了对利用评估技术解决公允价值计量的需求。引进独立、专业的资产评估机构，提供对复杂资产公允价值的评估或复核服务，控制公允价值计量风险，也成为许多国家的通行做法。

我国2006年颁布的《企业会计准则》在部分准则中直接或间接采用了公允价值的概念或计量方法。2007年中国资产评估协会发布的《以财务报告为目的的评估指南（试行）》，2014年公布的《企业会计准则第39号——公允价值计量》，有力推动了我国会计计量领域资产评估实践的发展。企业合并对价分摊、资产减值测试、投资性房地产和金融工具等资产的公允价值计量等资产评估业务，形成了我国资产评估服务于会计计量的主要业务内容。

在服务会计计量领域，资产评估作为独立的专业力量评估公允价值，企业在会计核算中运用公允价值，审计机构对公允价值的形成和使用进行审核，有利于厘清相关主体的专业边界。资产评估的专业属性能够提高计量价值判断的权威性、独立性，增强计量结果的公正性。在市场条件存在局限时，资产评估还可以运用专业知识和经验，弥补市场机制的不足，合理发现资产或负债的公允价值，为会计计量和独立审计提供有效的专业支持。

资产评估为会计核算和财务报表编制提供公允价值或特定价值的确认依据，有利于提高财务会计信息的质量，增强信息披露的相关性和适用性。

（八）资本跨境合作

资本跨境合作包括引进外资和境外投资。在经济全球化浪潮中，境外资本通过合资合作、直接投资或企业并购等方式进入我国，我国资本也通过投资并购走出国门，参与国际竞争。

资产评估借助专业手段，通过提供尽职调查、价值评估、评估复核等服务，为确定非货币资本、并购标的价值和实施并购价格分摊等提供依据，有力地促进了国内外资本的跨境合作。企业“走出去”“一带一路”等开放型经济战略的实施，提高了国内企业的国际化经营水平。同时，引进外资或对外投资方的主管单位及国家外商投资主管部门还可以通过资产评估了解跨境合作定价的合规性、合理性，对外商投资涉及的国家经济安全事项进行审查。

第二节 资产评估的主体和客体

一、资产评估的主体

资产评估的主体是指资产评估业务的承担者,即从事资产评估业务的专门机构和专业人员。由于资产评估涉及资产业务当事人各方的权益,是一项政策性、专业性很强的工作,因此无论对评估机构,还是评估人员都有较高的要求。

(一) 资产评估机构

资产评估机构是依法设立的从事资产评估业务的专业机构。

1. 组织形式

资产评估机构分为合伙和公司两种组织形式。

(1) 合伙形式。合伙形式包括普通合伙和特殊普通合伙。

普通合伙企业由普通合伙人组成,合伙人对合伙企业债务承担无限连带责任。

特殊普通合伙企业指一个合伙人或者数个合伙人在执业活动中因故意或者重大过失造成合伙企业债务的,应当承担无限责任或者无限连带责任,其他合伙人以其在合伙企业中的财产份额为限承担责任。合伙人在执业活动中非故意或者重大过失造成的合伙企业债务以及合伙企业的其他债务,由全体合伙人承担无限连带责任。

(2) 公司形式。公司形式包括有限责任公司和股份有限公司。

有限责任公司股东为 50 名以下,董事为 3 人以上 13 人以下。规模较小的有限责任公司可以不设董事会,设 1 名执行董事。有限责任公司股东会和董事会的议事方式和表决程序比较灵活,除公司法有规定外,由公司章程规定。有限责任公司必须在公司名称中标明有限责任公司或者有限公司字样。

股份有限公司股东为 2 人以上 200 人以下,董事为 5 人以上 19 人以下。股东表决权为每一股份有一表决权,但是公司持有的本公司股份没有表决权。股份有限公司必须在公司名称中标明股份有限公司或者股份公司字样。

2. 设立条件

根据资产评估法的规定,评估机构应当依法采用合伙或者公司形式。

合伙形式的评估机构,应当有 2 名以上评估师,其合伙人三分之二以上应当是具有 3 年以上从业经历且最近 3 年内未受停止从业处罚的评估师;公司形式的评估机构,应当有 8 名以上评估师和 2 名以上股东,其中三分之二以上股东应当是具有 3 年以上从业经历且最近 3 年内未受停止从业处罚的评估师。评估机构的合伙人或者股东为 2 名的,2 名合伙人或者股东都应当是具有 3 年以上从业经历且最近 3 年内未受停止从业处罚的评估师。

3. 设立程序

设立评估机构，应当向工商行政管理部门申请办理登记。评估机构应当自领取营业执照之日起30日内向有关资产评估行政管理部门备案。有关资产评估行政管理部门应当及时将评估机构备案情况向社会公告。简单讲，设立评估机构分三步，一是向工商行政管理部门申请办理登记；二是向有关资产评估行政管理部门备案；三是有关资产评估行政管理部门将备案情况向社会公告。

评估机构不依法备案或者不符合资产评估法规定的设立条件的，由有关评估行政管理部门责令改正；拒不改正的，责令停业，可以并处罚款。

4. 评估机构的权利

根据资产评估法的规定，评估机构享有以下权利：(1)委托人拒绝提供或者不如实提供执行评估业务所需的权属证明、财务会计信息和其他资料的，评估机构有权依法拒绝其履行合同的要求；(2)委托人要求出具虚假评估报告或者有其他非法干预评估结果情形的，评估机构有权解除合同。

5. 评估机构的责任

(1) 评估机构不得有下列行为：不得利用开展业务之便，谋取不正当利益；不得允许其他机构以本机构名义开展业务，或者冒用其他机构名义开展业务；不得以恶性压价、支付回扣、虚假宣传，或者贬损、诋毁其他评估机构等不正当手段招揽业务；不得受理与自身有利害关系的业务；不得分别接受利益冲突双方的委托，对同一评估对象进行评估；不得出具虚假评估报告或者有重大遗漏的评估报告；不得聘用或者指定不符合资产评估法规定的人员从事评估业务；不得有违反法律、行政法规的其他行为。评估机构违反上述规定的，由有关评估行政管理部门依法给予责令停业、没收违法所得、罚款的处罚；情节严重的，由工商行政管理部门吊销营业执照；构成犯罪的，依法追究刑事责任。

(2) 加强评估机构内部管理。评估机构应当依法独立、客观、公正地开展业务，建立健全质量控制制度，保证评估报告的客观、真实、合理。评估机构应当依法接受监督检查，如实提供评估档案以及相关情况。评估机构应当建立健全内部管理制度，对本机构的评估专业人员遵守法律、行政法规和评估准则的情况进行监督，并对其从业行为负责。评估机构违反这一规定的，依法予以处罚。同时，在民事赔偿责任方面，明确评估专业人员违反资产评估法的规定，给委托人或者其他相关当事人造成损失的，由其所在的评估机构依法承担赔偿责任。评估机构履行赔偿责任后，可以向有故意或者重大过失的评估专业人员追偿。

(3) 完善风险防范机制。评估机构根据业务需要建立职业风险基金或者自愿办理职业责任保险，完善风险防范机制。

（二）评估专业人员

评估专业人员包括评估师和其他具有评估专业知识及实践经验的评估从业人员。

评估师是指通过评估师资格考试的评估专业人员。也就是说，评估师是评估专业人员，但不是一般的评估专业人员，而是通过评估师资格考试，取得评估师资格的评估专业人员。

评估师专业类别由国家根据经济社会发展需要确定。根据2003年国务院办公厅转发的《关于加强和规范评估行业管理的意见》(国办发〔2003〕101号)的规定,国家设置的评估师专业类别有资产评估、土地估价、矿业权评估、房地产估价、旧机动车鉴定估价和保险公估六大类别。2017年9月12日,人社部印发《关于公布国家职业资格目录的通知》(人社部发〔2017〕68号),国家职业资格目录共计140项,其中,专业技术人员资格59项,技能人员职业资格81项。评估类职业资格保留2项,分别是资产评估师和房地产估价师。根据《资产评估师职业资格考试实施办法(2017年)》的规定,资产评估师职业资格考试设《资产评估基础》《资产评估相关知识》《资产评估实务(一)》《资产评估实务(二)》4个科目。资产评估师职业资格考试成绩实行4年为一个周期的滚动管理办法。在连续4年内,参加全部(4个)科目的考试并合格,可取得相应资产评估师职业资格证书。

评估专业人员从事的评估活动是一种专业服务活动,通过法律规定赋予其从业所享有的各种权利,同时明确其应当履行的法定义务和从业禁止行为,对于保障评估专业人员的合法权益,保护委托人利益和社会公共利益,促进评估行业健康发展,具有重要意义。

1. 从业权利

根据资产评估法的规定,评估专业人员享有下列从业权利:(1)要求委托人提供相关的权属证明、财务会计信息和其他资料,以及为执行公允的评估程序所需的必要协助;(2)依法向有关国家机关或者其他组织查阅从事业务所需的文件、证明和资料;(3)拒绝委托人或者其他组织、个人对评估行为和评估结果的非法干预;(4)依法签署评估报告;(5)法律、行政法规规定的其他权利。

2. 从业义务

根据资产评估法的规定,评估专业人员应当履行下列从业义务:(1)诚实守信,依法独立、客观、公正地从事业务;(2)遵守评估准则,履行调查职责,独立分析估算,勤勉谨慎从事业务;(3)完成规定的继续教育,保持和提高专业能力;(4)对评估活动中使用的有关文件、证明和资料的真实性、准确性、完整性进行核查和验证;(5)对评估活动中知悉的国家秘密、商业秘密和个人隐私予以保密;(6)与委托人或者其他相关当事人及评估对象有利害关系的,应当回避;(7)接受行业协会的自律管理,履行行业协会章程规定的义务;(8)法律、行政法规规定的其他义务。

3. 从业禁止行为

根据资产评估法的规定,评估专业人员不得从事下列从业禁止行为:(1)私自接受委托从事业务、收取费用;(2)同时在两个以上评估机构从事业务;(3)采用欺骗、利诱、胁迫或者贬损、诋毁其他评估专业人员等不正当手段承揽业务;(4)允许他人以本人名义从事业务,或者冒用他人名义从事业务;(5)签署本人未承办业务的评估报告;(6)索要、收受或者变相索要、收受合同约定以外的酬金、财物或者谋取其他不正当利益;(7)签署虚假评估报告或者有重大遗漏的评估报告;(8)违反法律、行政法规的其他行为。评估专业人员违反上述规定的,由有关评估行政管理部门给予责令停止从业、没收违法所得的处罚;构成犯罪的,依法追究刑事责任。评估专业人员因签署虚假评估报告被追究刑事责任的,终身不得从事评估业务。

二、资产评估的客体

资产评估的客体，就是资产评估的对象。资产评估的对象包括不动产、动产、无形资产、企业价值、资产损失或者其他经济权益。这种概括是按资产形态进行的，不仅包括了财政部门管理的资产评估，而且涵盖了其他政府部门管理的房地产估价、土地估价、矿业权评估、旧机动车鉴定估价和保险公估在内的评估专业领域，属于大评估的概念。上述评估专业领域，房地产估价、土地估价属于不动产评估，旧机动车评估属于动产评估，这比较容易理解。这里重点介绍一下无形资产、企业价值和资产损失评估。

关于无形资产评估。无形资产是指特定主体所拥有或者控制的、没有实物形态，能持续发挥作用且能带来经济利益的非货币性资产，包括专利权、商标权、著作权、商誉等。无形资产评估就是根据特定目的，遵循公允、法定程序，运用适当方法，对这些无形资产进行评定、估算，并出具评估报告的专业服务行为。

关于企业价值评估。企业价值评估是指评估专业人员对评估基准日特定目的下企业整体价值、股东全部权益价值或部分权益价值进行评定、估算并出具评估报告的专业服务行为。企业价值评估是建立在企业整体价值分析和价值管理的基础上，把企业作为一个经营整体来评估企业价值的评估活动。企业价值评估是将一个企业作为一个有机整体，依据其拥有或占有的全部资产状况和整体获利能力，充分考虑影响企业获利能力的各种因素，结合企业所处的宏观经济环境及行业背景，对企业的整体或股东权益公允价值进行的综合性评估。企业价值评估适用于设立公司，企业改制，股票发行上市，股权转让，企业兼并，收购或者分立，企业联营，组建集团，中外合作、合资，企业租赁、承包、融资，抵押贷款，法律诉讼，破产清算等活动的整体资产评估。

关于资产损失评估。资产损失评估包括自然灾害损失评估、侵权损失评估及保险公估等。保险公估是指接受保险当事人委托，对保险事故所涉及的保险标的进行评定、估算，并出具评估报告的专业服务行为。保险公估的出现与保险市场的发展密不可分，是保险市场发展的必然产物。保险公司理赔事务的日益增长和复杂化产生了专业性的需求，为此类评估业务的发展奠定了基础。

作为资产评估客体的资产，存在形式是多种多样的，为了科学地进行资产评估，可以对资产进行适当的分类。

（一）按资产是否具有综合获利能力分类，可分为单项资产和整体资产

1. 单项资产

单项资产是指单件、单台的资产，包括无形资产、不动产、机器设备以及其他动产等。对企业而言，形成完整的生产能力所使用的资产是一个有机的系统，具有不可分性。但是，物理状态具有完整性的单件单台资产是这个系统的基本构成要素。单项资产评估是评估某一生产要素的价格。

2. 整体资产

整体资产是由一组单项资产组成的具有获利能力的资产综合体。以整体资产作为评估

对象就不是评估其构成要素——单项资产的价值量,而是根据整体资产的预期获利能力来评估。整体资产包括资产组合和整体企业。

资产组合是指由多项资产按照特定的目的,为实现特定功能而组成的有机整体。企业会计准则中规定的业务资产组是企业可以认定的最小业务资产组合,其产生的现金流入应当独立于其他资产或者资产组产生的现金流入。

整体企业实际就是一个或多个业务资产组的组合。整体企业或资产组的评估对象通常指其权益。例如对于一个企业,评估对象可能是股权或者是企业整体价值(股权+债权),对于一个非企业的业务资产组是投资者对该资产组享有的权益。

(二) 按资产存在形态分类,可以分为有形资产和无形资产

1. 有形资产

有形资产是指那些具有实体形态的资产,包括机器设备、房屋建筑物、流动资产等。由于这类资产具有不同的功能和特性,在评估时应分别进行。

2. 无形资产

无形资产是指特定主体所拥有或者控制的,没有实物形态,能持续发挥作用且能带来经济利益的非货币性资产,包括专利权、商标权、著作权、商誉等。

(三) 按资产能否独立存在分类,可分为可确指的资产和不可确指的资产

1. 可确指的资产

可确指的资产是指能独立存在的资产,有形资产和除商誉外的无形资产都是可确指的资产。

2. 不可确指的资产

不可确指的资产是指不能独立于有形资产之外而单独存在的资产,如商誉。商誉是由于企业地理位置优越、信誉卓著、生产经营出色、技术先进等原因,能获得的投资收益率高于一般正常投资收益率所形成的超额收益。因而它不能脱离企业的有形资产而单独存在。

(四) 按资产的法律意义,可分为不动产、动产和合法权利

1. 不动产

不动产是指不能离开原有固定位置而存在的资产,如自然资源、土地、房屋及附着于土地、房屋上不可分离的组成部分等。

2. 动产

动产是指能脱离原有位置而存在的资产,如各种流动资产、各项长期资产、除不动产以外的各项固定资产。

3. 合法权利

合法权利就是指受国家法律保护并能取得预期收益的特权,如各项无形资产。

第三节　资产评估目的和价值类型

一、资产评估目的

资产评估目的是指资产评估业务对应的经济行为对资产评估结果的使用要求，或资产评估结果的具体用途。

资产评估目的直接或间接地决定和制约着资产评估的条件以及价值类型的选择。不同评估目的可能会对评估对象的确定、评估范围的界定、价值类型的选择以及潜在交易市场的确定等方面产生影响。例如，对于一个企业的评估，如果评估目的是有限责任公司变更设立股份有限公司，评估结果用于核定股份有限公司设立的注册资本，涉及的评估对象和资产范围是该企业根据公司法的规定，可以用于出资的资产及相关负债形成的净资产，价值类型需要选择市场价值，潜在交易市场需要选择经营注册地的资产交易的有效市场；如果评估目的是股权转让，评估对象就应该是企业的股权，涉及的资产范围就是企业的全部资产和负债（包括公司法规定不能用于出资的资产，如商誉），价值类型则需要根据交易双方的实际情况选择市场价值或投资价值等，潜在交易市场则需要根据可能的交易地点选择主要的或最有利的股权交易的市场等。

总之，资产评估目的是委托人对资产评估结果的使用要求，或是委托人或资产评估报告使用人对资产评估结果的具体用途，在整个资产评估过程中具有十分重要的作用。

任何一项评估业务，无论是法定业务还是非法定业务，委托人委托评估机构提供资产评估服务，都会有其目的。评估目的一般与涉及的经济行为密切相关。

评估目的可以分为法定评估目的和非法定评估目的。法定评估业务的评估目的通常由法律、法规规定；非法定业务的评估目的由委托人确定，或者经过委托人与评估机构协商确定。资产评估目的需要在资产评估委托合同中明确约定。确定评估目的是委托方的责任。

资产评估目的通常按照其经济行为可以分为转让定价目的，抵、质押目的，公司设立、改制、增资目的，财务报告目的，税收目的，司法诉讼目的等。

（一）转让定价目的

转让定价目的，就是指资产评估是为标的资产转让定价提供参考。

对于一些在市场上无法直接获得交易价格信息的资产交易，交易双方在进行交易时可能需要借助资产评估专业服务，帮助交易双方确定交易价格。此类目的也是最常见的一类评估目的。这类目的的评估有些是国家法律、法规规定的法定评估，还有一些是市场参与者自愿委托的非法定评估。

根据国有资产管理法规的规定，国有产权转让、收购非国有资产、资产转让、置换以及以非货币资产偿还债务等都是涉及资产转让行为目的的法定评估。

（二）抵、质押目的

所谓抵、质押目的，是指企业在向金融机构或者其他非金融机构进行融资时，金融机构或非金融机构要求企业提供其用于抵押或者质押资产的评估报告，目的是了解用于抵押或者质押资产的价值。

实务中最为常见的这类评估包括：房地产抵押、知识产权质押、珠宝质押目的的评估。

（三）公司设立、改制、增资目的

根据公司法及国家工商行政管理部门颁布的相关法规的规定，以下经济行为需要评估：

1. 非货币资产出资行为

我国公司法规定，股东可以用货币出资，也可以用实物、知识产权、土地使用权等能够用货币估价并依法转让的非货币财产作价出资，法律、行政法规规定不得作为出资的财产除外。对作为出资的非货币财产应当评估作价，核实财产，不得高估或者低估作价。

根据国家工商行政管理总局的规定，符合要求的公司制企业的股权也可用作出资。

2. 企业整体或部分改制、改建为有限公司或股份公司

企业进行公司制改建，或者由有限责任公司变更为股份有限公司，需要对改建、变更所涉及的整体或部分资产进行资产评估。

企业由有限责任公司变更为股份有限公司，采用有限责任公司经审计的净资产账面价值折股时，需要对用于折股的净资产进行评估。这个评估的实质是，核实有限责任公司按照公司法规定，可用于出资资产的市场价值扣除负债后的净资产价值，是否不低于其用于折股的审计后的净资产账面价值，其目的是在企业以净资产折股时核实股权/股份的真实性，防止虚折股权、股份的情况发生。

如果国有控股、参股有限责任公司改建股份有限公司过程中，发生引进战略投资者等导致拟改建公司股权结构及比例发生变化的情况，根据国有资产监管要求，需要在上述股权结构及比例变化环节，对拟改建公司的整体资产进行评估。

3. 发行股份购买资产

这里的发行股份购买资产，是指上市公司通过增发股份的方式购买相关实物资产。按照相关法规的规定，这种行为实质是采用非货币资产对股份公司进行增资的行为。

4. 企业债权转股权

企业拟转为股权的债权，应当经依法设立的资产评估机构评估。债权转股权的作价出资金额不得高于该债权的评估值。

这种行为实质是债权人采用非货币资产对其享有债权的公司进行增资的行为。被转股企业为国有非上市公司的，还应按规定对其整体资产进行评估。

（四）财务报告目的

企业在编制财务报告时，可能需要对某些资产进行评估，这类目的的评估，属于财务报告目的的评估。会计准则中的《企业会计准则第 3 号——投资性房地产》《企业会计准则第

8号——资产减值》《企业会计准则第11号——股份支付》《企业会计准则第20号——企业合并》《企业会计准则第22号——金融工具确认和计量》《企业会计准则第1号——存货》《企业会计准则第9号——职工薪酬》《企业会计准则第10号——企业年金基金》《企业会计准则第21号——租赁》等都可能涉及财务报告目的的评估。

目前尚没有相关法律、法规规定财务报告目的的评估是一种法定评估事项。企业的会计记录是企业的法定义务，是否需要聘请评估机构提供评估服务由企业自主决定。但是企业一旦决定委托评估机构承担财务报告目的评估时，评估机构则不仅需要按照会计准则和评估准则的规定进行相关评估操作，还必须遵循在会计准则与评估准则发生冲突时，会计准则优先的原则。如果没有遵循会计准则的相关规定，评估机构可能需要承担相应的责任或连带责任。

（五）税收目的

税收目的的评估通常是为税务机关计量相关税金提供计税基础，如计算不动产税目的的计税评估等。税收目的的评估还包括提供财产转移定价公允性的鉴证评估，如税务机关对某项资产转让价格提出质疑，可能需要委托评估机构对其价值进行评估，以合理确定资产转让的公允价格，进而准确估算该资产交易的流转税和所得税等。

（六）司法诉讼目的

司法诉讼目的的评估包括两类，一类是司法评估，另一类是诉讼协助评估。

司法评估主要是评估机构接受法院的直接委托，对涉及诉讼或执行的资产进行价值评估。这种评估事项是法院司法判决或执行程序的组成部分。

诉讼协助评估是指评估机构接受诉讼当事人或律师的委托，对涉及诉讼资产进行评估，为评估委托人提供诉讼协助服务。这类评估属于当事人根据自己意愿决定的评估事项。

二、资产评估价值类型

资产评估价值类型是指资产评估结果的价值属性及其表现形式。不同的价值类型从不同的角度反映资产评估价值的属性和特征。不同属性的价值类型所代表的资产评估价值不仅在性质上是不同的，在数量上往往也存在着较大差异。

价值类型在资产评估中的作用主要表现为：(1)价值类型是影响和决定资产评估价值的重要因素；(2)价值类型对资产评估方法的选择具有一定的影响，价值类型实际上是评估价值的一个具体标准；(3)明确价值类型，可以更清楚地表达评估结果，可以避免评估委托人和其他报告使用人误用评估结果。

资产评估的价值类型的形成，不仅与引起资产评估的特定经济行为，即资产评估特定目的有关，而且与被评估对象的功能、状态、评估时的市场条件等因素有着密切的关系。根据资产评估特定目的、被评估资产的功能状态，以及评估时的各种条件，合理地选择和确定资产评估的价值类型是每一位资产评估人员必须做好的工作。

根据资产评估时所依据的市场条件，以及被评估资产的使用状态来划分资产评估结果的价值类型,具体包括市场价值和非市场价值两类。

(一) 市场价值

市场价值是在适当的市场条件下,自愿买方和自愿卖方在各自理性行事且未受任何强迫的情况下,评估对象在评估基准日进行公平交易的价值估计数额。

市场价值的定义明确了市场价值具有以下要件:

1. 自愿买方

自愿买方指具有购买动机,但并没有被强迫进行购买的一方当事人。该购买者会根据现行市场的真实状况和现行市场的期望值进行购买,既不会特别急于购买,也不会在任何价格条件下都决定购买,即不会付出比市场价格更高的价格。

2. 自愿卖方

自愿卖方指既不准备以任何价格急于出售或被强迫出售,也不会因期望获得被现行市场视为不合理的价格而继续持有资产的一方当事人。自愿卖方期望在进行必要的市场营销之后,根据市场条件以公开市场所能达到的最高价格出售资产。

3. 评估基准日

评估基准日指评估的市场价值是某一特定日期的时点价值,仅反映了评估基准日的真实市场情况和条件,而不是评估基准日以前或以后的市场情况和条件。

4. 公平交易

公平交易是指在没有特定或特殊关系的当事人之间的交易,即假设在互无关系且独立行事的当事人之间的交易。

5. 资产在市场上有足够的展示时间

这是指资产应当以最恰当的方式在市场上予以展示,具体的展示时间应根据市场条件不同而发生变化,但应当使该资产能够引起足够数量的潜在购买者的注意。

6. 当事人双方各自精明,谨慎行事

这是指自愿买方和自愿卖方都合理地知道资产的性质和特点、实际用途、潜在用途以及评估基准日的市场状况,并假定当事人都根据上述知识为自身利益而决策,谨慎行事以争取在交易中为自己获得最好的价格。

市场价值也称为公开市场价值,是资产评估中最常使用的价值类型。

市场价值主要受到两个方面因素的影响。其一是交易标的因素。交易标的是指不同的资产,其预期可以获得的收益是不同的,不同获利能力的资产自然会有不同的市场价值;其二是交易市场因素。交易市场是指该标的资产将要进行交易的市场,不同的市场可能存在不同的供求关系等因素,对交易标的市场价值产生影响。总之,影响市场价值的因素都具有客观性,不会受到个别市场参与者个人因素的影响。

(二) 非市场价值

非市场价值又称市场价值以外的价值、其他价值,指所有不满足市场价值定义的价值类型。非市场价值不是个体概念,而是一个集合概念,指不满足市场价值定义的一系列价值类

型的集合，主要包括下列价值类型：

1. 投资价值

投资价值是指评估对象对于具有明确投资目标的特定投资者或者某一类投资者所具有的价值估计数额，亦称特定投资者价值。

投资价值与市场价值相比，除受到交易标的因素和交易市场因素影响外，其最为重要的差异是受到市场参与者个别因素的影响，也就是受到交易者个别因素的影响。这里的交易者可能是一个特定的交易者，也可能是一类特定的投资者，但是这类特定的投资者一定不是主要的市场参与者，或者其数量不足以达到市场参与者的多数。

2. 在用价值

在用价值是指将评估对象作为企业、资产组组成部分或者要素资产按其正在使用方式和程度及其对所属企业、资产组的贡献的价值估计数额。

3. 清算价值

清算价值是指在评估对象处于被迫出售、快速变现等非正常市场条件下的价值估计数额。

清算价值与市场价值相比，主要差异是：(1)清算价值是一个资产拥有者需要变现资产的价值，是一个退出价，不是购买资产的进入价；而市场价值没有规定必须是退出价。(2)清算价值的退出变现是在被迫出售、快速变现等非正常市场条件下进行的，这一点与市场价值相比也是明显不同的。

因此清算价值的特点主要是：第一，该价值是退出价；第二，这个退出是受外力胁迫情况的退出，不是正常的退出。

4. 残余价值

残余价值是指机器设备、房屋建筑物或者其他有形资产的拆零变现价值估计数额。

这种资产从整体角度而言，实际已经没有使用价值，也就是其已经不能再作为企业或业务资产组的有效组成部分发挥在用价值，而只能变现。由于其整体使用价值已经没有，因此整体变现也不可能，只能改变状态变现，也就是拆除零部件变现。

5. 其他价值类型

《资产评估价值类型指导意见》规定，执行资产评估业务应当合理考虑该指导意见与其他相关准则的协调。评估专业人员采用本指导意见规定之外的价值类型时，应当确信其符合该指导意见的基本要求，并在评估报告中披露。

上述规定实际允许评估专业人员根据特定业务需求，选择其他价值类型，但是需要在评估报告中进行充分披露。

现实评估实务中的确存在其他价值类型，比较常见的是会计准则中的公允价值。《企业会计准则第39号——公允价值计量》中的公允价值是指市场参与者在计量日发生的有序交易中出售一项资产所能收到或者转移一项负债所需支付的价格。

评估实务中还存在一些抵押、质押目的的评估和保险赔偿目的的评估等。这些目的的评估可能会需要其他价值类型，评估专业人员只要确信其符合价值类型指导意见的基本要求，并在评估报告中披露就可以使用。

（三）价值类型的选择

在满足各自含义及相应使用条件的前提下，市场价值、投资价值以及其他价值类型的评估结论都是合理的。评估专业人员执行资产评估业务，选择和使用价值类型，应当充分考虑评估目的、市场条件、评估对象自身条件等因素。另外，评估专业人员选择价值类型时，应当考虑价值类型与评估假设的相关性。

1. 市场价值类型的选择

当评估专业人员执行的资产评估业务对市场条件和评估对象的使用等并无特别限制和要求，特别是不考虑对特定市场参与者自身因素和偏好，评估目的是为正常的交易提供价值参考依据时，通常应当选择市场价值作为评估结论的价值类型。

但是在选择市场价值时，评估专业人员必须关注到不同的市场可能会有不同的市场价值。特别是不同的国家和地区可能形成不同的交易市场，有的甚至在一个国家或地区内可能也会存在多个不同的交易市场，评估专业人员在选择市场价值时，还应该同时关注所选择的市场价值是体现哪个市场的市场价值。

当标的资产可以在多个市场上交易时，评估专业人员除需要在评估报告中恰当披露所选择的市场价值是哪个市场的市场价值，还应该说明选择该市场价值的理由。

2. 投资价值类型的选择

如果评估专业人员在执行资产评估业务时，该评估业务针对的是特定投资者或者某一类投资者，也就是评估中必须要考虑这个或这些特定的市场参与者自身"特性"对交易价值的影响时，则可能需要考虑选择投资价值类型。

特定市场参与者的"特性"可能表现为其自身已拥有的资产与标的资产之间形成协同效应，可以获得超额收益；也可能是自身的某些偏好而可以接受一般市场参与者无法接受的交易价值。无论是哪种情况都需要采用投资价值类型，但是在第一种情况下，评估专业人员可以合理计量协同效应而估算出投资价值；而对于第二种情况，评估专业人员可能无法采用经济学的手段估算出这种投资价值。

在评估实务中，评估专业人员在选择投资价值时通常需要说明选择的理由以及所考虑投资价值包含的与市场价值区别的要素，如发生协同效应的资产范围以及产生协同效应的种类，这是选择投资价值必须要详细披露的内容。

3. 在用价值类型的选择

如果评估专业人员在执行资产评估业务时，评估对象是企业或者整体资产组中的要素资产，并且在评估业务执行过程中只需要考虑以这些资产未来经营收益的方式来确定资产的价值时，评估专业人员需要选择在用价值。

在用价值实际上并不是一种资产在市场上实际交易的价值，而是计量交易价值的一个方面。一项资产在市场上的实际交易价值一定是综合其在用价值和交换价值之后确定的。

《企业会计准则第 8 号——资产减值》中，资产减值是指资产的可收回金额低于其账面价值，可收回金额应当根据资产的公允价值减去处置费用后的净额与资产预计未来现金流量的现值两者之间较高者确定。

上述概念中“资产预计未来现金流量的现值”就是标的资产在该企业未来的经营活动中可以获得的预期收益的现值。这里的预期收益的现值不是标的资产的公允价值，而是该标的资产按照企业目前经营方式或模式持续经营下的在用价值。因此在进行资产减值测试时，评估专业人员需要测试标的资产在企业目前的经营模式下的在用价值，再对其公允价值减处置费用进行测试，两者中较高者才是资产的可回收金额。

4. 清算价值类型的选择

当评估对象面临被迫出售、快速变现或者评估对象具有潜在被迫出售、快速变现等情况时，评估专业人员通常应当选择清算价值作为评估结论的价值类型。

当选择清算价值时，评估对象一般都是处于强制清算过程中。所谓强制清算，是指该清算行为已经不在资产所有者控制之下进行，这种清算可能受法院或者法院指定的清算组控制，或者由债权人控制等。这种评估一般需要选择清算价值。

5. 残余价值类型的选择

当评估对象无法或者不宜整体使用时，也就是其整体已经不具有使用价值，但是如果改变其计量单元，将计量单元缩小至零部件后，还可以具有使用价值时，评估专业人员通常应当考虑评估对象的拆零变现，并选择残余价值作为评估结论的价值类型。比较典型的案例是国家规定的发电机组“上大压小”政策，即小规模的发电机组必须强制淘汰，因此对于将要淘汰的发电机组，从整体上看已经不具有再继续使用的价值，但是如果改变其计量单元，将评估对象，即一个发电机组拆分成一些零部件，则其零部件中可能存在可以继续使用的零部件，因此，这时评估专业人员可以选择残余价值类型对其进行评估。

第四节　资产评估假设与原则

一、资产评估假设

资产评估假设是依据现有知识和有限事实，通过逻辑推理，对资产评估所依托的事实或前提条件作出的合乎情理的推断或假定。

资产评估假设也是资产评估结论成立的前提条件。由于人类认识客体的无限变化和认识主体有限能力的矛盾，人们需要依据已经掌握的数据资料对某一事物的某些特征或者全部事实作出合乎逻辑的推断。这种依据有限事实，通过一系列推理，对于所研究的事物作出合乎逻辑的假定说明就叫假设。资产评估与其他学科一样，其理论体系和方法体系的确立也是建立在一系列假设基础之上的，其中交易假设、公开市场假设、持续使用假设和清算假设是资产评估中的基本假设。

（一）交易假设

交易假设是资产评估得以进行的一个最基本的前提假设。交易假设是假定所有待评资产已经处在交易过程中，评估人员根据待评估资产的交易条件等模拟市场进行估价。众所周知，资产评估其实是在资产实施交易之前进行的一项专业服务活动，而资产评估的最终结果又属于资产的交换价值范畴。为了发挥资产评估在资产实际交易之前为委托人提供资产交易底价的专家判断的作用，同时又能够使资产评估得以进行，利用交易假设将被评估资产置于“交易”当中，模拟市场进行评估就是十分必要的。

交易假设一方面为资产评估得以进行创造了条件；另一方面它明确限定了资产评估外部环境，即资产是被置于市场交易之中。资产评估不能脱离市场条件而孤立地进行。

（二）公开市场假设

公开市场假设是对资产拟进入的市场的条件，以及资产在这样的市场条件下接受何种影响的一种假定说明或限定。公开市场假设的关键在于认识和把握公开市场的实质和内涵。就资产评估而言，公开市场是指充分发达与完善的市场条件，指一个有自愿的买者和卖者的竞争性市场，在这个市场上，买者和卖者的地位是平等的，彼此都有获取足够市场信息的机会和时间，买卖双方的交易行为都是在自愿的、理智的，而非强制或不受限制的条件下进行的。事实上现实中的市场条件未必真能达到上述公开市场的完善程度。公开市场假设就是假定那种较为完善的公开市场存在，被评估资产将要在这样一种公开市场中进行交易。当然公开市场假设也是基于市场客观存在的现实，即资产在市场上可以公开买卖这样一种客观事实为基础的。

由于公开市场假设假定市场是一个充分竞争的市场，因此资产在公开市场上实现的交换价值隐含着市场对该资产在当时条件下有效使用的社会认同。当然，在资产评估中，市场是有范围的，它可以是地区性市场，也可以是国内市场，还可以是国际市场。关于资产在公开市场上实现的交换价值所隐含的对资产效用有效发挥的社会认同也是有范围的，它可以是区域性的、全国性的或国际性的。

公开市场假设旨在说明一种充分竞争的市场条件，在这种条件下，资产的交换价值受市场机制的制约并由市场行情决定，而不是由个别交易决定。

公开市场假设是资产评估中的一个重要假设，其他假设都是以公开市场假设为基本参照。公开市场假设也是资产评估中使用频率较高的一种假设，凡是能在公开市场上交易，用途较为广泛或通用性较强的资产，都可以考虑按公开市场假设前提进行评估。

（三）持续使用假设

持续使用假设也是对资产拟进入的市场条件，以及在这样的市场条件下的资产状态的一种假定性描述或说明。该假设首先设定被评估资产正处于使用状态，包括正在使用中的资产和备用的资产；其次根据有关数据和信息，推断这些处于使用状态的资产还将继续使用下去。持续使用假设既说明了被评估资产面临的市场条件或市场环境，同时着重说明了资产的存续状态。

按照通行的说法，持续使用假设又细分为在用续用、转用续用、移地续用三种具体情况。

1. 在用续用

在用续用指的是处于使用中的被评估资产在产权发生变动或资产业务发生后，将按其现行正在使用的用途及方式继续使用下去。

2. 转用续用

转用续用是指被评估资产将在产权发生变动后或资产业务发生后，改变资产现时的使用用途，调换新的用途继续使用下去。

3. 移地续用

移地续用则是指被评估资产将在产权变动发生后或资产业务发生后，改变资产现在的空间位置，转移到其他空间位置上继续使用。

由于持续使用假设是在一定市场条件下对被评估资产使用状态的一种假定说明，在持续使用假设前提下的资产评估及其结果的适用范围常常是有限制的。在许多场合下评估结果并没有充分考虑资产用途替换，它只对特定的买者和卖者是公平合理的。

持续使用假设也是资产评估中的一个非常重要的假设，尤其是在我国，经济体制处于转轨时期，市场发育尚未完善，资产评估活动大多与老企业的存量资产产权变动有关。因此，被评估对象经常处于或被限定在持续使用的假设前提之下。充分认识和掌握持续使用假设的内涵和实质，对于我国的资产评估来说有着重要意义。

（四）清算假设

清算假设是对资产拟进入的市场条件的一种假定说明或限定。具体而言，是对资产在非公开市场条件下被迫出售或快速变现条件的假定说明。清算假设首先是基于被评估资产面临清算或具有潜在的被清算的事实或可能性，再根据相应数据资料推定被评估资产处于被迫出售或快速变现的状态。由于清算假设假定被评估资产处于被迫出售或快速变现条件之下，被评估资产的评估值通常要低于在公开市场假设前提下或持续使用假设前提下同样资产的评估值。因此，在清算假设前提下的资产评估结果的适用范围是非常有限的。当然，清算假设本身的使用也是较为特殊的。

二、资产评估的原则

资产评估的原则是调节资产评估委托者、评估业务承担者以及资产业务有关权益各方在资产评估中的相互关系，规范评估行为和业务的准则。它包括两个层次的内容，即资产评估的工作原则和资产评估的经济技术原则。

（一）资产评估的工作原则

资产评估机构及其资产评估专业人员开展资产评估业务应当遵守法律、行政法规的规定，坚持独立、客观、公正的原则。资产评估的工作原则是评估机构和评估人员在评估工作中应遵循的基本原则，主要包括独立性原则、客观性原则、公正性原则。

1. 独立性原则

独立性原则是指在资产评估过程中摆脱资产业务当事人利益的影响，评估工作始终坚持独立的第三方立场。评估机构是独立的社会中介性机构，在评估中处于中立地位，不能为资产业务的任何一方所左右，评估工作不应受外界干扰和委托者意图的影响。评估机构和评估人员不应与资产业务有任何利益上的联系。

2. 客观性原则

客观性原则是指资产评估的结果必须以充分的客观事实为依据。一方面，资产评估机构在评估工作中必须以实际材料为基础，以确凿的事实为依据，以科学的态度为指针，实事求是地得出评估结果；另一方面，被评估单位必须实事求是地把被评估资产的情况提供给评估人员和评估机构，保证评估工作始终在占有真实资料的基础上进行。

3. 公正性原则

公正性原则是指资产评估机构和评估人员必须坚持公平、公正的立场，不偏向任何一方，以中立的第三者身份客观地进行评估，必须坚决反对以大欺小，以上压下，以外侵内和以内排外的倾向。

独立、客观、公正既是资产评估机构和资产评估专业人员开展资产评估业务应当遵守的工作原则，也是对他们从事资产评估的职业道德要求。

（二）资产评估的经济技术原则

资产评估的经济技术原则是指在资产评估执业过程中的一些技术规范和业务准则。它们为评估人员在执业过程中的专业判断提供技术依据和保证。这些经济技术原则主要包括：

1. 预期收益原则

预期收益原则是指在资产评估过程中，资产的价值是基于对未来收益的期望值决定。资产评估价值的高低，取决于现实资产的未来效用或获利能力。一项资产取得时的成本很高，但对购买者来说，其效用不高，评估值就不会很大。预期收益原则要求在进行资产评估时，必须合理预测其未来的获利能力以及拥有获利能力的有效期限。预期收益原则是评估人员判断资产价值的一个最基本的依据。

2. 供求原则

供求原则是指在资产评估时要遵循市场供求规律，即商品价格随着需求的增长而上升、随着供给的增加而下降的规律。供求规律对商品价格的决定性同样适用于资产评估，评估人员在判断资产价值时也应充分考虑和依据供求原则。

3. 贡献原则

贡献原则是指某一资产或资产的某一构成部分的价值，取决于它对其他相关的资产或资产整体的价值贡献，或者根据当缺少它时对整体价值下降的影响程度来衡量确定。贡献原则要求在评估一项由多个资产构成的整体资产的价值时，必须综合考虑该项资产在整体资产构成中的重要性，而不是孤立地确定该项资产的价值。贡献原则主要适用于构成某整体资产的各组成要素资产的贡献，或者是当整体资产缺少该要素时资产将蒙受的损失。

4. 替代原则

替代原则是指当同时存在几种效能相同的资产时，最低价格的资产需求最大。这是因为，有经验的买方对某一资产不会支付高于能在市场上找到相同效用替代物的费用。评估时，某一资产的可选择性和有无替代性是需要考虑的一个重要因素。在资产评估中确实存在着评估数据、评估方法等的合理替代问题，正确运用替代原则是公正进行资产评估的重要保证。

5. 评估时点原则

市场是变化的，资产的价值会随着市场条件的变化而不断改变。为了使资产评估得以操作，同时又能保证资产评估结果可以被市场检验，在进行资产评估时，必须假定市场条件固定在某一时点上，这一时点就是评估基准日，或称估价日期，它为资产评估提供了一个时间基准。资产评估的评估时点原则要求资产评估必须有评估基准日，而且评估值就是评估基准日的资产价值。

第五节　资产评估程序

资产评估程序，是指执行资产评估业务所履行的系统性工作步骤。执行资产评估业务，应当遵守法律、行政法规和资产评估准则，履行适当的资产评估程序。资产评估基本程序包括：明确业务基本事项；订立业务委托合同；编制资产评估计划；进行评估现场调查；收集整理评估资料；评定估算形成结论；编制出具评估报告；整理归集评估档案。

资产评估机构及其资产评估专业人员应当根据资产评估业务的具体情况以及重要性原则确定所履行各基本程序的繁简程度。资产评估机构及其资产评估专业人员不得随意减少资产评估基本程序。执行资产评估业务，因法律法规规定、客观条件限制，无法或者不能完全履行资产评估基本程序，经采取措施弥补程序缺失，且未对评估结论产生重大影响时，资产评估机构及其资产评估专业人员可以继续开展业务；对评估结论产生重大影响的，不得出具资产评估报告。资产评估专业人员应当记录评估程序履行情况，形成工作底稿。

履行资产评估程序有利于保证资产评估行为的合法性、保障资产评估业务质量、防范评估执业风险。

一、明确业务基本事项

资产评估机构受理资产评估业务前，应当明确下列资产评估业务基本事项：

（1）委托人、产权持有人和委托人以外的其他资产评估报告使用人；

（2）评估目的；

（3）评估对象和评估范围；

（4）价值类型；

（5）评估基准日；

（6）资产评估项目所涉及的需要批准的经济行为的审批情况；

（7）资产评估报告使用范围；

（8）资产评估报告提交期限及方式；

（9）评估服务费及支付方式；

（10）委托人、其他相关当事人与资产评估机构及其资产评估专业人员工作配合和协助等需要明确的重要事项。

资产评估机构应当对专业能力、独立性和业务风险进行综合分析和评价。受理资产评估业务应当满足专业能力、独立性和业务风险控制要求，否则不得受理。

二、订立业务委托合同

资产评估委托合同，是指资产评估机构与委托人订立的，明确资产评估业务基本事项，约定资产评估机构和委托人权利、义务、违约责任和争议解决等内容的书面合同。

资产评估机构开展资产评估业务应当与委托人订立资产评估委托合同。资产评估委托合同应当由资产评估机构的法定代表人（或者执行合伙事务合伙人）签字并加盖资产评估机构印章。

资产评估委托合同通常包括下列内容：

（1）资产评估机构和委托人的名称、住所、联系人及联系方式；

（2）评估目的；

（3）评估对象和评估范围；

（4）评估基准日；

（5）评估报告使用范围；

（6）评估报告提交期限和方式；

（7）评估服务费总额或者支付标准、支付时间及支付方式；

（8）资产评估机构和委托人的其他权利和义务；

（9）违约责任和争议解决；

（10）合同当事人签字或者盖章的时间；

（11）合同当事人签字或者盖章的地点。

订立资产评估委托合同时未明确的内容，资产评估委托合同当事人可以采取订立补充合同或者法律允许的其他形式作出后续约定。

三、编制资产评估计划

资产评估计划是评估机构和资产评估专业人员为执行资产评估业务，拟定的资产评估工作思路和实施方案。资产评估专业人员应当根据资产评估业务具体情况编制资产评估计划,并合理确定资产评估计划的繁简程度。资产评估计划包括资产评估业务实施的主要过程及时间进度、人员安排等。

编制资产评估计划主要涉及以下方面:

(1) 资产评估计划应当涵盖现场调查、收集评估资料、评定估算、编制和提交评估报告等评估业务实施的主要过程。

(2) 资产评估计划通常包括评估业务实施的主要过程、时间进度、人员安排等内容。

(3) 资产评估专业人员可以根据评估业务具体情况确定评估计划的繁简程度。

(4) 资产评估计划应当根据评估业务实施过程中的情况变化进行必要调整。

(5) 资产评估专业人员应当将编制的资产评估计划报评估机构相关负责人审核、批准。

四、进行评估现场调查

执行资产评估业务,应当对评估对象进行现场调查,获取评估业务需要的资料,了解评估对象现状,关注评估对象法律权属。现场调查手段通常包括询问、访谈、核对、监盘、勘查等。资产评估专业人员可以根据重要性原则采用逐项或者抽样的方式进行现场调查。

进行评估现场调查主要涉及以下方面:

(1) 资产评估专业人员应根据业务具体情况对评估对象进行适当的现场调查。

(2) 资产评估专业人员应要求委托方提供涉及评估对象和评估范围的详细资料。

(3) 资产评估专业人员应要求委托方或者产权持有者对其提供的评估明细表及相关证明材料以签字、盖章或者其他方式进行确认。

(4) 资产评估专业人员应通过询问、函证、核对、监盘、勘查、检查等方式进行调查,获取评估业务需要的基础资料,了解评估对象现状,关注评估对象法律权属。

(5) 资产评估专业人员在无法或者不宜进行逐项调查的,可以根据重要程度采用抽样等方式进行调查。

(6) 资产评估专业人员应根据需要和情况变化及时补充或调整现场调查工作。

五、收集整理评估资料

资产评估专业人员应当根据资产评估业务具体情况对收集的评估资料进行分析、归纳和整理,形成评定估算和编制资产评估报告的依据。

收集整理评估资料主要涉及以下方面:

(1) 资产评估专业人员应当根据评估业务具体情况收集评估资料,并根据评估业务需要和评估业务实施过程中的情况变化及时补充收集评估资料。

(2) 资产评估专业人员收集的评估资料包括直接从市场等渠道独立获取的资料,从委托方、产权持有者等相关当事方获取的资料,以及从政府部门、各类专业机构和其他相关部门获取的资料。

(3) 评估资料包括查询记录、询价结果、检查记录、行业资讯、分析资料、鉴定报告、专业报告及政府文件等形式。

(4) 资产评估专业人员应当要求委托人或者其他相关当事人提供涉及评估对象和评估范围的必要资料。资产评估专业人员应当要求委托人或者其他相关当事人对其提供的资产评估明细表及其他重要资料进行确认,确认方式包括签字、盖章及法律允许的其他方式。

(5) 资产评估专业人员应当依法对资产评估活动中使用的资料进行核查验证。核查验证的方式通常包括观察、询问、书面审查、实地调查、查询、函证、复核等。

超出资产评估专业人员专业能力范畴的核查验证事项,资产评估专业人员应当委托或者要求委托人委托其他专业机构出具意见。

因法律法规规定、客观条件限制无法实施核查验证的事项,资产评估专业人员应当在工作底稿中予以说明,分析其对评估结论的影响程度,并在资产评估报告中予以披露。如果上述事项对评估结论产生重大影响,资产评估机构不得出具资产评估报告。

六、评定估算形成结论

资产评估专业人员应当根据所采用的评估方法,选取相应的公式和参数进行分析、计算和判断,形成测算结果。

评定估算形成结论主要涉及以下方面:

(1) 资产评估专业人员应当根据评估业务具体情况对收集的评估资料进行必要分析、归纳和整理,形成评定估算的依据。

(2) 资产评估专业人员应当根据评估对象、价值类型、评估资料收集情况等相关条件,分析市场法、收益法和成本法等资产评估方法的适用性,恰当选择评估方法。

(3) 资产评估专业人员应当根据所采用的评估方法,选取相应的公式和参数进行分析、计算和判断,形成初步评估结论。

(4) 资产评估专业人员应当对形成的初步评估结论进行综合分析,形成最终评估结论。

(5) 资产评估专业人员对同一评估对象需要同时采用多种评估方法的,应当对采用各种方法评估形成的初步评估结论进行分析比较,确定最终评估结论。

七、编制出具评估报告

资产评估专业人员应当在评定、估算形成评估结论后,编制、审核和出具资产评估报告。资产评估报告是指资产评估机构及其资产评估专业人员遵守法律、行政法规和资产评估准则,根据委托履行必要的资产评估程序后,由资产评估机构对评估对象在评估基准日特定目的下的价值出具的专业报告。

编制出具评估报告主要涉及以下方面:

(1) 资产评估专业人员应当在执行评定估算程序后,根据法律、法规和资产评估准则的要求编制评估报告。

（2）资产评估专业人员应当根据相关法律、法规、资产评估准则和评估机构内部质量控制制度，对评估报告及评估程序执行情况进行必要的内部审核。

（3）资产评估专业人员提交正式评估报告前，可以在不影响对最终评估结论进行独立判断的前提下，与委托方或者委托方许可的相关当事方就评估报告有关内容进行必要沟通。

（4）资产评估专业人员在完成上述评估程序后，由其所在评估机构出具评估报告并按资产评估委托合同的要求向委托方提交评估报告。

八、整理归集评估档案

资产评估机构应当对工作底稿、资产评估报告及其他相关资料进行整理，形成资产评估档案。资产评估档案，是指资产评估机构开展资产评估业务形成的，反映资产评估程序实施情况、支持评估结论的工作底稿、资产评估报告及其他相关资料。

整理归集评估档案主要涉及以下方面：

（1）资产评估专业人员通常应当在资产评估报告日后90日内将工作底稿、资产评估报告及其他相关资料归集形成资产评估档案，并由所在资产评估机构按照国家有关法律、行政法规和资产评估准则规定妥善管理。重大或者特殊项目的归档时限不晚于评估结论使用有效期届满后30日。

（2）资产评估档案自资产评估报告日起保存期限不少于15年；属于法定资产评估业务的，不少于30年。

（3）对电子或者其他介质形式的资产评估档案，资产评估机构应当在法定保存期限内妥善保存。

（4）资产评估机构不得对在规定保存期内的资产评估档案非法删改或者销毁。

（5）资产评估档案的管理应当严格执行保密制度。除下列情形外，资产评估档案不得对外提供：① 财政部门依法调阅的；② 资产评估协会依法依规调阅的；③ 其他依法依规查阅的。

本章小结

资产评估是市场经济的产物。资产评估是一种社会经济活动，其活动和服务范围涉及不同市场主体之间的资产转让、资产重组、资产抵押、财产保险、财产纳税等经济行为。

资产评估是指评估机构及其评估专业人员根据委托对不动产、动产、无形资产、企业价值、资产损失或者其他经济权益进行评定、估算，并出具评估报告的专业服务行为。

从经济行为的角度，资产评估在我国主要的服务领域包括：国有资产、资本市场、金融领域、司法领域、非货币资产出资、税收领域、会计计量领域和资本跨境合作等领域。

资产评估机构是依法设立的从事资产评估业务的专业机构。资产评估机构分为合伙和公司两种组织形式。评估专业人员包括评估师和其他具有评估专业知识及实践经验的评估从业人员。资产评估的对象包括不动产、动产、无形资产、企业价值、资产损失或者其他经济权益。

资产评估目的是指资产评估业务对应的经济行为对资产评估结果的使用要求,或资产评估结果的具体用途。资产评估目的通常按照其经济行为可以分为转让定价目的,抵、质押目的,公司设立、改制、增资目的,财务报告目的,税收目的,司法诉讼目的等。

资产评估价值类型是指资产评估结果的价值属性及其表现形式。以资产评估时所依据的市场条件,以及被评估资产的使用状态来划分资产评估结果的价值类型,具体包括市场价值和非市场价值两类。

资产评估假设是依据现有知识和有限事实,通过逻辑推理,对资产评估所依托的事实或前提条件作出的合乎情理的推断或假定。资产评估假设包括交易假设、公开市场假设、持续使用假设和清算假设四个基本假设。

资产评估的工作原则主要包括独立性原则、客观性原则、公正性原则。资产评估的经济技术原则主要包括预期收益原则、供求原则、贡献原则、替代原则、评估时点原则。

资产评估程序,是指执行资产评估业务所履行的系统性工作步骤。资产评估基本程序包括:明确业务基本事项;订立业务委托合同;编制资产评估计划;进行评估现场调查;收集整理评估资料;评定估算形成结论;编制出具评估报告;整理归集评估档案。

思考题

1. 作为评估对象的资产,必须具备哪些条件?
2. 资产评估在我国主要的服务领域有哪些?
3. 评估专业人员的从业禁止行为有哪些?
4. 资产评估目的通常有哪些?
5. 市场价值必须具备哪些条件?
6. 非市场价值主要包括哪些价值类型?
7. 资产评估假设有哪些?
8. 资产评估应遵循哪些工作原则和经济技术原则?
9. 资产评估基本程序包括哪些方面?
10. 资产评估机构受理资产评估业务前,应当明确哪些资产评估业务基本事项?

练习题

一、名词解释

资产评估　单项资产　整体资产　价值类型　市场价值　自愿买方　资产评估目的
自愿卖方　公平交易　投资价值　在用价值　清算价值　残余价值　资产评估假设

在用续用　转用续用　移地续用　资产评估程序　资产评估委托合同　资产评估计划　资产评估档案

二、单项选择题

1. 我国资产评估的第一个具体执业准则是(　　)。

A.《资产评估准则——机器设备》　B.《资产评估准则——企业价值》
C.《资产评估准则——无形资产》　D.《资产评估准则——不动产》

2.《中华人民共和国资产评估法》,自(　　)起施行。

A. 2016年1月1日　B. 2016年12月1日
C. 2017年1月1日　D. 2017年10月1日

3. 下列属于资产评估工作原则的是(　　)。

A. 独立性原则　B. 供求原则　C. 贡献原则　D. 替代原则

4. 下列属于资产评估经济技术原则的是(　　)。

A. 独立性原则　B. 客观性原则　C. 公正性原则　D. 评估时点原则

5. 合伙形式的评估机构,应当有(　　)以上评估师。

A. 2名　B. 5名　C. 8名　D. 20名

6. 公司形式的评估机构,应当有(　　)以上评估师。

A. 2名　B. 5名　C. 8名　D. 20名

7. 机器设备、房屋建筑物或者其他有形资产等的拆零变现价值估计数额属于(　　)。

A. 残余价值　B. 投资价值　C. 在用价值　D. 清算价值

8. 资产评估最基本的前提假设是(　　)。

A. 交易假设　B. 公开市场假设　C. 持续使用假设　D. 清算假设

9. 下列属于不可确指的资产是(　　)。

A. 商标　B. 商誉　C. 机器设备　D. 不动产

10. 法定评估业务的资产评估档案保存期限不少于(　　)。

A. 10年　B. 20年　C. 30年　D. 40年

三、多项选择题

1. 下列属于资产评估经济技术原则的是(　　)。

A. 独立性原则　B. 供求原则　C. 贡献原则　D. 替代原则

2. 下列属于资产评估工作原则的是(　　)。

A. 独立性原则　B. 客观性原则　C. 公正性原则　D. 评估时点原则

3. 履行资产评估程序有利于(　　)。

A. 保证资产评估行为的合法性　B. 保障资产评估业务质量
C. 遵守资产评估准则　D. 防范评估执业风险

4. 下列属于资产评估程序工作步骤的是(　　)。

A. 明确业务基本事项　B. 确定评估基准日

C. 订立业务委托合同　　D. 明确评估价值类型

5. 下列属于资产评估假设的是(　　)。

A. 交易假设　　B. 公开市场假设　　C. 持续使用假设　　D. 清算假设

6. 下列属于持续使用假设的是(　　)。

A. 在用续用　　B. 转用续用　　C. 移地续用　　D. 就地续用

7. 下列属于非市场价值类型的是(　　)。

A. 特殊价值　　B. 投资价值　　C. 在用价值　　D. 清算价值

8. 下列属于资产评估目的的是(　　)。

A. 转让定价目的　　B. 财务报告目的

C. 税收目的　　D. 司法诉讼目的

9. 受理资产评估业务应当满足的要求有(　　)。

A. 专业能力　　B. 客观性　　C. 独立性　　D. 业务风险控制

10. 资产评估计划的内容通常包括(　　)。

A. 评估业务实施的主要过程　　B. 时间进度

C. 技术方法　　D. 人员安排

四、判断题

1. 中国的资产评估产生于 20 世纪 50 年代末期。(　　)

2.《中华人民共和国资产评估法》,自 2016 年 12 月 1 日起施行。(　　)

3. 公司形式的评估机构,应当有 2 名以上评估师和 8 名以上股东。(　　)

4. 评估专业人员可以同时在两个以上评估机构从事业务。(　　)

5. 专利权、商标权、著作权、商誉等都属于可确指的资产。(　　)

6. 独立性原则属于资产评估的工作原则。(　　)

7. 供求原则属于资产评估的工作原则。(　　)

8. 法定评估业务的资产评估档案保存期限不少于 15 年。(　　)

9. 确定评估基准日属于资产评估程序的工作步骤。(　　)

10. 资产评估专业人员应当与委托人订立资产评估委托合同。(　　)

第二章

资产评估方法

学习目的与要求

通过本章学习，了解并掌握：

1. 市场法的基本涵义、前提条件和适用范围、基本因素、具体评估方法；
2. 收益法的基本涵义、前提条件和适用范围、基本因素、具体评估方法；
3. 成本法的基本涵义、前提条件和适用范围、基本因素、具体评估方法；
4. 资产评估方法的比较和选择。

第一节 市场法

一、市场法的基本涵义

市场法，是指通过比较被评估资产与可比类似资产（参照物）的异同，并对类似资产的市场价格进行调整，从而确定被评估资产价值的一种评估方法。

从市场法的涵义中可以发现，市场法是资产评估若干评估思路中的一种，它是根据替代原则，采用比较和类比的思路及其方法判断资产价值的评估技术规程。因为任何一个正常的投资者在购置某项资产时，所愿意支付的价格不会高于市场上具有相同用途的替代品的现行市价。运用市场法要求充分利用类似资产成交价格信息，并以此为基础判断和估测被评估资产的价值。运用已被市场检验了的结论来评估被评估对象，显然是容易被资产业务各方当事人接受的。因此，市场法是资产评估中最为直接、最具说服力的评估方法之一。

二、市场法的前提条件和适用范围

（一）市场法的前提条件

应用市场法进行资产评估需要满足两个最基本的前提条件：

1. 需要有一个充分活跃的资产公开市场

公开市场是一个充分的市场，市场上有自愿的买者和卖者，他们之间进行平等交易。这就排除了个别交易的偶然性，市场成交价格基本上可以反映市场行情。按市场行情估测被评估资产价值，评估结果会更贴近市场，更容易被资产交易各方接受。

2. 公开市场上要有可比的资产及其交易活动

资产及其交易的可比性，是指选择的可比资产及其交易活动在近期公开市场上已经发生过，且与被评估资产及资产业务相同或相似。这些已经完成交易的资产就可以作为被评估资产的参照物，其交易数据是进行比较分析的主要依据。

资产及其交易的可比性具体体现在以下几个方面：(1)参照物与评估对象在功能上具有可比性，包括用途、性能上的相同或相似；(2)参照物与被评估对象面临的市场条件具有可比性，包括市场供求关系、竞争状况和交易条件等；(3)参照物成交时间与评估基准日间隔时间不能过长，应在一个适度的时间范围内，同时，时间对资产价值的影响是可以调整的。

参照物与评估对象的可比性是运用市场法评估资产价值的重要前提。把握住参照物与评估对象功能上的一致性，可以避免张冠李戴；把握住参照物与评估对象所面临的市场条件，可以明确评估结果的价值类型；选择近期交易的参照物，可以减少调整时间因素对资产价值影响的难度。

（二）市场法的适用范围

市场法主要适用于单项生产要素的交易，如买卖设备、原材料等单项生产要素投资参股、合资经营等资产业务。在课征财产税和遗产税的场合，一般也以现行市价为税基。一般而言，在使用市场法评估资产时，要根据不同的评估对象，选择相应的现行市价作为参照标准。

(1) 参股、投资用资产的评估。对同一资产无论其原始购置价格如何，均以市场价格为标准。但因抵押或企业破产清算则应按其资产可变现价格估价。

(2) 承包、联营、兼并、转让、保险应以现行采购价格为标准。

(3) 不同所有制企业间的上述经济行为，以及租赁经营均应以市场价格为标准。

(4) 中外合资、合作经营均以市场价格为基准，并参照国际市场价格作必要的调整。

三、市场法的基本因素

运用市场法评估资产应考虑的基本因素主要有：

（一）参照物的成交价格

参照物是指在公开市场上寻找到的可与被评估资产相比较的资产。采用市场法评估资产的价值，必须把在公开市场上寻找到的与被评估资产相似的资产作为参照物，以参照物的成交价格为基础，根据被评估资产与参照物的差异作必要的调整，以此来确定被评估资产的价值。因此，参照物的成交价格是运用市场法评估资产应考虑的一项基本因素。

（二）被评估资产与参照物的差异

市场法是以参照物的成交价格为依据，在调整被评估资产与参照物的差异之后，来确定被评估资产价值的。因此，被评估资产与参照物之间存在的差异是运用市场法评估资产应考虑的另一项基本因素。被评估资产与参照物之间存在的差异可能是多方面的，有些差异对资产的价值影响很大，有些差异对资产的价值影响很小，有些差异对资产的价值甚至没有什么影响。采用市场法评估资产价值时，主要应对那些对资产价值影响较大的差异进行调整。被评估资产与参照物之间的差异主要有以下方面：

1. 资产的功能

资产的功能是资产使用价值的主体，是影响资产价值的重要因素之一。在资产评估中强调资产的使用价值或功能，并不是从纯粹抽象意义上去讲，而是从资产的功能并结合社会需求，从资产实际发挥效用的角度来考虑。就是说，在社会需要的前提下，资产的功能越好，其价值越高，反之亦然。

2. 资产的实体特征和质量

资产的实体特征主要是指资产的外观、结构、役龄和规格型号等。资产的质量主要是指资产本身的建造或制造工艺水平。

3. 市场条件

市场条件主要是要考虑参照物成交时与评估时的市场条件及供求关系的变化情况。在一般情况下，供不应求时，价格偏高；供过于求时，价格偏低。市场条件上的差异对资产价值的影响应引起评估人员足够的关注。

4. 交易条件

交易条件主要包括交易批量、交易动机、交易时间等。交易批量不同，交易对象的价格就可能不同。交易动机也对资产交易价格有影响。在不同时间交易，资产的交易价格也会有差别。

以上各因素是运用市场法经常涉及的一些可比性因素。在具体运用市场法进行评估时，还要视评估对象的具体情况考虑其具体的可比因素。如房地产评估中的地理位置因素，机器设备评估中的制造厂家，资产规格型号等。

四、市场法中的具体评估方法

运用市场法进行资产评估，应依市场条件的差异和参照物的不同，采取不同的方式。一般地说，在市场上如能找到与被评估资产完全相同的参照物，就可以把参照物价格直接作为被评估资产的评估价值，这是市场法运用最简单的操作方式。但是，在资产评估过程中，完全相同的参照物几乎是不存在的，因此，市场法也称作类比调整法、市场成交价格比较法，是指一项被评估资产需要评估时，在公开市场上找不到与之完全相同的资产，但在公开市场上能找到与之相类似的资产，以其为参照物，并依其价格做相应的差异调整，可以确定被评估资产的价值。

在具体操作过程中，市场法具体表现为以下技术方法：

（一）市场售价类比法

市场售价类比法是以参照物的成交价格为基础，考虑参照物与评估对象在功能、市场条件和销售时间等方面的差异，通过对比分析和量化差异，调整估算出评估对象价值的方法。其计算公式为：

$$\text{资产评估价值} = \text{参照物成交价格} \pm \text{功能差异值} \pm \text{时间差异值} \pm \cdots\cdots \pm \text{交易情况差异值}$$

$$\text{资产评估价值} = \text{参照物成交价格} \times \text{功能差异修正系数} \times \text{时间差异修正系数} \times \cdots\cdots \times \text{交易情况差异修正系数}$$

市场售价类比法是市场法中最基本的评估方法。市场售价类比法具有适用性强、应用广泛的特点。但该法对信息资料的数量和质量要求较高，而且要求评估人员要有较丰富的评估经验、市场阅历和评估技巧。因为，市场售价类比法要对参照物与评估对象的若干可比因素进行对比分析和差异调整。没有足够的数据资料，以及对资产功能、市场行情的充分了解和把握，很难准确地评定估算出评估对象的价值。

（二）功能价值法

功能价值法是以参照物的成交价格为基础，考虑参照物与评估对象之间的功能差异进行调整来估算评估对象价值的方法。其计算公式为：

$$\text{资产评估价值} = \text{参照物成交价格} \times \text{功能差异修正系数}$$

$$\text{资产评估价值} = \text{参照物成交价格} \times \frac{\text{被评估资产生产能力}}{\text{参照物资产生产能力}}$$

$$\text{资产评估价值} = \text{被评估资产生产能力} \times \frac{\text{参照物资产成交价格}}{\text{参照物资产生产能力}}$$

当然，功能价值法不仅仅表现为资产的生产能力这一项指标上，它还可以通过对参照物与评估对象的其他功能指标的对比，利用参照物成交价格推算出评估对象价值。

［例 2-1］ 被评估资产年生产能力为 120 吨，参照资产的年生产能力为 150 吨，评估时点参照资产的市场价格为 30 万元。则某被评估资产的评估价值为：

$$\text{资产评估价值} = 120 \times (30 \div 150) = 24(\text{万元})$$

此方法一般只运用于评估对象与参照物之间仅有功能因素存在差异的情况。

（三）价格指数法

价格指数法是以参照物成交价格为基础，考虑参照物的成交时间与评估对象的评估基准日之间的时间间隔对资产价值的影响，利用价格指数调整估算评估对象价值的方法。其计算公式为：

$$资产评估价值 = 参照物成交价格 \times (1 + 物价变动指数)$$

［例2-2］ 与评估对象完全相同的参照资产6个月前的成交价格为100万元，半年间该类资产的价格上升了5%。则某被评估资产的评估价值为：

$$资产评估价值 = 100 \times (1 + 5\%) = 105(万元)$$

此方法一般只运用于评估对象与参照物之间仅有时间因素存在差异的情况。当然，此方法稍微调整可作为市场售价类比法中估测时间差异系数或时间差异值的方法。

（四）成新率价格法

成新率价格法是以参照物的成交价格为基础，考虑参照物与评估对象新旧程度上的差异，通过成新率调整估算出评估对象价值的方法。其计算公式为：

$$资产评估价值 = 参照物成交价格 \times \frac{评估对象成新率}{参照物成新率}$$

其中：

$$资产成新率 = \frac{资产尚可使用年限}{资产已使用年限 + 资产尚可使用年限}$$

［例2-3］ 某被评估资产的成新率为48%，参照物的成新率为60%，参照物的成交价格为150万元。则某被评估资产的评估价值为：

$$资产评估价值 = 150 \times (48\% \div 60\%) = 120(万元)$$

此方法一般只运用于评估对象与参照物之间仅有成新程度差异的情况。当然此方法略加改造也可以作为估测评估对象与参照物成新程度差异调整率和差异调整值的方法。

（五）市价折扣法

市价折扣法是以参照物成交价格为基础，考虑到评估对象在销售条件、销售时限等方面的不利因素，凭评估人员的经验或有关部门的规定，设定一个价格折扣率来估算评估对象价值的方法。其计算公式为：

$$资产评估价值 = 参照物成交价格 \times (1 - 价格折扣率)$$

［例2-4］ 评估某拟快速变现资产，在评估时点与其完全相同的资产的正常变现价为80万元，评估人员经综合分析，认为快速变现的折扣率应为30%。则某被评估资产的评估价值为：

$$资产评估价值 = 80 \times (1 - 30\%) = 56(万元)$$

此方法一般只适用于评估对象与参照物之间仅存在交易条件方面差异的情况。

（六）成本市价法

成本市价法是以评估对象的现行合理成本为基础，利用参照物的成本市价比率来估算评估对象价值的方法。其计算公式为：

$$资产评估价值=评估对象现行合理成本\times\frac{参照物成交价格}{参照物现行合理成本}$$

［例2-5］　评估时点某市商品住宅的成本市价率为150%，已知某被评估全新住宅的现行合理成本为200万元，则某被评估资产的评估价值为：

$$资产评估价值=200\times150\%=300(万元)$$

（七）市盈率乘数法

市盈率乘数法是以参照物的市盈率作为乘数（倍数），以此乘数与评估对象的收益额相乘估算评估对象价值的方法。其计算公式为：

$$资产评估价值=评估对象收益额\times参照物市盈率$$

［例2-6］　某被评估企业的年净利润为500万元，评估时点资产市场上同类企业平均市盈率为20倍。则某被评估企业的评估价值为：

$$该企业的评估价值=500\times20=10\ 000(万元)$$

上述各种方法中的一部分方法既适用于单项资产的评估，也适用于估测评估对象与参照物之间某一种差异的调整系数或调整值。而市盈率乘数法主要适用于整体企业的评估。在现代市场经济条件下，单项资产和整体资产都可以作为交易对象进入市场流通，不论是单项资产或是整体资产的交易实例都可以为运用市场法进行资产评估提供可资参照的评估依据和资料。

五、应用市场法评估资产的步骤和优缺点

（一）应用市场法评估资产的步骤

应用市场法评估资产时，一般按下列步骤进行：

（1）确定评估对象。

（2）收集资料。进行市场调查，收集相同或类似资产的市场基本信息资料。

（3）选择参照物。评估人员对收集到的资料，应认真分析其真实可靠程度、交易条件和背景，并选择3个或3个以上的可比参照物。

（4）将被评估的资产与参照物比较。

（5）分析调整差异。

（6）确定资产评估价值。

（二）市场法的优缺点

市场法是资产评估中最简单、最有效的方法，其优点表现在：

（1）市场法是国际上公认的资产评估三大基本方法之一，人们对其基本原理与概念较易理解和掌握。

（2）能够客观地反映资产目前的市场情况，其评估的参数、指标直接从市场获得，评估值更能反映市场现实价格。

（3）直观简便，评估结果易于被各方面理解和接受。

市场法的缺点表现在：

（1）需要有公开及活跃的交易市场作为基础，有时缺少可对比数据以及缺少判断对比数据而难以应用。

（2）不适用于专用机器、设备、大部分无形资产以及受到地区、环境等因素严格限制的一些资产的评估。

（3）鉴别可比项目的差异较难，在很多情况下难以用数学公式进行量比，往往要凭评估人员的经验判断。

第二节　收益法

一、收益法的基本涵义

收益法是指通过估算被评估资产的未来预期收益并将其折算成现值，借以确定被评估资产价值的一种资产评估方法。从收益法的涵义中可以发现，收益法是资产评估若干评估思路中的一种，它是根据将利求本的思路，即采用本金化和折现的途径及其方法来判断和估算资产价值的评估技术规程。该思路认为，任何一个理智的投资者在购置或投资于某一资产时，所愿意支付或投资的货币数额不会高于所购置或投资的资产在未来能给其带来的回报，即收益额。收益法利用投资回报和收益折现等技术手段，把评估对象的预期产出能力和获利能力作为评估标的来估测评估对象的价值。根据评估对象的预期收益来评估其价值，容易被资产业务各方所接受。所以，从理论上讲，收益法是资产评估中较为科学合理的评估方法之一。

二、收益法的前提条件和适用范围

（一）收益法的前提条件

应用收益法评估资产价值必须具备三个最基本的前提条件：

（1）被评估资产的未来预期收益可以预测并可以用货币衡量。

评估对象的预期收益必须能被较为合理地估测。这就要求被评估资产与其经营收益之间存在着较为稳定的比例关系。同时，影响资产预期收益的主要因素，包括主观因素和客观因素也应是比较明确的，评估人员可以据此分析和测算出被评估资产的预期收益。

（2）资产拥有者获得预期收益所承担的风险也可以预测并可以用货币衡量。

被评估对象所具有的行业风险、地区风险及企业风险是可以比较和测算的，这是测算折现率或本金化率的基本参数之一。评估对象所处的行业不同、地区不同和企业差别都会不同程度地体现在资产拥有者的获利风险上。对于投资者来说，风险大的投资，要求的回报率就高；投资风险小，其回报率也可能相应降低。

(3)被评估资产预期获利年限可以预测。

评估对象获利期限的长短，即评估对象的寿命，也是影响其价值和评估值的重要因素之一。

（二）收益法的适用范围

收益法主要适用于以整体资产作为评估对象的评估和可以预测未来收益额的单项资产的评估，特别是适用于无形资产的评估。

三、收益法的基本因素

收益法是依据资产未来预期收益经折现或本金化处理来估测资产价值的，它涉及三个基本因素：一是被评估资产的预期收益；二是折现率或本金化率；三是被评估资产取得预期收益的持续时间。

（一）收益额

收益额是适用收益法评估资产价值的基本因素之一。在资产评估中，资产的收益额是指根据投资回报的原理，资产在正常情况下所能得到的归其产权主体的所得额。资产评估中的收益额有两个比较明确的特点：其一，收益额是资产未来预期收益额，而不是资产的历史收益额或现实收益额；其二，用于资产评估的收益额是资产的客观收益，而不是资产的实际收益。收益额的上述两个特点是非常重要的，评估人员在执业过程中应切实注意收益额的特点，以便合理运用收益法来估测资产的价值。因资产种类较多，不同种类资产的收益额表现形式亦不完全相同，如企业的收益额通常表现为净利润或净现金流量，而房地产的收益额则通常表现为纯收益等。关于收益额预测将在以后各章结合各类资产的具体情况分别介绍。

（二）折现率

从本质上讲，折现率是一种期望投资报酬率，是投资者在投资风险一定的情况下，对投资所期望的回报率。折现率就其构成而言，它是由无风险报酬率和风险报酬率组成的。无风险报酬率一般是指同期国债利率或同期银行存款利率。风险报酬率是指超过无风险报酬率以上部分的投资回报率。在资产评估中，因资产的行业分布、种类、市场条件等的不同，其折现率亦不相同。本金化率与折现率在本质上是相同的。习惯上人们将未来有限期预期收益折算成现值的比率称为折现率，而将未来永续性预期收益折算成现值的比率称为本金化率。确定折现率，首先应该明确折现的内涵。折现作为一个时间优先的概念，认为将来的收益或利益低于现在的同样收益或利益，并且，随着收益时间向将来推迟的程度而有序地降低价值。同时，折现作为一个算术过程，是把一个特定比率应用于一个预期的收益流，从而得出当前的价值。

（三）收益期限

收益期限是指资产具有获利能力持续的时间，通常以年为时间单位。它由评估人员根据被评估资产自身效能及相关条件，以及有关法律、法规、契约、合同等加以测定。收益期限一般分为收益期有限和收益期无限两种情况。

四、收益法中的具体评估方法

收益法实际上是在预期收益还原思路下若干具体方法的集合。从大的方面来看，收益法中的具体方法可以分为若干类，其一是针对评估对象未来预期收益有无期限的情况划分，分为有限期和无限期的评估方法；其二是针对评估对象预期收益额的情况划分，又可分为等额收益（各期收益额固定）的评估方法和非等额收益（各期收益额不固定）的评估方法。

（一）资产未来收益期有限的情况

（1）资产未来各年收益额不固定。其计算公式为：

$$P = \sum_{t=1}^{n} \frac{R_t}{(1+r)^t}$$

式中：P—— 评估值；

R_t——未来第 t 年的预期收益；

t—— 年序号；

n—— 有确定收益的预期年限；

r—— 折现率；

$\frac{1}{(1+r)^t}$或$(1+r)^{-t}$——表示现值系数，也可用符号表示为：$(P/F,r,n)$。

［例2-7］ 某项收益性资产预计未来5年的收益额分别是100万元、110万元、120万元、110万元和105万元，折现率为10%。则该项收益性资产的评估值为：

$$\begin{aligned}评估值 &= 100\times0.9091+110\times0.8264+120\times0.7513+110\times0.6830+105\times0.6209\\ &=412.2945（万元）\\ &\approx412（万元）\end{aligned}$$

（2）资产未来各年收益额固定。其计算公式为：

$$P = A\cdot\frac{(1+r)^n-1}{r(1+r)^n}$$

式中：A——年金；

$\frac{(1+r)^n-1}{r(1+r)^n}$——表示年金现值系数，也可用符号表示为：$(P/A,r,n)$。

[例 2-8] 某项收益性资产预计未来 5 年的收益额每年均为 100 万元,折现率为 10%。则该项收益性资产的评估值为:

$$\begin{aligned}评估值 &= 100 \times 3.790\ 8 \\ &= 379.08(万元) \\ &\approx 379(万元)\end{aligned}$$

(3) 资产未来收益期的前期若干年收益额不固定,后期若干年收益额固定。其计算公式为:

$$P = \sum_{t=1}^{n} \frac{R_t}{(1+r)^t} + A \cdot \frac{(1+r)^{N-n}-1}{r(1+r)^{N-n}} \cdot \frac{1}{(1+r)^n}$$

式中: N——收益总年期;

n——各年收益不固定的预期年限。

[例 2-9] 某项收益性资产预计未来 10 年能实现收益,预计前 5 年的收益额分别是 100 万元、110 万元、120 万元、110 万元和 105 万元;后 5 年的收益额每年均为 100 万元,折现率为 10%。则该项收益性资产的评估值为:

$$\begin{aligned}评估值 &= 412.294\ 5 + 100 \times 3.790\ 8 \times 0.620\ 9 \\ &= 412.294\ 5 + 235.370\ 8 \\ &= 647.665\ 3(万元) \\ &\approx 648(万元)\end{aligned}$$

(4) 资产未来各年收益额不固定,且能预计未来若干年后资产的价格。其计算公式为:

$$P = \sum_{t=1}^{n} \frac{R_t}{(1+r)^t} + \frac{P_n}{(1+r)^n}$$

式中: P_n——未来第 n 年的收益额。

[例 2-10] 某项收益性资产预计未来 5 年的收益额分别是 100 万元、110 万元、120 万元、110 万元和 105 万元,而且在未来 5 年期满时预计该项资产的价格为 50 万元,折现率为 10%。则该项收益性资产的评估值为:

$$\begin{aligned}评估值 &= 412.294\ 5 + 50 \times 0.620\ 9 \\ &= 412.294\ 5 + 31.045 \\ &= 443.339\ 5(万元) \\ &\approx 443(万元)\end{aligned}$$

能够预计资产未来收益期满时该项资产价格的折现,既适用于资产未来各年收益额不固定的情况,也适用于资产未来各年收益额固定的情况和资产未来收益期的前期若干年收益额不固定,后期若干年收益额固定的情况。

（二）资产未来收益期无限的情况

（1）资产未来每年收益额固定。其计算公式为：

$$P = \frac{A}{r}$$

式中：A——年金；

r——本金化率。

［例 2-11］ 某项收益性资产预计未来每年的收益额均为 100 万元，本金化率为 10%。则该项收益性资产的评估值为：

评估值 = 100 ÷ 10%

= 1 000（万元）

（2）资产未来收益期的前期若干年收益额不固定，后期每年收益额固定。其计算公式为：

$$P = \sum_{t=1}^{n} \frac{R_t}{(1+r)^t} + \frac{A}{r} \cdot \frac{1}{(1+r)^n}$$

［例 2-12］ 某项收益性资产预计未来 5 年的收益额分别是 100 万元、110 万元、120 万元、110 万元和 105 万元；5 年后的每年收益额均为 100 万元，折现率为 10%。则该项收益性资产的评估值为：

评估值 = 412.294 5 + 1 000 × 0.620 9

= 412.294 5 + 620.9

= 1 033.194 5（万元）

≈ 1 033（万元）

五、应用收益法评估资产的步骤和优缺点

（一）应用收益法评估资产的步骤

采用收益法评估资产，其基本步骤如下：

（1）搜集并验证与评估对象未来预期收益有关的数据资料，包括经营前景、财务状况、市场形势以及经营风险等；

（2）分析测算被评估对象未来预期收益额和收益期；

（3）确定折现率或本金化率；

（4）用折现率或本金化率将评估对象未来预期收益折算成现值；

（5）分析确定评估结果。

（二）应用收益法评估资产的优缺点

采用收益法评估资产的优点：

(1) 考虑资产的未来收益和货币的时间价值,能真实和较准确地反映资产本金化的价值;

(2) 与投资决策相结合,应用此法评估的资产价值,易为买卖双方所接受。

采用收益法评估资产的缺点:

(1) 预期收益额、折现率预测难度较大,易受较强的主观判断和未来不可预见因素的影响;

(2) 在评估中适用范围较小,一般适用企业整体资产和可预测未来收益的单项资产评估。

第三节　成本法

一、成本法的基本涵义

成本法是指在评估资产时从被评估资产的现时重置成本中扣减其各项损耗以确定被评估资产价值的一种资产评估方法。成本法的基本思路是重建或重置被评估资产。在条件允许的情况下,任何潜在的投资者在决定投资某项资产时,所愿意支付的价格不会超过购建该项资产的现行购建成本。如果投资对象并非全新,投资者所愿意支付的价格会在投资对象全新的购建成本的基础上扣除各种贬损因素。上述评估思路可概括为:

资产评估价值 = 重置成本 - 资产贬值

成本法是以再取得被评估资产的重置成本为基础的评估方法。由于被评估资产的再取得成本的有关数据和信息来源较广泛,并且资产重置成本与资产的现行市价及收益现值也存在着内在联系和替代关系,因而,成本法也是一种被广泛应用的评估方法。

二、成本法的前提条件和适用范围

(一) 成本法的前提条件

成本法从再取得资产的角度反映资产价值,即通过资产的重置成本扣减各种贬值反映资产价值。只有当被评估资产处于持续使用状态下,再取得被评估资产的全部费用才能构成其价值的内容。资产的持续使用不仅仅是一个物理上的概念,它包含着有效使用资产的经济意义。只有当资产能够持续使用,并且在持续使用中为潜在所有者或控制者带来经济利益,资产的重置成本才能为潜在投资者和市场所承认和接受。从这个意义上讲,成本法主要适用于持续使用前提下的资产评估。对于非持续使用前提下的资产,如果运用成本法进行评估,需对成本法的基本要素做必要的调整。从相对准确合理、减少风险和提高评估效率的角度,把继续使用作为运用成本法的前提是有积极意义的。

因此，采用成本法评估资产的前提条件是：

（1）被评估资产处于持续使用状态或被假定处于持续使用状态。

（2）应当具备可利用的历史资料。成本法的应用是建立在历史资料基础上的，许多信息资料、指标需要通过历史资料获得。同时，现时资产与历史资产具有相同性或可比性。

（3）形成资产价值的耗费是必须的。耗费是形成资产价值的基础，但耗费包括有效耗费和无效耗费。采用成本法评估资产，首先要确定这些耗费是必须的，而且应体现社会或行业平均水平。

（二）成本法的适用范围

成本法比较充分地考虑了资产的重置全价和应计损耗，适用于一切以资产重置、补偿为目的的资产业务，是清产核资中最基本的评估方法，同时也用于承包、租赁、股份经营、兼并、经营评价、中外合资合作、抵押贷款、经济担保等经济活动的资产评估。即使在企业整体转让应用收益法评估时，也应通过重置成本的评估，为购买者建立有关资产的账簿和报表提供分项资产的价格资料。特别是由于我国资产市场尚待建立和完善，以及对资产未来收益额预测条件的限制等因素的制约，在应用市场法和收益法的客观条件尚不完全具备的情况下，应广泛应用成本法进行资产评估。

三、成本法的基本因素

就一般意义上讲，成本法的运用涉及四个基本因素，即资产的重置成本、资产的实体性贬值、资产的功能性贬值和资产的经济性贬值。

（一）重置成本

重置成本是指在现行市场条件下重新购建一项全新资产所发生的全部支出。具体来说，重置成本又分为复原重置成本和更新重置成本两种。

1. 复原重置成本

复原重置成本是指采用与评估对象相同的材料、建筑或制造标准、设计、规格及技术等，以现时价格水平重新购建与评估对象相同的全新资产所发生的费用。

2. 更新重置成本

更新重置成本是指采用新型材料、先进建筑或制造标准、新型设计、规格和技术等，以现行价格水平购建与评估对象具有同等功能的全新资产所需的费用。

选择重置成本时，在同时可获得复原重置成本和更新重置成本的情况下，应选择更新重置成本。在无更新重置成本时可采用复原重置成本。一般来说，复原重置成本大于更新重置成本，但由此引致的功能性损耗也大。之所以要选择更新重置成本，一方面随着科学技术的进步，劳动生产率的提高，新工艺、新设计被社会所普遍接受；另一方面，新型设计、工艺制造的资产无论从其使用性能，还是成本耗用方面都会优于旧的资产。

更新重置成本和复原重置成本的相同方面在于采用的都是资产的现时价格，不同的在于技术、设计、标准方面的差异。对于某些资产，其设计、耗费、格式几十年不变，更新重置成本与复原重置成本是一样的。应该注意的是，无论是更新重置成本还是复原重置成本，资产本身的功能都不变。

（二）实体性贬值

实体性贬值是指资产由于使用及自然力的作用导致的资产的物理性能的损耗或下降而引起的资产的价值损失。

（三）功能性贬值

功能性贬值是指由于技术进步引起的资产功能相对落后而造成的资产价值损失。它包括由于新工艺、新材料和新技术的采用，而使原有资产的建造成本超过现行建造成本的超支额，以及原有资产超过体现技术进步的同类资产的运营成本的超支额。

（四）经济性贬值

经济性贬值是指由于外部条件的变化引起资产闲置、收益下降等而造成的资产价值损失。

四、成本法中的具体评估方法

通过成本法评估资产的价值不可避免地要涉及被评估资产的重置成本、实体性贬值、功能性贬值和经济性贬值四大因素。成本法中的各种具体方法实际上都是在成本法总的评估思路基础上，围绕着上述因素采用不同的方式方法测算形成的。在评估实务中，人们习惯上是以估算重置成本的具体方式来区别和划分成本法中的各种具体方法。

（一）重置成本的估算方法

资产的重置成本可以通过若干种方法进行估算，这里对在评估实务中应用较为广泛的几种方法介绍如下：

1. 重置核算法

重置核算法是利用成本核算的原理，根据重新取得资产所需的费用项目，逐项计算然后累加得到资产的重置成本的一种方法。在实际测算过程中又具体划分为购买型和自建型两种类型。(1)购买型是以购买资产的方式作为资产的重置过程。资产的重置成本具体是由资产的现行购买价格、运杂费、安装调试费以及其他必要费用构成，将上述取得资产的必需费用累加起来，便可计算出资产的重置成本。(2)自建型是把自建资产作为资产重置方式，它根据重新建造资产所需的料、工、费及必要的资金成本和开发者的合理收益等分析和计算出资产的重置成本。

资产的重置成本应包括开发者的合理收益。一是重置成本是按在现行市场条件下重新购建一项全新资产所支付的全部货币总额，应该包括资产开发者和制造者的合理收益。二是资产评估旨在了解被估资产模拟条件下的交易价格，一般情况下，价格都应该含有开发者或制造者合理收益部分。资产重置成本中的收益部分的确定，应以现行行业或社会平均资产收益水平为依据。

重置核算法一般是按资产成本的构成,把以现行市价计算的全部购建支出按其计入成本的形式,将总成本区分为直接成本和间接成本来估算重置成本的。

直接成本是指直接可以构成资产成本支出的部分,如房屋建筑物的基础、墙体、屋面、内装修等项目;机器设备类资产的购价、安装调试费、运杂费、人工费等项目。直接成本应按现时价格逐项加总。

间接成本是指为建造、购买资产而发生的管理费,总体设计制图等项支出。实际工作中,间接成本可以通过下列方法计算。

（1）人工成本比例法。其计算公式为:

$$间接成本=人工成本总额\times成本分配率$$

其中:成本分配率是每一元人工成本应分摊多少间接成本,可应用统计分析求得。计算公式为:

$$成本分配率=\frac{间接成本额}{人工成本额}\times 100\%$$

（2）单位价格法。其计算公式为:

$$间接成本=工作量(按工日或工时)\times单位价格/工日或工时$$

（3）直接成本百分率法。其计算公式为:

$$间接成本=直接成本\times间接成本占直接成本百分率$$

[例2-13] 重置购建设备一台,现行市场价格每台100 000万元,运杂费2 000元,直接安装成本1 800元,其中原材料800元,人工成本1 000元。根据统计分析,计算求得安装成本中的间接成本为每元人工成本的0.7元,该机器设备重置成本为:

$$直接成本=100\ 000+2\ 000+1\ 800=103\ 800(元)$$

$$间接成本=1\ 000\times 0.7=700(元)$$

$$重置成本=103\ 800+700=104\ 500(元)$$

2. **价格指数法**

价格指数法是利用与资产有关的价格变动指数,将被评估资产的历史成本(账面价值)调整为重置成本的一种方法,其计算公式为:

$$重置成本=资产的历史成本\times价格变动指数$$

式中,价格变动指数可以是定基价格变动指数或环比价格变动指数。定基价格变动指数是资产评估时点的价格指数与资产购建时点的价格指数之比,即:

$$定基价格变动指数=\frac{资产评估时点价格指数}{资产购建时点价格指数}\times 100\%$$

环比价格变动指数可考虑按下式求得:

$$X=(1+a_1)\times(1+a_2)\times(1+a_3)\times\cdots\cdots\times(1+a_n)\times 100\%$$

式中:X——环比价格变动指数;

a_n——第 n 年环比价格指数,$n=1,2,3,\cdots\cdots,n$。

［例2-14］　某被估资产购建于2012年,账面原值为30万元,当时该类资产的价格指数为120%,2018年评估时该类资产的价格指数为180%,则:

$$\begin{aligned}\text{重置成本} &= 300\ 000 \times (180\% \div 120\%) \times 100\% \\ &= 300\ 000 \times 150\% \\ &= 450\ 000(\text{元})\end{aligned}$$

［例2-15］　某被评估资产账面原值为20万元,2013年建成,2018年进行评估,经调查已知同类资产环比价格指数2014年为12%,2015年为16%,2016年为15%,2017年为8%,2018年为6%,则:

$$\begin{aligned}\text{重置成本} &= 200\ 000 \times (1+12\%)(1+16\%)(1+15\%)(1+8\%)(1+6\%) \times 100\% \\ &= 200\ 000 \times 171\% \\ &= 342\ 000(\text{元})\end{aligned}$$

价格指数法与重置核算法是重置成本估算较常用的方法,但二者具有明显的区别:

(1) 价格指数法估算的重置成本,仅考虑了价格变动因素,因而确定的是复原重置成本;而重置核算法既考虑了价格因素,也考虑了生产技术进步和劳动生产率的变化因素,因而可以估算复原重置成本和更新重置成本。

(2) 价格指数法建立在不同时期的某一种或某类甚至全部资产的物价变动水平上;而重置核算法建立在现行价格水平与购建成本费用核算的基础上。

明确价格指数法和重置核算法的区别,有助于重置成本估算中方法的判断和选择。一项科学技术进步较快的资产,采用价格指数法估算的重置成本往往会偏高。当然,价格指数法和重置核算法也有其相同点,即都是建立在利用历史资料基础上。因此,注意分析、判断资产评估时重置成本口径与委托方提供历史资料(如财务资料)的口径差异,是上述两种方法应用时需注意的共同问题。

3. 功能价值法

功能价值法,也称生产能力比例法。这种方法是寻找一个与被评估资产相同或相似的资产为参照物,根据参照资产的重置成本及参照物与被评估资产生产能力的比例,估算被评估资产的重置成本。其计算公式为:

$$\text{被评估资产重置成本} = \text{参照物资产重置成本} \times \frac{\text{被评估资产年产量}}{\text{参照物资产年产量}}$$

［例2-16］　某参照物资产的重置成本为60万元,年产量为5 000件。已知被评估资产年产量为4 000件,则被评估资产的重置成本为:

$$\text{被评估资产重置成本} = 600\ 000 \times (4\ 000 \div 5\ 000) = 480\ 000(\text{元})$$

这种方法运用的前提条件和假设是资产的成本与其生产能力成线性关系,生产能力越大,成本越高,而且是成正比例变化。应用这种方法估算重置成本时,首先应分析资产成本与生产能力之间是否存在这种线性关系，如果不存在这种关系，这种方法就不可以采用。

4. 规模经济效益指数法

通过不同资产的生产能力与其成本之间关系的分析可以发现，许多资产的成本与其生产能力之间不存在线性关系，当资产 A 的生产能力比资产 B 的生产能力大一倍时，其成本却不一定大一倍，也就是说，资产生产能力和成本之间只成同方向变化，而不是等比例变化，这是由于规模经济效益作用的结果。两项资产的重置成本和生产能力相比较，其关系可用下列公式表示：

$$\text{被评估资产重置成本}=\text{参照物资产重置成本}\times\left(\frac{\text{被评估资产的产量}}{\text{参照物资产的产量}}\right)^{X}$$

公式中的 X 是一个经验数据，又被称为规模经济效益指数。在美国，这个经验数据一般在 0.4～1 之间，如加工工业一般为 0.7 左右，房地产行业一般为 0.9 左右。我国到目前为止尚未有统一的经验数据，评估过程中要谨慎使用。公式中参照物一般可选择同类资产中的标准资产。

［例 2-17］ 某参照物资产的重置成本为 60 万元，年产量为 5 000 件。已知被评估资产年产量为 4 000 件，规模经济效益指数为 0.7，则被评估资产的重置成本为：

$$\begin{aligned}\text{被评估资产的重置成本}&=600\,000\times(4\,000\div5\,000)^{0.7}\\&=513\,232.61(\text{元})\approx51.32(\text{万元})\end{aligned}$$

上述四种方法是用于确定重置成本的基本方法。至于选用哪种方法，应根据具体的评估对象和可以搜集到的资料确定。这些方法中，对某项资产可能同时都能用，有的则不然，应用时必须注意分析方法运用的前提条件，否则将得出错误的结论。

5. 统计分析法

统计分析法是指应用统计学原理估算重置成本的一种方法。这种方法适用于企业整体资产的评估及某一相同类型资产的评估，可以简化评估业务，节省评估时间。应用统计分析法评估资产重置成本的基本步骤如下：

（1）在核实资产数量的基础上，把全部资产按照适当标准划分为若干类别。如房屋建筑物按结构划分为钢结构、钢筋混凝土结构等；机器设备按有关规定划分为专用设备、通用设备、运输设备、仪器、仪表等。

（2）在各类资产中抽样选择适量具有代表性的资产作为样本。

（3）应用重置核算法、价格指数法、功能价值法或规模经济效益指数法等方法估算样本资产的重置成本。

（4）依据分类抽样估算资产的重置成本与账面历史成本，计算出分类资产的调整系数。其计算公式为：

$$\text{调整系数}=\text{某类样本资产的重置成本}\div\text{某类样本资产的历史成本}$$

（5）根据调整系数估算被评估资产的重置成本。其计算公式为：

$$\text{被评估资产重置成本}=\text{某类资产账面历史成本}\times\text{调整系数}$$

某类资产账面历史成本可从会计记录取得。

[例2-18] 评估某企业某类通用设备，经抽样选择具有代表性的通用设备10台，估算其重置成本之和为120万元，而该10台具有代表性通用设备历史成本之和为80万元，该类通用设备账面历史成本之和为600万元。则：

$$\text{该类通用设备的重置成本} = 600 \times (120 \div 80) = 900(\text{万元})$$

（二）实体性贬值的估算方法

资产的实体性贬值亦称有形损耗，是指资产由于使用及自然力的作用导致的资产的物理性能的损耗或下降而引起的资产的价值损失。资产的实体性贬值的估算一般可以选择以下几种方法估测：

1. 观测分析法

观测分析法是指由具有专业知识和丰富经验的工程技术人员对被评估资产的实体各主要部位进行技术鉴定，并综合分析资产的设计、制造、使用、磨损、维护、修理、大修理、改造情况和物理寿命等因素，将评估对象与其全新状态相比较，考察由于使用磨损和自然损耗对资产的功能、使用效率带来的影响，判断被评估资产的成新率，从而估算实体性贬值。其计算公式为：

$$\text{资产实体性贬值} = \text{重置成本} \times (1 - \text{实体性成新率})$$

式中，实体性成新率 = 1 - 实体性贬值率

成新率是指被评估资产的现行价值与其全新状态重置价值的比率。成新率有狭义的成新率和广义的成新率之分。狭义的成新率仅仅是考虑资产实体性贬值后所确定的成新率；而广义的成新率是考虑资产各种贬值后所确定的成新率。上述公式中的实体性成新率就属于狭义的成新率。

2. 使用年限法

使用年限法是利用被评估资产的实际已使用年限与其总使用年限的比值来判断其实体贬值率（程度），进而估测资产的实体性贬值。其计算公式为：

$$\text{实体性成新率} = \frac{\text{尚可使用年限}}{\text{总使用年限}} \times 100\%$$

$$\text{资产实体性贬值} = (\text{重置成本} - \text{预计残值}) \times (1 - \text{实体性成新率})$$

式中：

（1）预计残值是指被评估资产在清理报废时净收回的金额。在资产评估中，通常只考虑数额较大的残值，如残值数额较小可以忽略不计。

（2）总使用年限指的是已使用年限与尚可使用年限之和。其计算公式为：

$$\text{总使用年限} = \text{已使用年限} + \text{尚可使用年限}$$

尚可使用年限是根据资产的有形损耗因素，预计资产的继续使用年限。

[例2-19] 某资产2017年5月购进，账面原价100万元，2023年5月进行评估。预计该资产尚可使用10年。预计评估基准日资产的重置成本为180万元，无残值。试计算该资产的实体性贬值额。

$$实体性成新率=10\div(6+10)\times100\%=62.5\%$$

$$实体性贬值=180\times(1-62.5\%)=67.5(万元)$$

（三）功能性贬值的估算方法

功能性贬值是由于技术相对落后造成的贬值。估算功能性贬值时，主要根据资产的效用、生产加工能力、工耗、物耗、能耗水平等功能方面的差异造成的成本增加或效益降低，相应确定功能性贬值额。同时，还要重视技术进步因素，注意替代设备、替代技术、替代产品的影响，以及行业技术装备水平现状和资产更新换代速度。

通常情况下，资产功能性贬值的估算可以按下列步骤进行：

（1）将被评估资产的年运营成本与功能相同但性能更好的具有代表性的新资产的年运营成本进行比较。在进行比较时，既要从投入方面入手，比较运用新技术和旧技术投入所产生的差异，也要从产出方面入手，比较运用新技术和旧技术产出所产生的差异。

（2）确定年超额运营成本。根据比较，计算出被评估资产的年超额运营成本。其计算公式为：

$$年超额运营成本=被评估资产的年运营成本-新资产的年运营成本$$

（3）确定年净超额运营成本。由于企业支付的运营成本是在税前扣除的，企业支付的超额运营成本会引起税前利润额下降，所得税额降低，使得企业负担的运营成本低于其实际支付额。因此，年净超额运营成本是年超额运营成本扣除其抵减的所得税以后的余额。其计算公式为：

$$年净超额运营成本=年超额运营成本\times(1-所得税率)$$

（4）估计被评估资产的剩余年限。

（5）确定适当的折现率。

（6）折现确定被评估资产的功能性贬值。其计算公式为：

$$功能性贬值=\sum 年净超额运营成本\times现值系数$$

如果被评估资产的年净超额运营成本每年是固定的，则计算公式为：

$$功能性贬值=年净超额运营成本\times年金现值系数$$

[例 2-20]　某被评估资产正常使用需要 9 名操作人员，目前同类新资产正常使用需要 6 名操作人员。假定被评估资产与参照物新资产在运营成本的其他项目的支出方面大致相同，操作人员平均年工资福利费为 50 000 元，被评估资产尚可使用 5 年，所得税税率为 25%，适用的折现率为 10%。则被评估资产的功能性贬值可测算如下：

$$年超额运营成本=(9-6)\times 50\,000=150\,000(元)$$

$$年净超额运营成本=150\,000\times(1-25\%)=112\,500(元)$$

$$\begin{aligned}功能性贬值&=112\,500\times(P/A,10\%,5)\\&=112\,500\times 3.790\,8\\&=426\,465(元)\end{aligned}$$

此外，功能性贬值的估算还可以通过对超额投资成本的估算进行，即超额投资成本可视同为功能性贬值。其计算公式为：

$$功能性贬值=复原重置成本-更新重置成本$$

（四）经济性贬值的估算方法

资产的经济性贬值是指由于外部条件的变化引起资产闲置、收益下降等而造成的资产价值损失。测算资产的经济性贬值时，主要根据由于外部条件的变化引起资产利用率下降，甚至闲置，造成资产的运营收益减少或资产的运营成本增加，相应确定资产的经济性贬值。测算资产的经济性贬值，一般可通过下列两种方式来进行：

1. 直接计算法

如果资产由于外部条件的变化，所引起的年收益损失额或年成本增加额可以合理地测定，可用下列计算公式来估测资产的经济性贬值：

$$经济性贬值=\sum资产年收益损失额或年成本增加额\times(1-所得税率)\times现值系数$$

如果被评估资产的年收益损失额或年成本增加额每年是固定的，则计算公式为：

$$经济性贬值=年收益损失额或年成本增加额\times(1-所得税率)\times年金现值系数$$

[例 2-21]　某被评估资产由于外部条件的变化，引起其生产的产品必须降价销售。产品原销售单价为每件 1 000 元，现降为每件 900 元，每件产品损失毛利 100 元。经测算，该资产年产产品 20 000 件，资产尚可使用 3 年，折现率为 10%，所得税率为 25%，则该资产的经济性贬值为：

$$\begin{aligned}经济性贬值&=100\times 20\,000\times(1-25\%)\times(P/A,10\%,3)\\&=1\,500\,000\times 2.486\,9\\&=3\,730\,350(元)\end{aligned}$$

2. 间接计算法

如果资产由于外部条件的变化，所引起的年收益损失额或年成本增加额并不能合理地测定，但能合理地测定资产生产能力的变化，则可先确定资产的经济性贬值率，然后再估测资产的经济性贬值。其计算公式为：

$$经济性贬值率 = \left[1 - \left(\frac{资产受影响后的生产能力}{资产原设计生产能力}\right)^X\right] \times 100\%$$

式中：X——为规模经济效益指数。

$$经济性贬值 = (重置成本 - 实体性贬值 - 功能性贬值) \times 经济性贬值率$$

［例2-22］ 某被评估资产的原设计生产能力为年产甲产品3 000件，由于外部条件的变化，实际生产能力为年产甲产品2 400件，假定规模经济效益指数为0.7，假定被评估资产的重置成本为1 000万元，实体性贬值为200万元，功能性贬值为100万元，则被评估资产的经济性贬值为：

$$经济性贬值率 = [1 - (2\,400 \div 3\,000)^{0.7}] \times 100\%$$
$$= 14.46\%$$
$$经济性贬值 = (1\,000 - 200 - 100) \times 14.46\%$$
$$= 700 \times 14.46\%$$
$$= 101.22(万元)$$

五、应用成本法评估资产的步骤和优缺点

（一）应用成本法评估资产的步骤

应用成本法评估资产一般按下列步骤进行：

（1）确定被评估资产，并估算重置成本；

（2）确定被评估资产的使用年限；

（3）估算被评估资产的贬值；

（4）计算确定被评估资产的价值。

（二）应用成本法评估资产的优缺点

应用成本法评估资产的优点：

（1）比较充分地考虑了资产的损耗，评估结果较为公平合理；

（2）有利于单项资产和特定用途资产的评估；

（3）在不易计算资产未来收益或难以取得市场参照物条件下可广泛地应用。

应用成本法评估资产的缺点：

（1）工作量较大，费时、费力；

（2）资产的估价没有与资产的使用效益相联系；

（3）经济性贬值不易全面准确计算，因而评估结果往往偏高。

第四节　资产评估方法的比较与选择

一、资产评估方法的比较

资产评估的市场法、收益法和成本法，以及由以上三条基本评估思路衍生出来的其他评估思路共同构成了资产评估的方法体系。资产评估的专业性质决定了构成资产评估方法体系的各种评估方法之间存在着内在联系。而各种评估方法的独立存在又说明它们各有特点。正确认识资产评估方法之间的内在联系以及各自的特点，对于恰当地选择评估方法，高效地进行资产评估是十分重要的。

（一）资产评估方法之间的联系

评估方法是实现评估目的的手段。对于特定经济行为，在相同的市场条件下，对处在相同状态下的同一资产进行评估，其评估值应该是客观的。这个客观的评估值不会因评估人员所选用的评估方法的不同而出现截然不同的结果。可以认为正是评估基本目的决定了评估方法之间的内在联系。而这种内在联系为评估人员运用多种评估方法评估同一条件下的同一资产，并作相互验证提供了理论根据。但需要指出的是，运用不同的评估方法评估同一资产，必须保证评估目的、评估前提、被评估对象状态的一致，以及运用不同评估方法所选择的经济技术参数合理。

从整体上来说，评估方法是由互相关联的、内在相关的不可分割的技巧和程序组成的，其共同目标就是获得令人信服的可靠的评估价值。成本和市场销售数据的分析通常是收益法运用中不可缺少的部分；同样，折现和本金化的运用也时常运用于市场法和成本法中。例如，市场法中分析和调整参照物价格与被评估资产价格的差异因素，会用到折现和本金化技巧；在成本法中，对功能性贬值等的确定也要采用折现和本金化的方法。一般来说，成本法、收益法的运用都是建立在现行市价基础之上的，只是它们的运用不像市场法运用表现得那么直接而已。

由于资产评估工作基本目标的一致性，在同一资产的评估中可以采用多种方法，如果使用这些方法的前提条件同时具备，而且评估人员也具备相应的专业判断能力，那么，多种方法得出的结果应该趋同。如果采用多种方法得出的结果出现较大差异，可能的原因有：(1)某些方法的应用前提不具备；(2)分析过程有缺陷；(3)结构分析有问题；(4)某些支撑评估结果的信息依据出现失真；(5)评估人员的职业判断有误。建议评估人员为不同评估方法建立逻辑分析框图，通过对比分析，有利于问题的发现。评估师在发现问题的基础上，除了对评估方法作出取舍外，还应该分析问题产生的原因，并据此研究解决问题的对策，以便最后确定评估价值。

（二）资产评估方法之间的区别

各种评估方法独立存在本身就说明各种评估方法之间存在差异。各种评估方法都是从不同的角度去表现资产的价值。不论是通过与市场参照物比较获得评估对象的价值，还是根据评估对象预期收益折现获得其评估价值，抑或是按照资产的再取得途径寻求评估对象的价值，都是对评估对象在一定条件下的价值的描述，它们之间是有内在联系并可相互替代的。但是，每一种评估方法都有其自成一体的运用过程，都要求具备相应的信息基础，评估结论也都是从某一角度反映资产的价值。因此，各种评估方法又是有区别的。

1. 成本法与收益法的区别

从资料的来源看，成本法与收益法的区别在于：前者是历史过程，后者是预期过程。

成本法比较强调和侧重对资产过去使用状况的分析。尽管成本法中的重置成本是现时价格，尚可使用年限是源于对资产现状的判断，但是成本法中的其他因素却是基于对历史的分析，再加上现时比较而得出的结论，比如实体性贬值的确定是基于评估对象的已使用年限和使用强度；再比如经济性贬值，正是由于评估对象的历史性，所以才会出现过时问题。由此可见，如果没有对评估对象的历史判断和记录，那么运用成本法评估资产价值将是不可能的。

与成本法相比较的收益法，其评估要素完全是基于对未来的分析。收益法不再考虑评估对象过去怎样，也就是说，收益法从不把评估对象已使用年限和使用程度作为其评估资产价值的基础，收益法所考虑的和侧重的是评估对象未来能给予其控制者带来多少收益。预期收益的测定是收益法的基础。一般而言，预期收益越大，资产的价值也越大，即使某资产已被使用多年，甚至超负荷使用。

2. 成本法与市场法的区别

成本法与市场法的区别主要表现在：成本法是按现行市场价格确定重新购买该项资产的价值，而市场法则是按市场上该项资产的交易价格确定的。前者主要从买者角度，即以购建某项资产的耗费来确定；后者则是从卖者角度，即市场上销售价格来确定。市场法中的现行市价指的是资产的独立价格，是交易过程中采用的。而重置成本不仅包括该项资产的自身价格（购建价格），还包括该项资产的运杂费、安装调试费等。市场法与原始成本没有直接联系，而成本法中的某项计算，则要利用被评估资产的原始成本和原始资料。成本法是按全新资产的购建成本扣除被评估资产的各项贬值后确定评估价值；市场法则是按参照物价格，并考虑被评估资产与参照物的各项差异因素并进行调整来确定评估值。两种方法具有不同的操作程序，资料的获得和指标确定有着不同的思路。

3. 收益法与市场法的区别

市场法是通过与现时市场参照物比较获得评估对象的价值，而收益法是根据评估对象未来预期收益折现获得其评估价值。比较而言，收益法中的任何参数的确定都具有人的主观性，预期收益、折现率以及预期年限都是不可知参数，其评估结果引起的争议也很大。市场法的参照物数据来源于现时市场，其评估结果会具有较强的现实性和合理性。

由于评估的特定目的的不同，评估时市场条件上的差别，以及评估时对评估对象使用态设定的差异，需要评估的资产价值类型也是有区别的。评估方法由于自身的特点在评不同类型的资产价值时，就有了效率上和直接程度上的差别，评估人员应具备选择最直接且最有效率的评估方法完成评估任务的能力。

二、资产评估方法的选择

资产评估方法的多样性，为评估人员选择适当的评估方法，有效地完成评估任务提供了现实可能。为高效、简捷、相对合理地估测资产的价值，在评估方法的选择过程中应注意以下因素：

（1）评估方法的选择要与评估目的、评估时的市场条件、被评估对象在评估过程中所处的状态，以及由此所决定的资产评估价值类型相适应。根据上述条件，当资产评估的价值类型为资产的市场价值时，可考虑按市场法、收益法和成本法的顺序进行选择。

（2）评估方法的选择受评估对象的类型、理化状态等因素制约。例如，对于既无市场参照物，又无经营记录的资产，只能选择成本方法进行评估；对于工艺比较特别且处在经营中的企业，可以优先考虑选择收益法。

（3）评估方法的选择受各种评估方法运用所需的数据资料及主要经济技术参数能否搜集的制约。每种评估方法的运用都需要有充分的数据资料作依据。在一个相对较短的时间内，搜集某种评估方法所需的数据资料可能会很困难，在这种情况下，评估人员应考虑采用替代的评估方法进行评估。

总之，在评估方法的选择过程中，应注意因地制宜和因事制宜，不可机械地按某种模式或某种顺序进行选择。但是，不论选择哪种评估方法进行评估，都应保证评估目的，评估时所依据的各种假设和条件与评估所使用的各种参数数据，及其评估结果在性质和逻辑上的一致。尤其是在运用多种方法评估同一评估对象时，更要保证每种评估方法运用中所依据的各种假设、前提条件、数据参数的可比性，以便能够确保运用不同评估方法所得到的评估结果的可比性和相互可验证性。

本章小结

市场法，是指通过比较被评估资产与可比类似资产（参照物）的异同，并对类似资产的市场价格进行调整，从而确定被评估资产价值的一种评估方法。

应用市场法进行资产评估需要满足两个最基本的前提条件：(1)需要有一个充分活跃的资产公开市场；(2)公开市场上要有可比的资产及其交易活动。市场法主要适用于单项生产要素的交易，如买卖设备、原材料等单项生产要素投资参股、合资经营等资产业务。

法评估资产应考虑的基本因素主要有：(1)参照物的成交价格；(2)被评估资差异。

的具体评估方法主要有：市场售价类比法、功能价值法、价格指数法、成新率价格加法、成本市价法和市盈率乘数法等。

法是指通过估算被评估资产的未来预期收益并将其折算成现值，借以确定被评估的一种资产评估方法。

用收益法评估资产价值必须具备三个最基本的前提条件：(1)被评估资产的未来预期以预测并可以用货币衡量；(2)资产拥有者获得预期收益所承担的风险也可以预测并用货币衡量；(3)被评估资产预期获利年限可以预测。收益法主要适用于以整体资产作估对象的评估和可以预测未来收益额的单项资产的评估，特别是适用于无形资产的估。

运用收益法评估资产应考虑的基本因素主要有：(1)被评估资产的预期收益；(2)折现率或本金化率；(3)被评估资产取得预期收益的持续时间。

收益法中的具体方法，按评估对象未来预期收益有无期限的情况划分，分为有限期的评估方法和无限期的评估方法；按评估对象预期收益额的情况划分，又可分为等额收益（各期收益额固定）的评估方法、非等额收益（各期收益额不固定）的评估方法等。

成本法是指在评估资产时从被评估资产的现时重置成本中扣减其各项损耗以确定被评估资产价值的一种资产评估方法。

采用成本法评估资产的前提条件是：(1)被评估资产处于持续使用状态或被假定处于持续使用状态；(2)应当具备可利用的历史资料；(3)形成资产价值的耗费是必须的。成本法适用于一切以资产重置、补偿为目的的资产业务，是清产核资中最基本的评估方法，同时也用于承包、租赁、股份经营、兼并、经营评价、中外合资合作、抵押贷款、经济担保等经济活动的资产评估。

成本法的运用涉及四个基本因素，即资产的重置成本、资产的实体性贬值、资产的功能性贬值和资产的经济性贬值。

重置成本的估算方法主要有：重置核算法、价格指数法、功能价值法、规模经济效益指数法、统计分析法等；实体性贬值的估算方法主要有：观测分析法、使用年限法等；功能性贬值的估算方法主要有：超额运营成本估算法、超额投资成本估算法等；经济性贬值的估算方法主要有：直接计算法、间接计算法等。

资产评估的市场法、收益法和成本法，以及由以上三条基本评估思路衍生出来的其他评估思路共同构成了资产评估的方法体系。资产评估的专业性质决定了构成资产评估方法体系的各种评估方法之间存在着内在联系。而各种评估方法的独立存在又说明它们各有特点。正确认识资产评估方法之间的内在联系以及各自的特点，对于恰当地选择评估方法，高效地进行资产评估是十分重要的。

思考题

1. 市场法的前提条件和适用范围是怎样的?
2. 收益法的前提条件和适用范围是怎样的?
3. 成本法的前提条件和适用范围是怎样的?
4. 应用市场法评估资产的步骤通常有哪些?
5. 应用收益法评估资产的步骤通常有哪些?
6. 应用成本法评估资产的步骤通常有哪些?
7. 复原重置成本和更新重置成本有什么不同?
8. 购买型资产和自建型资产的成本项目有什么不同?
9. 应用统计分析法评估资产重置成本的基本步骤有哪些?
10. 资产功能性贬值的估算有哪些步骤?

练习题

一、名词解释

市场法　成本法　功能价值法　复原重置成本　实体性贬值　成新率价格法
收益法　折现率　重置核算法　更新重置成本　功能性贬值　经济性贬值

二、单项选择题

1. 按照一般要求,运用市场法通常应选择(　　)个或以上参照物。

A. 2　　B. 3　　C. 5　　D. 10

2. 选择重置成本时,在同时可获得复原重置成本和更新重置成本的情况下,应选择(　　)。

A. 复原重置成本　　B. 更新重置成本
C. 任选一种　　D. 两者平均值

3. 由于技术进步引起的资产功能相对落后而造成的资产价值损失,属于(　　)。

A. 实体性贬值　　B. 经济性贬值　　C. 功能性贬值　　D. 重置成本

4. 实体性贬值的估算可采用(　　)。

A. 观测分析法　　B. 重置核算法　　C. 功能价值法　　D. 价格指数法

5. 经济性贬值的估算可采用(　　)。

A. 使用年限法　　B. 功能价值法　　C. 统计分析法　　D. 直接计算法

6. 重置成本的估算可采用(　　)。

A. 直接计算法　　B. 间接计算法　　C. 重置核算法　　D. 使用年限法

7. 采用市场法评估资产价值时,选择的参照物应该是(　　)。

A. 新资产　　B. 旧资产
C. 与评估资产相似的资产　　D. 新资产或旧资产

8. 特别适用于无形资产评估的是(　　)。

A. 市场法　B. 收益法　C. 成本法　D. 年限法

9. 参照物的成交价格为240万元,其成新率为60%;被评估资产的成新率为50%,则被评估资产的评估价值为(　　)万元。

A. 72　B. 200　C. 288　D. 800

10. 参照物的重置成本为50万元,年产量为5 000件;被评估资产的年产量为4 000件,则被评估资产的重置成本为(　　)万元。

A. 20　B. 30　C. 40　D. 62.5

三、多项选择题

1. 估算重置成本的方法有(　　)。

A. 重置核算法　B. 价格指数法　C. 功能价值法　D. 观测分析法

2. 估算实体性贬值的方法有(　　)。

A. 使用年限法　B. 重置核算法　C. 间接计算法　D. 观测分析法

3. 估算经济性贬值的方法有(　　)。

A. 使用年限法　B. 直接计算法　C. 间接计算法　D. 观测分析法

4. 下列属于资产贬值的是(　　)。

A. 实体性贬值　B. 功能性贬值　C. 经济性贬值　D. 经常性贬值

5. 运用收益法评估资产价值时,要求资产的收益额是资产的(　　)。

A. 历史收益额　B. 预期收益额　C. 客观收益额　D. 实际收益额

6. 重置成本包括(　　)。

A. 复原重置成本　B. 更新重置成本

C. 历史重置成本　D. 预期重置成本

7. 功能性贬值的估算需要计算的成本是(　　)。

A. 超额运营成本　B. 更新重置成本

C. 复原重置成本　D. 超额投资成本

8. 下列属于市场法的具体评估方法的是(　　)。

A. 功能价值法　B. 成新率价格法

C. 统计分析法　D. 成本市价法

9. 成本法的运用涉及的基本因素是(　　)。

A. 资产的重置成本　B. 资产的实体性贬值

C. 资产的功能性贬值　D. 资产的经济性贬值

10. 运用收益法评估资产应考虑的基本因素是(　　)。

A. 收益额　B. 收益期　C. 贴现率　D. 折现率

四、判断题

1. 本金化率与折现率在本质上是不同的。(　　)

2. 采用成本法进行资产评估时,其实体性贬值与会计上的折旧是一样的。(　　)

3. 采用市场法进行资产评估时,一般只要求选择一个参照物。(　　)

4. 超额投资成本等于复原重置成本减去更新重置成本的差额。(　　)

5. 市场法特别适用于无形资产的评估。(　　)

6. 自建型资产的重置成本具体是由资产的现行购买价格、运杂费、安装调试费以及其他必要费用构成的。(　　)

7. 功能性贬值是指由于外部条件的变化引起资产闲置、收益下降等而造成的资产价值损失。(　　)

8. 更新重置成本是指采用新型材料,先进建筑或制造标准,新型设计、规格和技术等,以现行价格水平购建与评估对象具有同等功能的全新资产所需的费用。(　　)

9. 收益期限是指资产具有获利能力持续的时间,通常以月为时间单位。(　　)

10. 参照物与评估对象的可比性是运用市场法评估资产价值的重要前提。(　　)

五、计算题

1. 某企业将某项资产与国外企业合资,要求对该资产进行评估。具体资料如下:该资产账面原值270万元,净值108万元,该资产折旧年限为30年,已计折旧年限20年。经调查分析确定:按现在市场材料价格和工资费用水平,新建造相同构造的资产的全部费用支出为480万元。经查询企业记录,该资产截至评估基准日的法定利用时间为57 600小时,实际累计利用时间为50 400小时。经专业人员勘察估算,该资产还能使用8年。又知该资产由于设计不合理,造成耗电量大、维修费用高,与现在同类标准资产比较,每年多支出营运成本3万元。该企业所得税率为25%,假定折现率为10%。

要求:根据上述资料,采用成本法对该资产进行评估。

2. 某企业进行股份制改组,根据企业过去经营情况和未来市场形势,预测其未来五年的收益额分别是13万元、14万元、11万元、12万元和15万元。根据银行利率及经营风险情况确定其折现率和资本化率分别为10%和11%。

要求:试采用年金资本化法确定该企业的整体价值。

3. 某项收益性资产预计未来10年能实现收益,预计前5年的收益额分别是200万元、210万元、220万元、210万元、205万元,后5年的收益额每年均为200万元,预计10年期满时该项资产的变现价格为80万元,折现率为10%。

要求:试采用收益法确定该资产的评估价值。

4. 某被评估资产正常使用需要10名操作人员,目前同类新资产正常使用需要6名操作人员。假定被评估资产与参照物新资产在运营成本的其他项目的支出方面大致相同,操作人员平均年工资福利费为60 000元,被评估资产尚可使用5年,所得税税率为25%,适用的折现率为10%。

要求:试估算该资产的功能性贬值额。

5. 某被评估资产由于外部条件的变化,引起其生产的产品必须降价销售。该资产尚可使用3年,产品原销售单价为每件500元。为了保证未来3年每年的产品销售量达到5 000件,第1年每件产品应降价50元,第2年每件产品应降价80元,第3年每件产品应降价100元。折现率为10%,所得税率为25%。

要求:试估算该资产的经济性贬值额。

第三章

机器设备评估

学习目的与要求

通过本章学习，了解并掌握：

1. 机器设备的定义、分类、特点和评估程序；
2. 成本法评估机器设备的具体方法；
3. 市场法评估机器设备的具体方法；
4. 收益法评估机器设备的具体方法。

第一节　机器设备评估概述

一、机器设备的定义和范围

机器设备评估，是指资产评估机构及其资产评估专业人员遵守法律、行政法规和资产评估准则，根据委托对评估基准日特定目的下单独的机器设备、资产组合或者作为企业资产组成部分的机器设备价值进行评定和估算，并出具资产评估报告的专业服务行为。

机器设备，是指人类利用机械原理以及其他科学原理制造的、特定主体拥有或者控制的有形资产，包括机器、仪器、器械、装置、附属的特殊建筑物等。资产评估中的机器设备指所有代替人类体力劳动和辅助人类智力劳动的人造物。机器设备在建立现代社会文明中发挥着重要作用，人类由农业文明进入工业文明正是以机器和机器体系的出现为标志的。随着人类经济生活的需要和科学技术的进步，机器设备种类也呈现出多样化和复杂化的趋势，其存在形态和使用方式也各不相同。比如在企业生产经营活动中，它既是必需的生产要素，又往往是生产的产出物。

在企业资产评估中，通常把会计上纳入固定资产管理范围的机器设备作为机器设备的评估对象，把会计上纳入低值易耗品管理范围的机器设备和企业生产的作为企业产成品的机器设备作为流动资产的评估对象。确定机器设备的评估范围还应注意以下几个问题：

（一）机器设备与土地、房屋及构筑物

在资产评估中机器设备与土地、房屋及构筑物的关系可能出现以下几种情况：(1)有些机器设备是安装附着在土地、房屋及构筑物上，它们对后者的功能会有很大影响，如油井、旋转屋顶的机构、电梯等，评估时要考虑这些设备具有的不动产特征。(2)许多物业为了方便适用或具有多种功能，除土地、房屋结构外还需配置水、电、汽、电讯、智能等附属设备。在评估这些具有独立功能的物业时，可以将诸如配电设备、泵站、锅炉、电话交换机等列入物业范围，随建筑物一起评估。(3)许多加工设备都有设备基础等构筑物，在续用条件下不能将设备基础漏评。通常情况下，简易基础，如机床设备基础等可以含在设备评估价值中，大型机器设备基础要单独作为构筑物评估。

（二）机器设备和无形资产

比较复杂或先进的机器设备，特别是成套设备、机组、检测设备等，其功能的正常发挥还需要有专利、专有技术或计算机软件等无形资产支持。一般来说，对单台设备或通用性较强的无形资产，应将机器设备和无形资产分开评估；而成套设备、机组和复杂的检测设备中含有的专用无形资产，可含在机器设备的价值中一起评估。

（三）机器设备和流动资产

许多成套设备、机组在其价值构成中包含有试车用原材料、配套易损件及技术培训费等。在续用条件下对这些机器设备评估时，应注意不要漏评。

二、机器设备的分类

为了正确地评估机器设备的价值，必须对机器设备进行合理的分类。在资产评估中对机器设备进行分类的目的，一是考虑到机器设备的工程技术特点，为评估中的专业技术检测创造条件；二是便于分类搜集市场和其他方面的相关资料，有效地选择参照物；三是适应评估委托方的要求，与财务会计处理的惯例相适应；四是便于评估人员合理分工、专业化协作，提高评估工作的质量和效率。

机器设备种类繁多，出于设计、制造、使用、管理等不同需要，有不同的分类标准和方法。

（一）按机器设备的适用范围分类

中华人民共和国国家质量监督检验检疫总局和中国国家标准化管理委员会在 2011 年 1 月 10 日联合颁布了《固定资产分类与代码》(GBT 14885 - 2010)，根据该标准，机器设备分为通用设备和专用设备两大类。

（1）通用机器设备。通用机器设备指在不同行业中可以通用的机器设备。如计算机设备、办公设备、车辆、机械设备、电气设备、通信设备等。

（2）专用机器设备。专用机器设备指只能在特定行业中使用，为完成某个特定的生产环节、特定的产品而专门设计、制造的机器设备。这些机器只能在特定部门、特定的生产环节中发挥作用，不具有普遍应用的能力和价值。如探矿、采矿、选矿设备，石油天然气开采专用设备，石油和化学工业专用设备，炼焦和金属冶炼轧制设备，电力工业专用设备，核工业专用设备，航空航天工业专用设备，工程机械，纺织设备，医疗设备，专用仪器仪表等。

（二）按机器设备的用途分类

按机器设备的用途分类，机器设备可分为：

（1）动力机械设备。动力机械设备是指用作动力来源的机器设备，也就是原动机。如日常机器中常用的电动机、内燃机、蒸汽机以及在无电源的地方使用的联合动力装置。

（2）金属切削设备。金属切削设备是指对机械零件的毛坯或半成品件进行金属切削加工用的机器设备。由于其产品的工作原理、结构性能特点和加工范围的不同，又分为车床、钻床、镗床、磨床、齿轮加工机床、螺纹加工机床、铣床、刨床、插床、锯床、特种加工机床和其他机床等。

（3）金属成型设备。金属成型设备是指除金属切削加工设备以外的金属加工机器设备。如锻压设备、铸造设备等。

（4）交通运输设备。交通运输设备是指用于载人和载物的机器设备，如飞机、汽车、火车、船舶等。

（5）起重运输设备。用于在一定距离内运移货物或人的提升和搬动机械。如：各种起重机、运输机、升降机、卷扬机等。

（6）工程机械设备。工程机械设备是指在各种建设工程设施中，能够代替笨重体力劳动的机械与机具。它包括挖掘机、铲运机、工程起重机、压实机、打桩机、钢筋切割机、混凝土搅拌机、装修机、路面机、凿岩机、军工专用工程机械、线路工程机械以及其他专用工程机械等。

（7）农业机械设备。农业机械设备是指用于农、林、牧、副、渔业等各种生产中的机器设备。如拖拉机、排灌机、林业机械、牧业机械、渔业机械等。

（8）通用机械设备。通用机械设备是指广泛用于工农业生产各部门、科研单位、国防建设和生活设施中的机械。如泵、阀、制冷设备、压气机和风机等。

（9）轻工机械设备。轻工机械设备是指用于轻纺工业部门的机械。如纺织机械、食品加工机械、印刷机械、制药机械、造纸机械等。

（10）专用机械设备。专用机械设备指国民经济各部门生产中所特有的机械。如冶金机械、采煤机械、化工机械、石油机械等。

（三）按现行会计制度规定分类

按现行会计制度规定分类，机器设备可分为：

（1）生产经营用机器设备。生产经营用机器设备是指直接为生产经营服务的机器设备。如生产工艺设备、辅助生产设备、动力能源设备等。

（2）非生产经营用机器设备。非生产经营用机器设备是指企业中福利、教育部门和专设的科研机构等单位所使用的设备。

（3）租出机器设备。租出机器设备是指按规定出租给外单位使用的机器设备。

（4）未使用机器设备。未使用机器设备是指未投入使用的新设备和存放在仓库准备安装投产或正在改造、尚未验收投产的设备等。

（5）不需用机器设备。不需用机器设备是指不适合本单位需要，等待处理的各种设备。

（6）融资租入机器设备。融资租入机器设备是指企业以融资租赁方式租入的机器设备。

（四）按机器设备的组合程度分类

按机器设备的组合程度分类，机器设备可分为：

（1）单台机器设备。单台机器设备是指以独立形态存在、可以单独发挥作用或者以单台的形式进行销售的机器设备。如一辆汽车或一台独立使用的锅炉等。

（2）组合机器设备。组合机器设备是指为了实现特定的功能，由若干独立的单台机器设备组成的机器设备组合。如机组设备、成套设备（生产线）和车间等。

当然，还可从其他角度对机器设备进行分类。例如，按机器设备在生产经营中的地位，可分为生产工艺设备、辅助生产设备和办公用设备；按机器设备的制造标准，可分为标准设备和非标准设备；按机器设备的来源，可分为自制设备和外购设备，外购设备又可分为国内购置设备和国外引进设备。值得注意的是，上述各种分类并不是独立的，分类之间可以有不同程度的关联。如外购设备中，可能是通用设备，也可能是专用设备，还可能是进口通用设备或进口专用设备；成套设备中可能部分是外购，部分是自制的。资产评估中可以根据委托单位的生产技术特点、评估目的、采用的评估操作方法、评估操作人员的专业特长等，按不同分类进行操作，最后按评估结果汇总要求进行统计。在评估时既可先按生产车间进行清查评估；也可按通用设备、专用设备等分类清查评估；还可按自制设备、外购设备、国内设备和进口设备分类清查评估；等等。完成这些工作后再进行分类汇总。

三、机器设备及其评估的特点

（一）机器设备的特点

机器设备与其他资产相比，主要具有以下特点：

1. 单位价值大，使用寿命长

机器设备单位价值一般都比较大，且大都可在较长时期内使用。

2. 价值量分别遵循不同规则而改变

随着机器设备在实际使用中的磨损以及技术改造的实施，其价值量也随之发生变化。因此，在机器设备的有效寿命期内，其价值和使用价值都不是一成不变的。一方面，机器设备在运动中产生有形磨损和无形磨损，这都会使机器设备的价值量发生贬值；另一方面，通过技术改造会提高设备功能，实现了内含的扩大再生产，同时使资产增值。在通货膨胀情况下，机器设备的现价又呈现增值趋势。

3. 技术含量的差异性

机器设备是科学技术在劳动手段上的物化结晶，体现着一定水平的科学技术。即使是同一品种的机器设备，型号不同，生产日期不同，制造厂家不同，都会有先进程度的差别。机器设备的技术含量差异即技术水平的不同，直接关系到其使用价值和企业的经济效益，从而与该设备的价值评估密切相关。

4. 机组和生产线的成套性

在机组中，当家的是主机，在生产线中，起决定作用的是关键设备，其他设备与主机和关键设备有关联性，缺一不可。因而，在机器设备评估中，既要突出主机和关键设备的贡献性原理，也要注意其他设备的积极作用，充分考虑它们的整体性和相关性。

5. 寿命的周期性

机器设备的寿命周期又叫生命周期，从研制企业来讲，是指设备从研究到设计，然后依次经历试制、制造、投入市场、市场拓展、销售旺盛、市场衰退，直至淘汰换代的整个过程及其全部时间，实际是机器设备的产品寿命周期；从使用企业来讲，则是指设备从选购到安装调试，依次经过使用、维修、改造，直至报废更新的全过程及其整个时间，可谓设备使用寿命周期。掌握设备使用周期原理，对于机器设备的成新率的确定和评估价值的确定极为重要。

（二）机器设备评估的特点

机器设备自身的特点和资产评估的基本原则，决定了机器设备评估具有以下几个主要特点：

1. 一般采用单项评估

企业的机器设备规格型号多，其功能作用各不相同，所以不能简单汇总相加；同时，机器设备使用时间长，各类机器设备新旧不一，不能笼统加以评估；而且，即使同一类别的机器设备，其购建情况和购建价格也不相同。因此，机器设备评估必须在合理分类的基础上逐项进行，即以单台、单件为评估对象。

2. 以技术检测为基础

由于机器设备的使用周期较长，加之因使用状况、维修保养及环境因素等引起的差异，其磨损的程度和实际价值都可能发生较大变化，因此必须通过工程技术检测手段来保证评估的科学性。

3. 把握机器设备的价值构成

必须认识和了解机器设备的价值构成要素及其变化规律。在机器设备价值中，有设备本身的制造成本或变现价值，有时还需加上设备运杂费、安装调试费以及进口设备的相关税费等。另外，由于机器设备更新周期长，受价值量变化影响的机会较多（物价变动、无形损耗、技术改造等），价值补偿问题尤为突出。

4. 考虑机器设备的使用状态及使用方式

机器设备在评估时所处的状态和评估时所假设或依据的状态，如正在使用状态、最佳使用状态、闲置状态，对机器设备的评估价值影响重大。另外，被评估机器设备在评估时，是按机器设备在评估基准日正在使用的方式继续使用下去，还是改变目前的使用方式作为其他用途继续使用下去，或是将机器设备转移到异地继续使用，也将直接影响机器设备的评估价值。

5. 确定被评估机器设备贬值因素

被评估机器设备的贬值因素比较复杂，除实体性贬值因素外，往往还存在功能性贬值和经济性贬值。科学技术的发展，国家有关的能源政策、环保政策等，都可能对机器设备的评估价值产生影响。

四、机器设备评估的程序

机器设备评估一般按下列程序进行：

（一）明确评估目的

执行机器设备评估业务，应当了解评估结论的用途，明确评估目的。机器设备的评估目的通常有两种：一是机器设备是企业价值或其他整体资产组合评估的组成部分，此种情况下机器设备的评估目的需要服从于企业价值的评估目的，通常包括企业改制设立公司、企业股权转让或收购、兼并等。二是机器设备或机器设备组合出资、抵押、转让、保险、涉讼、涉税，以财务报告为目的的公允价值计量、资产减值测试等。

此外，还应当根据评估目的等相关条件，选择恰当的价值类型，明确评估假设、评估对象及评估范围等。

（二）进行现场调查

执行机器设备评估业务，应当对机器设备进行现场逐项调查或者抽样调查，确定机器设备是否存在，明确机器设备存在状态并关注其权属。如果采用抽样的方法进行现场调查，应当充分考虑抽样风险。因客观原因等因素限制，无法实施现场调查的，应当采取措施加以判断，并予以披露。进行现场调查需要做的工作有：

（1）逐台（件）核实评估对象，以确保评估对象真实可靠。要求委托方根据现场清查核实的结果，调整或确定其填报的被评机器设备清册及相关表格，并以清查核实后的机器设备作为评估对象。

（2）按评估重点或人员安排，对设备进行分类。当被评估设备种类数量较多时，为了突出重点，以及发挥具有专长的评估人员作用，可对设备进行必要的分类。一种分类方法是按设备的重要性划分，如 ABC 分类法，把单位价值大的重要设备作为 A 类；把单位价值小且数量较多的设备作为 C 类；把介于 A 类与 C 类之间的设备作为 B 类。根据委托方对评估的时间要求，对 A、B、C 三类设备投入不同的精力进行评估。另一种分类方法是按设备的性质分为通用设备和专用设备，以便有效地搜集数据资料，合理地配备评估人员。

(3) 设备鉴定。对机器设备进行鉴定是现场工作的重点。对设备进行鉴定包括对设备的技术鉴定、使用情况鉴定、质量鉴定以及磨损鉴定等。设备的生产厂家、出厂日期、设备负荷和维修情况等是进行鉴定的基本素材。

① 对设备技术状况的鉴定主要是对设备满足生产工艺的程度、生产精度和废品率,以及各种消耗和污染情况的鉴定。判断设备是否有技术性过时和功能落后的情况存在。

② 对设备使用情况鉴定主要了解设备是在用状态还是闲置状态,使用中的设备运行参数、故障率、零配件保证率;设备闲置的原因和维护情况等。

③ 对设备质量进行鉴定主要应了解设备的制造质量,设备所处环境、条件对设备质量的影响,设备现时的完整性,外观和内部结构情况等。

④ 对设备的磨损程度鉴定主要是了解和掌握设备的物质性损耗,如锈蚀、损伤、精度下降、疲劳损伤、材料老化等。

(4) 关注机器设备权属状况。机器设备评估与其法律权属状况有着密切关系。资产评估专业人员应当了解评估对象法律权属状况对评估结论具有何种重要影响,并予以必要关注。要了解的权属资料情况主要包括机器设备的所有权情况、抵(质)押情况、融资租赁情况等。

现场调查工作要有完整的工作记录,特别是设备的鉴定工作更要有详细的鉴定记录。这些记录将是评估机器设备价值的重要数据,也是工作底稿的重要组成内容。

(三) 确定经济技术参数

广泛搜集与本次评估有关的数据资料,为机器设备价值的评定估算做好准备。被评估机器设备的基础资料包括自然状况、使用状况和价值状况三个方面。自然状况指的是各种机器设备的出厂年月、产地、规格型号、生产能力等;使用状况是指预计使用年限、已使用年限、技术改造情况等;价值状况是指账面原值、已提折旧、净值等。这些资料一般可以从被评估单位财务部门账簿记录和资产管理使用部门业务记录中获取。另外,资产评估专业人员还应当获得真实、可靠的机器设备的市场信息资料。

(四) 估算机器设备价值

估算机器设备价值,需要做以下工作:

(1) 选择评估方法。执行机器设备评估业务,应当根据评估目的、评估对象、价值类型、资料收集等情况,分析成本法、市场法和收益法三种资产评估基本方法的适用性,选择评估方法。如果可能可选择多种方法,互相进行对照。

(2) 测定有关参数。评估人员应根据评估的目标和对象,以及评估作业的要求,测定分析计算评估值需要的有关经济技术参数。经济技术参数包括自然寿命、技术寿命、经济寿命、成新率、价格指数、磨损系数等。

(3) 估算评估值。评估人员根据测定的有关参数和获得的其他有关资料,运用专门的方法,按评估对象逐一计算出被评估机器设备的评估值。

（五）撰写评估报告

无论单独出具机器设备评估报告，还是将机器设备的评估作为资产评估报告的组成部分，都应当在资产评估报告中披露必要信息，使资产评估报告使用人能够正确理解评估结论。

撰写评估报告，需要做的工作有：

（1）整理评估工作底稿，撰写评估报告及评估说明。在分析整理资产评估工作底稿的基础上，应及时撰写评估报告及评估说明。

（2）评估报告的审核和报出。评估报告完成以后，要有必要的审核，包括复核人的审核、项目负责人的审核和评估机构负责人的审核。在三级审核确认评估报告无重大纰漏后，再将评估报告送达委托方及有关部门。

第二节　机器设备评估的成本法

成本法是指首先确定资产的重置成本，然后再扣减资产的各种贬值来估测资产价值的评估方法。成本法是机器设备评估中被普遍采用的一种评估方法。其基本原理用公式表示为：

机器设备评估价值 = 重置成本 − 实体性贬值 − 功能性贬值 − 经济性贬值

采用成本法评估机器设备时，应当明确机器设备的重置成本包括购置或者购建设备所发生的必要的、合理的成本、利润和相关税费等，确定重置成本的构成要素；明确重置成本可以划分为更新重置成本与复原重置成本；了解机器设备的实体性贬值、功能性贬值和经济性贬值，以及可能引起机器设备贬值的各种因素，采用科学的方法，估算各种贬值；了解对具有独立运营能力或者独立获利能力的机器设备组合进行评估时，成本法一般不应当作为唯一使用的评估方法。

机器设备评估的成本法主要适用于持续使用前提下的机器设备评估。成本法一般不宜评估非持续使用前提下的机器设备。如果事实上只能运用成本法评估非持续使用前提下的机器设备，如评估无市场参照物的机器设备，则需要在成本项目要素和其他因素方面上作出必要的调整。

一、重置成本的构成

机器设备的重置成本在构成上包括机器设备的直接费用和机器设备的间接费用。机器设备的直接费用是指机器设备的购置价或建造价，它构成了机器设备重置成本的基础。机器设备的运杂费、安装调试费和必要的配套装置费也构成机器设备的直接费用。机器设备的间接费用是指为购置、建造机器设备而发生的各种管理费用、总体设计制图费用、资金成本，以及人员培训费用等。

由于机器设备既有外购和自制之分，又有单台设备和成套设备之分，还有国产设备和进口设备之分，所以下面分别按不同情况说明机器设备重置成本的构成。

（一）外购单台不需安装的国内设备重置成本

重置成本 = 全新设备基准日的公开市场成交价格 + 运杂费

重置成本 = 全新设备基准日公开市场成交价格 ×（1 + 运杂费率）

全新设备基准日的公开市场成交价格可采用询价法确定。在询价时应注意以下原则：必须是基准日的价格；必须采用具有权威性的、贸易量大的贸易机构的价格，如当地的大型机电公司、机电（汽车）贸易中心等的价格；必要时可向设备制造厂家询价，向厂家询价时应注意剔除厂家报价与实际成交价的差异。

运杂费包括运费及装卸费、保险费用等。这部分费用通常按设备价值的一定比率计算。运杂费率与距离（从货物销售地点至安装地点距离）有关，也与货物的尺寸、重量及其他因素有关。

（二）外购单台需安装的国内设备重置成本

重置成本 = 全新设备基准日的公开市场成交价格 + 运杂费 + 安装调试费

重置成本 = 全新设备基准日公开市场成交价格 ×（1 + 运杂费率 + 安装调试费率）

安装调试费用包括调试费用、基础费用、距设备 1.5 米管路以及由设备至配电箱之间的电气线路的费用等。这部分费用通常按设备价值的一定比率计算。常用的安装调试费率如表 3-1 所示。

表 3-1 设备安装调试费率

序号	设备名称	安装调试费率
1	轻型通用设备	0.5% ~ 1%
2	一般机械加工设备	0.5% ~ 2%
3	大型机械加工设备	2% ~ 4%
4	数控机械及精密加工设备	2% ~ 4.5%
5	铸造设备	3% ~ 6%
6	锻造、冲压设备	4% ~ 7%
7	起重设备	5% ~ 8%
8	焊接设备	0.5% ~ 1.5%
9	泵站内设备	8% ~ 12%
10	冷却塔	10% ~ 12%
11	工业炉窑及冶炼设备	10% ~ 20%
12	电梯	10% ~ 25%
13	供、配电设备（包括变压器）	10% ~ 15%
14	压缩机	10% ~ 13%

续表

序号	设备名称	安装调试费率
15	检测试验设备	1% ~3%
16	蒸汽及热水锅炉(以主机价计算)	30% ~45%
17	化工设备	8% ~40%
18	快装锅炉(以主机价计算)	6% ~12%
19	热处理设备	1.5% ~4.5%
20	电镀涂装设备	6% ~10%

以上安装调试费率中有的设备上、下限差距较大，应在评估时了解安装调试费中包含的项目内容，以确定其准确的费率。

（三）外购单台不需安装进口设备重置成本

重置成本 =（FOB + 途中保险费 + 国外运杂费）× 现行外汇汇率 +
进口关税 + 增值税 + 银行财务费 + 外贸手续费 +
国内运杂费

重置成本 = CIF × 现行外汇汇率 + 进口关税 + 增值税 +
银行财务费 + 外贸手续费 + 国内运杂费

其中，FOB 为离岸价，指装运港船上交货价格；CIF 为到岸价，指离岸价加途中保险费和国外运杂费。

（四）外购单台需安装进口设备重置成本

重置成本 = 单台未安装进口设备重置成本 + 安装调试费

（五）外购成套设备重置成本

重置成本 = 单台未安装进口设备重置成本总和 + 单台未安装国产设备重置成本总和
+ 工器具重置成本 + 安装工程费 + 工程监理费 + 软件重置成本 + 设计费
+ 资金成本

（六）车辆重置成本

国内购置车辆重置成本 = 车辆价格 + 购置附加税 + 证照费及其他费用

进口车辆重置成本 = 车辆价格（CIF）+ 进口关税 + 消费税 + 增值税 +
证照费及其他费用

其中：进口关税 = 车辆价格（CIF）× 进口税率

消费税 =［车辆价格（CIF）+ 进口关税］÷（1 − 消费税税率）× 消费税税率

进口增值税 =［车辆价格（CIF）+ 进口关税 + 消费税］× 增值税税率

（七）自制设备重置成本：

自制设备重置成本 = 直接材料 + 燃料动力 + 直接人工 + 制造费用
+ 期间费用分摊 + 设计费用 + 利润税金

二、重置成本的估算

（一）重置核算法

重置核算法是指分别估算机器设备各构成部分在评估基准日的成本，然后加和得到重置成本的方法。

机器设备的重置成本有复原重置成本和更新重置成本两种。复制一个与被评估机器设备一模一样的全新机器设备的现时成本，就是机器设备的复原重置成本。而在效用上与被评估机器设备最接近的类似新机器设备的现行购置成本，就是机器设备的更新重置成本。评估人员在评估过程中首先要明确所估测的重置成本的确切涵义，以便在选择各参数进行估测时充分考虑到重置成本的性质因素。

1. 按复原重置成本评估

按复原重置成本评估的前提条件是：假定机器设备重置的功能、材料、工艺、消耗量、技术条件不变，从而原设备购置的全部成本核算资料的基础——量耗资料都未变，仅仅材料价格和费用标准改变了。具备了这一条件，评估人员便可得出可靠、现实的结论。一般来说，企业机器设备中有两类基本符合上述条件，一类是服役时间不长的机器设备，另一类是自制非标准设备。

[例3-1] 某台机床需重估。企业提供的购建成本资料如下：该设备采购价 100 000 元，运输费 2 000 元，安装费 4 000 元，调试费 1 000 元，已服役 2 年。试评估该机床的重置成本。

经市场调查得知，该机床在市场上仍很流行，且采购价格上升了 30%；铁路运价近两年提高了 1 倍，安装的材料和工费上涨幅度加权计算为 40%，调试费用上涨了 20%。

分析：该机床服役期限仅 2 年，且在市场上仍很流行，一般来说技术条件变化不大，故用复原重置成本评估较现实。

计算：

$$\text{机床重置采购价} = 100\ 000 \times (1 + 30\%) = 130\ 000(\text{元})$$

$$\text{运杂费重估价} = 2\ 000 \times 2 = 4\ 000(\text{元})$$

$$\text{安装费重估价} = 4\ 000 \times (1 + 40\%) = 5\ 600(\text{元})$$

$$\text{调试费重估价} = 1\ 000 \times (1 + 20\%) = 1\ 200(\text{元})$$

综合以上各项，得出该机床的重置成本为：

$$\text{机床重置成本} = 130\ 000 + 4\ 000 + 5\ 600 + 1\ 200 = 140\ 800(\text{元})$$

[例3-2] 某企业一台自制设备，账面原值11万元，市场无可替代产品，试评估其重置全价。

分析：该设备在市场上没有可替代产品，且又是自制性质，符合前面所说的情况（服役时间不长和自制的设备适合按复原重置成本评估），因此，可按复原重置成本评估该设备。

自制设备的成本核算资料，经评估人员核查企业提供的账表得知，账面原值110 000元的构成如下：

（1）制造成本100 000元，

其中：	钢材消耗24吨	@1 250元，	计30 000元；
	铸铁消耗25吨	@400元，	计10 000元；
	外协件15吨	@2 000元，	计30 000元；
	人工5 000工时	@4元，	计20 000元；
	管理费用每工时分摊2元，		计10 000元。

（2）安装调试费1万元，

其中：	水泥消耗8吨	@250元，	计2 000元；
	钢材消耗4吨	@1 250元，	计5 000元；
	人工500工时	@4元，	计2 000元；
	管理费用每工时分摊2元，		计1 000元。

经市场调查和测算，现行使用单价，钢材为2 500元/吨，铸铁为800元/吨，外协件为3 000元/吨，水泥为300元/吨；每工时成本为10元，每工时分摊管理费用5元。根据现价和费用标准以及该设备原自制和安装调试的量耗资料，重估价格如下：

（1）制造成本重置全价200 000元，

其中：	钢材24吨	@2 500元，	计60 000元；
	铸铁25吨	@800元，	计20 000元；
	外协件15吨	@3 000元，	计45 000元；
	人工5 000工时	@10元，	计50 000元；
	管理费用每工时分摊5元，		计25 000元。

（2）安装调试费用重置全价19 900元，

其中：	水泥8吨	@300元，	计2 400元；
	钢材4吨	@2 500元，	计10 000元；
	人工500工时	@10元，	计5 000元；
	管理费用每工时分摊5元，		计2 500元。

综合上述重估结果，得出该自制设备的重置成本为：

$$重置成本 = 200\ 000 + 19\ 900 = 219\ 900（元）$$

2. **按更新重置成本评估**

接更新重置成本评估，仅仅是功能不变，而材料、工艺、消耗、结构、价格都是新的，即按现行标准考虑。运用该办法的前提条件是：(1) 适用性，即机器设备更新业已发生，被估机器设备已退出流通；或者即使有被估资产流通，其价格已大幅度降低，不足以作为评估依据。(2) 可行性，即市场上有相同功能或近似功能资产买卖实例；或能取得被估资产换型更新的制造成本资料，能估算更新条件下被估资产主体的重置全价。

[例 3-3]　某企业一台机器设备有关资料如下：

自制设备成本为 100 万元（其中，钢材占 40%，铸铁占 20%，人工费占 30%，管理费占 10%）。按现行技术条件更新自制设备，钢材和铸铁均可节约 25%，人工节省 15%。通过调查市场得知，自制设备自制造以来，钢材价格上升 80%，铸铁价格上升 50%，工时成本上涨 100%，管理费按工时分摊的额度上升 40%。要求评估该设备的重置成本。

分析：按现行技术条件，该自制设备的结构大有改进的必要，改进以后能节约用料，而其功能仍能保持，根据这种情况，可按更新重置的要求，采用成本途径来评估。

评估人员在确定该项设备的评估方法后，可依据上述资料进行计算：

材料成本：$54 + 22.5 = 76.5$（万元）

其中：钢材 $100 \times 40\% \times (1 - 25\%) \times (1 + 80\%) = 54$（万元）

铸铁 $100 \times 20\% \times (1 - 25\%) \times (1 + 50\%) = 22.5$（万元）

人工成本：$100 \times 30\% \times (1 - 15\%) \times (1 + 100\%) = 51$（万元）

管理费用：$100 \times 10\% \times (1 - 15\%) \times (1 + 40\%) = 11.9$（万元）

因此，该自制设备的更新重置成本为：

$$重置成本 = 76.5 + 51 + 11.9 = 139.4（万元）$$

（二）价格指数法

价格指数法是利用与机器设备有关的价格变动指数，将被评估机器设备的历史成本（账面价值）调整为重置成本的一种方法，其计算公式为：

$$重置成本 = 机器设备的账面原值 \times 价格变动指数$$

式中，价格变动指数可以是定基价格变动指数或环比价格变动指数。定基价格变动指数是评估时点的价格指数与资产购建时点的价格指数之比，即：

$$定基价格变动指数 = （评估时点价格指数 \div 资产购建时点的价格指数）\times 100\%$$

环比价格变动指数可考虑按下式求得：

$$X = (1 + a_1) \times (1 + a_2) \times (1 + a_3) \times \cdots\cdots \times (1 + a_n) \times 100\%$$

式中：X——环比价格变动指数；

a_n——第 n 年环比价格指数，$n = 1, 2, 3, \cdots\cdots, n$。

[例3-4] 某被评估机器设备购建于2013年，账面原值为100万元，2018年进行评估。2013年和2018年定基物价指数分别为120%和193%；2013年至2018年环比物价指数分别为5%，8%，10%，12%，15%。要求用两种物价指数计算机器设备的重置成本。

$$\begin{aligned}设备重置成本 &= 100\times(193\% \div 120\%)\times 100\% \\ &= 100\times 161\% \\ &= 161(万元)\end{aligned}$$

或：

$$\begin{aligned}设备重置成本 &= 100\times(1+5\%)(1+8\%)(1+10\%)(1+12\%)(1+15\%)\times 100\% \\ &= 100\times 161\% \\ &= 161(万元)\end{aligned}$$

物价指数应该选择同类机器设备，最好是同一厂家产品的物价指数，其次是同一大类资产的物价指数，再次是整个工业产品的物价指数。物价指数概括的范围越宽，其误差可能越大。

此外，还可以采用功能价值法、规模经济效益指数法、统计分析法等方法估算机器设备的重置成本，具体方法可参见第二章资产评估方法的有关内容。

三、机器设备贬值的估算

（一）机器设备评估中贬值的概念

资产评估中机器设备的贬值是被评估旧设备和选择为参照物的新设备在价值上的差别，即被评估设备的重置成本减被评估设备评估值的差。贬值也常用百分率表示，即贬值率。

$$设备贬值额 = 被评估设备重置成本 - 被评估设备评估值$$

$$贬值率 = \frac{被评估设备重置成本 - 被评估设备评估值}{被评估设备重置成本}$$

根据引起贬值的原因，机器设备贬值可以分为实体性贬值、功能性贬值和经济性贬值。

（二）实体性贬值及其估算

实体性贬值是指机器设备因使用和存放过程中的自然损耗造成的贬值。在设备的整个寿命期间，开始时实体性贬值为零，报废时如果没有废料价值，则实体性贬值为100%，其余时间设备的实体性贬值在0%～100%之间。由于上述各种损耗的机理很复杂，所以评估时主要依靠其工作环境、工作量和工作时间，以及维护修理的状况来估算设备的实体性贬值。实体性贬值一般通过估测设备的实体性贬值率进行计量，即：

$$实体性贬值 = 设备重置成本 \times 实体性贬值率$$

若不考虑设备的功能性贬值和经济性贬值，则机器设备的评估值可表示为：

$$评估值 = 设备重置成本 - 设备重置成本 \times 实体性贬值率$$

=设备重置成本(1 - 实体性贬值率)

在设备评估中通常称“1 - 实体性贬值率”为成新率。

下面介绍几种估算成新率的方法。

1. 观测分析法

观测分析法是指评估人员根据对设备的现场技术检测和观察,结合设备的使用时间、实际技术状况、负荷程度、制造质量等经济技术参数,经综合分析估测机器设备的贬值率或成新率的方法。在用观测分析法评估时要观察和收集下列方面的信息:

(1) 设备的现时技术状态;

(2) 设备的实际已使用时间;

(3) 设备的正常负荷率;

(4) 设备的原始制造质量;

(5) 设备的维修保养状况;

(6) 设备重大故障(事故)经历;

(7) 设备大修、技改情况;

(8) 设备工作环境和条件;

(9) 设备的外观和完整性。

在将上述信息转换成实体性贬值率时可参考表3-2。

表3-2　机器设备实体性贬值率评估参考表

类别	新旧情况	技术参数标准参考说明	实体性贬值率(%)	成新率(%)
1	新设备及使用不久设备	全新或刚使用不久的设备。在用状态良好,能按设计要求正常使用,无异常现象。	0～10	100～90
2	较新设备	已使用一年以上或经过第一次大修恢复原设计性能使用不久的设备。在用状态良好,能满足设计要求,未出现过较大故障。	11～35	89～65
3	半新设备	已使用两年以上或大修后已使用一段时间的设备。在用状态较好,基本上能达到设备设计要求,满足工艺要求,需经常维修以保证正常使用。	36～60	64～40
4	旧设备	已使用较长时间或几经大修,目前仍能维持使用的设备。在用状态一般,性能明显下降,使用中故障较多,经维修仍能满足工艺要求,可以安全使用。	61～85	39～15
5	报废待处理设备	已超过规定使用年限或性能严重劣化,目前已不能正常使用或停用,即将报废待更新。	86～100	14～0

除此之外,在实际判断机器设备实体性贬值率时,评估人员还必须与操作人员、维修人员、设备管理人员沟通,听取他们的介绍和评价,加深对设备的了解。在可能的范围内尽量作好调查研究是估计设备实体性贬值的关键环节。对重要的、精密的、专业性很强的设备应该聘请专家,听取其意见,运用他们多年积累的经验,使估计的结果更准确。此外,还应将实体性贬值与功能性贬值、经济性贬值相区别,以免重复计算。

2. **使用年限法**

使用年限法是利用被评估资产的尚可使用年限与其总使用年限的比值来判断其成新率的方法。其计算公式为：

$$成新率=\frac{设备尚可使用年限}{设备已使用年限+设备尚可使用年限}\times 100\%$$

$$成新率=\frac{设备总使用年限-设备已使用年限}{设备总使用年限}\times 100\%$$

从上述公式可知，运用使用年限法估算设备成新率涉及三个基本参数：设备总使用年限、设备已使用年限和设备尚可使用年限。

（1）设备总使用年限。设备总使用年限是指设备总的使用寿命，通常可以分为物理寿命、技术寿命和经济寿命。物理寿命是指机器设备从全新状态开始使用，直到不能正常工作而予以报废所经历的时间。物理寿命的长短取决于机器设备制造质量、使用强度、使用环境、保养和维护情况。有些设备可以通过恢复修理来延长其物理寿命。技术寿命是指机器设备从开始使用到技术过时予以淘汰所经历的时间，技术寿命很大程度上取决于社会技术进步和技术更新的速度和周期。经济寿命是指机器设备从开始使用到经济上不合算而停止使用所经历的时间。所谓经济上不合算，即使用该设备不能获得收益。机器设备的经济寿命不但受机器本身的物理性能、技术进步速度、机器设备的使用情况的影响，还与原始投资成本、维护使用费用以及外部经济环境变化等都有直接联系。

国际上资产评估行业普遍首选机器设备的经济寿命作为其总使用年限，这是基于经济寿命一般小于物理寿命和技术寿命的认识以及经济寿命能够被合理估算的前提。上述观点可以供评估人员参考，但应当注意，我国目前尚无可供机器设备评估使用的经济年限的规定参数可供参考，而测定它也并非易事。同时，还应当看到，在保证确定机器设备评估值的各项经济技术参数前后一致，相互匹配的前提下，使用机器设备的物理寿命和技术寿命作为机器设备的总使用年限也是可行的。如果能够合理地确定机器设备的尚可使用年限，以设备的实际已使用年限加设备的尚可使用年限之和作为设备的总使用年限，在目前情况下不仅具有现实合理性，而且也易于操作。

（2）设备已使用年限。设备已使用年限是指机器设备从开始使用到评估基准日所经历的时间。设备已使用年限通常可分为名义已使用年限和实际已使用年限两种。名义已使用年限是指资产从购进使用到评估时的日历年限。名义已使用年限可以通过会计记录、资产登记簿、登记卡片查询确定。实际已使用年限是指资产在使用中实际损耗的年限。实际已使用年限的计量前提是设备的正常使用时间和正常使用强度。实际已使用年限与名义已使用年限的差异，可以通过资产利用率来调整。其计算公式为：

$$实际已使用年限=名义已使用年限\times 资产利用率$$

由于资产在使用中负荷程度的影响，必须将资产的名义已使用年限调整为实际已使用年限。

资产利用率的计算公式为：

资产利用率 = 截止评估日资产累计实际利用时间 ÷ 截止评估日资产累计法定利用时间 × 100%

当资产利用率 >1 时，表示资产超负荷运转，资产实际已使用年限比名义已使用年限要长；

当资产利用率 =1 时，表示资产满负荷运转，资产实际已使用年限等于名义已使用年限；

当资产利用率 <1 时，表示开工不足，资产实际已使用年限小于名义已使用年限。

[例 3-5] 某资产 2007 年 5 月购进投入使用，2017 年 5 月评估时，名义已使用年限是 10 年。根据该资产技术指标，正常使用情况下，每天应工作 8 小时，该资产实际每天工作 6 小时。由此可以计算出资产利用率和资产的实际已使用年限：

资产利用率 = (10 × 360 × 6) ÷ (10 × 360 × 8) × 100% = 75%

实际已使用年限 = 10 × 75% = 7.5(年)

实际评估过程中，由于企业基础管理工作较差，再加上资产运转中的复杂性，资产利用率的指标往往很难确定。评估人员应综合分析资产的运转状态，诸如资产开工情况、大修间隔期、原材料供应情况、电力供应情况、是否季节性生产等各方面因素分析确定。

实际已使用年限是对机器设备的磨损程度的一种度量，而机器设备的磨损常常是可以通过更换部件予以修复的，或者通过添加一些新的装置来改善它的功能。这时采用上述方法计算实际已使用年限就不可能真实反映设备的磨损情况。因此，评估中若遇机器设备通过投资进行了大修理或更新改造，可通过估算所谓加权投资年限来替代实际已使用年限。

加权投资年限 = Σ(复原或更新重置成本 × 投资年限) ÷ Σ(复原或更新重置成本)

成新率 = 尚可使用年限 ÷ [加权投资年限 + 尚可使用年限] × 100%

[例 3-6] 被评估设备购建于 2008 年，原始价值 60 万元，2013 年和 2016 年进行两次更新改造，主要是添置一些自动化控制装置，投资分别为 10 万元和 20 万元。2018 年对该资产进行评估，假设从 2008 年至 2018 年每年的价格上升率为 10%，该设备的尚可使用年限经检测和鉴定为 6 年，求该设备的成新率。

① 估算设备复原重置成本，见表 3-3。

表 3-3

投资日期	原始投资额	价格变动系数	复原重置成本
2008 年	60 万元	2.60	156 万元
2013 年	10 万元	1.61	16.1 万元
2016 年	20 万元	1.21	24.2 万元
合 计	90 万元		196.3 万元

② 计算复原重置成本 × 投资年限，见表 3-4。

表 3-4

投资日期	复原重置成本	投资年限	复原重置成本×投资年限
2008 年	156 万元	10	1 560 万元
2013 年	16.1 万元	5	80.5 万元
2016 年	24.2 万元	2	48.4 万元
合　计	196.3 万元		1 688.9 万元

③ 计算加权投资年限：

$$加权投资年限=1\ 688.9\div196.3\approx8.6(年)$$

得出的结果 8.6 年，就是被评估设备的加权投资年限。

④ 计算设备的成新率：

$$该设备成新率=6\div(8.6+6)\times100\%\approx41\%$$

（3）尚可使用年限。设备的尚可使用年限是指设备评估基准日后的剩余使用寿命。严格地讲，评估人员应该首先通过对设备的技术检测和专业技术鉴定，确定其尚可使用物理年限，并结合被评估设备的尚可使用技术年限和尚可使用经济年限，采用技术经济分析方法来估测。实际上在评估中要对每一台设备进行这种分析是难以做到的，往往只对企业价值量大的少数关键设备采用这种分析方法。而对大量的一般设备，可采用如下一些变通的替代方法：

① 对于较新且使用维护正常的设备，可用设备的总使用年限减去设备的实际已使用年限得到设备的尚可使用年限；

② 对那些已接近、甚至超过总使用年限的设备，可以通过专业技术人员的判断，直接估算尚可使用年限；

③ 对那些不准备通过大修理继续使用的设备，可以利用设备一个大修理周期作为设备尚可使用年限的上限，减去设备上一次大修至评估基准日的时间，余下的时间便是尚可使用年限；

④ 对于国家明文规定限期淘汰、禁止超期使用的设备，如压力容器、运输车辆、严重污染环境及高能耗等设备，其尚可使用年限不能超过国家规定禁止使用的日期，而不论设备的现时技术状态如何。

3. 修复金额法

修复金额法是指通过估算机器设备恢复原有精度或全新功能所需的费用占该设备原值的百分比来确定其成新率的一种方法。这种方法是利用恢复机器设备功能所支出的金额来直接估算设备实体性贬值的方法，所指修复费用包括机器设备主要零部件的更换或者修复、改造等费用支出。

机器设备的实体性损耗可分为可修复和不可修复两种，在使用这种方法时，评估人员要尽量把实体性贬值中的可修复部分和不可修复部分区别开来。这两者的根本不同点在于可修复的实体性损耗可以通过修理恢复其功能，且经济上是合理的（即带来的经济利益大于修复支出)，而不可修复的实体性贬值或者是通过技术修理并不恢复其功能，或者是经济上不划算。因此，操作中通过区分这种损耗，把机器设备分成两部分来分析，对可修复的实体性损耗以修复费用直接作为实体性贬值，对不可修复的实体性损耗采用前述观察分析法或使用年限法确定实体性贬值，这两部分之和就是被评估设备的全部实体性贬值。计算公式如下：

实体性贬值率=(需要修复部分实体性贬值+不需要修复部分实体性贬值)÷设备复原重置成本

$$成新率=1-\frac{可修复部分实体性贬值+不可修复部分实体性贬值}{设备复原重置成本}$$

[例3-7] 被评估设备为一机床，这个机床已经使用了3年，预计将来还能再使用5年。评估人员了解到，该机床目前正维修，其原因是一部件出现裂纹，必须更换才能使用。整个维修计划大约需要花费50 000元。评估人员已经估算该机床的复原重置成本为200 000元，现在用修复金额法估测机床的成新率。

计算过程如下：

需要修复部分实体性贬值：50 000(元)

不需要修复部分体性贬值率：$3\div(3+5)\times100\%=37.5\%$

不需要修复部分原重置成本：$200\ 000-50\ 000=150\ 000$(元)

不需要修复部分体性贬值：$150\ 000\times37.5\%=56\ 250$(元)

机床全部实体性贬值率$=(50\ 000+56\ 250)\div200\ 000=53.125\%$

机床的成新率$=1-(50\ 000+56\ 250)\div200\ 000=46.875\%$

修复金额法适用于那些特定结构部件经常被磨损，但能够以经济上可行的办法修复的情形，如需定期更换易损件的纺织机械，需更换部分系统的机组、成套设备、生产线等的评估。因此这种方法有着广泛的应用领域。在能够采用修复金额法的时候，应尽可能采用这种方法，因为它在一定程度上可以减少前述两种方法(观测分析法和使用年限法)在估算设备实体性贬值时可能出现的偏差。

测算机器设备实体性贬值(或成新率)还应注意以下问题：

(1)观测分析法、使用年限法和修复金额法虽然都是在估算实体性贬值时可采用的行之有效的方法，但也都存在不足之处。哪种方法更适合，可以根据信息资料的获得情况，被评估设备具体特点以及评估人员的专业知识和经验来选取。从理论上讲，在估算实体性贬值时，三种方法都可考虑使用，然后通过综合分析，调整得到合理的实体性贬值率或成新率。

(2)当被评设备和信息充分时，应用上述方法中的多种方法估算实体性贬值，并互相核对是值得推荐的工作方法。这时不同方法得到的实体性贬值率可能不同，遇到这种情况，要核验各种方法本身所得的结果，追溯其原始数据信息资料，看它是否真实，并作出相应调整。一般不要简单地把不同方法得到的实体性贬值作算术平均或加权平均处理。因为不同方法着重的因素不同，得到的贬值率很可能是不同的，某种方法得到的实体性贬值率高，即成新率低，如果根据是确切的，就不能用加权平均的方法把成新率拉高，因为较高的成新率可能不能反映被评设备实际情况，从谨慎性考虑，成新率可采用孰低原则。在有充分根据的前提下，如果能够确定合理的加权系数，采用加权平均法进行调整计算也是可以的。

（3）在分析估算实体性贬值时，要注意其中可能含有功能性贬值或其他贬值的因素。用观测分析法确定其实体性贬值（或成新率）时，往往可能考虑功能性贬值；用使用年限法确定实体性贬值时，对那些已经进行了大修或技改的设备，也可能涉及功能性贬值因素；用修复金额法时，这种情形则更加突出，对可修复的结构部件进行更换修复时，修复费用不仅可以恢复机器设备的原有功能，还可能改善机器设备的原有功能，甚至可能克服机器设备的经济性贬值。当可修复实体性贬值（即修复费用）在设备贬值总额中占有较大比重时，尤其要予以注意。如果通过分析发现已经出现上述情况，在估算设备的评估值时，不要将已经考虑了的功能性贬值和其他贬值再重复计算。

（三）功能性贬值及其估算

1. 功能性贬值的种类

机器设备功能性贬值是指由于技术进步引起的设备功能相对落后而造成的设备价值损失。它包括由于新工艺、新材料和新技术的采用，而使原有设备的建造成本超过现行建造成本的超支额，以及原有设备超过体现技术进步的同类设备运营成本的超支额。机器设备功能性贬值主要有两种表现形式：

（1）超额投资成本。由于技术进步引起劳动生产率的提高，制造与原功能相同设备的社会必要劳动时间减少，材料的节约，工艺的改进，带来成本降低，从而造成原有设备的价值贬值。具体表现为原有设备价值中有一个超额投资成本将不被社会所承认。

（2）超额运营成本。由于技术进步出现了新的、性能更优的设备，致使原有设备的功能相对新式设备已经落后，从而引起价值贬值。具体表现为原有设备完成相同生产任务，消耗相对增加，形成了一部分超额运营成本。

2. 功能性贬值的估算

（1）超额投资成本的测算。一般来说，设备的复原重置成本与更新重置成本之间的差额就是超额投资成本。即：

$$\text{设备超额投资成本} = \text{设备复原重置成本} - \text{设备更新重置成本}$$

在设备功能相同的情况下，由于技术进步，更新重置成本应该小于其复原重置成本。评估机器设备时直接使用设备的更新重置成本，其实就已经将被评估设备价值中所包含的超额投资成本剔除掉了，而不必再去通过寻找设备的复原重置成本与更新重置成本，并计算其差额的途径去获取设备的超额投资成本。因此，在机器设备评估时，其重置成本应尽量选取更新重置成本。

评估实务中，被评估的设备可能已经停止生产，评估时只能参照其替代设备。而这些替代设备的特性和功能通常要比被评估设备更先进，其价格通常也会高于被评估设备的复原重置成本（例如用物价指数法调整得到的重置成本）。这样一来，就可能会出现设备更新重置成本大于设备复原重置成本的情形，上式得出的结果就会是负值。但在一般情况下，更新重置成本大于复原重置成本的部分将在运营成本节约上得到补偿。当然，出现这种情况时，评估人员要予以充分重视。

（2）超额运营成本的测算。从理论上讲，超额运营性功能性贬值就是指设备在未来使用过程中超额运营成本的现值。通常可以按下列步骤测算：

① 选择参照物，并将参照物的年运营成本与被评估设备的年运营成本进行对比，找出两者之间的差别及年超额运营成本额；

② 估测被评估设备的剩余使用年限；

③ 按企业适用的所得税率，计算被评估设备超额运营成本而抵减的所得税，得出被评估设备的年超额运营成本净额；

④ 选择适当的折现率，将被评估设备在剩余使用年限中的每年超额运营成本净额折现，累加计算被估机器设备的功能性贬值。

[例3-8] 某被评估对象是一生产装置，其正常运行需7名操作人员。目前同类新式装置所需的操作人员定额为4名。假定被评估装置与参照物在运营成木的其他项目支出方面大致相同。被评估装置尚可使用5年，未来5年操作人员平均年工资福利费分别约为50 000元、54 000元、59 000元、65 000元、72 000元，所得税率为25%，适用的折现率为10%。根据上述数据资料，被评估装置的功能性贬值测算如下：

计算被评估生产装置的各年超额运营成本额[（7－4）×各年工资福利费]：15万元、16.2万元、17.7万元、19.5万元、21.6万元。

测算被评估装置的各年超额运营成本净额[各年超额运营成本额×（1－25%）]：11.25万元、12.15万元、13.275万元、14.625万元、16.2万元。

将被评估装置在剩余使用年限内的每年超额运营成本净额折现累加，估算其功能性贬值额：

$$
\begin{aligned}
\text{功能性贬值} &= 11.25\times0.9091+12.15\times0.8264+13.275\times0.7513+\\
&\quad 14.625\times0.6830+16.2\times0.6209\\
&\approx 50.2891(\text{万元})
\end{aligned}
$$

（四）经济性贬值及其估算

经济性贬值是指机器设备由于运营环境等设备本身以外的原因所引起其自身价值的贬值。导致设备经济性贬值的原因大致有：市场竞争的加剧，致使产品需求下降；产业结构调整导致的限产；原材料供应情况的变化；劳动力及其他费用上涨，但产品价格得不到相应提高；通货膨胀；环境保护因素；等等。

1. 因生产能力降低造成的经济性贬值的估算

当个别或一组机器设备因外部因素影响出现开工不足，使设备的实际生产能力显著低于其额定或设计能力时，它的价值也就低于能充分利用时的价值。这种差别可以用经济性贬值率来表示，该比率可以用下式表示：

$$经济性贬值率=[1-(实际使用生产能力\div额定生产能力)^{X}]\times100\%$$

公式的指数 X 为规模效益指数，因设备种类不同而不同，评估实践中多采用经验数据。这里的经济性贬值率实际上就是资本投入的贬值率。造成这种情况的原因很多，例如，整个行业的额定生产能力过剩，开工不足会造成整个行业特有的低效率。又如，企业管理不善，产品落后，市场上激烈的竞争使企业内的生产能力不能充分利用等。

经济性贬值额一般应以设备的重置成本扣除了实体性贬值和功能性贬值后的余额为基数，乘以经济性贬值率获得。

［例3-9］ 某彩电生产厂家，其彩电生产线年生产能力为10万台，由于市场竞争加剧，该厂彩电产品销售量锐减，企业不得不将生产量减至年产7.5万台（销售价格及其他条件未变），这种局面在今后很长一段时间难以改变。假设已知其重置成本100万元，实体性贬值20万元，功能性贬值5万元，规模效益指数为0.7。试估算该生产线的经济性贬值率、经济性贬值额和资产评估价值。

根据以上公式和提供的有关资料：

$$\begin{aligned}经济性贬值率&=[1-(75\,000\div100\,000)^{0.7}]\times100\%\\&=[1-0.817\,6]\times100\%\\&=18.24\%\end{aligned}$$

$$经济性贬值额=(100-20-5)\times18.24\%=13.68（万元）$$

$$资产评估价值=100-20-5-13.68=61.32（万元）$$

2. 因收益减少造成的经济性贬值的估算

由于企业外部的原因，虽然设备生产负荷并未降低，但出现原材料涨价带来的生产成本提高得不到补偿，或是竞争导致产品降价出售等情况时，可能使设备创造的收益减少，使用价值降低，进而引起经济性贬值。

如果设备由于外界因素变化，造成的收益减少额能够直接测算出来的话，可直接按设备持续使用期间每年的收益损失额折现累加得到设备的经济性贬值额。其计算公式为：

$$经济性贬值额=设备年收益损失额\times(1-所得税税率)\times(P/A,r,n)$$

其中：$(P/A,r,n)$ 为年金现值系数。

［例3-10］ 如果某家电生产企业不降低生产量，就必须降价销售家电产品。假定原产品销价为1 500元/台，经测算每年完成2万台的销售量，产品售价需降至1 400元/台，即每台产品损失毛利100元。经估测，该生产线还可以继续使用3年，企业所在行业的平均投资报酬率为10%，企业适用的所得税税率为25%。试估算该生产线的经济性贬值额。

根据上式和提供的有关资料：

经济性贬值额 = $(100\times 20\,000)\times(1-25\%)\times(P/A,10\%,3)$

$=1\,500\,000\times 2.486\,9$

$=3\,730\,350$(元) $=373.035$(万元)

3. 因设备使用寿命缩短造成的经济性贬值的估算

引起机器设备使用寿命缩短的外部因素,主要是国家有关能源、环境保护等方面的法律、法规。由于环境污染问题日益严重,国家对机器设备的环保要求越来越高,对落后的、高能耗的机器设备实施强制淘汰制度,缩短了机器设备的正常使用寿命,从而造成了经济性贬值。有些机器设备因为排污超标,必须立刻纠正和治理污染,否则不准使用,这种情况下必须花费一笔设备改造成本,这样也会造成经济性贬值。

[例 3-11] 某辆汽车已使用 10 年,按目前的技术状态还可以使用 10 年,但由于环保、能源的要求,国家新出台的汽车报废政策规定,该类汽车的最长使用年限为 15 年。如果该汽车的重置成本为 20 万元,试估算该汽车的经济性贬值额。

新政策出台前的汽车贬值率:

贬值率 $=10\div(10+10)=50\%$

新政策出台后的汽车贬值率:

贬值率 $=10\div(10+5)=66.7\%$

经济性贬值率 $=66.7\%-50\%=16.7\%$

经济性贬值额 $=20\times 16.7\%=3.34$(万元)

四、成本法评估机器设备的具体案例

[例 3-12] 某企业有一套自制生产设备,原值为 200 万元,其中材料费 140 万元,安装费 44 万元,其他费用为 16 万元。这套生产设备到 2018 年 1 月 1 日已使用 6 年,预计尚可使用 14 年。这套生产设备的设计能力为年产某产品 1 000 吨。

从 2012 年至 2018 年的 6 年时间中,材料费上涨指数分别为:10%、11%、12%、15%、20%、25%;安装费和其他费用平均上涨指数分别为:9%、10%、12%、14%、18%、20%。

随着技术创新,相同设备的生产能力大大提高。预计 2018 年 1 月 1 日自制同样设备的生产能力会达到 1 100 吨。

假设目前企业所在行业受国民经济的影响很大,生产普遍不景气,正常开工率仅为 80%。调整系数取 0.7。

要求:估算该套设备于 2018 年 1 月 1 日的资产评估价值。

分析:我们可以先求出自制设备的重置全价,然后求出各种损耗率,最后确定评估值。由于该设备是自制的,市场上无法找到参照物,因此,只能采用物价指数法确定重置成本。

第一步,确定设备的重置成本。

该设备的材料费至2018年1月1日达到金额为：

$140\times(1+10\%)\times(1+11\%)\times(1+12\%)\times(1+15\%)\times(1+20\%)\times(1+25\%)=330.2561$（万元）

该套设备的安装费和其他费用至2018年1月1日的金额为：

$60\times(1+9\%)\times(1+10\%)\times(1+12\%)\times(1+14\%)\times(1+18\%)\times(1+20\%)=130.0638$（万元）

该套设备于2018年1月1日的重置全价为：

$330.2561+130.0638=460.3199$（万元）$\approx460.32$（万元）

第二步，确定设备的实体性贬值。

实体性贬值率＝已使用年限÷（已使用年限＋尚可使用年限）×100%＝6÷(6＋14)×100%＝30%

实体性贬值＝$460.32\times30\%=138.096$（万元）

第三步，确定设备的功能性贬值。

从题中已知条件可知新旧设备的生产能力的差异，若假定其他条件包括物料耗用、人工费用、产品质量等完全相同，则功能性损耗可以按生产能力的差异来确定，即：

功能性贬值率＝生产能力差异÷新设备生产能力×100%＝(1 100－1 000)÷1 100×100%＝9.09%

功能性贬值＝$(460.32-138.096)\times9.09\%=322.224\times9.09\%=29.29$（万元）

第四步，确定设备的经济性贬值。

因开工不足100%，故设备的利用不充分。

$$
\begin{aligned}
\text{经济性贬值率} &= \left[1-\left(\frac{\text{现实生产能力}}{\text{设计生产能力}}\right)^{X}\right]\times100\% \\
&= \left[1-\left(\frac{1\,000\times80\%}{1\,000}\right)^{0.7}\right]\times100\% \\
&= [1-0.8^{0.7}]\times100\% \\
&= (1-0.855\,4)\times100\% \\
&= 14.46\%
\end{aligned}
$$

$$
\begin{aligned}
\text{经济性贬值} &= (460.32-138.096-29.29)\times14.46\% \\
&= 292.934\times14.46\% \\
&= 42.358\text{（万元）}
\end{aligned}
$$

第五步，确定设备的评估价值。

$$
\begin{aligned}
\text{评估价值} &= \text{重置成本}-\text{实体性贬值}-\text{功能性贬值}-\text{经济性贬值} \\
&= 460.32-138.096-29.29-42.358 \\
&= 250.576\text{（万元）}
\end{aligned}
$$

或

评估价值 = 重置全价 × (1 - 实体性贬值率) × (1 - 功能性贬值率) × (1 - 经济性贬值率)
$= 460.32 \times (1 - 30\%) \times (1 - 9.09\%) \times (1 - 14.46\%)$
$= 460.32 \times 70\% \times 90.91\% \times 85.54\%$
$= 250.576$(万元)

五、进口设备的评估

随着改革的不断深入,企业参与国际市场竞争的意识不断增强,它们为了使自己的产品更具竞争力,纷纷从国外引进一些更先进的机器设备。这一现象也给资产评估工作带来了新的内容。

(一) 进口设备重置成本的构成

进口设备重置成本的基本构成包括现行国际市场离岸价(FOB)、境外途中保险费、境外运杂费、进口关税、消费税、增值税、银行财务费、公司代理手续费、国内运杂费、安装调试费等。

1. 离岸价

离岸价(FOB)是装运港船上交货价,不含保险费和运费;若把前三项成本构成加总(即离岸价 + 保险 + 运费),则叫作到岸价,用 CIF 来表示。

2. 境外运杂费

境外运杂费可按设备的重量、体积及海运公司的收费标准计算,也可按一定比例计取,取费基数为设备的货价,计算公式为:

境外运杂费 = 离岸价 × 海运费率

海运费率:远洋一般取 5% ~8% ,近洋一般取 3% ~4% 。

3. 境外途中保险费

境外途中保险费 = (离岸价 + 境外运杂费) × 保险费率

保险费率可根据保险公司费率表确定,一般在 0.4% 左右。

4. 进口关税

进口关税 = 进口设备完税价格 × 关税税率

完税价格一般采用到岸价格(CIF),关税税率按国家发布的进口关税税率表计取。

5. 消费税

如果进口设备属于消费税的征收范围,还要计算消费税。

消费税 = (进口设备完税价格 + 进口关税) ÷ (1 - 消费税税率) × 消费税税率

6. 增值税

增值税 = (进口设备完税价格 + 关税 + 消费税) × 增值税税率

7. 银行财务费

银行财务费的取费基数为设备离岸价的人民币价格。我国现行银行财务费率一般为

0.4% ~0.5%。

银行财务费 = 离岸价 × 财务费率

8. 公司代理手续费

公司代理手续费也称外贸手续费，取费基数为设备到岸价的人民币价格。目前，我国进出口公司的外贸手续费率一般为1% ~1.5%。

外贸手续费 = 到岸价 × 外贸手续费率

9. 国内运杂费

进口设备的国内运杂费，是指进口设备从出口国运抵我国后，从所到达的港口、车站、机场等地，将设备运至使用目的地所发生的港口费用、装卸费用、运输费用、保管费用、国内运输保险费等有关费用，不包括运输超限设备时发生的特殊措施费。

国内运杂费 = 到岸价 × 国内运杂费率

国内运杂费率分为海运方式和陆运方式两种。

10. 进口设备安装调试费

进口设备安装调试费 = 相似国产设备原价 × 国产设备安装调试费率

或　　　　　　　　　= 进口设备到岸价 × 进口设备安装调试费率

进口设备安装调试费率一般低于国产设备安装调试费率。如机械行业建设项目概算指标中规定：进口设备的安装调试费率可按相同类型国产设备的30% ~70%选取，进口设备的机械化、自动化程度越高，取值越低，反之越高。

（二）进口设备的重置成本的估算方法

1. 直接询价估算法

被评估的进口设备进口时间不长，在评估时仍然有相同的设备在进口，就可以直接查询到进口设备的现行离岸价（FOB）或到岸价（CIF），可按以下公式估算进口设备的重置成本：

重置成本 =（离岸价 + 途中保险费 + 国外运杂费）× 现行外汇汇率 + 进口关税 + 增值税 + 银行财务费 + 外贸手续费 + 国内运杂费 + 安装调试费

重置成本 = 到岸价 × 现行外汇汇率 + 进口关税 + 增值税 + 银行财务费 + 外贸手续费 + 国内运杂费 + 安装调试费

［例3-13］ 某企业2年前从美国进口了一台设备，现在进行评估。评估基准日查询到该设备的离岸价为1 000万美元，海运费率为8%，保险费率为0.4%，关税税率为10%，增值税税率为16%，银行财务费率为0.4%，外贸手续费率一般为1%，国内运杂费率为1%，安装调试费率为0.6%，评估基准日外汇汇率为1美元 =7元人民币。试估算该企业这台进口设备的重置成本。

根据以上公式，该台进口设备的重置成本为：

离岸价 =1 000（万美元）

境外运杂费 =1 000 ×8% =80（万美元）

境外途中保险费 =（1 000 +80）×0.4% =4.32（万美元）

到岸价 =1 000 +80 +4.32 =1 084.32(万美元)

到岸价(人民币) =1 084.32 ×7 =7 590.24(万元)

进口关税 =7 590.24 ×10% =759.024(万元)

增值税 =(7 590.24 +759.024) ×16% =1 335.882 24(万元)

银行财务费 =1 000 ×7 ×0.4% =28(万元)

外贸手续费率 =7 590.24 ×1% =75.902 4(万元)

国内运杂费 =7 590.24 ×1% =75.902 4(万元)

安装调试费 =7 590.24 ×0.6% =45.541 44(万元)

重置成本 = 7 590. 24 + 759. 024 + 1 335. 882 24 + 28 + 75. 902 4 + 75. 902 4 + 45.541 44 =9 910.492 48(万元)

2. 替代品询价估算法

被评估的进口设备进口时间较长,在评估时一般没有相同的设备还在进口,就无法查询到进口设备的现行离岸价(FOB)或到岸价(CIF)。在评估时如果可取得其国外替代产品的现行 FOB 或 CIF 价格的,可采用功能价值法或比较法来估测被评估机器设备的重置成本;若没有其国外替代品的现行 FOB 或 CIF 价格的,也可利用国内替代设备的现行市价或重置成本推算被评估进口设备的重置成本。

3. 指数调整法

若以上几种渠道都行不通的话,也可利用指数调整法评估进口设备的重置成本。但是,用指数调整法评估进口设备的重置成本有其限制范围:(1)对于那些技术已经更新的进口设备不宜采用指数调整法,因为一旦技术更新,旧型号设备很快被淘汰,其价格会大幅度下降。只有那些技术更新周期较长、该型号设备仍在国外大量使用、在技术上未被淘汰的设备适宜采用指数调整法。(2)运用指数调整法调整计算进口设备重置成本时,其中原来用外币支付的部分(即原来的 CIF 价格),应使用设备生产国的物价变动指数来调整,而不是用国内价格变动指数来调整,但对原来的国内费用(即进口关税、增值税、银行财务费、外贸手续费、国内运杂费、安装调试费等)都可按国内的物价变动指数来调整。

第三节　机器设备评估的市场法

市场法也称为市场比较法,是在市场参照物的选择、分析的基础上,以与被评估对象相同或相似的机器设备的市场价格为依据,估算被评估机器设备现时价值的一种方法。市场法与重置成本法相比要简便得多,是一种简便易行的评估方法。由于该方法直接以市场价格为基础,充分反映了机器设备的现行市场评价,因此评估值具有较强的可靠性和说服力,该方法在发达市场经济国家十分流行。正因为市场法以市场参照物为评估依据,市场发育状况将直接关系到参照物市价的合理性与否，并影响到对机器设备的评估值的准确性。所以，该方法较适合于具备成熟市场的机器设备，如交易活跃、广泛的通用机器设备。

一、运用市场法评估机器设备的基本步骤

（一）鉴定被评估对象

考察待评估机器设备，并对其性能结构、新旧程度等作必要的技术鉴定，以获得该设备的基本经济技术参数，为市场数据资料的搜集及参照物的选择提供依据。

（二）选择参照物

参照物，是指用来与被评估机器设备相比较，并具有合理的市场交易价格的相同或相似的资产。在市场中选择参照物，最重要的是要具有可比性，且其成交价具有代表性和合理性，数据可靠。可比因素包括：

（1）设备的规格型号；

（2）设备的生产厂家；

（3）设备的制造质量；

（4）设备的零部件、配件情况；

（5）设备的实际已使用年限；

（6）设备的技术状况；

（7）设备的成新率情况（包括外观、磨损程度、大修记录等）；

（8）设备的出售目的和出售方式；

（9）设备的成交数量和成交时间；

（10）设备交易时的市场状况；

（11）设备的存放和使用地点。

在条件允许的情况下，最好能有多个参照物。

（三）差异比较和调整

参照物通常与被评估设备是可比的，但不是同样的。所以必须按可比因素逐一调整参照物的价格。参照物与被评估设备之间的差异主要有交易因素差异、时间因素差异、结构性能差异、新旧程度差异、地区因素差异等方面。在找出主要差异后，对其作用程度要加以确定并予以量化，并作出调整。

（四）确定设备的评估值

用多个参照设备调整后价格的算术平均值或加权平均值作为被评估设备的评估价值。

二、市场法的运用方法

市场法评估机器设备的具体方法有直接比较法和因素调整法两种。

（一）直接比较法

直接比较法是指直接把被评估设备与基本相同的市场参照物相比较,对影响价格的因素进行简单调整从而得到评估价值的一种评估方法。例如汽车的评估,如应用公开的价格信息资料,并且生产厂家、型号、役龄、附属装置都相同时,被评汽车价值就可通过对行驶公里数和状态的调整取得。比如,采用市场法评估某辆卡车现时价格时,评估人员在旧车市场上找到完全相同的参照物,那么,该参照物的市场价格,就可以直接作为被评估卡车的评估值。又如,当评估人员在市场上找到的参照物,虽然在生产厂家、型号、出厂日期、附属装置等均相同,但在实际使用和维护保养上有很大差异,这就需要评估人员根据被评估车辆行驶里程、维护保养的实际情况,对参照物的市场价格作相应调整。实际对车辆评估时,可以通过计算被评估卡车与参照物卡车的剩余行驶里程比值,来调整参照物的市场价格。

[例3-14]　评估人员在评估一辆轿车时,从市场上获得的参照物轿车在生产厂家、型号、购置年月、行驶里程、发动机、底盘及各主要系统的状况等方面基本相同。区别在于:(1)参照物的右前大灯破损需要更换,更换费用约500元;(2)被评估车辆加装CD音响一套,价值1 200元。若参照物轿车的市场售价为75 000元,试估算被评估轿车的评估价值。

$$轿车评估价值 = 75\ 000 + 500 + 1\ 200 = 76\ 700(元)$$

使用直接比较法的前提是评估对象与市场参照物基本相同,需要调整的项目较少,差异不大,并且差异对价值的影响可以直接确定。如果差异较大,则无法使用直接比较法。

（二）因素调整法

因素调整法是指通过对类似的资产和被评资产的可比因素之间的比较、分析,最后在参照物市场价格的基础上,根据两者之间的差异进行适当的调整,估算出被评估资产价值的一种方法。因参照物与被评估资产之间总是存在一定的差异,因此,在运用因素调整法时,通常需要多选取有代表性的相似资产作为参照物,有助于评估值准确。

[例3-15]　某被评估资产是5年前购进的生产A产品的成套设备,评估人员通过对该设备考察及对市场上同类设备交易情况的了解,决定采用现行市价法进行评估。他们选择了三个近期成交的、与被评估设备类似的设备作为参照物,参照物与被评估设备的一些具体经济技术参数可见表3-5。

表3-5　经济技术参数表

经济技术参数	计量单位	参照物A	参照物B	参照物C	被评估设备
交易价格	万元	200	230	250	
交易情况		公开市场	公开市场	公开市场	公开市场
交易时间		2017年1月	2017年7月	2017年11月	
市场能力	台/年	46 900	51 100	54 000	50 400
人员定员	人	134	140	150	140

续表

经济技术参数	计量单位	参照物A	参照物B	参照物C	被评估设备
已使用年限	年	7	7	5	5
尚可使用年限	年	12	12	15	15
新旧程度	%	60	60	75	75

要求评估该设备2018年1月的价值。

分析：评估人员通过对该设备考察及对市场上同类设备交易情况的了解，决定采用现行市价法进行评估。

1. 因素对比分析

(1) 交易时间因素的影响。

根据搜集到的资料表明，同类设备的价格变化大约是平均每月上升1%。

(2) 功能因素的影响。

即分析设备生产能力与购建成本的关系，可通过功能成本系数的回归分析法求得。若求得回归系数为40，即设备年生产能力每提高1万台，购建成本需增加40万元。

(3) 自动化程度因素的影响。

设备自动化程度高低表现为生产人员定员数的不同。根据企业劳资科的资料，生产人员人均年薪为30 000元，企业的投资回报率为10%。从表3-5提供的资料可知，参照物A的生产人员劳动生产率定额为350台/人年(46 900台/134人年)，参照物B的生产人员劳动生产率定额为365台/人年(51 100台/140人年)，参照物C的生产人员劳动生产率定额为360台/人年(54 000台/150人年)，被评估设备的生产人员劳动生产率定额约为360台/人年(50 400台/140人年)。

即被评估设备与参照物A相比，减少使用生产人员约4人(50 400/350－140)；被评估设备与参照物B相比，增加了生产人员约2人(50 400/365－140)；被评估设备与参照物C相比，生产人员没有变化(50 400/360－140)。

2. 调整差异

(1) 年生产能力的差额。

被评估设备与参照物A的生产能力相比，其差额为：(50 400－46 900)×40＝14万元；若考虑成新率因素，实际差额为：14×75%＝10.5万元。

被评估设备与参照物B的生产能力相比，其差额为：(50 400－51 100)×40＝－2.8万元；若考虑成新率因素，实际差额为：－2.8×75%＝－2.1万元。

被评估设备与参照物C相比，其生产能力差额为：(50 400－54 000)×40＝－14.4万元，若考虑成新率因素，实际差额为：－14.4×75%＝－10.8万元。

(2) 自动化程度差额。

即根据被评估设备与参照物对比的生产人员定员数和年薪情况进行折现后的差额。

被评估设备与参照物A的差额为：4×30 000＝12万元，扣除所得税因素，则净节约额为:12×(1-25%)=9 万元,在尚可使用年限内可节约人工费用额为:9×(P/A,10%,15)=9×7.606 1=68.454 9 万元。

被评估设备与参照物 B 的差额为:2×30 000=6 万元,扣除所得税因素,则净超支额为:6×(1-25%)=4.5 万元,在尚可使用年限内超额人工费用额为:4.5×(P/A,10%,15)=4.5×7.606 1=34.227 45 万元。

被评估设备与参照物 C 在自动化程度方面没有差异,不需要调整。

(3)时间变动因素差额。

被评估设备与参照物 A 相比较相差 12 个月,价格指数上升了 12%,其差额为:200×12%=24 万元;与参照物 B 相比较相差 6 个月,价格指数上升了 6%,其差额为:230×6%=13.8 万元;与参照物 C 相比较相差 2 个月,价格指数上升了 2%,其差额为:250×2%=5 万元;

3. 确定评估值

(1) 确定被评估设备的初步评估结果。

与参照物 A 相比分析调整差额的初步评估结果为:

评估值=200+10.5+68.454 9+24=302.954 9(万元)

与参照物 B 相比分析调整差额的初步评估结果为:

评估值=230-2.1-34.227 45+13.8=207.472 55(万元)

与参照物 C 相比分析调整差额的初步评估结果为:

评估值=250-10.8+5=244.2(万元)

(2) 结合定性分析确定设备评估值。

最终确定设备评估值的方法有算术平均法和加权平均法两种。

算术平均法下的设备评估价值为:

评估值=(302.954 9+207.472 55+244.2)÷3=254.54(万元)

假定参照物 A、B、C 的权数分别为 25%、25%、50%,加权平均法下的设备评估价值为:

评估值=302.954 9×25%+207.472 55×25%+244.2×50%=249.71(万元)

[例 3-16]　某企业一台甲设备进行评估,评估人员通过对该设备考察及对市场上同类设备交易情况的了解,决定采用现行市价法进行评估。他们选择了 4 个近期成交的、与被评估设备同型号的设备作为参照物,参照物与被评估设备的一些具体经济技术参数可见表 3-6。

表 3-6　经济技术参数表

比较因素	参照物 A	参照物 B	参照物 C	参照物 D	被评估设备
交易价格(元)	100 000	70 000	85 000	80 000	
交易情况	公开市场	公开市场	公开市场	公开市场	公开市场
交易时间	6 月前	3 月前	1 月前	1 月前	
生产厂家	北京	苏州	北京	昆明	苏州
成新率	80%	75%	65%	80%	70%

评估人员经过对市场信息进行分析得知，4个参照物都是在公开市场条件下销售的，不存在受交易状况影响使价格偏高或偏低的现象，影响售价的因素主要是生产厂家（品牌）、交易时间和成新率。假定北京厂家生产的设备是名牌产品，其价格要比一般厂家生产的设备高20%左右；该类设备价格水平为平均每月上升2%。试评估该设备的价值。

1. 计算生产厂家因素的修正系数

参照物A、B、C、D的修正系数分别是：$\frac{100}{120}$、$\frac{100}{100}$、$\frac{100}{120}$、$\frac{100}{100}$。

2. 计算交易时间因素的修正系数

参照物A、B、C、D的修正系数分别是：$\frac{112}{100}$、$\frac{106}{100}$、$\frac{102}{100}$、$\frac{102}{100}$。

3. 计算成新率因素的修正系数

参照物A、B、C、D的修正系数分别是：$\frac{70}{80}$、$\frac{70}{75}$、$\frac{70}{65}$、$\frac{70}{80}$。

4. 确定评估值

（1）确定被评估设备的初步评估结果。

参照物A调整后的结果为：

$$评估值=100\ 000\times\frac{100}{120}\times\frac{112}{100}\times\frac{70}{80}=81\ 667（元）$$

参照物B调整后的结果为：

$$评估值=70\ 000\times\frac{100}{100}\times\frac{106}{100}\times\frac{70}{75}=69\ 253（元）$$

参照物C调整后的结果为：

$$评估值=85\ 000\times\frac{100}{120}\times\frac{102}{100}\times\frac{70}{65}=77\ 808（元）$$

参照物D调整后的结果为：

$$评估值=80\ 000\times\frac{100}{100}\times\frac{102}{100}\times\frac{70}{80}=71\ 400（元）$$

（2）结合定性分析确定设备评估值。

$$评估值=(81\ 667+69\ 253+77\ 808+71\ 400)\div4=75\ 032（元）$$

第四节　机器设备评估的收益法

运用收益法评估资产的价值，其前提是该资产应具备独立的生产能力和获利能力，就单台机器设备而言，大部分不具有独立获利能力。因此，单台设备评估通常不采用收益法评估。对于自成体系的成套设备、生产线以及可以单独作业的车辆等设备，特别是租赁的设备则可以采用收益法评估。下面介绍用收益法在评估机器设备中的简单应用。

收益法是指把一个特定期间内的固定或固定变化的经济收益流量进行折现计算，以其收益折现值作为评估价值的方法。由于机器设备通常都只能在有限年限内获得收益，因此，运用收益法评估其价值时，应合理估测其尚可使用年限。该方法需要预测收益和收益年限，并确定合理的折现率。

对于租赁的设备，其租金就是收益，而且租金通常是不变的。为估测租金多少可以进行市场调查，分析比较可比的租赁设备的租金，经调整后得到被估设备的预期收益。调整的因素可包括时间、地点、规格和役龄等。同时，根据可比的机器设备，估计被评机器设备的尚可使用年限。为了求得折现率（或资产收益率），必须调查和分析类似租赁资产的价格，并用下式进行估算：

$$折现率 = 收益（租金）\div 价格$$

把市场调查得到的折现率调整到适用于被评设备的水平，然后代入下式得出评估值：

$$P = A \cdot \frac{(1+r)^n - 1}{r(1+r)^n}$$

式中：P——为机器设备评估值；

A——为被评机器设备的预测收益；

r——为折现率；

n——为机器设备的收益年限。

［例 3-17］　估算某租赁设备的评估价值，评估基准日 2018 年 5 月，收益期限 10 年，无残值。评估人员由租赁市场了解到被评设备的三个参照物的年租金信息，见表 3-7。

表 3-7　三个参照物的年租金

参照物	日期	租金
1	2018 年 5 月	8 000 元/年
2	2018 年 5 月	8 000 元/年
3	2017 年 5 月	7 760 元/年

三个参照物与被评资产是相同的设备，前两个和被评设备是同期租赁的，第三个是前一年同期租赁的，由于物价上涨 3%，第三个数据应调至 7 760 ×（1 + 3%）= 7 993 元/年，因此预期年收益为 8 000 元是合理的。根据该机器设备的当前状况。估测其尚可使用年限为 10 年，10 年后残值为零。

又查到两个类似于被评设备的参照物的销售和租金信息，见表 3-8。

表 3-8　两个参照物的销售和租金

参照物	日期	售价（元）	年收益（元）	本金化率
4	2018 年 5 月	44 000	6 600	15%
5	2018 年 5 月	60 000	9 600	16%

其中本金化率平均值约为15.5%[(15% +16%)÷2]。由于该本金化率是根据出售的机器设备估计的，其包含的风险要高于租赁的机器设备的收益风险，因此要适当调低后作为被评机器设备的本金化率，在本例中取14%。于是：

$$机器设备的价值 = 8\ 000 \times (P/A,14\%,10) = 8\ 000 \times 5.216\ 1 = 41\ 728.8(元)$$

本章小结

机器设备评估，是指资产评估机构及其资产评估专业人员遵守法律、行政法规和资产评估准则，根据委托对评估基准日特定目的下单独的机器设备、资产组合或者作为企业资产组成部分的机器设备价值进行评定和估算，并出具资产评估报告的专业服务行为。

机器设备，是指人类利用机械原理以及其他科学原理制造的、特定主体拥有或者控制的有形资产，包括机器、仪器、器械、装置、附属的特殊建筑物等。

机器设备按适用范围分为通用设备和专用设备两大类。机器设备按组合程度分为单台机器设备和组合机器设备两大类。

机器设备具有单位价值大，使用寿命长；价值量分别遵循不同规则而改变；技术含量的差异性；机组和生产线的成套性；寿命的周期性等特点。

机器设备评估具有一般采用单项评估；以技术检测为基础；把握机器设备的价值构成；考虑机器设备的使用状态及使用方式；确定被评估机器设备贬值因素等特点。

机器设备评估一般按下列程序进行：明确评估目的，进行现场调查，确定经济技术参数，估算机器设备价值，撰写评估报告。

成本法是机器设备评估中被普遍采用的一种评估方法。其基本原理用公式表示为：

机器设备评估价值 = 重置成本 - 实体性贬值 - 功能性贬值 - 经济性贬值

机器设备的重置成本在构成上包括机器设备的直接费用和机器设备的间接费用。机器设备的直接费用是指机器设备的购置价或建造价，它构成了机器设备重置成本的基础。机器设备的运杂费、安装调试费和必要的配套装置费也构成机器设备的直接费用。机器设备的间接费用是指为购置、建造机器设备而发生的各种管理费用、总体设计制图费用、资金成本，以及人员培训费用等。

重置成本的估算方法有重置核算法、价格指数法、功能价值法、规模经济效益指数法、统计分析法等方法。

机器设备贬值可以分为实体性贬值、功能性贬值和经济性贬值。实体性贬值的估算可采用观测分析法、使用年限法、修复金额法等方法；功能性贬值的估算可通过确定超额投资成本和超额运营成本来进行;经济性贬值的估算可分因生产能力降低造成的、因收益减少造成的、因设备使用寿命缩短造成的经济性贬值等方面进行估算。

进口设备的重置成本的基本构成包括现行国际市场离岸价(FOB)、境外途中保险费、境外运杂费、进口关税、消费税、增值税、银行财务费、公司代理手续费、国内运杂费、安装调试费等。进口设备重置成本的估算方法有直接询价估算法、替代品询价估算法和指数调整法。

市场法评估机器设备的基本步骤包括:鉴定被评估对象;选择参照物;差异比较和调整;确定设备的评估值。市场法评估机器设备的具体方法有直接比较法和因素调整法两种。

单项设备评估通常不采用收益法评估。对于自成体系的成套设备、生产线以及可以单独作业的车辆等设备,特别是租赁的设备则可以采用收益法评估。

思考题

1. 机器设备的特点有哪些?
2. 机器设备评估的特点有哪些?
3. 机器设备评估的程序是怎样的?
4. 观测分析法主要观察和分析哪些方面的信息?
5. 超额投资成本与超额运营成本有什么不同?
6. 进口设备重置成本的构成主要有哪些?
7. 市场法评估机器设备的基本步骤有哪些?
8. 超额运营成本的测算步骤有哪些?
9. 外购成套设备重置成本的构成包括哪些?
10. 进口设备的 CIF 价与 FOB 价之间的差别是什么?

练习题

一、名词解释

机器设备评估　机器设备　经济寿命　通用机器设备　单台机器设备
组合机器设备　物理寿命　技术寿命　专用机器设备　修复金额法

二、单项选择题

1. 运用价格指数法评估机器设备的重置成本,仅仅考虑了(　　)因素。
A. 技术　B. 功能　C. 地域　D. 时间
2. 进口设备的到岸价是指离岸价加上(　　)。
A. 境外途中保险费　B. 境外途中保险费和境外运杂费
C. 境外运杂费　D. 境外途中保险费和进口关税
3. 下列不属于进口设备重置成本估算方法的是(　　)。
A. 修复金额法　B. 直接询价估算法
C. 替代品询价估算法　D. 指数调整法

4. 大型机械加工设备的安装费率一般是设备价值的( )。

A. 2% ~4% B. 3% ~6% C. 5% ~8% D. 10% ~25%

5. 电梯的安装费率一般是设备价值的( )。

A. 2% ~4% B. 3% ~6% C. 5% ~8% D. 10% ~25%

6. 银行财务费的计费基数是( )。

A. 离岸价 B. 到岸价 C. 进口关税 D. 境外运杂费

7. 外贸手续费的计费基数是( )。

A. 离岸价 B. 到岸价 C. 进口关税 D. 境外运杂费

8. 化工设备的安装费率一般是设备价值的( )。

A. 2% ~4% B. 8% ~40% C. 5% ~8% D. 10% ~25%

9. 外贸手续费率一般为( )。

A. 0.4% ~0.5% B. 1.4% ~3% C. 1% ~1.5% D. 3% ~5%

10. 进口关税的计税基数是( )。

A. 离岸价 B. 到岸价

C. 离岸价 + 境外运杂费 D. 到岸价 + 境外运杂费

三、多项选择题

1. 采用观测分析法评估机器设备的实体性贬值,应收集的信息包括( )。

A. 设备的现时技术状态 B. 设备的原始制造质量

C. 设备工作环境和条件 D. 设备的外观和完整性

2. 设备成新率的估算方法有( )。

A. 观测分析法 B. 使用年限法 C. 间接计算法 D. 修复金额法

3. 设备物理寿命的长短主要取决于( )。

A. 设备制造质量 B. 设备使用强度

C. 设备保养和维护情况 D. 技术更新的速度

4. 设备技术寿命的长短主要取决于( )。

A. 技术进步的速度 B. 技术更新的速度

C. 使用强度 D. 使用环境

5. 能采用收益法评估的设备主要有( )。

A. 单台设备 B. 成套设备 C. 生产线 D. 通用设备

6. 设备的功能性贬值通常表现为( )。

A. 超额重置成本 B. 超额投资成本 C. 超额更新成本 D. 超额运营成本

7. 进口设备的到岸价包括( )。

A. 离岸价 B. 境外运杂费 C. 进口关税 D. 境外途中保险费

8. 下列属于进口设备重置成本估算方法的是( )。

A. 修复金额法 B. 直接询价估算法

C. 替代品询价估算法　　　　　　D. 指数调整法

9. 进口设备重置成本的基本构成包括(　　)。

A. 离岸价　　　B. 境外途中保险费

C. 银行财务费　　　D. 公司代理手续费

10. 安装周期很短的机器设备,其重置成本一般包括(　　)。

A. 设备购置费　　　B. 运杂费用　　　C. 安装费用　　　D. 利息费用

四、判断题

1. 银行财务费的计费基数是进口设备的到岸价。(　　)

2. 外贸手续费的计费基数是进口设备的离岸价。(　　)

3. 进口关税是进口设备到岸价的组成部分。(　　)

4. 组合机器设备是指为了实现特定的功能,由若干独立的单台机器设备组成的机器设备组合。(　　)

5. 机器设备评估的成本法主要适用于持续使用前提下的机器设备评估。(　　)

6. 技术含量的差异性是机器设备的一个主要特点。(　　)

7. 机器设备的实际已使用年限是指资产从购进使用到评估时的日历年限。(　　)

8. 功能性贬值的估算可从因生产能力降低造成的、因收益减少造成的、因设备使用寿命缩短造成的功能性贬值等方面进行估算。(　　)

9. 技术检测是机器设备评估的基础。(　　)

10. 执行机器设备评估业务,必须对机器设备进行现场逐项调查。(　　)

五、计算题

1. 某机器设备的购建成本资料为设备采购价 200 000 元,运输费 5 000 元,安装费 8 000 元,调试费 3 000 元。评估时经市场调查得知,该设备在市场上仍很流行,且采购价格上升了 40%;铁路运价提高了 1 倍,安装的材料和工费上涨幅度加权计算为 35%,调试费用上涨了 25%。

要求:试评估该设备的重置成本。

2. 被评估设备购建于 2008 年,原始价值 100 万元,2013 年和 2016 年进行两次更新改造,主要是添置一些自动化控制装置,投资分别为 20 万元和 30 万元。2018 年对该资产进行评估,假设从 2008 年至 2018 年每年的价格上升率为 10%,该设备的尚可使用年限经检测和鉴定为 8 年。

要求:计算该设备的成新率。

3. 某被评估设备已经使用了 4 年,预计将来还能再使用 6 年。评估人员了解到,该设备目前正维修,其原因是一部件出现裂纹,必须更换才能使用。整个维修计划大约需要花费 8 万元。评估人员已经估算该设备的复原重置成本为 40 万元。

要求:计算该设备的成新率。

4. 某企业有一套自制生产设备,原值为 500 万元,其中材料费 400 万元,安装费 60 万元,其他费用为40万元。这套生产设备到2018年1月1日已使用4年,预计尚可使用16年。这套生产设备的设计能力为年产某产品2 000吨。材料费的定基物价指数2012年为120%,2018年为180%;安装费和其他费用的定基物价指数2012年为110%,2018年为160%。预计2018年1月1日自制同样设备的生产能力会达到2 200吨。由于企业所在行业受国民经济的影响很大,生产普遍不景气,正常开工率仅为80%。调整系数取0.7。

要求:估算该套设备于2018年1月1日的资产评估价值。

5. 某企业2年前从美国进口了一台设备,现在进行评估。评估基准日查询到该设备的离岸价为2 000万美元,海运费率为8%,保险费率为0.4%,关税税率为20%,增值税税率为16%,银行财务费率为0.4%,外贸手续费率一般为1%,国内运杂费率为1%,安装调试费率为0.6%,评估基准日外汇汇率为1美元=7元人民币。

要求:估算该台进口设备的重置成本。

6. 某企业一台设备进行评估。评估人员选择了4个近期成交的、与被评估设备同型号的设备作为参照物,参照物与被评估设备的一些具体经济技术参数见表3-9。

表3-9　经济技术参数表

比较因素	参照物A	参照物B	参照物C	参照物D	被评估设备
交易价格	200 000	140 000	170 000	160 000	
交易情况	公开市场	公开市场	公开市场	公开市场	公开市场
交易时间	6月前	4月前	1月前	1月前	
生产厂家	北京	苏州	北京	昆明	苏州
成新率	80%	75%	65%	80%	70%

评估人员经过对市场信息进行分析得知,4个参照物都是在公开市场条件下销售的,不存在受交易状况影响使价格偏高或偏低的现象,影响售价的因素主要是生产厂家(品牌)、交易时间和成新率。假定北京厂家生产的设备是名牌产品,其价格要比一般厂家生产的设备高15%左右;该类设备价格水平为平均每月上升3%。

要求:评估该设备的价值。

第四章

房地产评估

学习目的与要求

通过本章学习，了解并掌握：

1. 房地产的定义、特征和评估程序；
2. 土地使用权评估的特点；
3. 土地使用权评估的方法；
4. 建筑物评估的特点；
5. 建筑物评估的方法；
6. 在建工程评估的特点和方法。

第一节　房地产评估概述

一、房地产的概念

房地产也称不动产，是指土地、建筑物及其他附着于土地上的定着物，包括物质实体及其相关权益。土地是指地球的表面及其上下一定范围的空间；建筑物是指人工建筑而成的物品，由建筑材料、建筑配件和设备组成的整合体；其他附着于土地上的定着物是指附着于土地上，与土地不可分离的部分，如树木、花草，埋设在地下的管线、设施，建造于地上的道路、围墙等。因此，房地产本质上包括土地和建筑物两部分。

房地产包括土地和建筑物两部分，并不意味着只有土地和建筑物合成一体时，才成为房地产。单纯的土地或建筑物都是房地产，是房地产的一种存在形态，房地产只是一种统称。

因此在房地产评估中，评估对象有三种：土地、建筑物和房地合一的房地产。当然在房地产评估实务中单纯以建筑物作为评估对象的情形比较少见。

房地产可以分为物质实体和权益两个方面。物质实体是其中看得见、摸得着的部分，是房地产权益的载体；权益是房地产中无形的、不可触摸的部分，是指一切与房地产有关的权利、利益和收益的总称。房地产评估中的房地产是房地产实体与房地产权益的综合体。房地产评估实质是对房地产有关权益的评估，同一房地产实体由于所载权益的不同，会得出不同的评估结果。

房地产评估是指资产评估机构及其资产评估专业人员遵守法律、行政法规和资产评估准则，根据委托对评估基准日特定目的下的房地产价值进行评定和估算，并出具资产评估报告的专业服务行为。房地产评估包括单独的房地产评估和企业价值评估中的房地产评估。

二、房地产的特征

房地产的特征，主要表现在以下几个方面：

（一）位置固定性

房地产也称不动产。由于土地不可位移，固着于土地上的建筑物亦不可移动。房地产的位置固定性，导致了房地产带有明显的区域性特点和个别性特征。这种区域性特点和个别性特征是影响房地产价值的重要因素。

（二）使用长期性

从某种意义上讲，土地的利用具有永续性。建筑物一经建造完成，其寿命也是相当长的。房地产使用的长期性决定其用途、功用可以随社会的进步不断地加以改善、调整，以达到最佳使用的状态。值得注意的是，国家土地使用制度规定，企业、其他组织和个人通过政府出让方式取得的土地使用权是有限期的。国家规定的土地使用权出让最高年限按不同用途予以规定：居住用地70年；工业用地50年；教育、科技、文化、卫生、体育用地50年；商业、旅游、娱乐用地40年；综合或者其他用地50年等。土地使用权的有限年期对房地产自然使用的长期性是一种限制。土地使用权的剩余使用年限是影响房地产价值的一个重要因素。

（三）影响多样性

房地产效用的发挥，以及其价值的实现要受到诸多因素的制约。除了房地产自身自然的、物理的、化学的因素以外，社会因素以及周边环境等都会对房地产效用的发挥及其价值的实现起到非常大的影响作用。从社会因素来看，政府的城市规划，具体规定了房地产的用途和使用强度（容积率、覆盖率、建筑高度、绿地率等）。从周边环境的角度来看，任何房地产的效用和价值都要受到其周边环境，特别是周边房地产用途的影响。良好的周边环境可以提高该区域房地产的价值；而恶劣的周边环境，则可使该区域内的房地产价值下降。当然，影响房地产效用发挥及其价值实现的因素还有许多，如政府的房地产政策、住房制度、社会有效需求等。

（四）投资大量性

不论是房地产中的土地还是建筑物，其投资的数额都是可观的，不论是国家投资者、企业投资者还是个人投资者，投资房地产都需要较大数额的资金。房地产投资大量性特点不仅说明了房地产投资应事先做好可行性研究，要有的放矢，有效地进行投资；另一方面也说明房地产变现也不是件轻而易举的事情。

（五）保值增值性

随着人口及社会生产力的发展，社会对土地的需求与日俱增。由于土地资源特别是城市土地面积的有限性，从长远的观点来看，土地供给一般会滞后于土地需求而出现房地产价格上升趋势。如果出现通货膨胀现象，房地产的保值性则会更为明显。房地产保值增值是一种趋势，而并非每一时点房地产价值都会上涨，需要结合每宗房地产的具体情况来理解其保值增值的趋势。

（六）投资风险性

房地产的长期使用性和保值增值性使其成为投资回报率较高的行业，同时，房地产投资风险也比较大。房地产投资的风险主要来自三个方面：首先，房地产无法移动，建成后又不易改变用途，如果市场销售不对路，很容易造成长期的空置、积压；其次，房地产的生产周期较长，从取得土地到房屋建成销售，通常要 3 ~ 5 年的时间，在此期间影响房地产发展的各种因素发生变化，都会对房地产的投资效果产生影响；最后，自然灾害、战争、社会动荡等，也会对房地产投资产生无法预见的影响。

三、房地产评估的程序

房地产评估程序，是房地产评估全过程的各个具体环节按其内在联系所排列出的逻辑顺序。房地产评估应按照以下程序进行：

（一）明确评估基本事项

评估机构在接受房地产评估委托后，在评估委托合同中除了要明确评估收费、违约责任等事项外，还必须明确评估对象、评估目的、评估时点和评估的具体工作时间等具体事项。

明确评估对象首先从物质实体上明确房地产的名称、坐落地、用途、面积、层数、结构、装修、基础设施、取得时间、使用年限、维修保养状况等。其次从权益状况看，要明确产权性质和产权归属等。明确评估目的就是要确定评估结果的具体用途，即为何种需要而进行房地产评估。明确评估目的不仅有助于明确评估方向，便于更好地确定评估对象和评估范围，同时也限制了评估报告的使用范围，有助于评估人员选择恰当的评估价值类型和评估价值基础。明确评估时点就是要有明确的评估基准日，资产评估结果是某一具体时点的资产评估值，评估结果是否合理主要是针对评估基准日而言的。明确评估的具体工作时间是指委托方与受托方要事先明确，评估机构从接受委托到提交评估报告的工作时间。在没有特殊原因的情况下，评估机构应按期保质地完成评估工作。

（二）拟定评估工作方案

在明确了评估的基本事项的基础上，应当对评估项目进行充分分析，拟定评估作业计划。具体包括：根据评估对象和评估目的，以及可能搜集到的数据资料，初选评估方法和评估的技术路线，并确定评估人员及其分工；按评估的要求和评估方法调查搜集数据资料；拟定作业步骤和作业时间表；初算评估成本。

（三）实地查勘搜集资料

房地产评估人员必须到评估现场进行实地查勘。了解弄清房地产的位置和周围环境、自然和人文景观、公共设施和基础设施，以及评估对象的物质状况，如外观、结构、面积、装修、设备等；并对委托方提供的和事先搜集到的有关资料进行核实和验证，进一步丰富和落实此项评估所需的数据资料。

（四）选用评估方法评定估算

在房地产评估中，除了使用其他资产评估常用的市场法、收益法和成本法外，还可以根据具体情况运用剩余法、残余估价法、路线价法、基准地价修正法等。如果条件允许，每一个评估项目最好能选择两种或两种以上的方法进行评估，以便相互比较验证。

（五）确定评估结果，撰写评估说明和评估报告

用两个或两个以上的评估方法进行评估，会得到几个初步评估结果。评估人员应当在充分分析论证的基础上给出评估的最终结果，并撰写评估说明和评估报告。

第二节　土地使用权评估的特点

一、土地使用权

在我国，土地作为一种最基本的生产资料，实行社会主义公有制，城镇土地属于国家所有，农村土地属于集体所有，土地所有权都不能进入市场流通。土地使用者可以依法拥有和转让的是特定土地一定年限的使用权。因此，评估土地价值一般就是评估土地使用权的价值。

土地使用权是土地使用者依法对土地进行使用或依法对其使用权进行转让、出租、抵押、投资等的权利。

土地使用权出让是指国家以土地所有者的身份将土地使用权在一定年限内出让与土地使用者，并由土地使用者向国家支付土地使用权出让金的行为。土地使用权出让可以采取协议、招标和拍卖三种方式。

土地使用权转让是指土地使用者将土地使用权再转移的行为，包括出售、交换和赠与。

凡未按土地使用权出让合同规定的期限和条件投资开发、利用土地的,土地使用权不得转让。

土地使用权转让时,土地使用权出让合同和登记文件中所载明的权利、义务随之转移。土地使用权转让时,其地上建筑物、其他附着物所有权随之转让。土地使用者通过转让方式取得的土地使用权,其使用年限为土地使用权出让合同规定的使用年限减去原土地使用者已使用年限后的剩余年限。地上建筑物、其他附着物的所有人或者共有人,享有该建筑物、附着物使用范围内的土地使用权。土地使用者转让地上建筑物、其他附着物所有权时,其使用范围内的土地使用权随之转让,但地上建筑物、其他附着物作为动产转让的除外。土地使用权和地上建筑物、其他附着物所有权转让,应当依照规定办理过户登记。

土地使用权出租是指土地使用者作为出租人将土地使用权随同地上建筑物、其他附着物租赁给承租人使用,由承租人向出租人支付租金的行为。未按土地使用权出让合同规定的期限和条件投资开发、利用土地的,土地使用权不得出租。

土地使用权可以抵押。土地使用权抵押时,其地上建筑物、其他附着物随之抵押。地上建筑物、其他附着物抵押时,其使用范围内的土地使用权随之抵押。土地使用权抵押,抵押人与抵押权人应当签订抵押合同。抵押合同不得违背国家法律、法规和土地使用权出让合同的规定。土地使用权和地上建筑物、其他附着物抵押,应当依照规定办理抵押登记。抵押人到期未能履行债务或者在抵押合同期间宣告解散、破产的,抵押权人有权依照国家法律、法规和抵押合同的规定处分抵押财产。因处分抵押财产而取得土地使用权和地上建筑物、其他附着物所有权的,应当依照规定办理过户登记。

土地使用权有偿使用合同约定的使用期限届满,土地使用者未申请续期或者虽申请续期未获批准的,由原土地登记机关注销土地登记。土地使用权出让合同约定的使用年限届满,土地使用者需要继续使用土地的,应当最迟于届满前一年申请续期,除根据社会公共利益需要收回该宗土地的,应当予以批准。经批准准予续期的,应当重新签订土地使用权出让合同,依照规定支付土地使用权出让金。土地使用权出让合同约定的使用年限届满,土地使用者未申请续期或者虽申请续期仅依照法律规定未获批准的,土地使用权由国家无偿收回。

二、土地的特性与分类

(一)土地的特性

土地的特性可以分为土地的自然特性和经济特性两个方面。

1. 土地的自然特性

(1)位置固定性。土地具有位置的固定性,不能随土地产权的流动而改变其空间的位置。地产交易,不是土地实体本身的空间移动,而是土地产权的转移。土地位置的固定性决定了土地价格具有明显的地域性特征。

(2)总量有限性。土地是自然的产物,是不可再生资源,地球上土地面积是有限的。随着地球上人口的不断增加,人均占有土地面积越来越少,属于稀缺资源。

（3）质量差异性。土地的位置不同，造成了土地之间存在自然差异，这个差异导致土地级差地租的产生。

（4）效用永续性。只要土地使用得当，土地的效用即利用价值会一直延续下去。

2. 土地的经济特性

（1）供给稀缺性。所谓土地的供给稀缺性，主要是指某一地区的某种用途的土地供不应求，形成稀缺的经济资源，造成供求矛盾。土地的供给稀缺性，与土地总量的有限性、土地位置的固定性、土地质量的差异性等有关。土地的供给稀缺性客观上要求人们集约用地。

（2）相对垄断性。土地的所有权和使用权都可以垄断。由于土地具有可垄断性，因此，在土地所有权或使用权让渡时，就必然要求实现其垄断利益。

（3）用途多样性。一块土地的用途是多种的，可以作为农田，也可以建住宅或建写字楼，或者建造商场。土地利用的多方向性客观上要求在地产估价中需要确定土地的最佳用途。

（4）经济地理位置可变性。土地作为自然资源，自然地理位置是固定的。但土地作为社会经济资源，其经济地理位置却是可变的。土地周围环境，如交通条件、商业网点、住宅建设等的变化，都会改变土地的经济地理位置。

（二）土地的分类

由于土地的用途、位置、开发程度不同，评估的要求和所要考虑的因素不同，因而，需要根据评估的需要从不同角度对土地进行分类。

1. 按社会经济用途分类

按社会经济用途，土地可分为工业用地，商业用地，交通运输用地，公用事业用地，文教、科技和卫生用地，行政事业机关用地，生活住宅用地，园林、风景游览区、公共休息用地，特殊用地（军事设施用地、监狱、垃圾堆放处理场）等。

2. 按经济地理位置分类

按经济地理位置，土地可分为市中心区、一般市区、市区边沿区、近郊区、远郊区、边远区，还有特区、开放区、开发区、出口加工区、保税区等。

3. 按所有权归属分类

按所有权归属，土地可分为国家所有土地和集体所有土地。我国城市的土地属于国家所有。农村和城市郊区的土地，除由法律规定属于国家所有的以外，属集体所有；宅基地和自留地、自留山也属于集体所有。

4. 按利用程度分类

按利用程度，土地可分为高度集约使用的土地、正常使用土地、闲置未用土地或空地、使用不当土地。

5. 按开发程度与开发趋势分类

按开发程度与开发趋势，土地可分为已开发的土地、未开发的土地、列入市镇开发规划的土地。

三、地价的特征与种类

（一）地价的特征

由于土地的不可再生性、相对稀缺性、位置固定性等特性的存在，使得地产价格具有不同于一般商品价格的特征。

1. 地价是地租的资本化

地价与一般商品的价格不同，一般商品是劳动的产物，其价格围绕价值上下波动，价格由生产成本和利润构成。土地则不完全是劳动的产物，因此，地价并不是土地的购买价格，而是地租的资本化。

2. 地价是权益价格

由于地产位置不可移动，因此地产的买卖、抵押等并不能移转地产的物质实体本身，而是转移与土地有关的各种权益。地产的权益是一束权益，如所有权、使用权、抵押权、租赁权等，因此，发生经济行为的地产转移方式不同，形成的地产权益不同，其权益价格也不相同，评估时必须仔细考虑。

3. 土地具有增值性

由于土地价格形成的特殊性，其价值的变化也具有特殊性。地价受多种因素影响，由于土地可永续利用，随着地块周围环境因素的变化及经济的增长，除个别情况外，随着时间的流逝，土地往往具有自然增值的属性。

4. 地价与用途相关

一般商品的价格由其生产成本、供给和需求等因素决定，其价格一般并不因使用状况不同而产生差别。但是，同样一宗土地，在不同的规划用途下，其使用价值是不一样的，土地价格与其用途相关性极大。因此，在市场经济条件下，一宗土地如果用于经营商业比用于住宅更有利，其价格必然由商业用途决定。

5. 地价具有个别性

由于土地的个别性，没有两宗土地条件完全一致，同时在土地价格决定中，交易主体之间的个别因素也很容易起作用。因此，地产价格形成具有个别性。由于土地位置的固定性，其交易往往是单个进行，因此形成的地产市场是一个不完全竞争市场。土地不像一般商品，可以开展样品交易、批量交易。每一宗土地交易都具有个别性。

6. 地价具有可比性

地产价格尽管具有与一般商品不同的许多特性，但并不意味着其价格之间互不联系。事实上，人们可以根据地产价格的形成规律，对影响地产价格的因素进行比较，从而能够比较地产的价格。

（二）地价的种类

我国目前的地价体系主要由基准地价、标定地价、交易底价、市场交易价和课税价格等构成。

1. **基准地价**

基准地价是指城镇国有土地使用权的基本标准价格。基准地价是按照城市土地级别或均质地域分别评估的商业、住宅、工业等各类用地和综合土地级别的土地使用权的平均价格。

基准地价是以城市为单位进行评估的。将城市土地按照土地级别（或区域）和用途两个标准进行划分，然后计算出各种用途、各种级别（或区域）的土地使用权的平均价格。基准地价选择用途和级别（或区域）两个标准分类，首先，是因为土地使用权的价格与土地用途有关，不同用途下的土地使用权价格相差很多；其次，即使在同一城市内，不同区域之间，由于自然环境的差异和社会经济环境的不同，各区域之间同一用途的土地也不具有替代性，价格差异较大，而且相互作用很小。基准地价覆盖整个城市建成区。

基准地价具有以下特点：

（1）基准地价是某种土地级别（或区域）的土地的土地使用权的平均价格。

（2）基准地价是某种用途（如工业、商业、住宅用地）土地的土地使用权的平均价格。

（3）各种级别、各种用途的土地的基准地价是覆盖整个城市建成区的。

（4）由于影响地产价格的一般因素的变化，地价会随着时间的变化而变化，基准地价也会变化。而基准地价具有现实性，在评估后一定时期内价格不变。因此，一般应每年或至少每两年对城市土地价格进行全面或局部调整，以更新基准地价。

（5）基准地价是单位土地面积的地价。

（6）基准地价是进一步评估宗地地价的依据之一。

（7）基准地价的高低，主要反映该地区的区域因素的好坏程度。因为它是平均价格，所以不受个别因素的影响。

2. **标定地价**

标定地价是市、县政府根据需要评估的正常地产市场中，具体宗地在一定使用年限内的价格。标定地价是以基准地价为依据，根据具体宗地土地使用权年限、地块面积、土地形状、地质、地貌、土地容积率、覆盖率、微观地理位置等个别因素，经评估得到的。

标定地价具有以下特点：

（1）标定地价是政府选定的具体地块的地价，即宗地地价。

（2）标定地价一般具有评估基准日，不随时间变化而变化，因此，使用标定地价时要注意评估基准日的远近。

（3）标定地价一般不进行大规模的评估。

（4）标定地价在表示上可采用宗地价格，也可采用单位价格。

（5）标定地价是确定土地使用权出让底价等价格的依据。

基准地价是标定地价的评估基础，前者以反映宏观区域因素为主，后者还要考虑土地使用权的微观个别因素，后者更接近于具体宗地的市场价格。此外，两者还有以下区别：

（1）基准地价是平均价格；而标定地价是宗地价格。

（2）基准地价有时效性；而标定地价有评估基准日。

(3) 基准地价覆盖整个城市建成区;标定地价不进行大规模评估。

(4) 基准地价是单位价格;标定地价可采用宗地价格,也可采用单位价格。

(5) 基准地价反映区域因素;标定地价还要反映个别因素。因此,前者影响后者,而后者不会影响前者。

3. 交易底价

底价即经济学上的保留价格,对于买方,这是买方能够接受的最高价格;对于卖方,这是卖方能够接受的最低价格,低于(或高于)该价格时,卖方(或买方)就会退出交易。交易底价包括土地使用权的出让底价、转让底价、抵押底价等。

土地使用权的出让底价是政府根据正常市场状态下具体宗地或地块应达到的地价水平来确定的该宗地或地块出让时的最低控制价格标准。出让底价一般根据标定地价或基准地价,并考虑地产市场的发展状况而定,对整个房地产市场的价格水平影响非常大。它属于一级土地市场的价格。

转让底价属于二级土地市场,是转让成交前的谈判底价。

抵押底价是以土地使用权作为抵押物时土地使用权的协商价格。

底价并非都是最低的价格,出让底价是政府控制的最低价格标准,只对卖方而言是要控制的最低的价格。基准地价、标定地价都是公开的,而出让底价和转让底价 ·般都是保密的。基准地价、标定地价和交易底价虽然均非市场交易价格,但是,对土地市场的影响是很大的。

4. 市场交易价

租赁价格和转让价格等都属于市场交易价格。市场交易价是指在土地市场上土地使用权的实际成交价格。在正常市场条件下,买卖双方都有足够的获取交易信息的时间和机会,都能以自身利益为前提,自主地作出理性的选择,并自愿地以某一价格成交。市场交易价除了受到具体宗地的自身情况影响外,还要受到买卖双方的交易因素及当时的市场因素的影响。由于交易的市场环境不同,市场交易价经常不断地处于变化之中。交易价格是真实成交的价格,但是并不一定符合资产评估的公开市场假设,因此在使用时要加以修正。

5. 课税价格

课税价格是政府在征收有关土地的税收,如土地增值税、土地使用税等税收时作为计税依据的价格。在国外,以课税为目的的资产评估业务较多。目前,我国土地使用税执行从量定额征税,而非从价定率征税,征税标准是土地面积(平方米),而非价格,与地价无关,因此很少发生以课税为目的的资产评估。将来,随着遗产赠与税等税种的开征,课税会成为土地资产评估常见的评估目的之一。

目前,我国土地使用权评估主要是评估土地使用权的出让价格、转让价格和抵押价格等。

四、影响土地价格的因素

影响土地价格的因素很多，主要有一般因素、区域因素和个别因素三大方面。

（一）一般因素

一般因素是指影响一定区域范围内所有地产价格的一般的、普遍的、共同的因素。这些因素通常会对较广泛地区范围内的各宗地产的价格产生全局性的影响。这类因素主要包括经济因素、社会因素、行政因素和心理因素等。

1. 经济因素

（1）经济发展因素。国民经济增长速度、国民生产总值、居民收入水平、物价指数等经济因素都会对地价的形成产生影响。比如，在国民经济增长快、国民生产总值大、居民收入水平高、资金充裕地区，国民生产总值用于投资、消费部分加大，用于生产性、投资性或消费性等方面的房地产的支出增加，从而促进房地产业的繁荣，带动房地产价格上涨。有关研究表明，房地产业发展周期与国民经济发展周期总体趋势基本一致。因此房地产价格总水平与地区经济发展状况成正相关关系。

（2）财政金融因素。存款利率、贷款利率、物价上升指数、税率、贷款比例和土地资本还原率等财政金融因素对房地产价格的形成有着密切的关系。比如利率和税率的变化，将会影响房地产的供给和需求，因而对房地产价格产生影响。土地资本还原率与地价的关系非常明显，在地租一定的情况下，土地还原率越高，地价越低；反之，土地还原率越低，地价越高。

（3）产业结构因素。产业结构在这里主要是指第一产业、第二产业及第三产业在国民经济及国民生产总值中的比例关系以及房地产业在其中所占的比重。一般来说，第三产业的比重越大，房地产价格会越高。

2. 社会因素

（1）人口因素。房地产需求的主体是人，因此，人的数量和素质直接决定对房地产的需求程度，因而对房地产价格有着很大影响。具体来说，人口因素对房地产价格的影响表现为人口数量、人口密度和人口素质三个方面。

人口数量与房地产价格的关系是正相关的。人口总量增长，对房地产的需求就会增大，房地产价格一般也就会上升；反之，房地产价格则下降。

人口密度是人口数量的相对指标。人口密度高的地区，一般房地产的供给相对缺乏，供不应求，因此，该地区的房地产价格水平超高。同时，人口密度高，有可能刺激商业、服务业等产业的发展，因而会提高土地价格。但是，在人口密度过高的地区，生活环境的舒适程度会受到影响，因此，也有可能降低土地价格。

社会文明、人口平均文化程度、居民的修养也能间接地影响房地产价格。居民素质较高的地区，居住环境也力求宽敞舒适，房地产价格水平一般趋高；居民素质较低的地区，组成复杂，秩序欠佳，房地产价格则会低落，尤其是居住用地的地价会降低。

（2）家庭规模因素。家庭规模是指社会或某一地区家庭平均人口数。即使一个地区人口总数不变，家庭人口数的变化也将影响居住面积的变化。比如，随着家庭人口平均数的下降，即家庭小型化，对总的住宅套数的需求将增加，因此，对房地产的需求会增加，房地产的价格也会上涨。

（3）房地产投机因素。房地产投机是市场经济下的一种明显的社会现象，是投资者期望并利用房地产价格的变动获得超常利润的行为。这种现象主要体现在三个方面：①当房地产价格不断上涨时，预测房地产价格还将进一步上涨的房地产投机商会纷纷抢购，哄抬价格，造成一种虚假需求，这将促使房地产价格进一步上涨。②当预测房地产价格将进一步下跌的房地产投机商纷纷抛售时，在市场上会造成一种虚假的供过于求的现象，引起房地产价格下跌。③当房地产价格跌落时，预测将来房地产价格会上涨的房地产投机商收购房地产，造成房地产需求增加，从而抑制房地产价格的进一步下跌；当房地产价格上涨时，囤积房地产的投机商抛出房地产，增加房地产供给，从而也能平抑房地产价格。

（4）教育科研水平和治安因素。如果一个地区的教育水准高、科研水平高，则意味着受教育的方便程度提高，科学技术转化为生产力的可能性增大，因而房地产价格水平也会上升。一个地区若经常发生偷盗、抢劫等犯罪案件，则意味着该地区居民的生命财产缺乏保障，因此会造成地价低落。

（5）社会福利因素。社会福利的状态，会影响社会文化生活水平，从而间接地影响地价水平。

3. **行政因素**

社会、经济因素对房地产价格的影响，主要是以利益为中心，但行政因素的影响，则以公益为中心。行政因素是从公益观点，积极扶助和促进房地产的利用，或限制其消极作用，但最终目的是提高整体房地产的效用。行政因素通过对社会、经济等行为加以一定规范来影响房地产价格。行政因素主要指影响房地产价格的制度、政策、法规、行政措施等因素。

（1）土地使用制度与住房制度、地价政策。土地使用制度科学合理，可以调动土地利用者或投资者的积极性，促进土地资源合理配置、带动土地增值，导致地价上涨。过去我国土地无偿无限期使用，且土地不允许转让、出租，因此地价基本不存在，隐形的地价也较低。改革开放以来，土地使用制度发生了重大变革，土地使用权可以依法出租、转让，地价随着经济的发展而上升。居住用地在城市用地中占有相当比重，在低租金福利分配住房的制度下，住宅用地价格必然极低。随着住房制度改革的深入，住房进一步商品化，住房价格逐步由市场决定。

根据对国民经济或地区经济宏观调控的需要，政府可能推行高地价政策，引起地价上涨。某些时期也可能实行低地价政策，抑制地价上涨。

（2）城市规划、土地利用规划、城市发展战略。这些因素决定了一个城市的性质、发展方向和发展规模，还决定城市用地结构、城市景观轮廓线、地块用途、利用程度等。土地被规划为住宅区、商业区、工业区、农业区等不同区域，对土地价格影响极大。

（3）税收制度、投资倾斜、优惠政策。房地产税收，可以调节房地产投资者的积极性，抑制不正当的房地产投机，理顺房地产收益分配关系，稳定房地产市场。进行房地产估价时，需考虑不同税种对房地产市场中供需双方的不同影响。国家宏观经济政策向某地区倾斜，会诱发该地区房地产价格上涨。对某一地区在税收、管理等方面的优惠政策，会吸引投资、增加收益，促进房地产价格上涨。

（4）行政隶属关系变更。一个地区的行政隶属关系发生变更，也会影响其房地产价格水平。行政隶属关系变更包括级别升格和管辖权变更。例如将非建制镇升格为建制镇，将建制镇升格为市，或将经济落后地区的地方划归经济发达地区管理，都会促进房地产价格水平上涨。

（5）交通管制。交通管制包括禁止通行，实行单行道及限制通行时间等规定。一般而言，由于交通管制，会使该地区道路的通达性及便捷度受到影响，从而降低房地产价格，但在住宅区内禁止货车通行，则可以减少噪声，保持清净和行人安全，从而会提高房地产价格。

4. 心理因素

心理因素对房地产价格的影响是很微妙的，也是一个不可忽视的因素，主要表现为购买或出售心态、对居住环境的认同度、欣赏趣味、时尚风气、接近名家住宅心理、讲究门牌号码或土地号码、讲究风水、价值观的变化等。

（二）区域因素

区域因素，是指房地产所处地区的自然条件与社会经济条件、行政因素等相结合所产生的区域特征，即该地区的自然环境和社会经济环境对该地区的房地产价格水平所产生的影响。该因素根源于房地产的不可位移性（位置的固定性）。一般来说，房地产用途不同，它们所要求的区域因素也不相同。

1. 住宅用地对区域因素的要求

住宅用地主要对环境质量要求较高，包括自然环境条件和居住环境条件两部分。自然环境条件主要包括空气、水资源、噪音及光污染程度、自然景观、交通便利条件等；居住环境条件主要包括市政基础设施条件和公共建筑配套设施条件，如交通、给排水、供电、供暖、邮电、通讯、绿化、环境、卫生、商店、银行、学校、公园、医院等是否齐全；小区居民的职业、社会地位以及文化素养等也在一定程度上影响房地产的价格。

2. 商业用地对区域因素的要求

商业用地对区域因素的要求主要是围绕收益程度。收益程度的高低主要受商业繁华程度、交通便捷程度、客流量大小、环境优劣程度及城市规划的限制等。

3. 工业用地对区域因素的要求

工业用地对区域因素的要求主要集中在交通便捷程度（距离原材料产地及产品市场远近）、基础设施完善程度（能源、水资源的供应、厂房建设等）、产业集聚规模（上游、下游产业及相关产业规模等）及当地的产业政策等。

（三）个别因素

个别因素是指地产所表现的个别特殊因素，如微观地理位置、宗地面积、土地形状、地形、地质、地貌、朝向等对该宗地价格产生的影响。

1. 微观地理位置

宏观地理位置是通过区域因素进行调整的，但是在同一区域内部，由于微观地理位置不同，会产生不同的收益和价值，地产价格也是不同的。而且，没有两宗房地产在微观地理位置这一点上是完全相同的。

2. 土地面积

土地单价与土地面积之间的关系犹如一条正态曲线，即当土地面积达到一定面积时，宗地单价最高；面积过小，会影响开发、设计，不能形成规模效益，单位土地价格要下降；面积过大，则投资过大，风险过大，有能力进行开发的开发商不多，而且，也会形成规模过大而规模不经济，价格也要降低。

3. 土地形状

土地形状规则与否牵涉到土地的利用率、开发、设计等，如袋地、三角形等地形，会影响利用率，所以也会影响地价。

4. 地形、地质

地形较差，如背阴、通风不畅、地形较低易涝等都会降低地价；地形复杂、地质较差则会造成开发、建设成本较高，也会降低地价。

5. 城市规划

城市规划中对建筑容积率、覆盖率、建筑高度甚至建筑风格等都有规定。

容积率是建筑物的总建筑面积与土地面积的比值。建筑面积包括使用面积、辅助面积和结构面积三部分。

$$容积率 = 建筑总面积 \div 建筑占地面积$$

容积率越大，在土地上可以建造的建筑物的面积越大，地价越高。

覆盖率，也称建筑密度，是建筑物底层建筑面积与土地面积的比值。

$$覆盖率 = 建筑底面积 \div 建筑占地面积$$

覆盖率越大则越拥挤，道路和绿地面积越小，建筑物栋距越小，会影响建筑物采光、通风，并存在交通、环境等问题。

6. 土地用途因素

土地的用途对地价影响相当大，同样一块土地，规划为不同用途，则地价也不相同。一般来说，对于同一宗土地而言，商业用地、住宅用地、工业用地的地价是递减的。

7. 土地使用权年限

在年地租不变的前提下，土地使用年期越长，地价越高。

五、地价评估的原则

土地使用权评估除了需遵循资产评估的一般原则外，还应注意以下评估原则：

（一）替代原则

根据经济学原理，同一地区、用途相同的地产，由于在使用上具有相互替代的作用，在市场竞争的作用下，其价格会相互作用，相互影响，必将趋于一致。根据这一理论，在资产评估时，可以在与被评估土地相同或相似的区域内，寻找近期发生的与待评估土地具有替代作用的地产的交易价格及交易条件，对待评估土地与已交易土地的价格和条件进行比较和修正，从而确定待评估土地的评估价格。应该注意的是，由于土地具有不可位移性，价格受到一般因素、区域因素、个别因素等因素的影响，而且目前我国二级土地市场上土地交易较少，在土地评估时不可能像一般商品那样找到完全相同的比较实例（或称替代品、参照物），因此一般要对选取的比较实例进行时间因素（本质是一般因素）、区域因素、个别因素、交易因素及容积率、土地使用权的剩余使用年限等因素修正，才能按照替代原则，采用市场法确定待评估土地的评估价格。

（二）最有效使用原则

土地的用途是多样的，同一块土地，可能既可用于商业、娱乐业用地、住宅用地，又可用于工业、农业用地；而且，同一块土地，用于不同的用途，其收益也不一样，价值也不一样。土地权利人为了获取最大收益，总是希望土地达到最佳用途。评估时，评估人员也必须找到待评估土地的最佳用途，并按照待评估土地的最佳用途能带来的收益进行评估。待评估土地的最佳用途，必须符合以下三点：

（1）土地在用途、使用强度（容积率、覆盖率、建筑高度等方面）上要符合法律、法规、城市规划的规定。

（2）在客观条件上，待评估土地的确合适于该用途。

（3）该用途能给待评估土地带来最大预期收益，从而使评估价格最高。

（三）合法原则

合法原则要求土地评估要在符合法律规定的条件下进行，包括合法取得、合法使用、合法收益和合法处分等。分析土地的最佳使用时，必须根据城市规划及有关法律的规定，依据规定用途、建筑容积率、建筑高度、建筑密度及建筑风格等确定。在测算土地的收益时，其经营用途必须合法。法律、法规已规定用途的土地，必须按照规定用途测算，不可为提高收益而擅自改变土地用途，比如把工业用地改为商业用地；不可以以临时建筑或违章建筑的收益为依据来测算土地收益额。

（四）供需原则

在完全竞争的市场中，一般商品的价格总是由该商品的供给和需求决定的，一般符合供大于求——价格下跌——供给减少——供不应求——价格上涨——供给增加的规律。一般商品的供给和需求都是可以变化的。由于土地供给的有限性，土地的供给一般是没有弹性的，不会随价格的上升而增加，也不会随价格的下降而减少，但某种用途的土地除外，如居住用地，随着一些大城市的发展，一些原本作为工业、农业用地的土地改做了居住用地。所以，土地的价格更取决于对土地的需求。而且，我国土地一级市场是政府完全垄断的，二级市场也受到政府行政控制。因此地价不能仅根据均衡法则来确定。

（五）贡献原则

在客观上，土地往往需要与房屋建筑物结合才能产生收益。因此，在取得房地合一的纯收益后，需要正确划分属于土地的纯收益和属于房屋建筑物的纯收益。特别在我国，由于土地是公有的，属于土地的纯收益应以土地出让金的方式收归国有，房屋建筑物产生的收益则归单位或个人所有，这一点就显得更为重要。因此，必须根据贡献原则确定分别属于房屋建筑物的纯收益和属于土地的纯收益，分别评估房屋建筑物的价格或土地使用权的价格，或房地合一的房地产的价格。

（六）变动原则

一般商品的价格总是随着构成商品价格因素的变化而变化的，土地也不例外。前面已讲过，土地价格受到一般因素、区域因素、个别因素及交易双方的影响，因此土地价格也会随着一般因素、区域因素、个别因素的变化而变化。在评估时，评估人员要对由于一般因素、区域因素、个别因素的变化而对土地价格造成的影响进行修正。区域因素、个别因素一般可直接进行修正；一般因素是对所有地产价格都产生影响的一般的、共同的、普遍性的因素，而且是随时间变化而变化的，因此可通过对时间因素（交易时间）的修正而修正。

第三节　土地使用权评估的方法

一、市场法

（一）基本思路及适用范围

市场法又称为市场比较法、现行市价法等，是指在评估土地使用权价值时，将待评估地产与在较近时期内已经成交的类似地产加以比较，依照这些已经成交的地产价格，通过对交易因素、时间因素、区域因素和个别因素等的修正，从而得出待评估地产价值的一种方法。

市场法是土地使用权评估中最重要的一种方法，在国外应用非常广泛；在国内，现在由于受到土地使用权交易的透明度和数据资料的收集等因素的制约，应用不够普遍。但随着我国土地使用权交易的日渐活跃，地产市场的日趋规范和完善，市场法必将成为一种应用广泛的评估方法。

市场法只要有类似地产的合适交易实例即可应用。因此在地产市场比较发达的情况下，市场法应用很广泛。在同一地区或同一供求范围内的类似地区中，与待评估地产相似的地产交易越多，市场法应用就越有效。而在以下情况下，市场法往往难以适用：

（1）在地产交易发生较少甚至没有发生的地区；

（2）对某些类型很少见的地产或交易实例很少的地产，如古建筑用地等；

（3）对那些很难成为交易对象的地产，如教堂、寺庙、风景名胜区、图书馆、体育馆、学校、纪念馆用地等。

（二）计算公式

市场法是通过与近期交易的地产进行比较，并对一系列因素进行修正，而得到被评地产在评估基准日市场状况下的价格水平。这些因素主要有交易情况因素、交易日期因素、区域因素和个别因素四类。通过交易情况修正，将可比交易实例修正为正常交易情况下的价格；通过交易日期因素修正，将可比交易实例价格修正为评估基准日的价格；通过区域因素修正，将可比交易实例价格修正为被估对象所处区域条件下的价格；通过个别因素修正，将可比交易实例价格修正为被估对象自身状况下的价格。个别因素包括面积、容积率、土地使用权年限等因素，其中容积率和土地使用权年限，由于影响力较大，情况特殊，有时也可拿出来单独进行修正。

市场法的基本计算公式是：

$$P = P' \times A \times B \times C \times D$$

式中：P——被估地产的评估值；

P'——可比交易实例（参照物）的价格；

A——交易情况修正系数；

B——交易日期修正系数；

C——区域因素修正系数；

D——个别因素修正系数。

式中字符含义的具体内容为：

$$A = \frac{\text{评估对象交易情况指数}}{\text{参照物交易情况指数}}$$

$$B = \frac{\text{评估基准日价格指数}}{\text{参照物交易日价格指数}}$$

$$C = \frac{\text{评估对象区域因素得分值}}{\text{参照物区域因素得分值}}$$

$$D = \frac{\text{评估对象个别因素条件指数}}{\text{参照物个别因素条件指数}}$$

在这里需要说明的是，组成区域因素或个别因素中的各个因子都可以独立地扩展出来进行单独修正。

（三）操作步骤

运用市场法评估地产价值，一般经过下列程序：收集交易资料，确定参照物，对交易情况、交易日期、区域因素、个别因素、容积率和土地使用年期等因素进行修正，确定地产价格。以下对操作步骤作具体介绍：

1. 收集交易资料

运用市场法评估地产价值，必须有充裕的交易资料，这是市场法运用的基础和前提条件。评估人员必须注意日积月累，在平时就要时刻关注地产市场变化，随时搜集有关地产交易实例。如果等到需要时才去临时找案例，往往因为时间紧迫，很难及时搜集到足够的交易案例。而交易案例太少，用市场法评估出的价格就不能满足客观、合理的要求。

收集交易资料时应具体调查的内容一般包括：地产的位置、用途、面积、形状、交易价格、交易日期、交易双方情况、土地状况、环境状况及交易市场状况等。

收集资料的途径包括：查阅政府有关部门的地产交易资料；查阅各种报刊有关地产交易的消息；采访地产经办人员，了解各种信息；同行之间资料交流，参加各类评价协会组织；其他途径等。

2. 确定参照物（可比交易案例）

在进行一宗地产价值评估时，需要针对被估地产的特点，从平时搜集的众多地产交易实例中选择符合一定条件的交易实例，作为供比较参照的交易实例。可比实例选择是否适当，直接影响运用比较法评估的结果精度，因此对参照物的选择应特别慎重。

确定参照物一般应符合下述条件：

（1）交易实例与评估地产的用途应相同。这种用途主要指大类用途，如果能做到小类用途也相同则更好。大类用途分为工业用地、商业用地、住宅用地等。

（2）交易实例与评估地产所处的地区应相同，或在同一供求范围内的类似地区。

（3）交易实例与评估地产的交易类型相同，或者说评估目的应基本相同。不同评估目的下的交易类型有买卖、租赁、抵押、投资等。

（4）交易实例的交易时间与评估地产评估基准日相近。从国外有关资料来看，如果地产市场较为稳定，评估基准日与案例交易日期可相差较远，但所选取的参照物资料不应该超过 2 年。如果市场变动剧烈，变化较快，则只宜选取较近时期的参照物，最好是 1 年以内的。

（5）交易实例为正常交易，或可修正为正常交易。正常交易是指交易应是公开、平等、自愿的交易。

注意，比较实例不可少于三个，因为每一个交易实例都具有个别性，只有选取多个比较实例比较，才能消除其个别性，显示其共性。

3. 因素修正

因素修正包括：交易情况修正、交易日期修正、区域因素修正、个别因素修正、容积率修正，土地使用年限修正等。

（1）交易情况修正。

地产的自然和经济特性，决定了地产市场不能成为完全竞争市场，而是一个不完全竞争市场。在地产市场上，地产价格的形成往往具有个别性，因此运用市场法进行地产评估，需要对选取的参照物进行交易情况修正，将交易中由于个别因素所产生的价格偏差予以剔除，使其成为正常价格。地产交易中的特殊情况较为复杂，主要有以下几种：①有特殊利害关系的经济主体间的交易，如亲友之间、有利害关系的公司之间、公司与本单位职工之间，通常都会以偏离市价的价格进行交易。②交易时有特别的动机，这以急于脱售或急于购买最为典型。如有人为了扩大经营面积，收买邻近的建筑用地，往往会使交易价格抬高。③买方或卖方不了解市场行情，往往使地产交易价格偏高或偏低。④其他特殊交易的情形。如契税本应由买方负担，却转嫁给了卖方。⑤特殊的交易方式。如拍卖、招标等。

分析了交易情况的特殊性，就要将特殊情况的交易修正到正常交易。通过交易情况修正，将可比交易实例的价格修正为正常交易情况的价格。

（2）交易日期修正。

交易实例的交易日期与待评估地产的评估基准日往往有一段时间差。在这一期间，房地产市场可能不断发生变化，地产价格可能升高或降低。因此需要根据地产价格的变动率，将交易实例地产价格修正为评估基准日的地产价格，这就是日期修正。

（3）区域因素修正。

对交易实例进行交易情况修正和交易日期修正后，还需要对交易实例进行区域因素修正。区域因素是土地所在地区的自然与社会、经济、行政等因素相结合所产生的地区特性，对土地价格水平产生影响的因素。区域因素包含的内容主要有地区的繁华程度、交通状况、基础设施状况、人文环境等。进行区域因素修正时，首先要确定比较因素，即根据具体的评估对象，选择确定比较内容，然后评价确定区域因素的比较修正系数。

［例 4-1］ 假定以某评估地产的区域因素为标准，确定参照物地产的区域因素的得分值见表 4-1。

表 4-1

区域因素	评估对象	参照物 A	参照物 B	参照物 C
自然条件	10	10	10	9
社会环境	10	9	11	9
街道条件	10	9	10	8
繁华程度	10	8	10	7
交通便捷度	10	7	11	7
规划限制	10	10	9	8
交通管制	10	9	10	8
交通流量	10	8	11	7
离车站距离	10	10	10	8
周围环境	10	8	11	7
合计	100	89	103	78

则区域因素的修正系数为：

$$\text{参照物 A 区域因素的修正系数}=\frac{100}{89}=112.36\%$$

$$\text{参照物 B 区域因素的修正系数}=\frac{100}{103}=97.09\%$$

$$\text{参照物 C 区域因素的修正系数}=\frac{100}{78}=128.21\%$$

（4）个别因素修正。

对交易实例进行交易情况修正、交易日期修正和区域因素修正后，还需要对交易实例进行个别因素修正。个别因素修正是否适当，对地产价格评估结果也有重大影响。

将交易实例地产与待评估地产的个别因素加以比较，找出由于个别因素的差别而引起的交易实例地产与待评估地产价格的差异，对交易实例地产价格进行修正。

（5）容积率修正。

一般城市规划对城市不同区域的建筑容积率有不同的规定限制。容积率大小直接影响土地利用程度的高低，容积率越大，土地利用效益越高，地价也越高；反之，地价越低。所以，要对容积率进行修正，消除由于容积率不同而造成的地价差异。容积率修正系数可采用下式计算：

$$\text{容积率修正系数}=\frac{\text{评估对象容积率与地价的相关系数}}{\text{参照物容积率与地价的相关系数}}$$

容积率与地价相关关系并非呈线性关系，而需根据具体区域的情况分析确定。如据调查，某市某类用地容积率与地价的关系为：当容积率在 1～1.5 之间时，容积率每增加 0.1，宗地单位地价比容积率为 1 时的地价增加 5%；超过 1.5 时，超出部分的容积率每增长 0.1，单位地价比容积率为 1 时的地价增加 3%。则该类土地的容积率与地价的相关系数见表 4-2。

表 4-2

容积率	1.0	1.1	1.2	1.3	1.4	1.5	1.6	1.7	1.8	1.9	2.0
地价指数	100	105	110	115	120	125	128	131	134	137	140

［例 4-2］ 假定某评估地产的容积率为 2.0，参照物地产的容积率为 1.5，则土地容积率的修正系数为：

$$\text{容积率修正系数}=\frac{140\%}{125\%}=112\%$$

（6）土地使用年期修正。

我国实行有限年期的土地使用权有偿使用制度，土地使用年期的长短，直接影响土地收益的多少。土地的年收益确定以后，土地的使用期限越长，土地的总收益就越多，土地利用效益也越高，土地的价格也会因此提高。通过使用年期修正，可以消除由于使用期限不同而对房地产价格造成的影响。

土地使用年期修正系数按下式计算：

$$K=\frac{1-\frac{1}{(1+r)^m}}{1-\frac{1}{(1+r)^n}}=\frac{\frac{(1+r)^m-1}{r(1+r)^m}}{\frac{(1+r)^n-1}{r(1+r)^n}}=\frac{(P/A,r,m)}{(P/A,r,n)}$$

式中：K——土地使用年期修正系数；

r——还原率；

m——评估对象的使用年期；

n——参照物的使用年期。

［例4-3］ 假定某评估地产的使用年限为50年，参照物地产的使用年限为40年，折现率为10%，则土地使用年限的修正系数为：

$$K=\frac{\dfrac{(1+10\%)^{50}-1}{10\%(1+10\%)^{50}}}{\dfrac{(1+10\%)^{40}-1}{10\%(1+10\%)^{40}}}=\frac{9.9148}{9.7791}=101.39\%$$

4. **地产价值确定**

经过上述的交易情况修正、日期修正、区域因素修正、个别因素修正、容积率修正、土地使用年期修正，就可得到在评估基准日的待估地产的若干个评估值，如果参照物选取5个，就可能有5个评估值。

通过计算公式求取的若干个评估值，可能不完全一致。而被评估的地产的评估值却只能有一个。求取最终的地产评估值可采用统计学方法，如算术平均法、加权平均法、众数法、中位数法等。如果某一个值明显偏高或偏低，则说明该参照物修正得不正确，需要重新修正或抛弃不用，这就是为什么市场法要求采用三个或三个以上参照物的原因；如果少于三个参照物，则无法确定调整结果是异常偏高或异常偏低。

（四）市场法应用举例

［例4-4］ 有一待估宗地 G 需评估，该地块共6 000平方米，现收集到与待估宗地条件类似的6宗地，具体情况见表4-3。

表4-3

地块	成交单价	交易时间	交易情况	区域因素	个别因素	容积率	土地使用年限
A	1 360	2015年	95%	96	101%	1.3	40年
B	1 220	2015年	100%	88	102%	1.1	35年
C	1 400	2016年	105%	100	100%	1.4	50年
D	1 360	2016年	100%	100	99%	1.0	30年
E	1 500	2017年	98%	102	98%	1.6	45年
F	1 700	2017年	102%	105	100%	1.3	50年
G		2018年	100%	100	100%	1.1	50年

表4-3中成交价的单位为：元/平方米。

该城市地价指数表见表4-4。

表4-4

时间	2012年	2013年	2014年	2015年	2016年	2017年	2018年
指数	100%	103%	107%	110%	107%	108%	112%

该城市容积率修正系数表见表4-5。

表 4-5

容积率	1.0	1.1	1.2	1.3	1.4	1.5	1.6
修正系数	100%	105%	110%	115%	120%	125%	128%

假定折现率为10%。试评估地块 G 在2018年的价值。

解： 1. 进行交易情况修正。各参照物交易情况的修正系数分别为：

参照物 A 交易情况修正系数 $=\frac{100\%}{95\%}=105.26\%$

参照物 B、D 交易情况修正系数 $=\frac{100\%}{100\%}=100\%$

参照物 C 交易情况修正系数 $=\frac{100\%}{105\%}=95.24\%$

参照物 E 交易情况修正系数 $=\frac{100\%}{98\%}=102.04\%$

参照物 F 交易情况修正系数 $=\frac{100\%}{102\%}=98.04\%$

2. 进行交易时间修正。各参照物交易时间的修正系数分别为：

参照物 A、B 交易时间的修正系数 $=\frac{112\%}{110\%}=101.82\%$

参照物 C、D 交易时间的修正系数 $=\frac{112\%}{107\%}=104.67\%$

参照物 E、F 交易时间的修正系数 $=\frac{112\%}{108\%}=103.70\%$

3. 进行区域因素修正。各参照物区域因素的修正系数分别为：

参照物 A 区域因素修正系数 $=\frac{100}{96}=104.17\%$

参照物 B 区域因素修正系数 $=\frac{100}{88}=113.64\%$

参照物 C、D 区域因素修正系数 $=\frac{100}{100}=100\%$

参照物 E 区域因素修正系数 $=\frac{100}{102}=98.04\%$

参照物 F 区域因素修正系数 $=\frac{100}{105}=95.24\%$

4. 进行个别因素修正。各参照物个别因素的修正系数分别为：

参照物 A 个别因素修正系数 $=\frac{100\%}{101\%}=99.01\%$

参照物 B 个别因素修正系数 $=\frac{100\%}{102\%}=98.04\%$

参照物 C、F 个别因素修正系数 $=\frac{100\%}{100\%}=100\%$

参照物 D 个别因素修正系数 $=\frac{100\%}{99\%}=101.01\%$

参照物 E 个别因素修正系数 $=\frac{100\%}{98\%}=102.04\%$

5. 进行容积率修正。各参照物容积率的修正系数分别为：

参照物 A、F 容积率修正系数 $=\frac{105\%}{115\%}=91.30\%$

参照物 B 容积率修正系数 $=\frac{105\%}{105\%}=100\%$

参照物 C 容积率修正系数 $=\frac{105\%}{120\%}=87.5\%$

参照物 D 容积率修正系数 $=\frac{105\%}{100\%}=105\%$

参照物 E 容积率修正系数 $=\frac{105\%}{128\%}=82.03\%$

6. 进行使用权年限修正。各参照物使用权年限的修正系数分别为：

参照物 A 使用权年限修正系数 $=\frac{(P/A,10\%,50)}{(P/A,10\%,40)}=\frac{9.9148}{9.7791}=101.39\%$

参照物 B 使用权年限修正系数 $=\frac{(P/A,10\%,50)}{(P/A,10\%,35)}=\frac{9.9148}{9.6442}=102.81\%$

参照物 C、F 使用权年限修正系数 $=\frac{(P/A,10\%,50)}{(P/A,10\%,50)}=\frac{9.9148}{9.9148}=100\%$

参照物 D 使用权年限修正系数 $=\frac{(P/A,10\%,50)}{(P/A,10\%,30)}=\frac{9.9148}{9.4269}=105.18\%$

参照物 E 使用权年限修正系数 $=\frac{(P/A,10\%,50)}{(P/A,10\%,45)}=\frac{9.9148}{9.8628}=100.53\%$

7. 计算待估地块的初步地价：

$A=1\,360\times105.26\%\times101.82\%\times104.17\%\times99.01\%\times91.30\%\times101.39\%=1\,392$（元/m²）

$B=1\,220\times100\%\times101.82\%\times113.64\%\times98.04\%\times100\%\times102.81\%=1\,423$（元/m²）

$C=1\,400\times95.24\%\times104.67\%\times100\%\times100\%\times87.50\%\times100\%=1\,221$（元/m²）

$D=1\,360\times100\%\times104.67\%\times100\%\times101.01\%\times105\%\times105.18\%=1\,588$（元/m²）

$E=1\,500\times102.04\%\times103.70\%\times98.04\%\times102.04\%\times82.03\%\times100.53\%=1\,309$（元/m²）

$F=1\,700\times98.04\%\times103.70\%\times95.24\%\times100\%\times91.30\%\times100\%=1\,503$（元/m²）

8. 采用算术平均法求得评估结论：

待估地块单位面积评估值 =（1 392 + 1 423 + 1 221 + 1 588 + 1 309 + 1 503）÷ 6 = 1 406（元/m^2）

待估地块总评估值 = 1 406 × 6 000 = 843.6（万元）

二、收益法

（一）基本思路及适用范围

收益法在国外被广泛地运用于收益性不动产价格的评估，在我国也是最常用的评估方法之一。以收益法评估取得的不动产价格通常称为收益价格。

收益法的理论前提是：收益性不动产能够在未来的时期内形成源源不断的收益。不动产所有者可以凭借对不动产拥有的产权合法地取得这些收益。对于收益性不动产的购买者来说，其主要目的是为了取得收益性不动产所能够带来的直接的或潜在的收益。

土地使用权在交易时，随着不动产所有者权利的让渡，不动产的收益转归不动产购买者。不动产所有者让渡出去的权利必然要在经济上得以实现，不动产购买者必须一次性支付一定的金额，补偿不动产所有者失去的收益。这一货币额每年给不动产所有者带来的利息收入必须等于他每年能从不动产获得的纯收益。

收益法适用于有收益的土地使用权价格评估，如商场、写字楼、旅馆、公寓用地等，对于政府机关、学校、公园等公用、公益性用地价格评估大多不适用。

（二）计算公式

运用收益法，只要待评估对象具有连续的、可预测的纯收益，可以单独评估土地使用权价格，也可以在进行房地产评估时评估土地使用权价格。

假设土地使用权收益期限无限和每年收益额固定且本金化率一定的情况下，用公式表示为：

土地使用权价值 = 土地使用权年净收益 ÷ 适用的本金化率

如果土地使用权收益期限有限和每年收益额固定的情况下，用公式表示为：

土地使用权价值 = 年净收益 × 年金现值系数

如果土地使用权收益期限有限和每年收益额不固定的情况下，用公式表示为：

土地使用权价值 = ∑（年净收益 × 现值系数）

（三）纯收益

1. 纯收益的含义

纯收益是指归属于地产的除去各种费用后的收益，一般以年为单位。在确定纯收益时，必须注意地产的实际纯收益和客观纯收益的区别。实际纯收益是在现状下被估地产实际取得的纯收益，实际收益由于受到多种因素的影响，通常不能直接用于评估。例如：当前收益权利人在法律上、行政上享有某种特权或受到特殊的限制，致使地产的收益偏高或偏低，而这些权利或限制又不能随同转让；当前地产并未处于最佳利用状态，收益偏低；收益权利人经营不善，导致亏损，纯收益为零甚至为负值；土地处于待开发状态，无当前收益，同时还必须支付有关税费，纯收益为负值。由于评估的结果是用来作为正常市场交易的参考，因此，必须对存在上述偏差的实际纯收益进行修正，剔除其中特殊的、偶然的因素，取得在正常的市场条件下的地产用于法律上允许最佳利用方向上的纯收益值，其中还应包含对未来收益和风险的合理预期。客观纯收益就是排除了实际收益中特殊的、偶然的和个别的因素后取得的一般正常的收益。只有客观纯收益才能作为评估的依据。纯收益由总收益扣除总费用求得。

2. 客观总收益

总收益是指以收益为目的的地产在一年内所能得到的所有收益。求取总收益时，是以客观收益即正常收益为基础，而不能以实际收益计算。

在计算以客观收益为基础的总收益时，地产所产生的正常收益必须是其处于最佳利用状态下的结果。最佳利用状态是指该地产处于最佳利用方向和最佳利用程度。在现实经济中，应为正常使用下的正常收益。

由于现实经济过程的复杂性，呈现在评估人员面前的收益状况也非常复杂，因而收益的确定较难。如某种经营能带来的收益虽较丰厚，但在未来存在激烈竞争或存在潜在的风险，使现实收益具有下降趋势，则不能用现实收益估价，而必须对其加以修正。为此，在确定收益值时，一是需以类似地产的收益作比较；二是需对市场走势作准确的预测，同时考虑收益的风险性和可实现性。

3. 客观总费用

总费用是指取得该收益所必需的各项支出，如维修费、管理费等。也就是为创造总收益所必须投入的正常支出。总费用也应该是客观费用。

总费用所包含的项目，随被估地产的状态不同而有所区别。费用支出，有些是正常支出，有些是非正常支出。作为从总收益中扣除的总费用，要作认真分析，剔除不正常的费用支出。

（四）资本化率

资本化率又称还原利率，它是决定评估价格的最关键的因素。这是因为，评估价格对资本化率最为敏感。资本化率的每个微小变动，都会使评估价格发生显著改变。这样就要求评估人员确定的资本化率的精度要远远高于纯收益的精度。由于确定资本化率是一项复杂的、精度要求高的工作，所以运用收益法的评估人员必须具有较高的评估水平和丰富的经验。

1. 资本化率的实质

收益性地产的购买实际上是一种投资行为。投资的目的是为了赚取利润。在收益性地产交易中，投资者购买地产支付的价格就是他的投资，地产带来的纯收益就是利润。因此，资本化率的大小同投资风险的大小成正相关的关系。投资风险越大，利润率越高；投资风险越小,利润率越低。收益性地产的交易之所以能够达成,是因为投资于地产的利润率与投资于其他具有同等风险的项目的利润率相当。一般来说,银行存款的风险很小,因而存款利息率较低。对投资行为来说,几乎所有的投资都存在着不同程度的风险。一般来说,资本化率几乎都要比银行存款利率高。资本化率越高,意味着投资风险越大,在纯收益不变的情况下,地产价格越低。处于不同用途、不同区位、不同交易时间的地产,投资风险也各不相同,因此,资本化率也各不相同。

2. 求取资本化率的方法

(1) 比率法

比率法是通过评估人员搜集市场上近期交易的与被估地产相同或相近似的地产的纯收益与价格的比率作为被估地产资本化率的一种方法。这种方法运用的是基于地产商品的替代性。选取的交易案例均来自市场,能直接地反映市场供求状况,因此,计算出来的资本化率基本上能够反映投资该地产的利润率。此时求得的各资本化率是用实际收益与地产价格之比求出来的,可以通过选取多个案例的资本化率取平均值的办法来消除各种偶然因素的干扰。具体可以根据实际情况,采取简单算术平均值或加权算术平均值。这种方法要求市场发育比较充分、交易案例比较多。评估人员必须拥有充裕的资料,并尽可能以与被估地产情况接近的资料作为参照。

[例4-5] 在房地产市场中收集到5个与待估房地产类似的交易实例,见表4-6。

表4-6 纯收益与售价交易实例

交易实例	年纯收益(万元)	售价(万元)	资本化率(%)
1	450	6 000	7.5
2	546	7 000	7.8
3	648	6 500	7.2
4	350	5 000	7.0
5	640	8 000	8.0

对以上5个可比实例的资本化率进行简单算术平均就可以得到资本化率为:

$$r=(7.5\%+7.8\%+7.2\%+7\%+8\%)\div 5$$
$$=7.5\%$$

(2) 风险调整法

风险调整法是通过无风险的资本投资的收益率加上风险调整值作为被估地产资本化率的一种方法。首先选择市场上无风险的资本投资的收益率作为安全利率,通常选择银行中长期利率作为安全利率,然后根据影响被估地产的社会经济环境,估计投资风险程度,确定一个调整值,把它与安全利率相加求得益本化率。

风险调整值是根据被评估土地的特定风险大小确定的风险收益率,风险越大则该值越大;反之,则越小。

资本化率 = 无风险收益率 + 风险调整值

$$风险调整值 = 社会平均风险收益率 \times \beta$$

$$社会平均风险收益率 = 社会平均收益率 - 无风险利率$$

β 系数是用来衡量特定评估对象风险的。当 β 系数为 0 时，认为被评估的对象没有风险，风险调整值为 0，资本化率等于无风险收益率，即一年期银行存款和国债投资的利息率；当 β 系数为 1 时，被评估的对象所具有的风险为社会平均风险，其风险收益率为社会平均风险收益率，对应的资本化率为社会平均收益率；当 β 系数不等于 0 和 1 时，按照上述公式求解。无风险利率一般取一年期银行存款或国债投资的利息率。

［例 4-6］ 评估对象是一块商住两用土地，当时社会平均收益率为 12%，一年期银行存款的利息率为 8%，投资该土地开发项目的风险大于社会平均风险，故 β 系数取值 1.2，计算该土地的资本化率。

$$社会平均风险收益率 = 12\% - 8\% = 4\%$$

$$该项目风险收益率 = 4\% \times 1.2 = 4.8\%$$

$$该块土地的资本化率 = 8\% + 4.8\% = 12.8\%$$

这种方法简便易行，对市场要求不高，应用比较广泛，但是风险调整值的确定主观性较强，不容易掌握。

（3）排序插入法

评估人员搜集市场上各种投资的收益率资料，然后把各项投资按收益率的大小排队。评估人员估计被估地产投资风险在哪个范围内，并将它插入其中，然后确定资本化率的大小。

（五）操作步骤

1. 计算总收益

总收益为客观总收益，一般是指以收益为目的的土地及与此相关的设施相结合而产生的总收益。

2. 计算总费用

总费用为客观总费用，一般是指为创造收益而投入的直接的必要的费用。

3. 计算土地纯收益

总收益减去总费用为纯收益。

4. 确定资本化率

资本化率是影响地价高低的重要因素，需根据评估时的经济环境和地产市场状况具体分析确定。

5. 计算地价

如果是单独评估土地的价格（一般适用于空地的情况），则：

$$土地使用权价值 = 土地纯收益 \div 土地资本化率$$

$$土地纯收益 = 土地总收益 - 土地总费用$$

如果是根据房地产收益评估土地使用权价格，则：

土地使用权价值 =（房地产纯收益 - 建筑物纯收益）÷ 土地资本化率

建筑物纯收益 = 建筑物现值 × 建筑物资本化率

（六）收益法应用举例

[例 4-7] 有一宗土地，出让年期为 50 年，资本化率为 10%，预计未来前 5 年的纯收益分别为 15 万元、16 万元、18 万元、15 万元、20 万元，第六年开始纯收益大约可以稳定在 25 万元左右，试评估该宗土地的收益价格。

解： 根据纯收益在若干年后保持不变，且收益有限年期的计算公式，该宗土地的收益价格为：

$$P=\sum_{t=1}^{n} R_t \times \frac{1}{(1+r)^t}+A \times \frac{(1+r)^{N-n}-1}{r(1+r)^{N-n}} \times \frac{1}{(1+r)^n}$$

$$P=\frac{15}{(1+10\%)}+\frac{16}{(1+10\%)^2}+\frac{18}{(1+10\%)^3}+\frac{15}{(1+10\%)^4}+\frac{20}{(1+10\%)^5}+$$

$$25 \times \frac{(1+10\%)^{45}-1}{10\%(1+10\%)^{45}} \times \frac{1}{(1+10\%)^5}$$

$$=15 \times 0.9091+16 \times 0.8264+18 \times 0.7513+15 \times 0.6830+20 \times 0.6209+$$

$$25 \times 9.8628 \times 0.6209$$

$$=216（万元）$$

[例 4-8] 某房地产公司于 2012 年 3 月以有偿出让方式取得一块土地 50 年使用权，并于 2014 年 3 月在此地块上建成一座砖混结构的写字楼，当时造价为每平方米 2 000 元，经济耐用年限为 55 年，残值率为 2%。目前，该类建筑重置价格为每平方米 2 500 元。该建筑物占地面积 500 平方米，建筑面积为 900 平方米，现用于出租，每月平均实收租金为 3 万元。另据调查，当地同类写字楼出租租金一般为每月每建筑平方米 50 元，空置率为 10%，每年需支付的管理费为年租金的 3.5%，维修费为重置价的 1.5%，土地使用税及房产税为每建筑平方米 20 元，保险费为重置价的 0.2%，土地资本化率 7%，建筑物资本化率 8%。试根据以上资料评估该宗地 2017 年 3 月的土地使用权价值。

解：（1）选定评估方法。该宗房地产有经济收益，适宜采用收益法。

（2）计算总收益。总收益应该为客观收益而不是实际收益。

年总收益 = 50 × 12 × 900 × (1 - 10%) = 486 000（元）

（3）计算总费用：

① 年管理费 = 486 000 × 3.5% = 17 010（元）

② 年维修费 = 2 500 × 900 × 1.5% = 33 750（元）

③ 年税金 = 20 × 900 = 18 000（元）

④ 年保险费 = 2 500 × 900 × 0.2% = 4 500（元）

年总费用 = ① + ② + ③ + ④ = 17 010 + 33 750 + 18 000 + 4 500 = 73 260（元）

（4）计算房地产纯收益：

年房地产纯收益 = 年总收益 - 年总费用

= 486 000 - 73 260 = 412 740（元）

（5）计算房屋纯收益：

① 计算年贬值额。

年贬值额本来是应该根据房屋的耐用年限而确定，但是，在本例中，土地使用年限小于房屋耐用年限，根据《城市房地产管理法》第二十一条规定，土地使用权出让年限届满，土地使用权由国家无偿收回。这样，房屋的重置价必须在可使用期限内全部收回。本例中，房地产使用者可使用的年期为 50 - 2 = 48（年），并且不计残值，视为土地使用权年期届满，地上建筑物一并由政府无偿收回。

$$年贬值额 = \frac{建筑物重置价}{使用年限} = \frac{2\,500 \times 900}{48} = 46\,875（元）$$

② 计算房屋现值。

房屋现值 = 房屋重置价 - 年贬值额 × 已使用年数

= 2 500 × 900 - 46 875 × 3

= 2 109 375（元）

③ 计算房屋纯收益。

房屋年纯收益 = 房屋现值 × 房屋资本化率

= 2 109 375 × 8%

= 168 750（元）

（6）计算土地纯收益。

土地年纯收益 = 年房地产纯收益 - 房屋年纯收益

= 412 740 - 168 750

= 243 990（元）

（7）计算土地使用权价格。土地使用权在 2017 年 3 月的剩余使用年期为 50 - 5 = 45 年。

评估值 = 243 990 × (P/A, 7%, 45)

= 243 990 × 13.605 5

= 3 319 606（元）

单价 = 3 319 606 ÷ 500

= 6 639.21（元）

（8）评估结果。

该宗土地使用权在 2017 年 3 月的土地使用权评估值为 3 319 606 元，单价为每平方米 6 639.21 元。

三、成本法

（一）基本思路及适用范围

成本法是依据开发或建造被估不动产或类似不动产所需要的各项必要正常费用，包括正常的利润、利息和税费，从而决定评估对象价格的方法。

成本法是土地使用权评估的基本方法之一。土地是大自然的产物，同时又凝结了人类劳动。成本法是在土地取得费（包含生地地价）的基础上，加上一定的土地开发费用、投资利息、开发商的合理利润、应缴税金、期间费用及土地所有权的增值收益来确定土地价格。

成本法一般适用于新开发的土地，特别适用于由于地产市场发育不成熟，土地交易不多而无法用市场法评估的土地；也适用于诸如学校、公园、教堂及公共建筑、公益设施用地等无收益又很少交易的，既不适合于收益法又不适合于市场法评估的土地。

但由于土地的价格大部分取决于它的效用，并非仅仅是它所花费的成本，也就是说，由于土地成本的增加并不一定会增加它的使用价值，所以，成本法在土地估价中应用范围受到一定限制。

（二）计算公式

用成本法评估地价必须分析地价中的成本因素。土地作为一种稀缺的自然物，即使未经开发，由于土地所有权的垄断，使用土地也必须支付地租。同时，由于开发土地投入的资本及利息也构成地租的一部分，因此，成本法的基本公式为：

土地价格 = 土地取得费 + 土地开发费 + 税费 + 利息 + 利润 + 土地增值收益

（三）操作步骤

用成本法评估地价的程序一般为：计算土地取得费用，计算土地开发费用，计算税费，计算投资利息，计算投资利润，确定土地增值收益，测算土地使用权价格。

1. 计算土地取得费用

土地取得费是为取得土地使用权所发生的费用。根据土地使用权获得的途径，土地取得费分为三种情况：

（1）征用农村集体土地取得土地使用权。土地取得费包括农地征用费和土地使用权出让金。农地征用费包括土地补偿费、地上附着物和青苗补偿费、新菜地开发建设基金（征用城市近郊菜地）、安置补助费等。

一般认为，土地补偿费中包含一定的级差地租。地上附着物和青苗补偿费是对被征地单位已投入土地而未收回的资金的补偿，类似地租中所包含的投资补偿部分。安置补助费是为保证被征地农业人口在失去其生产资料后的生活水平不致降低而设立的，因而也可以看成具有从被征土地未来产生的增值收益中提取部分作为补偿的含义。

关于征地费用各项标准，《中华人民共和国土地管理法》有明确规定：征用耕地的补偿费用包括土地补偿费、安置补助费以及地上附着物和青苗的补偿费。征用耕地的土地补偿费，为该耕地被征用前3年平均产值的6～10倍；征用耕地的安置补助费，按照需要安置的农业人口数计算。需要安置的农业人口数，按照被征用的耕地数量除以征地前被征用单位平均每人占有耕地的数量计算。每一个需要安置的农业人口的安置补偿费标准，为该耕地被征前3年平均年产值的4~6倍。但是，每公顷被征用耕地的安置补助费，最高不得超过被征用前3年平均年产值的15倍。

征用其他土地的土地补偿费和安置补助费标准，由各省、自治区、直辖市参照征用耕地的土地补偿费和安置补助费的标准规定。

被征用土地上的附着物和青苗的补偿标准，由各省、自治区、直辖市规定。

征用城市郊区的菜地，用地单位应当按照国家有关规定缴纳新菜地开发建设基金。

按照以上规定支付土地补偿费和安置补助费，尚不能使需要安置的农民保持原有生活水平的，经省、自治区、直辖市人民政府批准，可以增加安置补助费。但是，土地补偿费和安置补助费标准的总和不得超过土地被征用前3年平均年产值的30倍。

在特殊情况下，国务院根据社会经济发展水平，可以提高被征用耕地的土地补偿费和安置补助费标准。

土地征用是国家依法为公益事业而采取的强制性行政手段，不是土地买卖活动，征地费用自然也不是土地购买价格。征地费用可能远高于农地价格，这与农地转为建设用地而使价格上涨有关。

（2）城市房屋拆迁取得土地使用权。土地取得费包括房屋拆迁补偿安置费和土地使用权出让金。房屋拆迁补偿安置费具体应按国家和当地政府规定的拆迁补偿安置费标准计算。

（3）市场交易取得土地使用权。土地取得费包括支付的土地使用权价款和缴纳的相关税费（手续费、契税等）。

2. 计算土地开发费用

一般来说，土地开发费用涉及基础设施配套费、公共事业建设配套费和小区开发配套费。

（1）基础设施配套费。对于基础设施配套常常概括为“三通一平”和“七通一平”。“三通一平”指：通水、通路、通电，平整地面。“七通一平”指：通上水、通下水、通电、通讯、通气、通热、通路，平整地面。作为工业用地，“三通一平”只是最基本的条件，还不能立即上工业项目，只有搞好“七通一平”，项目才能正常运行。因此，作为基础设施配套费用应以“七通一平”为标准计算。

（2）公共事业建设配套费用。主要指图书馆、学校、公园、绿地等设施的费用。这与项目大小、用地规模有关，各地情况不一，视实际情况而定。

（3）小区开发配套费。同公共事业建设配套费类似，各地根据用地情况确定合理的项目标准。

3. 计算税费

税费是指与土地取得、开发相关的各项税收和费用，如耕地占用税、土地管理费和土地增值税等，一般按照实际发生额如实计算。一般来说，耕地占用税是要并入土地取得费，并且要计算投资利息和利润。

4. 计算投资利息

投资利息就是资金的时间价值。在土地评估中，投资者贷款需要向银行偿还贷款利息，利息应计入成本；投资者利用自有资金投入，也可以看作损失了利息，从这种意义上看，也属于投资机会成本，也应计入成本。

在用成本法评估土地使用权价值时，投资包括土地取得费和土地开发费两大部分。由于两部分资金的投入时间和占用时间不同，土地取得费在土地开发动工前即要全部付清，在开发完成销售后方能收回，因此，计息期应为整个开发期和销售期。土地开发费在开发过程中逐步投入，销售后收回，若土地开发费是均匀投入，则计息期为开发期的一半。

5. 计算投资利润

投资的目的是为了获取相应的利润，作为投资的回报，对土地投资，当然也要获取相应的利润。在成本法中，开发利润一般以土地取得费、土地开发费、税费为基础计算。计算时，要注意利润率的表示单位，一般情况下的投资利润率是以年为单位的，使用这样的利润率计算时要注意资金的投入方式及计息期、利润计算方式是单利还是复利计算，类似于利息计算。为了计算方便，成本法中往往采用以整个项目为单位的利润率表示方式，即利润率的单位为项目，表示整个项目完成后可获得的利润率。这样，只要用土地取得费、土地开发费、税费之和乘以投资利润率就可以得到投资利润了。

$$投资利润=(土地取得费+土地开发费+税费)\times利润率$$

6. 计算土地增值收益

土地增值收益主要是由于土地的用途改变或土地功能变化而引起的。由于农地转变为建设用地，新用途的土地收益将远高于原用途土地，必然会带来土地增值收益。由于这种增值是土地所有权人允许改变土地用途带来的，应归土地所有者所有。如果土地的性能发生变化，提高了土地的经济价值，也能使土地收益能力增加，这个增加的收益，是由于土地性能改变而带来的，同样应归土地所有者所有。土地增值收益是指政府在出让土地使用权时除收回成本外，还应使国家土地所有权取得的增值收益。一般利用以下公式计算：

$$土地增值收益=(土地取得费+土地开发费+税费+投资利息+投资利润)\times土地增值收益率$$

目前，土地增值收益率通常为10%至25%。

7. 估算土地使用权评估值

将土地取得费、土地开发费、税费、利润、利息和土地所有权的增值收益相加即可得到土地所有权的价值，土地所有权的价值相当于无限期的使用权价值。如计算一定年限的土地使用权，可用以下系数修正：

$$N\text{年土地使用权的修正系数}=1-\frac{1}{(1+r)^n}$$

式中：r——折现率；

n——土地使用权的年限。

（四）成本法应用举例

[例4-9] 某市经济技术开发区内有一块土地，面积为15 000平方米，该地块的土地征地费用（含安置、拆迁、青苗补偿费和耕地占用税）为每亩10万元，土地开发费为每平方公里2亿元。土地开发周期为两年，第一年投入资金占总开发费用的35%，开发商要求的投资回报率为10%。当地土地出让增值收益率为25%，银行贷款年利率为6%，试评估土地使用权价值。

解：该土地的各项投入成本均已知，可用成本法评估。

（1）计算土地取得费。

土地取得费 = 10万元/亩 = 150（元/平方米）

（2）计算土地开发费。

土地开发费 = 2亿元/平方公里 = 200（元/平方米）

（3）计算投资利息。

土地取得费的计息期为2年，土地开发费为分段均匀投入。则：

土地取得费利息 $= 150 \times [(1+6\%)^{2} - 1] = 18.54$（元/平方米）

土地开发费利息 $= 200 \times 35\% \times [(1+6\%)^{1.5} - 1] + 200 \times 65\% \times [(1+6\%)^{0.5} - 1]$

$= 10.23$（元/平方米）

（4）计算开发利润。

开发利润 $= [(1)+(2)] \times 10\% = 35$（元/平方米）

（5）计算计算土地增值收益。

土地增值收益 $= [(1)+(2)+(3)+(4)] \times 25\%$

$= (150+200+18.54+10.23+35) \times 25\%$

$= 103.44$（元/平方米）

（6）估算土地价格。

无限年期土地使用权价格（所有权价格）为：

土地单价 $= 150+200+18.54+10.23+35+103.44$

$= 517.21$（元/平方米）

土地总价 $= 517.21 \times 15\,000 = 7\,758\,150$（元）

50年土地使用权的价值（假设折现率为10%）为：

土地单价 $= 517.21 \times [1 - 1/(1+10\%)^{50}]$

$= 517.21 \times 0.991\,5$

$= 512.81$（元/平方米）

土地总价 $= 512.81 \times 15\,000 = 7\,692\,150$（元）

[例4-10] 某企业占用一块土地,面积40 000平方米,土地使用权年限为50年,已达到"三通一平"(通水、通路、通电和平整土地),由于该地区土地交易较少,难以取得交易实例,并且该土地收益难以预测,所以采用成本法估价。相关资料如下:

(1) 土地取得费包括征地补偿费和土地管理费在内为300元/平方米,其中土地补偿费已包括地上附着物补偿费、青苗补偿费、安置补偿费等。

(2) 土地开发费为50元/平方米,土地开发期2年,开发费均匀投入。

(3) 税费主要为耕地占用税,按5元/平方米计征,其他税费不计。

(4) 二年期贷款利息率为10%。

(5) 利润率为20%(整个项目)。

(6) 土地所有权的增值收益为土地取得费、土地开发费、税费、利息、利润之和的25%。

要求:估算以下两种情况下的土地单价和宗地总价。

(1) 无限年期土地使用权价值。

(2) 50年土地使用权价值(假设折现率为10%)。

解: 评估过程如下:

(1) 土地取得费=300元/平方米

(2) 土地开发费=50元/平方米

(3) 税费=5元/平方米

(4) 投资利息计算。

该宗土地开发期2年。土地取得费和耕地占用税一次投入,故计息期为2年;土地开发费为均匀投入,故计息期只有2年的一半,即

利息=(土地取得费+税费)×10%×2+土地开发费×10%×2×1/2

=(300+5)×10%×2+50×10%×2×1/2

=66元/平方米

(5) 投资利润的计算。

利润=(土地开发费+土地取得费+税费)×20%

=(300+50+5)×20%=71元/平方米

(6) 土地所有权增值收益。

土地增值收益=(300+50+5+66+71)×25%=123元/平方米

(7) 估算土地价格。

① 无限年期土地使用权价值(所有权价值)为:

土地单价为:300+50+5+66+71+123=615元/平方米

土地总价为:615×40 000=24 600 000(元)

② 50年土地使用权价值(假设折现率为10%)为:

土地单价为:$615\times[1-1/(+10\%)^{50}]=615\times0.991\ 5=609.77$元/平方米

土地总价为:609.77×40 000=24 390 800(元)

四、剩余法

（一）基本思路及适用范围

剩余法又称假设开发法、倒算法或预期开发法。剩余法是将被估地产的预期开发价值，扣除正常投入费用、正常税金及合理利润后，依据该剩余值测算被估地产价值的方法。在评估待开发土地价值时，剩余法运用得较为广泛。

运用该方法评估地价时，首先估算开发完成后房地产正常交易的价格，然后扣除建筑物建造费用和与建筑物建造、买卖有关的专业费、利息、利润、税收等费用，以价格余额来确定被估土地价值。具体来说，作为一个房地产开发商，他购买这块土地进行开发的目的是将其出售赚取利润。开发商买地，进行土地投入，必须有收益，而且这个收益越高越好。因此，开发商就会根据规划部门对该地块的限制条件，如用途、容积率、绿地覆盖度、最高层数、朝向等，以及有关法律法规的限制，来确定该块土地的最佳使用状况；然后根据目前的房地产市场状况，预测建筑完成后房地产售价，以及为完成这一开发所需花费的建筑费、设计费、相关税费、各类预付资本的利息和开发商应得的正常利润。通过上述过程开发商就知道了他可能为取得这块土地所支付的最高价格是多少。也就是说，这个最高价等于开发完成后的房地产价值扣除开发成本和相应利息、利润等之后的余额。

剩余法主要适用于下列地产的估价：

（1）待开发土地的估价。用开发完成后的房地产价值减去建造费、专业费等。

（2）将生地开发成熟地的土地估价。用开发完成后的熟地价减去土地开发费用，就得到生地地价。

（3）待拆迁改造的再开发地产的估价。这时的建筑费还应包括拆迁费用。

（二）计算公式

剩余法的计算公式表现形式较多，但根据剩余法的基本思路，其基本公式是：

$$地价 = 楼价 - 建筑费 - 专业费 - 利息 - 利润 - 税费$$

（1）楼价即土地开发建设后房地产的转让价格。

（2）建筑费为土地开发的具体产品的耗费成本，其数额可根据评估时同类建筑物工程预算及相关数据求得。

（3）专业费是指测量、设计等专业技术费用，通常按建筑费的一定比例计算，即：

$$专业费 = 建筑费 \times \alpha$$

α 为专业费与建筑费的比例，一般在6% ~10%之间。

（4）利息是指全部预付资本的资金成本，全部预付资本包括地价、建筑费和专业费，利息需要区分资金是一次投入、分段均匀投入或全程均匀投入等投入方式，分别对应不同的利息计算方法。假设利息率为 r ，则：

$$利息 = (地价 + 建筑费 + 专业费) \times r$$

（5）利润是指全部预付资本的机会成本。假设正常利润率为 r'，则：

$$利润 = (地价 + 建筑费 + 专业费) \times r'$$

此处利润率的单位不是每年，而是整个项目，故不再需要乘以开发年限。

（6）税费包括两部分内容：其一是土地开发产品的租售费用；其二是税金。租售费用通常是根据经验预测；税金可按税法来测算。

如果在计算楼价和建筑费时都采用了现值，则不必再计算利息，也可用下列公式计算地价：

$$地价 = 楼价 - 建筑费 - 专业费 - 利润 - 税费$$

$$地价 = [楼价 - 建筑费 \times (1 + \alpha + r' + \alpha r') - 税费] \div (1 + r')$$

（三）操作步骤

根据剩余法估价的基本思路，剩余法估价的程序为：调查地产基本情况，确定被估地产的最佳开发利用方式，预测房地产售价，估算项成本费用，确定开发商合理利润，估算被估地产价格。

1. 调查地产的基本情况

（1）调查土地的限制条件，如土地政策的限制，城市规划、土地利用规划的制约等。

（2）调查土地位置，掌握土地所在城市的性质及其在城市中的具体坐落，以及周围土地条件和利用现状。

（3）调查土地面积大小和土地形状、地质状况、地形地貌、基础设施状况和生活设施状况以及公用设施状况等。

（4）调查地产利用要求，掌握城市规划对此宗地的规划用途、容积率、覆盖率、建筑物高度限制等。

（5）调查此地块的权利状况，包括弄清权利性质、使用年限、能否续期，是否已设定抵押权等。这些权利状况对确定开发完成后的房地产价值及租金水平有着非常密切的关系。

2. 确定被估地产的最佳开发利用方式

根据调查的土地状况和房地产市场条件，在城市规划及法律法规等限制所允许的范围内，确定地块的最佳利用方式，包括确定用途、建筑容积率、土地覆盖率、建筑高度、建筑装修档次等。在选择最佳的开发利用方式中，最重要的是选择最佳的土地用途。土地用途的选择，要与房地产市场的需求相结合，并且需要进行合理的预测。最佳的开发利用方式决定开发完成后销售时能获得最高的收益。

3. 预测房地产售价

根据所开发房地产的类型，对开发完成后的房地产总价，可通过两个途径获得：

（1）对于出售的房地产，如居住用商品房、工业厂房等，可采用市场比较法确定开发完成后的房地产总价。

（2）对于出租的房地产，如写字楼和商业楼宇等，其开发完成后房地产总价的确定，首先采用市场法，确定所开发房地产出租的纯收益，再采用收益还原法将出租纯收益转化为房地产总价。具体确定时需要估计以下几个要点：①单位建筑面积月租金或年租金；②房地产出租费用水平；③房地产还原利率；④可出租的净面积。其中，租金水平可依据类似房地产而确定。

4. 估算各项成本费用

（1）估算开发建筑成本费用。开发建筑成本费用（包括直接工程费、间接工程费、建筑承包商利润及由发包商负担的建筑附带费用等）可采用比较法来测算，即通过当地同类建筑物当前平均的或一般建造费用来测算，也可通过建筑工程概预算的方法来估算。

（2）估算专业费用。专业费用包括建筑设计费、工程概预算费用等，一般采用建造费用的一定比率估算。

（3）确定开发建设工期，估算预付资本利息。开发建设工期是指从取得土地使用权一直到房地产全部销售或出租完毕的这一段时期。根据等量资本要获取等量利润的原理，利息应为开发全部预付资本的融资成本，不仅包括建造工程费用的利息，还应包括土地资本的利息。房地产开发的预付资本包括地价款、开发建造费、专业费和不可预见费等，即使这些费用是自有资金，也要计算利息。这些费用在房地产开发建设过程中投入的时间是不同的，在确定利息额时，必须根据地价款、开发费用、专业费用等的投入额、各自在开发过程中所占用的时间长短和当时的贷款利率高低进行计算。例如：预付地价款的利息额应以全部预付的价款按整个开发建设工期计算，开发费、专业费假设在建造期内均匀投入，则利息以全部开发费和专业费为基数，按建造期的一半计算。若有分年度投入数据，则可进一步细化，如建造期两年，第一年投入部分计息期为一年半，第二年投入部分计息期为半年等。开发费、专业费在建筑竣工后的空置及销售期内应按全额全期计息。

（4）估算税费。税费主要指建成后房地产销售的增值税、城市维护建设税、教育费附加等，应根据当前政府的税收政策估算，一般以建成后房地产总价的一定比例计算。

（5）估算开发完成后的房地产租售费用。租售费用主要指用于建成后房地产销售或出租的中介代理费、市场营销广告费用、买卖手续费等，一般以房地产总价或租金的一定比例计算。

5. 确定开发商的合理利润

开发商的合理利润一般以房地产总价或预付总资本的一定比例计算。投资回报利润的计算基数一般为地价、开发费和专业费三项，销售利润的计算基数一般为房地产售价。

6. 估算被评估地产价格

（四）剩余法应用举例

［例4-11］ 2016年8月，待评估地块为一待开发建设的“七通一平”空地，面积2 000平方米，允许用途为商住混合，允许建设容积率为7，覆盖率为≤50%，土地使用年限50年。根据规划的要求和市场调查，该地块最佳开发设计方案为设计建筑面积为14 000平方米，14层，1～2层为商用房，共2 000平方米，3～14层共12 000平方米用于住宅。预计建设期2年（到2018年8月），第一年投入60%的总建筑费，第二年投入40%的总建筑费。估计开发费用为总建筑费10 000万元，专业费为总建筑费的6%，利息率10%，利润率20%（整

个项目)，租售费用及税金综合为售楼价的10%。假定楼建成后即可全部出售，预计当时售价商业楼为60 000元/平方米，住宅楼30 000元/平方米，折现率10%。求取该地块公平市场价格。

解：估价过程如下：

(1) 以评估基准日2016年8月为时间点计算。

楼价 $=(60\ 000\times2\ 000)\div(1+10\%)^2+(30\ 000\times12\ 000)\div(1+10\%)^2$

$=120\ 000\ 000\times0.826\ 4+360\ 000\ 000\times0.826\ 4$

$=39\ 667.2$(万元)

建筑费 $=(10\ 000\times60\%)\div(1+10\%)^{0.5}+(10\ 000\times40\%)\div(1+10\%)^{1.5}$

$=6\ 000\times0.953\ 5+4\ 000\times0.866\ 8$

$=9\ 188.2$(万元)

专业费 = 总建筑费 $\times6\%=9\ 188.2\times6\%$

$=551.292$(万元)

税费 = 楼价 $\times10\%=39\ 667.2\times10\%$

$=3\ 966.72$(万元)

利润 $=(9\ 188.2+551.292+$ 地价 $)\times20\%$

$=1\ 947.898\ 4+0.2$ 地价

地价 $=39\ 667.2-9\ 188.2-551.292-3\ 966.72-1\ 947.898\ 4-0.2$ 地价

$=24\ 013.089\ 6-0.2$ 地价

即

1.2 地价 $=24\ 013.089\ 6$

地价 $=24\ 013.089\ 6\div1.2=20\ 010.908$(万元)

单位地价 $=20\ 010.908\div2\ 000=100\ 054.54$(元/平方米)

楼面地价 $=20\ 010.908\div14\ 000=14\ 293.51$(元/平方米)

在此处没有计算并扣除投资利息，这是因为我们使用的售楼价格、建筑费、专业费以及以其为基础求解的税费、利润都是基准日的价格，在开发期初，并不含利息，因为利息是货币的时间价值，是随时间推移而产生的，而此时，时间在开发建设期初，并未推移，因此，没有利息产生，故不需扣除利息。

如果在计算楼价和建筑费时都采用了现值，不必计算利息，也可用下列公式计算地价：

地价 = [楼价 − 建筑费 $\times(1+\alpha+r'+\alpha r')$ − 税费] $\div(1+r')$

地价 $=[39\ 667.2-9\ 188.2\times(1+6\%+20\%+6\%\times20\%)-3\ 966.72]\div(1+20\%)$

$=(39\ 667.2-9\ 188.2\times1.272\%-3\ 966.72)\div1.20$

$=24\ 013.089\ 6\div1.20$

$=20\ 010.908$(万元)

单位地价 = 20 010.908 ÷ 2 000 = 100 054.54 元/平方米

楼面地价 = 20 010.908 ÷ 14 000 = 14 293.51 元/平方米

(2) 以2018年8月，该楼竣工售完之日为时点计算地价。

楼价 = 60 000 × 2 000 + 30 000 × 12 000 = 48 000(万元)

建筑费 = 10 000(万元)

专业费 = 10 000 × 6% = 600(万元)

建筑费和专业费的利息 = $(10\,000 \times 60\% \times 1.1^{1.5} + 10\,000 \times 40\% \times 1.1^{0.5}) \times 1.06 - 10\,600$

= (6 922.138 4 + 4 195.235 4) × 1.06 − 10 600

= 1 184.416 2(万元)

地价利息 = 地价 × $(1.1^2 - 1)$ = 0.21 地价

税费 = 48 000 × 10% = 4 800(万元)

利润 = (10 000 + 600 + 1 184.416 2 + 0.21 地价 + 地价) × 20%

= (11 784.416 2 万元 + 1.21 地价) × 20%

= 2 356.883 2 万元 + 0.242 地价

地价 = 楼价 − 建筑费 − 专业费 − 利润 − 利息 − 税费

= 48 000 − 10 000 − 600 − 1 184.416 2 − 0.21 地价 − 2 356.883 2 − 0.242 地价 − 4 800

= 29 058.700 6 − 0.452 地价

即

1.452 地价 = 29 058.700 6

地价 = 29 058.700 6 ÷ 1.452 = 20 012.879 2(万元)

单位地价 = 20 012.879 2 ÷ 2 000 = 100 064.40(元/平方米)

楼面地价 = 20 012.879 2 ÷ 14 000 = 14 294.91(元/平方米)

五、基准地价修正系数法

(一) 基本思路及适用范围

基准地价修正系数法，是利用城镇基准地价和基准地价修正系数表等评估成果，按照替代原则，将被估宗地的区域条件和个别条件等与其所处区域的平均条件相比较，并对照修正系数表选取相应的修正系数对基准地价进行修正，从而求取被估宗地在估价基准日价格的方法。在我国许多城市，尤其是地产市场不太发达的城市，基准地价修正系数法也是常用的方法。

基准地价修正系数法的基本原理是替代原理，即在正常的市场条件下，具有相似土地条件和使用功能的土地，在正常的地产市场中，应当具有相似的价格。基准地价，是某级别或均质地域内分用途的土地使用权平均价格，基准地价相对应的土地条件，是土地级别或均质地域内该类用途土地的平均条件。因此，通过被估宗地条件与级别或区域内同类用地平均条件的比较，并根据二者在区域条件、个别条件、使用年期、容积率和价格期日等方面的差异大小，对照因素修正系数表选取适宜的修正系数，对基准地价进行修正，即可得到被估宗地地价。

基准地价修正系数法的适用范围是：

（1）适用于完成基准地价评估的城镇的土地估价，即该城市具备基准地价和相应修正体系。

（2）基准地价修正系数法可在短时间内大批量进行宗地地价评估，因此，可快速方便地进行大面积的数量众多的土地价格评估。

（3）基准地价修正系数法估价的精度取决于基准地价及其修正系数的精度，因此，该方法一般在宗地地价评估中不作为主要的评估方法，而作为一种辅助方法。

（二）计算公式

被估宗地地价 = 待估宗地所处地段的基准地价 × 年期修正系数 × 期日修正系数 × 容积率修正系数 × 其他因素修正系数

基准地价修正系数法是市场法的一种特殊方法，上述公式与市场法的公式相比较，主要少了一项区域因素修正系数，这是因为基准地价为按区域评估的，选择的基准地价即为待评估土地所在区域的基准地价，故区域因素相同，不需调整。

（三）操作步骤

1. 收集、整理土地定级估价成果资料

定级估价资料是采用基准地价修正系数法评估宗地地价必不可少的基础性资料。因此在评估前必须收集当地定级评估的成果资料，主要包括土地级别图、基准地价图、样点地价分布图、基准地价表、基准地价修正系数表和相应的因素条件说明表等，并归纳、整理和分析，作为宗地估价的基础资料。

2. 确定修正系数表

根据被估宗地的位置、用途、所处的土地级别、所对应的基准地价，确定相应的因素条件说明表和因素修订系数表，以确定地价修订的基础和需要调查的影响因素项目。

3. 调查宗地地价影响因素的指标条件

按照与被估宗地所处级别和用途的对应的基准地价修正系数表和因素条件说明表中所要求的因素条件，确定宗地条件的调查项目，调查项目应与修订系数表中的因素一致。

宗地因素指标的调查，应充分利用已收集的资料和土地登记资料及有关图件，不能满足需要的，应进行实地调查采样，在调查基础上，整理归纳宗地地价因素指标数据。

4. 制定被估宗地因素修正系数

根据每个因素的指标值，查对相对应用途土地的基准地价影响因素指标说明表，确定因素指标对应的优劣状况；按优劣状况再查对基准地价修正系数表，得到该因素的修正系数。对所有影响宗地地价的因素都同样处理，即得到宗地的全部因素修正系数。

5. 确定被估宗地使用年期修正系数

基准地价对应的使用年期，是各用途土地使用权的最高出让年期，而具体宗地的使用年期可能各不相同，因此必须进行年期修正。土地使用年期修正系数可按下式计算：

$$K=\frac{1-\frac{1}{(1+r)^{m}}}{1-\frac{1}{(1+r)^{n}}}$$

式中：K——宗地使用年期修正系数；

r——土地还原率；

m——被估宗地可使用年期；

n——该用途土地法定最高出让年期。

6. 确定期日修正系数

基准地价对应的是基准地价评估期日的地价水平，随时间迁移，土地市场的地价水平会有所变化，因此必须进行期日修正，把基准地价对应的地价水平修正到宗地地价评估期日。期日修正一般可以根据地价指数的变动幅度进行。

7. 确定容积率修正系数

这是一个非常重要的修正系数。基准地价对应的是该用途土地在该级别或均质地域内的平均容积率，各宗地的容积率可能各不相同，同时容积率对地价的影响也非常大，并且在同一个级别区域的，各宗地的容积率的差异甚至很大，因此，一定要重视容积率的修正。也就是说，必须将区域的平均容积率下的地价水平修正到宗地实际容积率水平下的地价。

8. 评估宗地地价

六、路线价法

（一）基本思路及适用范围

路线价法是根据土地价值高低随距街道距离增大递减的原理，在特定街道上设定单价，并依此单价配合深度百分率表及其他修正率表，用数学方法来计算临接同一街道的其他宗地地价的一种估价方法。所谓路线价，是指对面临特定街道而接近距离相等的市街土地，设定标准深度，求取的该标准深度的若干宗地的平均单价。路线价法，在英美早已施行，并应用于课税标准价格评定上，尤其在美国，这种估价方法在技术上相当完善。

路线价法认为市区内各宗土地的价值与其临街深度大小关系很大，土地价值随临街深度而递减，一宗地越接近道路部分价值越高，离开街道愈远价值愈低。临接同一街道的宗地根据其地价的相似性，可划分为不同的地价区段。在同一路线价区段内的宗地，虽然地价基本接近，但由于宗地的深度、宽度、形状、面积、位置等仍有差异，地价也会出现差异，所以需制订各种修正率，对路线价进行调整。因此，路线价法实质上也是市场法的一种，路线价是标准宗地的单位地价，可看作比较实例，对路线价进行的各种修正可视为因素修正。因此路线价法的理论基础是替代原理。

一般的土地估价方法如收益法、市场法仅适宜于对单个宗地进行估价，路线价法则适宜同时对大量土地进行估价，特别适宜土地课税、土地重划、征地拆迁等需要在大范围内对大量土地进行估价的场合。路线价法是否运用得当，还依赖于较为完整的道路系统和排列整齐的宗地以及完善合理的深度修正率表和其他条件修正率。

（二）计算公式

路线价法的计算公式有不同的表现形式，下面是常用的一种表达方式：

$$宗地总价 = 路线价 \times 深度百分率 \times 临街宽度$$

如果宗地条件特殊，如宗地属街角地、两面临街地、三角形地、梯形地、不规则形地、袋地等，则需依下列公式计算：

$$宗地总价 = 路线价 \times 深度百分率 \times 临街宽度 \times 其他条件修正率$$

或

$$宗地总价 = 路线价 \times 深度百分率 \times 临街宽度 \pm 其他条件修正额$$

（三）操作步骤

路线价法的操作步骤主要包括以下内容：路线价区段的划分，标准深度的确定，路线价的评估，深度百分率表和其他修正率表的制作，土地宗地价格的计算。

1. 路线价区段划分

地价相等、地段相连的地段一般划分为同一路线价区段，路线价区段为带状地段。街道两侧接近性基本相等的地段长度称为路线段长度。路线价区段一般以路线价显著增减的地点为界。原则上街道不同的路段，路线价也不相同，如果街道一侧的繁华状况与对侧有显著差异，同一路段也可划分为两种不同的路线价。繁华街道有时需要附设不同的路线价，住宅区用地区位差异较小，所以住宅区的路线段较长，甚至几个街道路线段都相同。

路线价区段划分完毕，对每一路线段求取该路线段内标准宗地的平均地价，附设于该路线段上。

2. 标准深度的确定

路线价是标准宗地的单位价格，路线价的设定必须先确定标准宗地面积，标准宗地是指从城市一定区域中沿主要街道的宗地中选定的深度、宽度和形状标准的宗地。标准深度是指标准宗地的临街深度。临街深度是指宗地离开街道的垂直距离。标准宗地的面积大小随各国而异。美国为使城市土地的面积单位计算容易，把位于街区中间宽 1 英尺，深 100 英尺的细长形地块作为标准宗地。日本运用路线价估价法之初，正是旧东京市时代，依其土地交易行情，普遍是以正街深度 5 间的平均单价为衡量标准，因此为了便于计算，日本旧复兴局规定原则上采取宽 1 间，深 5 间作为标准宗地。现在日本的标准宗地则改为宽 3. 63 米，深 16. 36 米的长方形土地。实际估价中的标准深度，通常是路线价区段内临街各宗土地深度的众数。

3. 路线价的评估

路线价的决定，主要采取两种方法，第一种是由熟练的估价员依买卖实例用市场法等基本估价方法确定。第二种是采用评分方式，将形成土地价格的各种因素分成几种项目加以评分，然后合计，换算成附设于路线价上的点数。

第一种方法也是各国通用的方法。根据选定的标准宗地的形状、大小然后评估标准宗地价格，根据标准宗地价格水平及街道状况、公共设施的接近情况、土地利用状况划分地价区段，附设路线价。标准宗地价格计算适用宗地地价计算方法，如收益法、市场法等方法，或依市场买卖实例评定其价格。因此，对评价区域调查的买卖实例宗地，进行地价影响因素分析，实例宗地条件如果与标准宗地条件不同，应对不同条件部分进行因素修正，由此求得标准宗地的正常买卖价格。不同地段标准宗地价格应能反映区位差异，互相均衡。

4. 深度百分率表的制作

深度百分率又称深度指数，深度百分率表又称深度指数表。深度百分率，是地价随临街深度长短变化的比率。深度百分率表制作，是路线价法的难点和关键所在。路线价法在美国由来已久，长久以来根据丰富的实际资料，制定了各种路线价法则，著名的有“四三二一”法则、苏慕斯法则（克利夫兰法则）、霍夫曼法则等；英国有哈伯法则、爱迪生法则等。

5. 计算宗地价格

依据路线价和深度百分率及其他修正率表，运用路线价法计算公式，则可以计算得到宗地价格。

（四）深度百分率表

临接同一街道的土地，路线价虽然相同，但由于宗地的宽度、深度、形状、面积不同，单位面积的价格不同。在影响地价的因素当中，深度对地价影响较大。现在假设有一临街宽度 m 米、深度 n 米的长方形宗地，每平方米平均单价为 A 元，则该宗地的总价格为 $m \cdot n \cdot A$ 元。

深度百分率的表现形式有三种，分别为单独深度百分率、累计深度百分率和平均深度百分率。单独深度百分率呈递减现象，累计深度百分率呈递增现象，平均深度百分率呈递减现象。

单独深度百分率表现为：

$$a_1 > a_2 > a_3 \cdots > a_{n-1} > a_n$$

累计深度百分率表现为：

$$a_1 < (a_1 + a_2) < (a_1 + a_2 + a_3) < \cdots < (a_1 + a_2 + \cdots + a_n)$$

一般来说，将标准深度的平均深度百分率设为100%，平均深度百分率与累计深度百分率之间的关系就表现为：

$$平均深度百分率 = 累计深度百分率 \times 标准深度 \div 宗地深度$$

制作深度百分率表，要考虑以下几个方面：(1)确定标准深度；(2)确定级距；(3)确定单独深度百分率；(4)根据需要采用累计或平均深度百分率。根据深度百分率表制作要求，以标准宗地的平均深度百分率（平均单价）作为100%，将单独深度百分率、平均深度百分率、累计深度百分率综合制成一表，即得到深度百分率表。

下面以“四三二一”法则为例，说明深度百分率表制作方法。标准深度为100英尺的宗地，每25英尺其单独深度百分率为40%，30%，20%，10%，9%，8%，7%，6%，求出其深度百分率表。

累计、平均深度百分率计算示例：

50英尺的累计深度百分率等于25英尺的单独深度百分率加上50英尺的单独深度百分率，即：

$$40\% + 30\% = 70\%$$

50英尺平均深度百分率等于万英尺的单独深度百分率加上50英尺的单独深度百分率除以50%，即：

$$(40\% + 30\%) \times 100 \div 50 = 140\%$$

75英尺平均深度百分率为：

$$(40\% + 30\% + 20\%) \times 100 \div 75 = 120\%$$

根据同样计算方法，得到表4-7。

表4-7　各种深度百分比对照表

深度（英尺）	25	50	75	100	125	150	175	200
单独深度百分比（%）	40	30	20	10	9	8	7	6
累计深度百分比（%）	40	70	90	100	109	117	124	130
平均深度百分比（%）	160	140	120	100	87.2	78	70.86	65

（五）几个路线价法则介绍

欧美很早就将路线价法应用于课税上，以下主要介绍几种著名的几种路线价法则。

1.“四三二一”法则

“四三二一”法则（4－3－2－1 Rule）是将标准深度100英尺的普通临街地，与街道平行区分为四等分，即由临街面算起，第一个25英尺的价值占路线价的40%，第二个25英尺的价值占路线价的30 %，第三个25英尺的价值占20%，第四个25英尺的价值为10%。如果超过100英尺、则需“九八七六”法则来补充。即超过100英尺的第一个25英尺价值为路线价的9%，第二个25英尺为8 %，第三个25英尺为7%，第四个25英尺为6%。

应用“四三二一”法则估价，简明易记，但因深度划分过分粗略，可能出现评估不够精细的问题。

2. 苏慕斯法则

苏慕斯法则（Somers Rule）是由苏慕斯（Willam A. Somers）根据其多年实践经验并经对众多的买卖实例价格调查比较后创立的。苏慕斯经过调查证明100英尺深的土地价值，前半临街50英尺部分占全宗地总价的72.5%，后半50英尺部分占27.5%，若再深50英尺，则该宗地所增的价值仅为15%。其深度百分率即在这种价值分配原则下所拟定。由于苏幕斯法则在俄亥俄州克利夫兰市应用最著名，因此一般将其称为克利夫兰法则（Cleveland Rule）。

3. 霍夫曼法则

霍夫曼法则（Hoffman Rule）是1866年纽约市法官霍夫曼（Hoffman）所创造的，它是最先被承认对于各种深度的宗地估价的法则。霍夫曼法则认为：深度100英尺的宗地，在最初50英尺的价值应占全宗地价值的2/3。在此基础上，则深度100英尺的宗地，最初的25英尺等于37.5%，最初的一半，即50英尺等于67%，75英尺等于87.7%，全体的100英尺等于100%。

在霍夫曼之后，有尼尔（Neil）修正霍夫曼法则，由此创造所谓霍夫曼一尼尔法则（Hoffman Neil Rule）。

4. 哈柏法则

哈柏法则（Harper Rule）创设于英国，该法则认为一宗土地的价值与其深度的平方根成正比。即深度百分率为其深度平方根的十倍。即深度百分率 = $(10 \times \sqrt{深度})\%$，例如一宗50英尺深土地价值，即相当于100英尺深土地价值的70%。因为深度百分率 = $(10 \times \sqrt{50})\%$，约等于70%。但标准深度不一定为100英尺，所以经修订的哈柏法则认为：

$$深度百分率 = (\sqrt{所给深度} \div \sqrt{标准深度}) \times 100\%$$

（六）路线价法应用举例

［例4-12］ 现有临街宗地A、B、C、D、E，深度分别为25英尺、50英尺、75英尺、100英尺和125英尺，宽度分别为10英尺、10英尺、20英尺、20英尺和30英尺。路线价为4 000元英尺，设标准深度为100英尺，试运用“四三二一”法则，计算各宗土地的价格。

解： A = 4 000 × 40% × 10 = 16 000（元）

B = 4 000 × 70% × 10 = 28 000（元）

C = 4 000 × 90% × 20 = 72 000（元）

D = 4 000 × 100% × 20 = 80 000（元）

E = 4 000 × 109% × 30 = 130 800（元）

第四节　建筑物评估的特点

一、建筑物及其分类

建筑物，是指人工建筑而成的物品，包括房屋和构筑物两大类。房屋是指能够遮风避雨并供人居住、生产、储藏物品或进行其他活动的工程建筑，一般由基础、墙、门、窗、柱和屋顶等主要构件组成；构筑物则是指除房屋以外的工程建筑，人们一般不直接在内进行生产和生活活动，如桥梁、水井、隧道、水坝、烟囱、水塔、道路等。

建筑物从不同角度有不同的分类方法。

（一）按建筑物承重结构分类

建筑物的承重结构基本上决定了建筑物的使用性能、耐用年限、建造成本等，按承重结构可分为以下几种：

1. 钢结构

钢结构由钢梁、钢柱、钢屋架、钢网架等作承重结构，楼板可由钢筋混凝土制成，墙体由砖或其他材料（如玻璃幕墙等）制成。超高型建筑物常用钢结构，如在“9·11”事件中倒塌的纽约世界贸易中心南北楼就是采用钢结构。

2. 钢筋混凝土结构

钢筋混凝土建筑物承重的梁柱、屋面板、楼板均以钢筋混凝土制作；墙体用砖或其他材料制作，一般不承重（钢筋混凝土剪力墙除外）。钢筋混凝土结构可细分为钢筋混凝土框架结构、钢筋混凝土排架结构、框架剪力墙结构和剪力墙结构。

钢筋混凝土框架结构是由钢筋混凝土主梁、次梁、柱构成框架作为建筑物的骨架，它们之间采用刚性接点；墙体不承重，只起分割、保暖、维护及隔音作用，墙体越轻越好。屋盖、楼板上的负载通过梁、柱传到地基。框架体系建筑物的房间分割灵活，适合于办公楼、教学楼等高层建筑。

钢筋混凝土排架结构是以排架柱、梁、屋架组成排架结构。该结构采用独立柱杯型基础，由基础梁连接，多应用于单层工业厂房。

钢筋混凝土剪力墙（又称结构墙）结构，为钢筋混凝土墙体承重结构。钢筋混凝土墙体是由墙筋、暗柱筋、暗梁箍为骨架，用混凝土浇筑而成的承重墙体，墙体、楼板、梁、柱都是钢筋混凝土现浇或预制结构，具有良好的整体性。墙筋为双排纵、横钢筋网片，用S形钢筋绑扎成一体，墙筋除承受作用力外，还起到防止裂缝出现与发展、增强结构整体性的作用。墙体不仅有很高的抗压能力，而且有良好的抗剪切能力，可抵抗风负荷和地震中的水平负载（地震中的横波），抗震能力比砖混结构和框架结构都强。剪力墙的厚度一般有16、18、20厘米等规格。外墙体部分如果厚度达不到保温要求时，一般在混凝土墙的内侧或外侧贴设泡沫塑料保温板。该结构适合高层住宅。

钢筋混凝土框架剪力墙结构是框架结构和剪力墙结构的结合体。

3. 砖混结构

砖混结构是混合结构的一种，是采用砖墙来承重，钢筋混凝土梁柱板等构件构成的混合结构体系。

4. 砖木结构

承重的主要结构是用砖、木材建造。我国通常将砖木结构又具体划分为三等：砖木结构一等，砖木结构二等，砖木结构三等。其中，砖木结构一等是指材料上等、标准较高的砖木（石料）结构房屋。这类房屋一般是外部有装修处理，内部设备完善的庭院式或花园洋房等高级房屋；砖木结构二等是指结构正规，材料较好，一般外部没有装修处理，室内有专用上、下水等设备的普通砖木结构房屋；砖木结构三等：是指结构简单，材料较差，室内没有专用上、下水等设备，较低级的砖木结构房屋。

5. **其他结构**

凡不属于上述结构的建筑物都归此类，如竹结构、石结构、砖拱结构、窑洞、木板房、土草房等。

（二）按建筑物使用功能分类

建筑物按使用功能分为工业建筑和民用建筑。

（1）工业建筑指工业生产部门作为基本生产资料使用的房屋、构筑物，包括厂房、仓库、实验室、办公楼、水塔、道路、桥梁、隧道、水坝、围墙等，交通运输业和建筑业的生产用建筑物也归入工业用建筑物。

（2）民用建筑包括民用住宅和公共建筑。民用住宅包括公寓、住宅、宿舍楼等。公共建筑包括营业用的建筑物和行政事业用建筑物。营业用建筑物，是指商业、金融和保险、邮电、旅馆、饭店及旅游服务业修建的人文景观和服务场所；行政事业用建筑物，是指党政机关、社会团体和科、教、文、卫、体育等事业用建筑物。

（三）按建筑物高度分类

建筑物按高度可分为：1～3层为低层建筑；4～6层为多层建筑；7～9层为中高层建筑；10层以上为高层建筑；檐高超过100米的为超高层建筑。

二、建筑物评估的特性

（一）建筑物价值内涵的复杂性

建筑物作为与土地相结合的建设成果，是不可以脱离土地而独立存在的。在企业核算和房地产业务中，往往把征用土地费或开发费用核算在建筑物价格中，因此，建筑物价格中通常隐含地价。但是，从资产评估的角度来看，由于建筑物和土地的价格运动具有较大的差异，土地价格会随社会经济发展及开发利用状况而增值，而建筑物价格则会因使用而贬值。因此，为了准确客观地评估地产价值和建筑物价值，有必要把建筑物与其所占用的土地分开，针对其价值影响特性进行分别评估。

根据建筑物的种类，建筑物价格可分为住宅、工业用房、商业用房、行政事业用房、办公用房等各类建筑物的价格。由于建筑物的使用性质不同，其价格表现形式也不同。如工业用房，在企业评估中，它是单项生产要素，不具有整体生产和盈利能力，通常用成本法进行评估；商业用房则更多地体现在经营收益上，其收益现值是由经营收益大小来决定的。

另外，由于我国土地实行的是所有权归国家和集体所有，而企业或个人只有使用权，且获得土地使用权的方式又划分为国家无偿划拨和企业通过交付出让金而享有规定使用用途前提下一定期限的处置权这两种方式，因此，决定了房产的交易类型和交易价格。在资产评估中，我们通常会遇到三种类型的价格评估，即房屋所有权价格评估、房屋使用权价格评估和房屋租用权价格评估。

房屋所有权价格评估是指房地结合评估，其评估价格中既包含建筑物价值，也包含土地价值。此时,土地应是办理出让手续而获得合法使用权的土地,购买者有权处置其产权。

房屋使用权价格评估是指在一定使用期限内对房产使用权进行评估。一般来说,购买者不得在使用权期限内任意转卖所购置的房地产使用权,并要在房产使用权期满或房产消失后将房地产交还出售方。

房屋租用权价格是租金,与所有权、使用权价格的多轨制相联系。

(二)建筑物产权受土地使用权年限的制约

按照《中华人民共和国房地产管理法》的规定,土地使用权出让最高年限,根据出让土地的用途不同而不同,具体分为5种情况:(1)居住用地70年;(2)工业用地50年;(3)教育、科技、卫生、体育用地50年;(4)商业、旅游、娱乐用地40年;(5)综合或其他用地50年。《城市房地产管理法》第二十一条规定:土地使用权出让合同约定的年限届满,土地使用者需继续使用的,应当至迟于届满前一年申请续期,除根据社会公共利益需要收回该幅地的,应当予以批准。经批准予以续期的,应当重新签订土地使用权出让合同,依照规定支付土地使用权出让金。这样,在评估已出让土地上的建筑物时,就要相应考虑出让土地的剩余出让年限与被评估建筑物的经济寿命年限间的吻合关系。正常条件下,即使土地剩余出让年限小于建筑物经济寿命年限,在用成本法进行评估时,建筑物的成新率确定可以不以土地剩余出让年限作为唯一的约束条件进行计算。因为在房地分离评估中出让年限的约束已经在土地使用权评估中予以充分考虑。而对于划拨用土地上的建筑物评估则不受土地使用权年限的限制。因为土地使用权划拨具有无偿性、无期限性和不可转让等特点。

(三)建筑物功能、用途及评估方法

在通常情况下,建筑物评估方法的确定不仅取决于其特定的评估目的,而且,常常与建筑物自身的功能和用途有关。如作为生产用建筑物,在进行企业整体评估时,可按单项生产要素用成本法进行评估;商业用房或商品住宅可根据建筑物经营收益或建筑物市场交易状况采用收益法或市场法进行评估。

三、建筑物评估时需考虑的因素

建筑物评估不仅要着眼于其自身的投入和使用状况,而且要考虑经济发展、国家政策等多重影响因素。从评估的角度看,应重点考虑以下诸方面因素:

(一)物理因素

物理因素是建筑物价格的决定因素。建筑物的造型风格、结构类型、功能效用、设施完备情况、装修标准、建筑面积及工艺标准等决定造价。这是建筑物评估应考虑的基本因素。

(二)环境优劣的影响

外部环境条件优劣是影响其价值的一个重要因素。交通通信状况,环境优美程度,基础设施如水、电、气等完善程度,商业网点分布等都对建筑物价格产生重要影响。

(三)经济地理因素

在我国,各地区经济发展极不平衡。一般来说,相同建筑质量、相同功能和用途的建筑物价格，大城市高于小城市，沿海开放城市高于内地城市。即使在同一城市，由于地段不同，房价差别也很大。

（四）新旧程度

土地不存在实体陈旧贬值问题，而建筑物会随着建筑年代久远而陈旧。因此，建筑物的新旧程度会影响其价值。

（五）用途

某一具体建筑物的用途可能是单一的，也可能是多种用途综合性的。在评估综合性建筑物时，要注意建筑物用途的面积分配和楼层分配及建筑朝向。

（六）产权

建筑物的产权形式可分为所有权、使用权和租用权。产权性质及是否受到限制，如是否做抵押、担保、出租等，都直接影响建筑物的价值。

（七）政策因素

国家经济政策每个时期都有一定的重点和方向。房地产价格受政府法令和政策的影响主要表现在：(1)政府基于公共利益可限制某些房地产的使用，包括规定土地使用用途、建筑物容积率、覆盖率等。(2)政府为满足社会公共利益的需要，可以对任何房地产实行强制征用或收买。

（八）供需状况

地产价值高低受市场供求关系的影响很大，供过于求时，价值会降低；供不应求时，价值会提高。

（九）其他因素

其他因素如住房制度改革（货币化分房的力度如何）、公积金贷款额度、商业贷款额度及利率、期限、最高比例等，也是在房地产评估时要考虑的因素。

四、建筑物评估的专业性原则

建筑物评估当然要遵循资产评估的一般原则，但由于建筑物本身的特殊性，决定了在建筑物评估中还应遵循一定的专业性原则。建筑物评估的专业性原则主要有：

（一）房地合一原则

尽管房产和地产是可以加以区别的评估对象，而且土地可以独立于房产而存在，但是由于两者在使用价值上的相互依存和价格形成中的内在联系，要求我们在评估中把两者作为相互联系的对象综合地评估。

房产与地产相互依存和价格形成中的内在联系主要表现在：首先，房屋建筑物不能脱离土地而独立存在，没有什么空中楼阁，而房屋建筑物又是土地的最终产品或主导产品。其次，土地的使用价值需要通过房屋建筑物来反映。土地的价格除了取决于其自身的性能、地理位置等因素外，主要取决于土地用途的选择，而土地用途选择是否恰当就完全反映在房屋建筑物这一实体上，即土地上建筑什么样的房屋建筑物。如果在一地块上建造了不恰当的房屋建筑物，那么这一地块的价格就会受损，就会贬值。例如，在一个城市闹市中心的地块上建造住宅楼，那么该房产就卖不出好价钱，土地也会贬值。再次，房屋建筑物的价格除了受建筑时所付出的劳动或费用制约外，还取决于它所处的地理位置及其与所在地域是否协调。土地的选择和房屋建筑物的选择是否协调直接影响房和地的整体价值。

正是由于房屋建筑物与土地存在这样一种房依地建、房荫地价的关系，房产价格的评估一般要考虑土地的价格，即房地合一。而单独评估土地的价格，也要考虑土地上开发何种房产，才能据以确定土地的价格。

（二）区域及地段原则

区域及地段原则是指房地产价格的评估必须体现房地产所处经济地理位置的差别，应考虑区域及地段对房地产价格的影响，应按不同区域和地段来评估房地产价格。

由于房地产具有不可移动性，其所处位置是固定的，房地产随经济地理位置差异，其价格呈现显著的差别。在城市中，交通状况、基础设施、产业分布、自然景观、人文景观、社区服务、文化娱乐设施等各种因素都有很强的区域性、地段性和级差性，这些因素分别对房地产的环境质量产生影响，共同作用形成了房地产的社会经济地位，从而决定着房地产的价格。此外，一个城市经济发展的繁荣程度，也会对房地产的价格产生影响，经济发展程度高，且处于繁荣时期，房地产的利用程度、收益也会提高，同时有支付能力的投资者对房地产的需求也会扩大，这两方面都将促使城市地价的上升。

房地产随经济地理位置差异和繁荣与发展程度的不同，出现级差收入，在同一城市是以地段级差形式来反映的，也可以是区域级差形式，因为同一城市可以划分为不同的区域。在不同城市之间一般以区域级差形式反映。

按照区域及地段原则来评估房地产价格，在总体上应做到沿海地区高于内地，大中城市高于中小城镇，城市中心、繁华地段高于其他地段和郊区。按区域及地段原则评估房地产价格的重点是同一城市房地产价格应形成合理级差，房地产价格应反映其所处的地段的级差程度。

（三）最佳使用原则

由于土地具有不可移动和再生的特性，房地产相对于人类社会的需求来说具有稀缺性。在房地产开发、经营市场化的条件下，房地产总是按其最优利用的状况来形成价格的。房产开发商和经营商，在土地的开发利用中，总是在国家政策、法规和城市规划许可的范围内，尽可能地最佳使用土地，以求得开发利润的最大化。这一规律反映在评估中，就是要按照最高、最佳、最优使用的途径来测定估算房地产的价格，即所谓最佳使用原则。按照这一原则，房地产价格并非必然受房地产现行用途的约束，只要改变用途具有现实可能性，并且更有效，那么就应按房地产可能的最佳使用途径来评估其价格。当然，房地产的最优、最佳使用途径的选择要受到国家政策、法规以及政府城市规划等的制约，因此说房地产的最佳使用途径只能是具有现实可能性和可操作性的最佳使用途径。

第五节　建筑物评估的方法

一、收益法

（一）收益法的运用范围

收益法的运用范围主要是有收益的房地产，包括租赁房地产与企业用房地产。

1. 租赁房地产

将在正常条件下房地产获得的租金收入减去各项必需的成本、费用、税收后，即为属于房地产的纯收益，将此纯收益运用一定还原利率进行还原，即为该租赁房地产的价值。

2. 企业经营用的房地产

在其每年的总收入中扣除相应的成本、费用、税收等项目后，就可以得到每年属于房地产的纯收益，将此纯收益运用一定还原利率进行还原，即为该企业用房地产的价值。

（二）收益法的前提条件

1. 待评估房地产的未来客观纯收益可以用货币计量

待评估房地产必须有收益，而且要区分实际收益和客观收益。实际收益是指现实状态下实际获得的收益，一定是已经发生的收益额，一般并不能作为收益法评估的依据。这是因为，实际收益一定是已经发生的，发生在过去，并且具有一定的偶然性、个别性和特殊性。比如，由于经营管理不善，或意外自然灾害，一宗极具收益潜力的房地产在某一年的收益可能很低，甚至是负的（亏损）。作为评估依据的收益应是预测将来正常的收益额（预期收益）。客观收益是排除了实际收益中特殊的、偶然的和个别的部分后所得到的一般正常的收益，这才能够作为评估的依据。

2. 折现率或本金化率可以确定

折现率或本金化率的确定方法见土地使用权评估的收益法。如果已知土地使用权的折现率或本金化率和纯建筑物的折现率或本金化率，则可以用以下公式将其加权平均求解：

$$r = \frac{r_1 L + r_2 B}{L + B}$$

式中：r——房地合一的房地产的还原利率；

r_1——土地的还原利率；

r_2——建筑物的还原利率；

B——建筑物的价值；

L——土地的价值。

3. **未来收益期限可以确定**

凡有《国有土地使用权证》的土地，依该证记载年限确定；如无该证，每年缴纳土地使用费的，依预计年限确定；如无该证，亦不每年缴纳土地使用费的，则产权不完整，不得评估。

（三）收益法应用举例

［例4-13］ 某写字楼可出租面积20 000平方米，购买后可立即出租。已知第一至第五年的月租金水平为80元/平方米，出租率为70%，第六至第十年的月租金水平为100元/平方米，出租率为75%，第十一年年初停止出租，装修后将物业转让出售。已知整个运营期间的经营成本为租金收入的35%，第十一年的装修费用为800万元，净出售收入为2 400万元。该房地产适用的折现率为10%。用收益法评估该房地产的价值。

解：(1) 第一至第五年年租金收入 = 80×20 000×70%×12 = 1 344（万元）

(2) 第一至第五年年经营成本 = 1 344×35% = 470.4（万元）

(3) 第一至第五年年纯收益 = 1 344 − 470.4 = 873.6（万元）

(4) 第六至第十年年租金收入 = 100×20 000×75%×12 = 1 800（万元）

(5) 第六至第十年年经营成本 = 1 800×35% = 630（万元）

(6) 第六至第十年年纯收益 = 1 800 − 630 = 1 170（万元）

(7) 第十一年年纯收益 = 2 400 − 800 = 1 600（万元）

(8) 房地产评估值 = 873.6×(P/A,10%,5) + 1 170×(P/A,10%,5)×(P/F,10%,5) + 1 600×(P/F,10%,10)

= 873.6×3.790 8 + 1 170×3.790 8×0.620 9 + 1 600×0.385 5

= 3 311.642 9 + 2 753.838 0 + 616.8

= 6 682.280 9（万元）≈ 6 682（万元）

所以，该房地产评估值为6 682万元。

二、残余估价法

残余估价法的本质是收益法，它是收益法的派生方法。其思路是，将建筑物和其基地合并计算收益，再用除收益法以外的方法求取土地的价格，从建筑物及其基地产生的纯收益中扣除属于土地使用权的收益，即可得到建筑物的纯收益，再用建筑物的还原利率还原，即可得到建筑物的评估值。

残余法的评估步骤为：

(1) 求取房地合一的年纯收益。用房地产的年正常收益额减去各项必需的成本、费用、税金的方法求取房地合一的年纯收益。

(2) 计算属于土地的纯收益。用除收益法以外的方法求取土地的价格，再用土地的价格乘以土地的还原利率即得到属于土地的纯收益。

(3) 房地合一的年纯收益减去属于土地的纯收益即求得属于建筑物的纯收益。

（4）用以下公式求取建筑物的价值：

$$建筑物的收益价格 = 建筑物的纯收益 \times (P/A, r+d, n) = \frac{建筑物的年纯收益}{r+d} \times \left[1 - \frac{1}{(1+r+d)^n}\right] = \frac{建筑物的年纯收益}{r+\frac{1}{n}} \times \left[1 - \frac{1}{(1+r+\frac{1}{n})^n}\right]$$

式中：r——建筑物的还原利率；

d——筑物的折旧率，$d = 1/n$；

n——建筑物的剩余寿命。

残余法应用的前提条件仍然是评估对象能够获得正常收益；并且建筑物的用途、使用强度以及使用状态等与土地的最佳用途没有较大差异，即不存在由于以上原因而产生的功能性贬值，因为由此产生的功能性贬值首先是要扣除建筑物的价值的。

[例4-14] 待估建筑物为砖混结构单层住宅，宅基地600平方米，建筑面积400平方米，月租金20 000元，土地还原利率为6%，建筑物还原利率为8%。评估时，建筑物的剩余使用年限为25年，取得租金收入的年总费用为15 000元，评估人员另用市场比较法求得土地使用权价格为每平方米1 000元。试用建筑物残余估价法估测建筑物的价值。

解：（1）计算房地合一状态下的总收入：

总收入 = 20 000 × 12 = 240 000（元）

（2）总费用 = 15 000（元）

（3）计算总收益：

总收益 = 240 000 − 15 000 = 225 000（元）

（4）计算土地收益：

土地收益 = 1 000 × 600 × 6% = 36 000（元）

（5）计算建筑物收益：

建筑物收益 = 225 000 − 36 000 = 189 000（元）

（6）建筑物折旧率：

建筑物折旧率 = 1/25 × 100% = 4%

（7）建筑物价值：

建筑物价值 = 189 000 ÷ (8% + 4%) × [1 − 1/(1 + 12%)^{25}]

= 189 000 × (P/A, 12%, 25)

= 189 000 × 7.843 1

= 1 482 345.9（元）

建筑物每平方米价值为：

1 482 345.9 ÷ 400 = 3 705.86（元）

残余估价法是收益法的派生方法，与收益法相比，只有一个地方比较特殊，即建筑物的折现率或本金化率不是还原利率，而是还原利率加上建筑物的折旧率。

三、成本法

房地产评估的成本法是通过估算出房地产在全新状态下的重置成本，再扣除由于各种原因产生的实体性贬值、功能性贬值和经济性贬值后求得的评估值。成本法一般用于按原用途继续使用下的房屋建筑物的评估。因此，房地产评估成本法主要涉及四个因素，即重置成本、实体性贬值、功能性贬值和经济性贬值。

（一）房地产重置成本的测算

1. 房地产重置成本的构成

重置成本分为房地合一的房地产的重置成本和纯建筑物的重置成本。从房地合一的房地产重置成本中剔除了属于土地的重置成本后，即可获得属于纯建筑物的成本。房地产重置成本的构成，具体包括如下方面：

（1）房地产生产成本。

房地产生产成本也就是房地产开发成本，其包含的内容很多，主要有下列几项因素：

① 土地价格。这是指生地经过开发平整以后能直接用于建造房屋的熟地的价格。如果该建筑地块是向农村集体经济组织征地所获得的，那么土地价格应包括土地征用费、土地开发费等，如果该建筑地块是通过城市毛地批租获得的，那么土地价格就包括获取土地使用权支付的费用、拆迁安置费及土地开发费等。

② 勘察设计费。如规划费、建筑设计费、地质勘察费及施工执照费等。

③ 房屋建筑安装工程费。这是指在建筑地块上建成房屋而在建设过程中支付的各种建筑安装工程费用，是按建筑安装工程预算定额计算的工程造价。

④ 街坊配套费。这是指建筑基本街坊范围内按有关住宅建设市政公用设施配套标准支付的供水、供电、供气、通讯、排污、排水、道路、绿化等工程费用。

⑤ 其他附加费。包括人防费、小区级非营业性公共设施配套费等。非营业性公共配套设施包括居委会、派出所、托儿所、小学、卫生站等。它们理应由当地政府投资进行配套建设，但目前国家财政困难，当地政府无能力投资建设，所以把这笔费用计入住宅建设的成本，摊进房价中。

⑥ 管理费。这是指房屋建设过程中所支付的各项管理费用，其中包括房地产开发公司职工的工资等。取费标准一般由市、县人民政府确定。

⑦ 资金成本。计入生产成本的投资资金成本，一般按银行贷款利率计算。

⑧ 土地使用税。按照使用国家城镇土地所必须缴纳的税金计算。

（2）流通费用。

流通费用是房地产从生产领域转移到消费领域的过程中，所消耗的物化劳动和活劳动的货币表现。流通费用是经营销售房地产所必须发生的费用，应计入房价中。

房地产流通费用，按其经济性质不同可以分为两种，一种是生产性流通费用，是房地产使用价值在由生产领域转向流通领域的过程中所引起的，如空房看管费、包修期内的维修费等；另一种是纯粹流通费用，是在房地产买卖活动中所引起的，如广告费、展销费、代售代销费等。

（3）税费。

房地产开发企业在开发经营房地产过程中必须按照规定缴纳增值税、城乡维护建设税和教育费附加等。这些税费也是房地产价格的组成部分。

（4）利润。

在社会主义市场经济条件下，房地产开发企业与其他商品生产经营企业一样，其经营目标也是追求利润。商品生产经营企业的利润是商品价格的组成部分，同样房地产开发企业的利润也应是房地产价格的构成部分。

2. 房地产重置成本的估算方法

估算房地产重置成本较常用的方法有重编预算法、决算调整法和价格指数调整法。

（1）重编预算法。

重编预算法是按工程预算的编制方法，对待估房地产成本构成项目重新估算以确定其重置成本的方法。具体地说，就是根据待估房地产工程竣工图纸，或者按评估要求绘制工程图，按照编制工程预算方法，求取人工、材料、大型机械工作时间的数量，再计算工程直接费用，然后按现行标准计算间接成本，两者相加后计算出房地产重置成本。

该方法的特点是：准确性相对比较高，但所需要的技术经济资料较多，计算复杂、费时，工作量大。因此，此法的适用范围包括：一是测算房地产更新重置成本。由于房地产是采用新设计、新技术、新材料、新工艺为基础建造的，评估思路及所用经济技术参数符合评估更新重置成本的要求；二是构造比较简单的房地产，特别是一些构筑物，如道路、围墙、设备基础等建筑物评估。该法之所以适合评估这些建筑物，是因为成本项目简单，重编预算法的工作量不会太大。

（2）决算调整法。

决算调整法是以待估房地产的工程竣工决算中的工程量为基础，按现行工程预算价格、费率将其调整为按现价计算的建筑工程造价，再加上间接成本，估算出房地产重置成本的方法。运用这种方法不需要对工程量进行重新计算，它是以房地产原工程量是合理的为假设前提，所以只需对房地产预算价格（材料价格、人工工资、机械费）及费率用评估基准日的标准取代建筑物购建时的标准，计算出调整后的工程决算造价，再加上按评估基准日现行标准计算的间接成本即可。

这种方法相对于重编预算法效率更高一些（不需计算工作量），但是此法要求委托方必须能够提供比较完整、可信的建筑物工程预决算资料。这种方法主要适用于：不宜采用价格指数调整法，以及因缺乏参照物而无法运用类比法的建筑物评估；用途结构大致相同相似，且数量较多的建筑物评估。对这些建筑物的评估，可以用统计方法通过选择若干有代表性的典型建筑物按此法评估得出其重置成本，然后以估测出的典型建筑物的重置成本与该建筑物原决算价格比较求出一个调整系数推算其他相同相似建筑物重置成本。当然也可以采用决算调整法测算出的典型建筑物的重置成本，通过典型建筑物与其他相同、相似建筑物进行类比分析，在典型建筑物重置成本的基础上，调整差异，推算出其他建筑物的重置成本。

决算调整法的基本步骤如下：

① 取得完整的工程竣工决算、竣工图及竣工验收文件等资料，根据分项分部工程项目按基准日的工程预算价格、材料市场价格、间接费率等计算出建筑物的工程造价。

② 根据国家和地方规定的税费标准和实际情况计算出间接成本。

③ 将估算出的建筑物工程造价加上间接成本，作为建筑物的重置成本。

（3）价格指数调整法。

价格指数调整法是指根据待估建筑物的账面成本（历史成本），运用建筑业产值价格指数或其他相关价格指数调整出建筑物复原重置成本的一种方法。由于价格指数调整法调整出的重置成本的准确性较差，因此，对于大型、价高的建筑物一般不宜采用此法。此法一般只限于账面成本真实、可靠，单位价值小、结构简单，以及运用其他方法有困难的建筑物的重置成本估算。

价格指数调整法使用的价格指数可以是定基物价指数，也可以是环比物价指数。定基物价指数是以某一年为基期，其他年份的物价均与该年份相比得出的物价指数，一般定义基期的物价指数为 1 或者 100 或者 100%，其他年份的物价指数用相应数字表示。环比物价指数表示的是各年与其上一年物价的变化。计算公式为：

$$重置成本=账面成本\times\frac{评估基准日定基物价指数}{购建日定基物价指数}$$

或

$$重置成本=账面成本\times(1+a_1)(1+a_2)(1+a_3)\times\cdots\times(1+a_n)$$

式中：a_1——建筑物竣工次年的环比物价指数。

建筑物评估时用的物价指数一般用建筑业产值价格指数，这个价格指数的本质是各种建筑材料、费用价格变化指数的加权平均数，因此用于某项建筑物评估时不可避免地有一定的误差。因此，此法一般只限使用于账面成本真实、可靠，单位价值小、结构简单，以及运用其他方法有困难的建筑物的重置成本估算。

[例 4-15] 某建筑物账面价值为 1 000 万元，竣工于 2015 年，2018 年进行评估。要求估算 2018 年该建筑物的重置成本。

解： 经查询得知 2016、2017、2018 年三年的环比物价指数分别为 10%、20% 和 10%，则：

$$重置成本=1\,000\times1.1\times1.2\times1.1=1\,452（万元）$$

（二）建筑物实体性贬值的估算

引起建筑物实体性贬值的物质因素有以下几项：（1）因使用产生的破损。因使用而产生的磨损，因建筑物的使用性质、使用强度和使用年限不同而不同，如居住建筑物的磨损要低于工业用途的建筑物。工业用途的建筑物可分为有腐蚀性的和无腐蚀性的，有腐蚀性的建筑物的磨损要高于无腐蚀性的建筑物；(2)随时间或风雨侵蚀等自然作用而产生的自然老化。自然老化主要是由自然力的作用引起的，如风吹、日晒、雨淋等引起的建筑物的腐蚀、生锈、老化、风化及基础沉降等。自然老化与建筑物的实际使用年数呈正相关。同时，要看建筑物所在地区的气候和环境条件，如酸雨多的地区，建筑物的损耗就大；(3)因风灾、水灾、地震等自然灾害而发生的损坏。自然灾害造成的损坏如地震、水灾、风灾等造成的损坏；(4)人为造成的破坏。人为造成的损坏包括失火、碰撞等意外的破坏损毁，或不当使用、不积极保养、维修不及时造成的损坏等。

建筑物的成新率计算方法主要有使用年限法、打分法等方法。

1. 使用年限法

使用年限法又称公式法、剩余使用寿命法等。该法用建筑物的实际已使用年限占建筑物耐用年限的比率作为建筑物的实体性贬值率（有形损耗率）；建筑物的尚可使用年限（剩余使用寿命）占建筑物耐用年限的比率作为建筑物的成新率。实体性贬值率加成新率等于1。公式为：

$$\text{实体性贬值率}=\frac{\text{实际已使用年限}}{\text{实际已使用年限}+\text{尚可使用年限}}$$

$$\text{成新率}=\frac{\text{尚可使用年限}}{\text{实际已使用年限}+\text{尚可使用年限}}$$

$$\text{实体性贬值率}+\text{成新率}=1$$

建筑物的耐用年限是指建筑物的寿命。建筑物的寿命分自然寿命和经济寿命，前者指建筑物从建成起到不堪使用时的年数，后者指建筑物从建成之日起预期产生的收入大于运营费用的持续期。建筑物的经济寿命短于自然寿命。因为有些建筑物虽能正常使用，但由于技术进步、消费观念变更等因素，继续使用可能变得不经济，需要进行更新或改造。因此，资产评估所用的寿命年限应该是经济耐用年限。建筑物的经济耐用年限应根据建筑物的结构、用途和维护保养情况，结合市场状况、周围环境、经营收益状况等综合判断。

在实际评估中，由于土地使用权是有限期的，因此建筑物的经济耐用年限与土地使用权的年限可能不一致，一般按下列方法处理：建筑物的建设期不计入耐用年限，即建筑物的耐用年限应从建筑物竣工验收合格之日起计；建筑物耐用年限短于土地使用权年限时，应按建筑物耐用年限计算损耗；建筑物耐用年限长于土地使用权年限时，应按土地使用权年限计算损耗；建筑物出现于补办土地使用权出让手续之前，其耐用年限早于土地使用权年限而结束时，应按建筑物耐用年限计算损耗；建筑物出现于补办土地使用权出让手续之前，其耐用年限晚于土地使用权年限而结束时，应按建筑物已使用年限加土地使用权剩余年限计算损耗。

2. 打分法

打分法是评估人员根据建筑物成新率评分标准和实地观察、鉴定，对建筑物打分，得出或汇总得出建筑物成新率的方法。打分法分为整体打分法和分别打分法两种方法。

(1) 整体打分法。

整体打分法是按照建筑物结构、装修、设备等组成部分的完好程度，综合考虑确定建筑物成新率的一种打分方法。整体打分法分为 5 个等级：

① 完好房，指成新率在 80% 以上的房屋。房屋的结构、构件、装修、设备齐全完好，成色新，使用良好。

② 基本完好房，指成新率在 60% ~79% 之间的房屋。房屋的结构构件、装修、设备基本完好，成色略旧并有少量或微量损坏，基本能正常使用。

③ 一般损坏房，指成新率在 40% ~59% 之间的房屋。房屋的结构构件、装修、设备有部分损坏或变形、老化，需进行中、大修理。

④ 严重损坏房，指成新率在 39% 以下的房屋。房屋的结构构件、装修、设备有明显的损坏和变形，并且不齐全，需进行大修或翻建。

⑤ 危房，房屋结构、构件已处于危险状态，随时有倒塌的可能。

整体打分法一般用于装修和附属设施比较简单的低层、多层建筑物或价值不大的简易建筑物。整体打分法准确性较差。

（2）分别打分法。

分别打分法是对建筑物的结构、装修和设备三个部分分别打分，而分数本身就是成新率。成新率为 100% 时，打 100 分，成新率为 80% 时，打 80 分，以此类推；然后根据各部分造价占建筑物造价的比重进行加权平均，公式为：

$$\text{成新率} = (\text{结构部分合计得分} \times G + \text{装修部分合计得分} \times S + \text{设备部分合计得分} \times B) \div 100 \times 100\%$$

式中：G——结构部分修正系数，本质为结构部分造价占总造价的比重；

S——装修部分修正系数，本质为装修部分造价占总造价的比重；

B——设备部分修正系数，本质为设备部分造价占总造价的比重。

各部分合计得分本质为用百分制表示的成新率，100 分表示成新率为 100%，以此类推。表 4-8 为建筑物各部分修正系数表。

表 4-8　建筑物各部分修正系数表

	钢筋混凝土结构			混合结构			砖木结构			其他结构		
	结构部分 G	装修部分 S	设备部分 B	结构部分 G	装修部分 S	设备部分 B	结构部分 G	装修部分 S	设备部分 B	结构部分 G	装修部分 S	设备部分 B
单层	0.85	0.05	0.1	0.7	0.2	0.1	0.8	0.15	0.05	0.87	0.1	0.03
1 至 3 层	0.8	0.1	0.1	0.6	0.2	0.2	0.7	0.2	0.1			
4 至 6 层	0.75	0.12	0.13	0.55	0.15	0.3						
7 层以上	0.8	0.1	0.1									

要注意的是，相同结构、相同层数的建筑物，可能由于装修和附属设备的档次有高低，各部分的修正系数可能会表现出较大差异，越是豪华、高档的房地产，装修部分、设备部分的修正系数越大，不可对照一般表格生搬硬套。

［例4-16］ 某建筑物为八层楼，钢筋混凝土结构，经评估人员现场打分，结构、装修和设备各部分得分分别为80、40、30分，则该建筑物的成新率为：

$$成新率 = (80 \times 0.8 + 40 \times 0.1 + 30 \times 0.1) \div 100 \times 100\% = 71\%$$

（三）建筑物功能性贬值

建筑物功能性贬值表现在建筑物的用途、使用强度、设计、结构、装修、附属设备等不合理而造成建筑物功能不足或浪费形成的价值损失。

1. 建筑物用途和使用强度不合理

相对建筑物所占土地的最佳使用而言，如果建筑物在用途和使用强度上出现较大偏差，使土地最佳效用无法发挥出来，则会造成功能性贬值，这种贬值一般要扣减建筑物的价值。而且，当这种贬值非常严重时，可能出现在扣除了这种贬值后，建筑物的价值是零甚至是负数，这说明在建筑物的用途和使用强度与土地的最佳用途严重背离的时候，建筑物的功能性贬值超过了它的剩余价值，即建筑物的存在不仅是没有价值的，而且为实现土地的价值，需要拆除建筑物，这需要花费一定的成本，所以要扣减土地的价值。

2. 建筑物设计和结构上的缺陷

建筑物设计和结构上的缺陷，如通道、楼梯过窄，电梯过少，承载力较差、设计不合理造成利用率下降等原因造成建筑物在用途、使用强度上受到限制而不能充分发挥其应有功能和最大限度发挥效用，而造成功能性贬值。

3. 建筑物装修和附属设备与其功能不协调

当装修过于简陋，附属设备过于简单时，会影响建筑物整体功能的发挥，从而造成功能性贬值；相反，当建筑物的装修过于豪华，附属设施过于高档的，会使建筑物的重置成本很高。但是，如果这种过于豪华的装修和过于高档的附属设施对建筑物的整体功能的发挥是没有贡献的话，也是一种浪费，会造成建筑物的功能性贬值。

计算建筑物的功能性贬值时，要注意和实体性贬值一起考虑，防止重复计算或遗漏。

（四）建筑物的经济性贬值

经济性贬值是由于外界条件的变化而影响建筑物效用的发挥，导致建筑物价值的下降。一般是受市场变化（如经济疲软）、政策变化、地区条件变化（如商业中心、居民区迁移等）影响造成房地产利用率下降，空置率上升等，导致房地产收益下降。建筑物经济性贬值一般用以下公式估算：

$$经济性贬值 = 建筑物年收益损失额 \div 资本化率$$

或

$$经济性贬值 = 建筑物年收益损失额 \times 年金现值系数$$

（五）成本法应用举例

[例 4-17]　某房地产建筑面积 4 000 平方米，占地 2 000 平方米。建筑物于 2013 年年底建成，2018 年年底进行评估。建筑物账面成本 8 000 万元，该城市建筑业价格指数以 2013 年为 100%，则 2018 年为 150%。建筑物尚可使用 45 年。该地区土地价格在评估基准日为 10 000 元/平方米。评估人员经测算认为该建筑物的功能性贬值为 500 万元，主要由于设计不够合理，需改建造成的；不存在经济性贬值。用成本法评估该房地产的价值。

解：（1）建筑物重置成本为：

$$8\ 000 \times 150\% \div 100\% = 12\ 000(\text{万元})$$

（2）成新率为：

$$45 \div (5 + 45) = 90\%$$

（3）土地价值为：

$$10\ 000 \times 2\ 000 = 2\ 000(\text{万元})$$

（4）建筑物价值为：

$$12\ 000 \times 90\% - 500 = 10\ 300(\text{万元})$$

（5）房地产价值为：

$$10\ 300 + 2\ 000 = 12\ 300(\text{万元})$$

四、市场法

市场法又称市场比较法，是房地产评估中最常用的方法之一。随着我国内地房地产市场逐步完善、规范和发展、繁荣，市场法也必将成为一种应用广泛的房地产评估方法。

房地产评估有三个对象，即土地使用权、纯建筑物和房地合一的房地产，市场法适用于这三个对象，区别仅仅在于选取的比较实例不同。我们在本章第三节中已经介绍了土地使用权评估的市场法，本节着重介绍后两种评估对象。

属于房地产评估市场法的有市场房价对照法和单位造价调整法两个方法。

（一）市场房价对照法

市场房价对照法的程序是：首先，在市场上收集足够多的交易实例；其次，从众多交易实例中依据最相似原则选取不少于三个交易实例作为比较实例（参照物）；然后，统一价格比较的基础（如确定比较土地价格、建筑物价格、楼面地价，适用建筑面积或适用面积等），并对交易情况因素、交易日期因素、区域因素、个别因素等一一修正；最后，综合修正结果，确定待估对象的评估值。

[例4-18] 某写字楼位于一城市主干道人民路东段北侧，周围有市政府、电视台、银行、证券公司营业部、博物馆，毗邻商业区。该建筑物为钢筋混凝土框架结构；地上30层，建筑面积36 000平方米；地下两层，均为车库，共有车位200个。建筑物装饰：外墙为孔雀绿玻璃幕墙；花岗岩地面。附属设施包括：电动扫描自动门、中央空调、六台进口名牌高速豪华电梯、电脑闭路电视系统、保安和防盗系统、自控消防系统、多功能程控电话系统。建筑物达到耐火一级、防震七级。评估基准日为2018年1月1日。请对该写字楼估价。

评估人员收集资料如下：

(1) 该市房地产价格近年为每年上涨12%。

(2) 车位每个估价为10万元。

(3) 参照物资料如表4-9所示。

表4-9 参照物资料表

	参照物A	参照物B	参照物C
位置	人民路东段	人民路中段	人民路西段
规模	地上29层、地下2层	地上28层、地下2层	地上25层、地下2层
结构	框架结构	框架结构	框架结构
装修设施	孔雀绿玻璃幕墙、中央空调、四台进口电梯	蓝色玻璃幕墙、中央空调、四台进口名牌高速豪华电梯	蓝色玻璃幕墙、中央空调、三台普通电梯
成交价	7 000(元/平方米)	7 500(元/平方米)	6 000(元/平方米)
交易日期	2017年1月1日	2017年5月1日	2017年9月1日
交易情况	正常	正常	正常
区域因素	95分	96分	94分
个别因素	95分	98分	90分

注：区域因素、个别因素均以待评估建筑物为100分。

解：

参照物A：$7\,000\times(1+12\%)\times100/95\times100/95=8\,686.98$(元/平方米)

参照物B：$7\,500\times(1+8\%)\times100/96\times100/98=8\,609.69$(元/平方米)

参照物C：$6\,000\times(1+4\%)\times100/94\times100/90=7\,375.89$(元/平方米)

待估建筑物估价为：

$$(8\,686.98+8\,609.69+7\,375.89)\div3=8\,224.186\,7\text{(元/平方米)}$$

$$8\,224.186\,7\times36\,000+100\,000\times200=31\,607.07\text{(万元)}$$

(二) 单位造价调整法

单位造价调整法适用于对建筑物的评估，它是根据现行单位建筑面积的造价为基础，调整估算待评估建筑物市场价格的一种方法。其基本操作步骤为：

（1）收集与待评估建筑物相同结构、相同用途的建筑物的现行单位造价。

（2）调整待评估建筑物在装修、附属设施、建造时间等方面与所收集的单位造价之间的差异，将收集到的现行单位造价调整成待评估建筑物的单位造价。

（3）把单位造价调整成现行市价。

（4）求取土地的价格（总价和楼面地价）。

（5）求取房地产的价格。

［例4-19］ 某待评估砖混结构建筑物，建筑面积1 500平方米，系三年前建造。评估人员收集数据显示，类似建筑物的现行单位造价为每平方米建筑面积2 400元；待评估建筑物在室内外装修和附属设施方面比现行造价标准稍低，估计低4%；待评估建筑物系三年前建造，建筑成本低5%；根据评估基准日的市场行情，售价与造价之比为1.3:1（注意：不包括土地价格）。另用其他方法得知，该建筑物所占土地价格为150万元。用单位造价调整法求得该建筑物的市场价格为：

$$2\,400\times(1-4\%)\times(1-5\%)\times1.3+1\,500\,000\div1\,500=3\,845.44\text{ 元/平方米}$$

$$3\,845.44\times1\,500=576.816\text{（万元）}$$

第六节　在建工程评估

一、在建工程及其评估特点

（一）在建工程定义

在建工程指在评估时点尚未完工或虽然已经完工，但尚未竣工验收、交付使用的建设项目，以及为建设项目备用的材料、设备等资产。

（二）在建工程评估特点

在建工程的评估具有自身的特点，与单独的土地、已建成的房地产以及为工程准备的机器设备评估有一定的区别。

1. 在建工程情况复杂

在建工程的范围很广，情况复杂。以建筑工程为例，它不仅包括建设中的各种房屋建筑物，还包含各种设备安装，范围涉及各个行业，情况比较复杂，具有较强的专业技术特点。

2. 在建工程之间可比性较差

在建工程的工程进度差异很大，有的是刚刚投资兴建，有的已经完工但尚未交付使用。这些工程进度上的差异就会造成在建工程资产功能上的差异。因此，在建工程之间的可比性较差，评估时直接可比案例较少。

3. 在建工程的投资不能完全体现在建工程的形象进度

由于在建工程的投资方式和会计核算要求，其账面价值往往既包括预付材料款和预付设备款，同时也记录在建工程中的应付材料款及应付设备款等，如出包工程的付款方式是由合同规定的，可能有时预付很多而工程进度未跟上，有时预付较少而进度超出。因此，在建工程的投资并不能完全体现在建工程的形象进度。

4. 建设工期长短差别较大

有些在建工程如厂区内的道路、基础设备等，一般工期较短；而有些在建工程如高速公路、港口码头等的建设工期就很长。

5. 在建工程的价格受后续工程的影响

对于建设工期较长的在建工程，建造期间材料、工费价格、设计等都可能发生变化，使在建工程的成本以及建成后发挥的效益都具有很多不确定性，因此，在建工程的价格与后续工程的进度和质量有着非常密切的关系。

一般而言，在建工程没有收益，不能用收益法评估；很少交易，一般找不到参照物，也不能用市场法评估。因此，在建工程一般只用成本法评估。

二、在建工程评估方法

（一）工程进度法

工程进度法是指以工程预算为依据，按评估时勘查确定的完工程度来评估在建工程价值的一种方法。该方法主要适用于工期短、价格变化小、工程量较小的工程。这是因为该方法不考虑资金成本和价格变化，直接使用工程预算造价和完工程度，只有规模小的工程预算造价和实际造价才比较一致，完工程度比较容易确定，因此要求待评估工程是工程量较小的工程。用工程进度法评估在建工程的公式为：

在建工程评估值 = 在建工程预算造价 × 在建工程完工程度

[例4-20] 待估在建工程的总预算造价为200万元，其中设备安装工程预算为100万元。评估时，建筑工程中的基础工程已经完工，结构工程、装修工程和设备安装工程尚未进行。评估人员认为，在该类工程的建筑工程中，基础工程、结构工程、装修工程各占比例为15%、60%和25%。请依据上述条件，评估该在建工程价值。

解： 该在建工程的价值为：

$$(200-100)\times 15\% = 15(\text{万元})$$

（二）变动因素调整法

对于工期较长、设计变更及价格变化较大的在建工程不宜采用工程进度法，不宜直接用工程预算造价作为评估的基础，而需要对设计变更、价格变化作出相应的调整。变动因素调整法采用对在建工程实际完成部分因价格变化和设计变更等因素，分别计算调整数额，经归集加总后与在建工程实际支出相加减，确定在建工程的评估值。

（三）重编预算工程进度法

对于建设工期较长、设计变更较大、价格变化较大、实际成本与工程预算差距较大的在建工程，可采用重新编制工程预算，然后再按工程进度法估测在建工程评估值。

三、在建工程评估应注意的若干问题

在建工程评估是一项比较复杂的工作，评估前应对若干问题进行研究，以便在评估过程中谨慎处理。

（一）在建工程前景

在建工程项目是否具有效益性，是否具有发展前途，将直接影响评估人员对在建工程的价值判断，以及对评估估价标准的选择。

（二）建设工期状况

目前国内建设项目建设工期拉长的现象比较普遍，导致工程项目造价上升。在建工程评估应以正常的工程建设工期为依据，对超过正常建设工期所引起的贷款利息增加以及其他费用超支等不能作为在建工程评估值的组成内容。

（三）在建工程贷款利率水平

利率水平基本平稳时，可根据实际贷款利率计算；如果利率水平波动很大，或存在若干种贷款利率时，原则上应选择最低的一种贷款利率来计算利息。

（四）计算贷款利息的投资额应按统一口径核算

计算资金成本的投资额，应按合理的投资额为基数。合理的投资额就构成而言，主要包括在建工程的前期费用、建筑安装工程费用和其他必须支出的费用。并且要考虑资金投入方式，如一次投入、均匀投入、分段均匀投入。

本章小结

房地产也称不动产，是指土地、建筑物及其他附着于土地上的定着物，包括物质实体及其相关权益。

房地产评估是指资产评估机构及其资产评估专业人员遵守法律、行政法规和资产评估准则，根据委托对评估基准日特定目的下的房地产价值进行评定和估算，并出具资产评估报告的专业服务行为。房地产评估包括单独的房地产评估和企业价值评估中的房地产评估。在房地产评估中，评估对象有三种：土地、建筑物和房地合一的房地产。

房地产的特殊性主要表现在:位置固定性、使用长期性、影响多样性、投资大量性、保值增值性、投资风险性等方面。

房地产评估应按照以下程序进行:明确评估基本事项、拟定评估工作方案、实地查勘搜集资料、选用评估方法评定估算、确定评估结果、撰写评估说明和评估报告。

土地使用权是土地使用者依法对土地进行使用或依法对其使用权进行转让、出租、抵押、投资等的权利。土地使用权出让是指国家以土地所有者的身份将土地使用权在一定年限内让与土地使用者,并由土地使用者向国家支付土地使用权出让金的行为。土地使用权转让是指土地使用者将土地使用权再转移的行为,包括出售、交换和赠与。土地使用权出租是指土地使用者作为出租人将土地使用权随同地上建筑物、其他附着物租赁给承租人使用,由承租人向出租人支付租金的行为。

土地的特性可以分为土地的自然特性和经济特性两个方面。由于土地的用途、位置、开发程度不同,评估的要求和所要考虑的因素不同,因此,需要根据评估的需要从不同角度对土地进行分类。

地价的特征:地价是地租的资本化、地价是权益价格、土地具有增值性、地价与用途相关、地价具有个别性、地价具有可比性等。

地价体系主要由基准地价、标定地价、交易底价、市场交易价和课税价格等构成。

影响土地价格的因素很多,主要有一般因素、区域因素和个别因素三大方面。

土地使用权评估的原则有:替代原则、最有效使用原则、合法原则、供需原则、贡献原则、变动原则等。

土地使用权评估的方法主要有:市场法、收益法、成本法、剩余法、基准地价修正系数法、路线价法等。

建筑物,是指人工建筑而成的物品,包括房屋和构筑物两大类。

建筑物评估应考虑的因素:物理因素、环境优劣的影响、经济地理因素、新旧程度、用途、产权、政策因素、供需状况、其他因素等。

建筑物评估的专业性原则主要有:房地合一原则、区域及地段原则、最佳使用原则等。

建筑物评估的方法主要有:收益法、残余估价法、成本法、市场法等。

在建工程具有工程情况复杂、工程之间可比性较差、投资不能完全体现在建工程的形象进度、工期长短差别较大、工程的价格受后续工程的影响等特点。

思考题

1. 房地产有哪些特征?
2. 房地产评估程序是怎样的?
3. 土地有哪些特性?
4. 地价有哪些特征?
5. 影响地价的一般因素有哪些?

6. 影响地价的个别因素有哪些？

7. 土地使用权评估时，确定参照物一般应符合哪些条件？

8. 土地取得费是如何确定的？

9. 建筑物评估需要考虑哪些因素？

10. 在建工程有哪些特点？

练习题

一、名词解释

房地产　房地产评估　土地使用权出让　标定地价　覆盖率　土地使用权转让
容积率　土地使用权　土地使用权出租　基准地价　构筑物　房屋

二、单项选择题

1. 在房地产评估中，当无参照物和无法预测未来收益时，应运用(　　)评估。

A. 收益法　B. 成本法　C. 市场法　D. 剩余法

2. 工业用地的最高出让年限是(　　)。

A. 40 年　B. 50 年　C. 60 年　D. 70 年

3. 某宗土地 4 000 平方米，建筑物的建筑面积 20 000 平方米，则容积率为(　　)。

A. 2　B. 5　C. 10　D. 20

4. 某宗土地 4 000 平方米，建筑物的建筑底面积 2 000 平方米，则覆盖率为(　　)。

A. 10%　B. 20%　C. 20%　D. 50%

5. 某宗土地 4 000 平方米，建筑物的建筑面积 20 000 平方米，每层的建筑面积都是 2 000 平方米，则该建筑物的楼层为(　　)。

A. 5 层　B. 8 层　C. 10 层　D. 12 层

6. 某宗土地 4 000 平方米，建筑物的建筑面积 20 000 平方米，土地总价为 1 亿元，则该宗土地的楼面地价为每平方(　　)。

A. 5 000 元　B. 10 000 元　C. 15 000 元　D. 25 000 元

7. 土地的“三通一平”是指(　　)。

A. 通水、通热、通路、平整地面　B. 通水、通电、通路、平整地面

C. 通水、通汽、通路、平整地面　D. 通水、通信、通路、平整地面

8. 征用耕地的土地补偿费，一般为该耕地被征用前 3 年平均产值的(　　)。

A. 4 ~ 6 倍　B. 4 ~ 8 倍　C. 6 ~ 10 倍　D. 8 ~ 10 倍

9. 征地安置补偿费标准，一般为该耕地被征前 3 年平均年产值的(　　)。

A. 4 ~ 6 倍　B. 4 ~ 8 倍　C. 6 ~ 10 倍　D. 8 ~ 10 倍

10. 基本完好房的成新率一般是(　　)。

A. 39% 以下　B. 40% ~ 59% 之间

C. 60% ~ 79% 之间　D. 80% 以上

三、多项选择题

1. 房地产的评估对象有(　　)。

A. 土地　　B. 建筑物

C. 房地合一的房地产　　D. 构筑物

2. 下列属于土地的自然特性的是(　　)。

A. 位置固定性　　B. 总量有限性　　C. 用途多样性　　D. 效用永续性

3. 下列属于土地的经济特性的是(　　)。

A. 供给稀缺性　　B. 相对垄断性

C. 经济地理位置可变性　　D. 质量差异性

4. 土地使用者将土地使用权再转移的行为,包括(　　)。

A. 出售　　B. 出租　　C. 交换　　D. 赠与

5. 下列属于地价体系的是(　　)。

A. 基准地价　　B. 标定地价　　C. 交易底价　　D. 市场交易价

6. 剩余法中属于投资利润计算基数的是(　　)。

A. 地价　　B. 开发费　　C. 专业费　　D. 投资利息

7. 下列属于土地使用权最高出让年限的是(　　)。

A. 40 年　　B. 50 年　　C. 60 年　　D. 70 年

8. 下列属于土地使用权出让方式的是(　　)。

A. 协议　　B. 抵押　　C. 招标　　D. 拍卖

9. 征用农村集体土地而支付给集体经济组织的费用包括(　　)。

A. 土地补偿费　　B. 地上附着物补偿费

C. 青苗补偿费　　D. 安置补助费

10. 下列属于影响地价社会因素的是(　　)。

A. 人口因素　　B. 家庭规模因素

C. 社会福利因素　　D. 产业结构因素

四、判断题

1. 房地产也称不动产,是指土地、构筑物及其他附着于土地上的定着物,包括物质实体及其相关权益。(　　)

2. 土地使用权转让是指国家以土地所有者的身份将土地使用权在一定年限内让与土地使用者,并由土地使用者向国家支付土地使用权出让金的行为。(　　)

3. 基准地价是按照城市土地级别或均质地域分别评估的商业、住宅、工业等各类用地和综合土地级别的土地使用权的平均价格。(　　)

4. 行政隶属关系变更是一项影响地价的社会因素。(　　)

5. 容积率越大,在土地上可以建造的建筑物的面积越大,地价越高。(　　)

6. 收益法适用于有收益的土地使用权评估,如商场、写字楼、旅馆、公寓、学校、公园等。

（ ）

7. 农地征用费包括土地补偿费、地上附着物和青苗补偿费、新菜地开发建设基金（征用城市近郊菜地）、安置补助费等。（ ）

8. 土地开发费在开发过程中逐步投入，销售后收回，若土地开发费是均匀投入，则计息期为开发期的一半。（ ）

9. 7 层以上的房屋必须配备电梯，所以称为高层建筑。（ ）

10. 在建工程的评估一般适合采用收益法。（ ）

五、计算题

1. 有一待估宗地 G 需评估，该地块共 8 000 平方米，现收集到与待估宗地条件类似的 6 宗地，具体情况见表 4-10。

表 4-10

地块	成交单价	交易时间	交易情况	区域因素	个别因素	容积率	土地使用年限
A	8 000	2015 年	96%	96	103%	1.3	40 年
B	7 500	2015 年	101%	90	102%	1.1	35 年
C	8 500	2016 年	105%	103	101%	1.4	50 年
D	8 600	2016 年	104%	100	99%	1.5	30 年
E	9 000	2017 年	97%	101	96%	1.6	45 年
F	9 400	2017 年	105%	105	100%	1.2	50 年
G		2018 年	100%	100	100%	1.1	50 年

表 4-10 中成交价的单位为：元/平方米。

该城市地价指数表见表 4-11。

表 4-11

时间	2012 年	2013 年	2014 年	2015 年	2016 年	2017 年	2018 年
指数	100%	103%	107%	110%	107%	108%	112%

该城市容积率修正系数表见表 4-12。

表 4-12

容积率	1.0	1.1	1.2	1.3	1.4	1.5	1.6
修正系数	100%	105%	110%	115%	120%	125%	128%

假定折现率为 10%。

要求：试评估地块 G 在 2018 年的价值。

2. 某房地产公司于 2012 年 6 月以有偿出让方式取得一块土地 50 年使用权，并于 2014 年 6 月在此地块上建成一座砖混结构的写字楼，当时造价为每平方米 5 000 元，经济耐用年限为 55 年，残值率为 2%。目前，该类建筑重置价格为每平方米 6 000 元。该建筑物占地面积 1 000 平方米，建筑面积为 2 000 平方米，现用于出租，每月平均实收租金为 15 万元。另据调查，当地同类写字楼出租租金一般为每月每建筑平方米 100 元，空置率为 10%，每年需支付的管理费为年租金的3.5%，维修费为重置价的1.5%，土地使用税及房产税为每建筑平方米20元，保险费为重置价的0.2%，土地资本化率7%，建筑物资本化率8%。

要求：试根据以上资料评估该宗地2017年6月的土地使用权价值。

3. 某市经济技术开发区内有一块土地，面积为45 000平方米，该地块的土地征地费用（含安置、拆迁、青苗补偿费和耕地占用税）为每亩50万元，土地开发费为每平方公里8亿元。土地开发周期为两年，第一年投入资金占总开发费用的40%，开发商要求的投资回报率为10%。当地土地出让增值收益率为25%，银行贷款年利率为6%。土地使用权年限为50年。

要求：评估土地使用权价值。

4. 某待估土地为一块待开发建设的熟地，面积4 000平方米，允许用途为商住混合，允许容积率为6，覆盖率为≤50%，土地使用权年限为50年，2018年8月出售。用途规划1至4层为商业用房，其余为住宅。预计共需2年时间才能建筑完成，第1年投入总建筑费的70%，第2年投入总建筑费的30%。预计总建筑费为6 000万元，专业费用为总建筑费的8%，年利息率为10%，利润率为20%，租售费用及税金综合为售楼价的6%。建造完成后，假定商业用房即可全部销售，预计售价为15 000元/平方米；住宅部分60%在建成时售出，预计售价为8 000元/平方米；40%在1年后售出，预计售价为9 000元/平方米。折现率为10%。

要求：评估该地块2018年8月的土地使用权价值。

5. 某写字楼可出租面积10 000平方米，购买后可立即出租。已知第一至第五年的月租金水平为100元/平方米，出租率为70%，第六至第十年的月租金水平为120元/平方米，出租率为75%，第十一年年初停止出租，转让出售。已知整个运营期间的经营成本为租金收入的35%，第十一年年初出售的净收入为8 000万元。该房地产适用的折现率为10%。

要求：评估该房地产的价值。

6. 待估建筑物为砖混结构单层住宅，宅基地为300平方米，建筑面积为200平方米，月租金为6 000元，土地还原利率为7%，建筑物还原率为8%，评估时建筑物的剩余使用年限为25年，取得租金收入的年总费用为12 000元，评估人员另用市场比较法求得土地使用权的价格为每平方米2 000元。

要求：估算该建筑物的价值。

7. 某房地产建筑面积8 000平方米，占地4 000平方米。建筑物于2013年年底建成，2018年年底进行评估。建筑物账面成本15 000万元，该城市建筑业价格指数以2013年为120%，则2018年为170%。建筑物尚可使用45年。该地区土地价格在评估基准日为10 000元/平方米。评估人员经测算认为该建筑物的功能性贬值为600万元；经济性贬值为100万元。

要求：评估该房地产的价值。

8. 某写字楼位于一城市主干道人民路东段北侧，毗邻商业区。该建筑物为钢筋混凝土框架结构，地上30层，建筑面积50 000平方米；地下两层，均为车库，共有车位300个。评估基准日为2018年1月1日。评估人员收集资料如下：(1)该市房地产价格近年为每年上涨

12%;(2)车位每个估价为15万元;(3)交易情况、区域因素、个别因素均以待评估建筑物为100分。参照物的有关资料如表4-13所示。

表4-13

	参照物A	参照物B	参照物C
位置	人民路东段	人民路中段	人民路西段
成交价	9 000(元/m^2)	8 000(元/m^2)	8 500(元/m^2)
交易日期	2017年1月1日	2017年6月1日	2017年10月1日
交易情况	92分	105分	100分
区域因素	97分	96分	103分
个别因素	95分	98分	90分

要求:评估该写字楼的价值。

第五章

无形资产评估

学习目的与要求

通过本章学习，了解并掌握：

1. 无形资产的分类、特征、影响因素、评估程序；
2. 无形资产评估的方法；
3. 专利资产的评估；
4. 商标资产的评估；
5. 著作权资产的评估；
6. 商誉的评估。

第一节　无形资产评估概述

一、无形资产的分类与特征

（一）无形资产的分类

无形资产是指特定主体拥有或者控制的，不具有实物形态，能持续发挥作用并且能带来经济利益的资源。无形资产包括专利权、商标权、著作权、专有技术、销售网络、客户关系、特许经营权、合同权益、域名、商誉等。

无形资产评估，是指资产评估机构及其资产评估专业人员遵守法律、行政法规和资产评估准则，根据委托对评估基准日特定目的下的无形资产价值进行评定和估算，并出具资产评估报告的专业服务行为。

无形资产种类很多,可以按不同标准进行分类。

1. 按企业取得无形资产的方式分类

无形资产按取得方式分类,可分为自创无形资产和外来无形资产。

(1) 自创无形资产是指企业通过自行研究、开发、设计或在生产经营活动过程中形成的无形资产,如自创专利权、自创商标权、自创专有技术、客户关系、商誉等。

(2) 外来无形资产是指企业从外部购入或接受投资、接受捐赠形成的无形资产,如外购专利权、外购商标权、外购专有技术、外购著作权等。

2. 按有无专门法律保护分类

无形资产按有无专门法律保护分类,可以分为有专门法律保护的无形资产和无专门法律保护的无形资产。

(1) 有专门法律保护的无形资产是指法定无形资产,一般需要按照一定的法定程序才能取得,在一定期限内受到国家法律的保护,如专利权、商标权等。

(2) 无专门法律保护的无形资产是指不受专门法律保护的无形资产,如专有技术(非专利技术)、经营秘密等。

3. 按无形资产能否辨认及独立存在分类

按无形资产能否辨认及独立存在分类,可以分为可辨认无形资产和不可辨认无形资产。

(1) 可辨认无形资产是指那些具有专门名称,可单独取得、转让或出售的无形资产,如专利权、商标权、著作权、专有技术、销售网络、客户关系、特许经营权、合同权益、域名等。

(2) 不可辨认无形资产是指不可单独取得、离开企业就不复存在的无形资产,如商誉等。

4. 按无形资产的性质和属性分类

按无形资产的性质和属性分类,可以分为知识型无形资产、权利型无形资产、关系型无形资产和组合型无形资产。

(1) 知识型无形资产是指通过人类智力劳动创造形成的成果,以及包含、凝结和体现人类智力劳动成果的无形资产,例如知识产权范畴的无形资产,通常包括工业产权和著作权等。

(2) 权利型无形资产是指特定当事人经由政府、企业或他人授权,并通常会通过书面(或非书面)契约的形式,以特定当事人付费(或非付费)为代价,获得的能给特定当事人带来超额收益的相关权利,如租赁权、特许经营权和专卖权等。

(3) 关系型无形资产是指特定主体通过提高企业经营管理水平、商品质量、服务质量和商业信誉等方面逐渐建立起来的经济资源。与权利型无形资产不同的是,关系型无形资产主要依赖于与相关业务当事人建立非契约性的信任关系。这种能够持续给特定权利主体带来经济利益的非契约型商业信任关系构成了关系型无形资产的基本内容,如销售网络、客户关系和专家网络等。

(4) 组合型无形资产是指运用多种因素综合形成的无形资产,如商誉等。

（二）无形资产的特征

无形资产作为一类专门的资产形式，有其自身的特征，具体体现为无形资产的形式特征和无形资产的功能特征。

1. 无形资产的形式特征

（1）非实体性。无形资产没有具体的物质实体形态，是隐形存在的资产。但是它也有其一定的有形表现形式，如专利证书、商标标记、技术图纸、工艺文件、软盘等。无形资产与有形资产的根本区别在于有形资产的价值取决于有形要素的贡献，无形资产的价值则取决于无形要素的贡献；同时，由于无形资产的非实体性，使它也只存在无形损耗，不存在有形损耗。

（2）排他性。无形资产往往是由特定主体排他占有，凡不能排他或者不需要任何代价即能获得的，都不是无形资产。无形资产的这种排他性有的是通过企业自身保护取得；有的则是以适当公开其内容作为代价来取得广泛而普遍的法律保护；有的则是借助法律保护并以长期生产经营服务中的信誉取得社会的公认。虽然无形资产保护的手段各异，但是垄断性是其共有的特点。

（3）效益性。并非任何无形的事物都是无形资产，成为无形资产的前提是其必须能够以一定的方式，直接或间接地为其控制主体（所有者、使用者或投资者）创造效益，而且必须能够在较长时期内持续产生经济效益。如果其产生的经济效益只是短期的，则被视为是个别的、偶然的因素予以剔除，是不可以进行评估的。

（4）不确定性。无形资产的不确定性较有形资产而言比较大，相对来讲评估风险也比较大。这种不确定性主要表现在无形资产为所有者或占有者带来经济效益具有一定的不确定性，受到市场竞争、政策变化、技术发展、产品质量等许多因素的影响。

2. 无形资产的功能特性

（1）附着性。无形资产本身没有物质实体，不具有独立的形态，但是无形资产要对生产经营发挥作用必须附着于一定的有形资产。例如专利技术和非专利技术一般要附着于一定的机器设备、工艺设计；商标一定要与某种商品或服务相结合；商誉一定要与某个行业相结合；土地使用权附着于土地本身。有形资产是无形资产的载体，这种载体范围越广，无形资产的适用性就越强，创造的收益也往往越大。因此，评估中确定无形资产的收益时，一方面要考虑与无形资产共同发挥作用的有形资产的范围；另一方面要辨识、区别有形资产和无形资产带来的收益。

（2）共益性。有形资产是不可以由不同主体同时共享的，但无形资产可以，这就是无形资产的共益性。这是无形资产有别于有形资产的一个重要特点。无论是技术还是商标都可以同时为不同的企业共同使用。但是，由于市场的有限性和竞争性，无形资产的价值很大程度上取决于其垄断性，随着无形资产共益性范围的扩大，其垄断性会越来越差，能够带来的收益会越来越少，其价值就会越来越低。因而，评估无形资产，必须考虑无形资产的保密程度和作用环境。在转让方继续使用该项无形资产的情形下，也要考虑由于无形资产的转让形成竞争对手,从而增大竞争压力的机会成本。

(3) 积累性。无形资产的积累性体现在两个方面,一是无形资产的形成基于其他无形资产的发展。二是无形资产自身的发展也是一个不断积累和演进的过程。因此,一方面无形资产总是在生产经营的一定范围内发挥特定的作用;另一方面,它的成熟程度、影响范围和获利能力也处在变化之中。

(4) 替代性。在无形资产评估中,特别是对于技术类的无形资产评估中,特别要注意技术、工艺、配方、设计等的替代性。当一项新的、更先进的技术出现以后,会将原有的技术淘汰,从而大大缩短原有技术的剩余使用寿命,加速其贬值或损耗。

二、影响无形资产评估价值的因素

进行无形资产评估,首先要明确影响无形资产评估价值的因素。一般来说,影响无形资产评估价值的因素主要有:

(一) 无形资产的取得成本

无形资产与有形资产一样,其取得也有成本。只是相对有形资产而言,其成本确定不是十分明晰和易于计量。对企业无形资产来说,外购无形资产较易确定成本,自创无形资产的成本计量较为困难。同时,无形资产的创造与其投入、失败等密切相关,但这部分成本确定是很困难的。一般来说,这些成本项目包括创造发明成本、法律保护成本、发行推广成本等。

(二) 机会成本

无形资产的机会成本是指由于无形资产的所有者将无形资产转让、投资、出售出去以后,由于无形资产应用更加广泛,使竞争加剧,导致市场价格下降、市场份额缩小而损失的收益以及竞争费用等费用的上升而增加的支出。

(三) 效益因素

成本是从对无形资产补偿角度考虑的,但无形资产更重要的特征是能创造效益。一项无形资产,在环境、制度允许的条件下,获利能力越强,其评估值超高;获利能力越弱,评估值越低。有的无形资产,尽管其创造成本很高,但不为市场所需求,或收益能力低微,其评估值就很低。

(四) 使用期限

每一项无形资产,一般都有一定的使用期限。无形资产的使用期限,除了应考虑法律保护期限外,更主要的是考虑其具有实际超额收益的期限。比如某项发明专利保护期为 20 年,但由于无形损耗较大,拥有该项专利实际能获超额收益的期限为 10 年,则这 10 年即为评估该项专利时所应考虑的期限。

(五) 技术成熟程度

一般科技成果都有一个发展——成熟——衰退的过程,这是竞争规律作用的结果。科技成果的成熟程度如何,直接影响到评估值的高低。其开发程度越高,技术越成熟,运用该技术成果的风险性越小，评估值就会越高；如果技术不够成熟，或其产品尚未打开市场，那么应用该技术的风险就会比较大，评估值就会比较低。

（六）转让内容

从转让内容看，无形资产转让分为完全产权转让和部分产权转让。在转让过程中有关条款的规定会直接影响其评估值。完全产权转让的无形资产评估值高于部分产权转让的评估值。在技术贸易中，同是使用权转让，由于许可程度和范围不同，评估值也应不同。

（七）国内外该种无形资产的发展趋势、更新换代情况和速度

无形资产的更新换代越快，无形损耗越大，其评估值越低。无形资产价值的损耗和贬值，不取决于自身的使用损耗，而取决于本身以外同类或替代无形资产变化的情况。

（八）市场供需状况

市场供需状况一般反映在两个方面：一是无形资产的市场需求情况；二是无形资产的适用程度。对于可出售、转让的无形资产，其价值随市场需求的变动而变动。市场需求大，则价值就高；市场需求小，且有同类无形资产替代，则其价值就低。同样的，无形资产的适用范围越广，适用程度越高，需求量越大，价值就越高。

（九）同行业同类无形资产的价格水平

同行业同类或相似的无形资产，如商标、专利技术在近期的转让价格，对被评估资产也有影响。

影响无形资产价值的因素很多，评估时要注意综合考虑，不可偏颇。

三、无形资产评估的程序

无形资产评估程序是评估无形资产的操作规程。评估程序既是评估工作规律的体现，也是提高评估工作效率、确保评估结果科学有效的保证。无形资产评估一般按下列程序进行：

（一）明确评估目的

无形资产因其评估目的不同，其评估的价值类型和选择的方法也不一样，评估结果也会不同。评估目的由发生的经济行为决定，一般来说无形资产评估须以产权利益主体变动为前提。无形资产评估的具体目的包括无形资产转让、无形资产投资、无形资产质押、法律诉讼、财务报告、税收、保险、租赁等。

在明确目的的同时，还须了解被评估无形资产的转让内容及转让过程中的有关条款，这样评估人员才能正确确定无形资产的评估范围、基础数据及参数的选取。

（二）鉴定无形资产

对无形资产进行评估时，评估人员首先应对被评估的无形资产进行鉴定。这是进行无形资产评估的基础工作，直接影响到评估范围和评估价值的科学性。通过无形资产的鉴定，可以解决以下问题：一是确认无形资产的存在；二是鉴别无形资产的种类；三是确定其有效

期限。

（1）确认无形资产存在。主要是验证无形资产来源是否合法，产权是否明确，经济行为是否合法、有效。可以从以下几方面进行：第一，查询被评估无形资产的内容、国家有关规定、专业人员评价情况、法律文书（如专利证书、技术鉴定书等），核实有关资料的真实性、可靠性和权威性。第二，分析无形资产。运用所要求的与之相适应的特定技术条件和经济条件，鉴定其应用能力。第三，确定无形资产的归属是否为委托者所拥有，要考虑其存在的条件和要求，对于剽窃、仿造的无形资产要加以鉴别，对于有些无形资产要分析其历史渊源，看其是否符合国家的有关规定。

（2）鉴别无形资产的种类。主要是确定无形资产的种类、具体名称、存在形式。有些无形资产由若干项无形资产综合构成，应加以确认和分离，避免重评或漏评。

（3）确定无形资产有效期限。无形资产有效期限是其存在的前提。某项专利权，如超过法律保护期限，就不能作为专利权评估。有效期限对无形资产评估值具有很大影响，比如有的商标，历史越悠久，价值越高但商标历史并不悠久，也可能具有较高价值。

（三）搜集相关资料

搜集无形资产的相关资料，一般来说这些资料主要包括：

（1）无形资产的法律文件或其他证明材料；

（2）成本：无形资产的自创制成本或外购成本；

（3）效益：使用无形资产给受益主体带来的经济效益；

（4）期限：无形资产的存续期、法定期限、受益年限、技术寿命期等；

（5）技术成熟程度：技术性无形资产在所处技术领域中所处的发展阶段、开发程度、领先程度以及替代技术的现状等；

（6）权属转让内容与条件：无形资产的转让有完全产权转让与部分产权转让之分，在转让过程中往往有相应条款规定，这些都是确定无形资产评估价值的重要因素，应详细了解；

（7）市场供需情况：同类无形资产在市场上的需求、范围、活跃程度、变动情况等；

（8）行业盈利水平及风险等。

（四）确定评估方法

确定无形资产价值的评估方法包括市场法、收益法和成本法三种基本方法及其衍生方法。执行无形资产评估业务，资产评估专业人员应当根据评估目的、评估对象、价值类型、资料收集等情况，分析上述三种基本方法的适用性，选择评估方法。

采用收益法评估无形资产时应当在获取无形资产相关信息的基础上，根据该无形资产或者类似无形资产的历史实施情况及未来应用前景，结合无形资产实施或者拟实施企业经营状况，重点分析无形资产经济收益的可预测性，考虑收益法的适用性；估算无形资产带来的预期收益，区分评估对象无形资产和其他无形资产与其他资产所获得的收益，分析与之有关的预期变动、收益期限，与收益有关的成本费用、配套资产、现金流量、风险因素；保持预期收益口径与折现率口径一致；根据无形资产实施过程中的风险因素及货币时间价值等因素估算折现率；综合分析无形资产的剩余经济寿命、法定寿命及其他相关因素，确定收益期限。

采用市场法评估无形资产时应当考虑该无形资产或者类似无形资产是否存在活跃的市场，考虑市场法的适用性；收集类似无形资产交易案例的市场交易价格、交易时间及交易条件等交易信息；选择具有比较基础的可比无形资产交易案例；收集评估对象近期的交易信息；对可比交易案例和评估对象近期交易信息进行必要调整。

采用成本法评估无形资产时应当根据无形资产形成的全部投入，考虑无形资产价值与成本的相关程度，考虑成本法的适用性；确定无形资产的重置成本，无形资产的重置成本包括合理的成本、利润和相关税费；确定无形资产贬值。

（五）整理并撰写报告，作出评估结论

无形资产评估报告书，是无形资产评估过程的总结，也是评估者承担法律责任的依据。评估报告书要简洁、明确、避免误导。无论是单独出具无形资产评估报告，还是将无形资产评估报告作为资产评估报告的组成部分，都应当在资产评估报告中披露必要信息，使资产评估报告使用人能够正确理解评估结论。

无形资产评估报告应当说明下列内容：无形资产的性质、权利状况及限制条件；无形资产实施的地域限制、领域限制及法律法规限制条件；与无形资产相关的宏观经济和行业的前景；无形资产的历史、现实状况与发展前景；评估依据的信息来源；其他必要信息。

无形资产评估报告应当说明有关评估方法的下列内容：评估方法的选择及理由；各重要参数的来源、分析、比较与测算过程；对测算结果进行分析，形成评估结论的过程；评估结论成立的假设前提和限制条件。

第二节　无形资产评估的方法

一、无形资产评估的收益法

当以投资、转让为无形资产的评估目的时，收益法是最恰当的方法。这是因为当以投资、转让为评估目的时，无形资产的投资价值取决于其能够带来的预期收益和承担的风险，无论从价值类型还是从数据收集、被评估对象本身的特点来看收益法都是最恰当的评估方法。

（一）收益法的基本公式

根据无形资产转让计价方式不同，收益法在应用上可以表示为下列两种方式：

公式1：
$$P = \sum_{t=1}^{n} \frac{K \cdot R_t(1 - T)}{(1 + r)^t}$$

公式2：

$$P = Y + \sum_{t=1}^{n} \frac{K \cdot R_t(1 - T)}{(1 + r)^t}$$

式中：P——无形资产评估值；

K——无形资产分成率；

R——第 t 年分成基数(可以是销售收入或销售利润)；

t——收益期限；

r——折现率；

Y——最低收费额；

T——所得税率。

上述两个公式的不同之处在于第二个公式比第一个公式多一项最低收费额,然而在用第二个公式计算无形资产的分成率时,是按扣除最低收费额后测算的,本质上与第一个公式是一致的。

(二) 最低收费额的估算

最低收费额是指在无形资产转让中,转让方向受让方所收取的仅仅补偿成本的最低转让费。最低收费额是视购买方实际生产和销售情况收取转让费时所确定的“旱涝保收”收入,并在确定比例收费时预先扣除,有时称之为“入门费”。在某些无形资产转让中,转让方按固定额收费时把最低收费规定为转让最低价,也可作为无形资产竞卖的底价。

由于无形资产具有垄断性,当该项无形资产是购买方必不可少的生产经营条件,或者购买方运用无形资产所增加的效益具有足够的支付能力时,无形资产转让的最低收费额由以下因素决定：

1. 重置成本净值

购买方使用无形资产,就应由购买方补偿成本费用。当购买方与转让方共同使用该项无形资产时,则由双方按运用规模、受益范围等来分摊。

2. 机会成本

由于无形资产的转让可能会导致停业而使由该项无形资产支撑的营业收益减少,也可能会因为自己制造了竞争对手而减少利润或是增加开发支出。这些构成无形资产转让的机会成本,应由无形资产购买方来补偿。

综合考虑以上两大因素评估最低收费额,可得到如下一组公式：

无形资产最低收费额 = 重置成本净值 × 转让成本分摊率 + 无形资产转让的机会成本

其中：

$$\text{转让成本分摊率} = \frac{\text{购买方运用无形资产的设计能力}}{\text{运用无形资产的总设计能力}} \times 100\%$$

无形资产转让的机会成本 = 无形资产转让的净减收益 + 无形资产再开发净增费用

公式中“购买方运用无形资产的设计能力”,可根据设计产量或按设计产量计算的销售收入确定;“运用无形资产的总设计能力”指运用无形资产的各方汇总的设计能力,由于是分摊无形资产的重置成本净值,因而不是按照实际运用无形资产的规模,而是按照设计规模来确定权重。当购买方独家使用该项无形资产时，转让成本分摊率为1；公式中“无形资产转让的净减收益”和“再开发净增费用”是运用边际分析的方法测算的；“无形资产转让的净减收益”一般指在无形资产尚能发挥作用期间减少的净现金流量；“再开发净增费用”包括保护和维持该无形资产追加的科研费用和其他费用、员工再培训费用等。以上各项经过认真细致的分析测算是可以确定的。

[例5-1] 甲企业转让生产某食品的全套技术，经搜集和初步测算已知如下资料：一是该企业与购买企业共同享用该技术，双方设计能力分别为700万和300万标箱；二是该全套技术系从国外引进，账面价格500万元，已使用3年，尚可使用9年；近3年来，通货膨胀每年为10%；三是该项技术转让对该企业生产经营有较大影响，由于市场竞争加剧，产品价格下降，在以后9年减少销售收入按折现值计算为60万元，增加开发费用以提高质量、保住市场的追加成本按现值计算为30万元。试评估该项无形资产转让的最低收费额。

分析计算如下：

(1) 该技术的重置成本 $=500\times(1+10\%)^3=665.5$（万元）

(2) 该技术的成新率 $=9\div(3+9)=75\%$

(3) 该技术的重置成本净值 $=665.5\times75\%=499.13$（万元）

(4) 转让成本分摊率 $=300\div(700+300)=30\%$

(5) 无形资产转出的机会成本 $=60+30=90$（万元）

(6) 该项无形资产转出的最低收费额 $=499.13\times30\%+90=239.74$（万元）

（三）无形资产收益额的确定

无形资产收益额的测算，是采用收益法评估无形资产的关键步骤。如前所述，无形资产收益额是由无形资产带来的超额收益。同时，无形资产附着于有形资产发挥作用并产生共同收益，因此，关键问题是如何从这些收益中分离出无形资产带来的收益额。

1. 直接估算法

直接估算法是指通过未使用无形资产与使用无形资产的前后收益情况对比分析，确定无形资产带来的收益额。在许多情况下，从无形资产为特定持有主体带来的经济利益上看，我们可以将无形资产划分为收入增长型和费用节约型。

收入增长型无形资产是指无形资产应用于生产经营过程，能够使得产品的销售收入大幅度增加。增加的原因在于：

(1) 生产的产品能够以高出同类产品的价格销售，其计算公式为：

$$R=(P_2-P_1)Q(1-T)$$

式中：R——超额收益；

P_2——使用无形资产后产品的价格；

P_1——使用无形资产前产品的价格；

Q——产品销售量（此处假定销售量不变）；

T——所得税税率。

(2) 生产的产品采用与同类产品相同价格的情况下,销售数量大幅度增加,市场占有率扩大,从而获得超额收益,其计算公式为:

$$R=(Q_2-Q_1)(P-C)(1-T)$$

式中: R——超额收益;

Q_2——使用无形资产后产品的销售量;

Q_1——使用无形资产前产品的销售量;

P——产品价格(此处假定价格不变);

C——产品的单位成本;

T——所得税税率。

销售量增加不仅可以增加销售收入,而且还会引起成本的增加,因此,估算销售量增加导致收入增加,从而形成超额收益时,必须扣减由于销售量增加而增加的成本。

同时应该注意的是,销售收入增加可以引起收益的增加,它们是同方向的。由于存在经营杠杆和财务杠杆效应,销售收入和收益一般不是同比例变动,这在计算中应予以考虑。

费用节约型无形资产,是指无形资产的应用,使得生产产品中的成本费用降低,从而形成超额收益,其计算公式为:

$$R=(C_1-C_2)Q(1-T)$$

式中: R——超额收益;

C_1——使用无形资产前的产品单位成本;

C_2——使用无形资产后的产品单位成本;

Q——产品销售量(此处假定销售量不变);

T——所得税税率。

实际上,收入增长型和费用节约型无形资产的划分,是一种为了明晰无形资产形成超额收益来源情况的人为划分方法。通常,无形资产应用后,其超额收益是收入变动和成本变动共同作用的结果。评估者应根据上述特殊情况加以综合性的运用和测算,以科学地测算超额收益。

2. 差额法

当无法将使用了无形资产和没有使用无形资产的收益情况进行对比时,采用无形资产和其他类型资产在经济活动中的综合收益与行业平均水平进行比较,可得到无形资产获利能力,即“超额收益”。具体步骤是:首先,收集使用了无形资产的产品生产经营活动财务资料,进行盈利分析,得到经营利润和销售利润率等基本数据;其次,对上述生产经营活动中的资金占用情况(固定资产、流动资产和已有账面价值的其他无形资产)进行统计;再次,收集行业平均资金利润率等指标;最后,计算无形资产带来的超额收益。其计算公式为:

无形资产带来超额收益 = 经营利润 − 资产总额 × 行业平均资金利润率

或

无形资产带来超额收益 = 销售收入 × 销售利润率 − 销售收入 × 每百元销售收

入平均占用资金×行业平均资金利润率

使用这种方法应注意,这样计算出来的超额收益有时不完全由被评估无形资产带来(除非能够认定只有这种无形资产存在),往往是一种组合无形资产超额收益,还须进行分离处理。

3. 分成率法

无形资产收益通过分成率来获得,是目前国内外技术交易中常用的一种实用方法,即:

无形资产收益额=销售收入(利润)×销售收入(利润)分成率×(1-所得税率)

对于销售收入(利润)的测算已不是较难解决的问题,重要的是确定无形资产分成率。

既然分成对象是销售收入或销售利润,因而就有两个不同的分成率。而实际上,由于销售收入与销售利润有内在的联系,可以根据销售利润分成率推算出销售收入分成率,反之亦然。

因为:

收益额=销售收入×销售收入分成率×(1-所得税率)
=销售利润×销售利润分成率×(1-所得税率)

因而:

销售收入分成率=销售利润分成率×销售利润率
销售利润分成率=销售收入分成率÷销售利润率

从评估角度看,销售收入分成率和销售利润分成率并无不同,但在实际工作中,人们总是从销售利润分成率考虑问题的,然后通过销售利润率换算成销售收入分成率。另外,在技术许可使用合同中,出让方为了保护自己的利益,希望使用销售收入分成率,把无形资产不能够获得预期超额收益的风险转嫁给受让方;受让方则希望使用销售利润分成率,以保护自己的利益,这种争论不影响对无形资产的评估。

常用的计算分成率的方法有边际分析法和约当投资分成法。这两种方法计算出的都是销售利润分成率,如果需要销售收入分成率,可以按照前述公式换算。

(1) 边际分析法。

边际分析法的思路是对受让方企业在使用无形资产上进行有无对比分析,先预测出以后各年不使用无形资产,受让方企业可以获得的各年利润是多少;再预测出以后各年使用无形资产,受让方企业可以获得的各年利润是多少;两者相减即为受让方企业以后各年的追加利润。追加利润出现的原因可能是垄断加价、生产成本降低、市场占有率上升、销售价格上升或几个因素的组合。计算出各年的追加利润后,再选择一个恰当的折现率计算出追加利润的现值和使用无形资产后利润总额的现值。这两个现值的比率就是利润分成率。这种方法的关键是科学分析追加无形资产投入可以带来的净追加利润,这也是购买无形资产所必须进行决策分析的内容。

边际分析法的步骤是:

第一,对无形资产边际贡献因素进行分析。包括:新市场的开辟,垄断加价的因素,消耗量的降低,成本费用降低,产品结构优化,质量改进,功能费用降低,成本销售收入率提高等。

第二,测算无形资产寿命期间的利润总额及追加利润总额,并进行折现处理。

第三，按利润总额现值和追加利润总额现值计算利润分成率。

$$利润分成率 = \Sigma 追加利润现值 \div \Sigma 利润总额现值$$

[例5-2] 某企业将一专有技术许可受让方使用5年，经评估人员分析，未来5年受让方如果不使用该技术分别可实现利润100万元、110万元、130万元、150万元、140万元；使用该技术后，分别可实现利润120万元、140万元、170万元、180万元、180万元。折现率取10%，计算利润分成率。

解：

(1) 计算各年的追加利润：

未来5年的追加利润分别为20万元、30万元、40万元、30万元、40万元

(2) 计算利润总额的现值：

$120 \times 0.9091 + 140 \times 0.8264 + 170 \times 0.7513 + 180 \times 0.6830 + 180 \times 0.6209$

$= 587.211$（万元）

(3) 计算追加利润现值：

$20 \times 0.9091 + 30 \times 0.8264 + 40 \times 0.7513 + 30 \times 0.6830 + 40 \times 0.6209$

$= 118.352$（万元）

(4) 利润分成率：

$118.352 \div 587.211 \times 100\% = 20.15\%$

(2) 约当投资分成法。

约当投资分成法的思路是把受让方企业的总资产分为两部分：一部分是被评估的无形资产；另一部分是除被评估的无形资产以外的全部资产；然后根据两部分资产适用的各自的成本利润率折算成约当投资量，计算出无形资产的约当投资量在总约当投资量中的比重即利润分成率。计算公式为：

$$无形资产利润分成率 = \frac{无形资产约当投资量}{购买方约当投资量 + 无形资产约当投资量}$$

$$无形资产约当投资量 = 无形资产重置成本 \times (1 + 适用的成本利润率)$$

$$购买方约当投资量 = 购买方投入的总资产的重置成本 \times (1 + 适用的成本利润率)$$

[例5-3] 甲企业以一项技术向乙企业投资，该技术的重置成本为400万元，适用的成本利润率为200%；乙企业其他投资的重置成本为6 000万元，适用的成本利润率为10%。计算该项技术的利润分成率。

解：

(1) 无形资产的约当投资量 $= 400 \times (1 + 200\%) = 1\,200$（万元）

(2) 购买方资产的约当投资量 $= 6\,000 \times (1 + 10\%) = 6\,600$（万元）

(3) 利润分成率 $= 1\,200 \div (1\,200 + 6\,600) \times 100\% = 15.38\%$

该无形资产的利润分成率为15.38%。

（四）无形资产评估中折现率的确定

折现率的内涵是指与投资于该无形资产相适应的投资报酬率。需要进一步说明的是，折现率一般包括无风险利率和风险报酬率。一般来说，无形资产投资收益高，风险性强，因此，无形资产评估中折现率往往要高于有形资产评估的折现率。评估时，评估者应根据该项无形资产的功能、投资条件、收益获得的可能性条件和形成概率等因素，科学测算其风险利率，以进一步测算出其适合的折现率。另外，折现率的计算口径应与无形资产评估中采用的收益额的口径保持一致。

（五）无形资产收益期限的确定

无形资产收益期限又称有效期限，是指无形资产发挥作用并具有超额获利能力的时间。无形资产在发挥作用的过程中，其损耗是客观存在的。无形资产损耗的价值量，是确定无形资产有效期限的前提。无形资产因为没有物质实体，所以，它的价值不会由于其使用期的延长发生实体上的变化，即它不像有形资产那样存在由于使用或自然力作用形成的有形损耗。然而，无形资产价值降低是由无形损耗形成的，即由于科学技术进步而引起价值减少，具体来说，主要由下列三种情况决定产生：

（1）一种新的、更为先进、更经济的无形资产出现，这种新的无形资产可以替代旧的无形资产，使采用原无形资产无利可图时，原有无形资产的价值就丧失了。

（2）因为无形资产传播面扩大，其他企业普遍掌握这种无形资产，获得这项无形资产已不需要任何成本，使拥有这项无形资产的企业不再具有获取超额收益的能力时，它的价值也就大幅度贬低或丧失。

（3）企业拥有的某项无形资产所决定的产品销售量骤减，需求大幅度下降时，这种无形资产价值就会减少，以致完全丧失。

以上说明的是确定无形资产的有效期限的理论依据。需要强调的是，无形资产具有获得超额收益能力的时间才是真正的无形资产有效期限。资产评估实践中，预计和确定无形资产的有效期限可依照下列方法确定：

（1）法律或合同、企业申请书分别规定有法定有效期限和受益年限的，可按照法定有效期限与受益年限孰短的原则确定。

（2）法律未规定有效期，企业合同或企业申请书中规定有受益年限的，可按照受益年限确定。

（3）法律和企业合同或申请书均未规定有效期限和受益年限的，按预计受益期限确定。预计受益期限可以采用统计分析法或与同类资产比较得出。

同时应该注意的是，无形资产的有效期限可能比其法定保护期限短，因为它们要受到许多因素的影响，如废弃不用、人们爱好的转变以及经济形势变化等，特别是科学技术发达的今天，无形资产更新周期加快，使得其经济寿命缩短。评估时，对这种情况都应给予足够的重视。

二、无形资产评估的成本法

（一）无形资产的成本特性

无形资产成本包括研制或取得、持有无形资产期间的全部物化劳动和活劳动的费用支出。其成本特性，尤其就研制、形成费用而言，明显区别于有形资产。

1. 不完整性

与购创无形资产相对应的各项费用是否计入无形资产的成本，是以费用支出资本化为条件的。在企业生产经营过程中，科研费用一般都是比较均衡地发生的，并且比较稳定地为生产经营服务，因而我国现行财务制度一般把科研费用从当期生产经营费用中列支，而不是先对科研成果进行费用资本化处理，再按无形资产折旧或摊销的办法从生产经营费用中补偿。这种办法简便易行，大体上符合实际，并不影响无形资产的再生产。但这样一来，企业账簿上反映的无形资产成本就是不完整的，大量账外无形资产的存在是不可忽视的客观事实。同时，即使是按国家规定进行费用支出资本化的无形资产的成本核算一般也是不完整的。因为知识资产的创造具有特殊性，有大量的前期费用，如培训、基础开发或相关试验等，往往不计入该知识资产的成本，而是通过其他途径进行补偿。

2. 弱对应性

知识资产的创建经历了基础研究、应用研究和工艺生产开发等漫长过程，成果的出现带有较大的随机性和偶然性，其价值并不与其开发费用和时间产生某种既定的关系。如果在一系列的研究失败之后偶尔出现一些成果，由这些成果承担所有的研究费用显然不够合理。而在大量的先行研究（无论成功还是失败）成果的积累之上，往往可能产生一系列的知识资产，然而，继起的这些研究成果是否应该以及如何承担先行研究的费用也很难判断。

3. 虚拟性

既然无形资产的成本具有不完整性、弱对应性的特点，因而无形资产的成本往往是相对的。特别是一些无形资产的内涵已经远远超出了它的外在形式的涵义，其成本只具有象征意义。例如商标，其成本核算的是商标设计费、登记注册费、广告费等，而商标的内涵是标示商品内在的质量信誉。这种无形资产实际上包括了该商品使用的特种技术、配方和多年的经验积累，而商标形式本身所花费的成本只具有象征性或虚拟性。

（二）无形资产评估中成本法的应用

采用成本法评估无形资产，其基本公式为：

$$\text{无形资产评估值} = \text{无形资产重置成本} \times \text{成新率}$$

成本法评估无形资产的关键是如何求取重置成本和成新率。无形资产的重置成本是指在现时市场条件下重新创造或购置一项全新的无形资产所耗费的全部货币总额。企业自创的无形资产和外购的无形资产的重置成本估算的方法一般是不一样的。

1. 自创无形资产重置成本的估算

（1）物价指数法。

如果自创的无形资产有账面成本，可以通过物价指数来调整其重置成本。其计算公式为：

$$无形资产重置成本 = 账面成本 \times \frac{评估时物价指数}{形成时物价指数}$$

如果自创的无形资产无账面成本，可采用成本核算法和市价调整法来评估其重置成本。

（2）成本核算法。

成本核算法是按照该项无形资产实际发生的材料、工时消耗量，按照现行价格和实际耗用标准对其重置成本进行估算的。其计算公式为：

$$无形资产重置成本 = \sum(物质资料实际耗费量 \times 现行价格) + \sum(实耗工时 \times 现行费用标准)$$

注意，这里的消耗量不是按照现行消耗量而是按照实际消耗量计算的。这是因为：①无形资产是具有创造性的，一般无法模拟现有条件进行复制消耗量来估算重置成本；②无形资产的技术进步非常明显，如果按模拟现有条件下的复制消耗量来估价重置成本，必然影响到无形资产的价值形态的补偿，从而影响知识资产的创制。

（3）市价调整法。

如果市场上有与被评估的无形资产相类似的无形资产出售，可以按照类似无形资产的市场售价确定，或按照市场售价的一般成本售价比率确定，即由类似无形资产的市场售价折算成重置成本。

重置成本与市价的差异主要是研制无形资产的利润和税金两项。自创无形资产的重置成本不包括研制无形资产的利润和税金，而市价中包括这两项。无形资产成本与市价比率可以根据被评估无形资产所有者的几项有代表性的无形资产的自制成本与市场售价的加权平均比率确定，也可以根据同类无形资产的销售利润率的比率确定。

[例5-4] 某企业的一项非专利技术按有关规定可以估价分期摊销。现在市场上类似技术的转让费用为200万元。该企业在研制该技术的同时研制的其他三项技术的成本分别为60万元、80万元、100万元，相应的市场价格分别为120万元、170万元、210万元。要求按市价调整法评估该技术的重置成本。

解： 该企业非专利技术的成本/市价系数为：

$$成本/市价系数 = (60+80+100) \div (120+170+210) \times 100\% = 48\%$$

该企业非专利技术的重置成本为：

$$无形资产重置成本 = 200 \times 48\% = 96(万元)$$

2. 外购无形资产重置成本的估算

外购无形资产一般都有购置费用的原始记录，可以据此调整，或参考现行交易价格，评估相对容易。外购无形资产的重置成本包括买价和购置费用两部分，一般用以下方法：

（1）市价类比法。

在无形资产的交易市场中选择类似参照物，然后根据其功能、技术先进性、适用性、垄断性等,对价格进行调整,从而确定现行购置价格。购置费用可以根据现行标准和实际情况核定。

（2）物价指数法。

该方法同对自创无形资产的评估。从无形资产价值构成来看,主要有两类费用,一类是物质消耗费用;一类是人工消耗费用。前者与生产资料物价指数相关度较高;后者与生活资料物价指数相关度较高,并且最终通过工资、福利标准的调整体现出来。不同的无形资产两类费用的比重可能有较大差别,一些需利用现代科研和实验手段的无形资产,物质消耗的比重就比较大。在生产资料物价指数与生活资料物价指数差别较大的情况下,可按两类费用的大致比例按结构分别适用生产资料物价指数与生活资料物价指数估算。两种价格指数比较接近,且两类费用的比重有较大倾斜时,可按比重较大费用类适用的物价指数来估算。

[例5-5]　某企业2016年外购的一项无形资产账面值为240万元,2018年进行评估,试按物价指数法估算其重量完全成本。

分析:经鉴定,该无形资产系运用现代先进的实验仪器经反复试验研制而成,物化劳动耗费的比重较大,可适用生产资料物价指数。根据资料,此项无形资产购置时物价指数和评估时物价指数分别为120%和160%,故该项无形资产的重置完全成本为:

$$无形资产重置成本=240\times160\%\div120\%=320(万元)$$

3. 无形资产成新率的估算

影响无形资产成新率的因素是无形资产的贬值(损耗)。因为无形资产本身没有实体形态,因此不存在实体性贬值,只存在功能性贬值和经济性贬值。通常,无形资产成新率的确定,可以采用专家鉴定法和剩余经济寿命预测法。

（1）专家鉴定法。

专家鉴定法是指邀请有关领域的专家,对被评估的无形资产的先进性、适用性进行鉴定,从而确定其成新率的方法。

（2）剩余经济寿命预测法。

剩余经济寿命预测法,是由评估人员通过对无形资产剩余经济寿命的预测和判断,结合该无形资产的已使用年限,确定其成新率的方法。计算公式为:

$$成新率=\frac{剩余使用年限}{已使用年限+剩余使用年限}$$

已使用年限比较好确定,剩余使用年限要由评估人员根据无形资产的特征,分析判断获得。

成新率是运用成本法评估有形资产时使用的一个重要概念,无形资产不存在有形损耗,用成本法评估无形资产时只是为了操作上的方便借用这一概念,因此它的运用也受到较大程度的限制,在评估实践中,一般选择综合考虑了被评估无形资产的各种无形损耗(功能和经济方面的)后的折算比率。在确定适用的成新率时应注意无形资产使用效用与时间的关系,这种关系通常是非线性的。有的无形资产其效用呈非线性递减(如技术型无形资产),有的无形资产其效用在一定时间内呈非线性递增（如商标、商誉等）。评估人员应对这种变化趋势进行分析并予以说明。

三、无形资产评估的市场法

虽然无形资产具有的非标准性和唯一性特征限制了市场法在无形资产评估中的使用，但这不排除在评估实践中仍有应用市场法的必要性和可能性。国外学者认为，市场法强调的是具有合理竞争能力的财产的可比性特征。如果有充分的源于市场的交易案例，可以从中取得作为比较分析的参照物，并能对评估对象与可比参照物之间的差异作出合适的调整，就可应用市场法。

如果需要使用市场法评估无形资产，评估人员应注意以下事项：

（一）具有合理比较基础的类似的无形资产

即作为参照物的无形资产与被评估无形资产至少要满足形式相似、功能相似、载体相似及交易条件相似的要求。所谓形式相似，是指参照物与被评估资产按照无形资产分类原则可以归并为同一类；所谓功能相似，是指尽管参照物与被评估资产的设计和结构不可避免地存在差异，但它们的功能和效用应该相同和近似；所谓载体相似，是指参照物与被评估资产所依附的产品或服务应满足同质性要求，所依附的企业则应满足同行业与同规模的要求；所谓交易条件相似，是指参照物的成交条件与被评估资产模拟的成交条件在宏观、中观和微观层面上都应大体接近。关于上述要求，国际资产评估准则委员会颁布的《无形资产评估指南》指出："使用市场法必须具备合理的比较依据和可进行比较的类似的无形资产。参照物与被评估无形资产必须处于同一行业，或处于对相同经济变量有类似反应的行业。这种比较必须具有意义，并且不能引起误解。"

（二）搜集类似的无形资产交易的市场信息是为横向比较提供依据，而收集被评估无形资产以往的交易信息则是为纵向比较提供依据

对于横向比较，评估人员在参照物与被评估无形资产在形式、功能和载体方面满足可比性的基础上，应尽量搜集致使交易达成的市场信息，包括供求关系、产业政策、市场结构、企业行为和市场绩效等内容。其中对市场结构的分析尤为重要，即需要分析卖方之间、买方之间、买卖双方以及市场内已有的买方和卖方与正在进入或可能进入市场的买方和卖方之间的关系。评估人员应熟悉经济学中关于市场结构的完全竞争、完全垄断、垄断竞争和寡头垄断的分类；对于纵向比较，评估人员既要看到无形资产具有依法实施多元和多次授权经营的特征，使得过去交易的案例成为未来交易的参照依据，同时也应看到，时间、地点、交易主体和条件的变化也会影响被评估无形资产的未来交易价格。

（三）作为市场法应用基础的价格信息应满足相关、合理、可靠和有效的要求

在这里，相关是指所收集的价格信息与需要作出判断的被评估无形资产的价值有较强的关联性；合理是指所收集的价格信息能反映被评估无形资产的载体结构和市场结构特征，不能简单地用行业或社会平均的价格信息推理具有明显结构异质特征的被评估无形资产的

价值;可靠是指所搜集的价格信息经过对信息来源和搜集过程的质量控制,具有较高的置信度;有效是指所搜集的价格信息能够有效地反映评估基准日的被评估资产在模拟条件下可能的价格水平。

(四) 无论是横向比较,还是纵向比较,参照物与被评估无形资产会因时间、空间和条件的变化而产生差异,评估人员应对此作出言之有理、持之有据的调整

国际评估准则委员会颁布的《无形资产评估指南》强调指出:“当以被评估无形资产以往的交易记录作为评估的参照依据时,则可能需要根据时间的推移、经济、行业和无形资产的环境变化进行调整。”

第三节　专利资产评估

一、专利与专利资产

(一) 专利

专利是一个法律概念,一般情况下是专利权的简称。专利是指由国家专利局或代表几个国家的地区机构认定,根据法律批准授予专利所有人在一定期限内对其发明创造享有的独占使用权、转让权、许可权等权利。在我国,专利权由申请人向国家知识产权局提出申请,经国家知识产权局依法定程序审查批准后获得。根据《中华人民共和国专利法》(以下简称《专利法》)的规定,专利可分为发明专利、实用新型专利和外观设计专利。

1. 发明专利

发明专利是指以发明为保护客体的专利权。发明是指对产品、方法或者改进所提出的新的技术方案。发明一般分为产品发明和方法发明两类。产品发明是指人们通过研究开发出来的关于各种新产品、新材料、新物质等的技术方案,如电子计算机、超导材料等;方法发明是指人们为制造产品或者解决某个技术课题而研究开发出来的关于操作方法、制造方法以及工艺流程等的技术方案,如汉字输入方法、无铅汽油的提炼方法等。

2. 实用新型专利

实用新型专利是指以实用新型为客体的专利权。实用新型是指对产品的形状、构造或者其结合所提出的适于实用的新的技术方案。实用新型具有如下特征:第一,实用新型是一种新的技术方案;第二,实用新型仅限于产品,不包括方法;第三,实用新型要求产品必须是具有固定的形状、构造的产品。气态、液态、凝胶状或颗粒粉末状的物质或者材料,不属于实用新型的产品范围。

3. 外观设计专利

外观设计专利是指以工业品外观设计工作为保护客体的专利权。外观设计是指对产品

的形状、图案或者其结合以及色彩与形状、图案的结合所作出的富有美感并适于工业应用的新设计。外观设计具有如下特征：第一，外观设计必须与产品相结合。外观设计是产品的外观设计，外观设计必须以产品的外表为依托，构成产品与设计的组合；第二，外观设计必须能在产业上应用。外观设计必须能够用于生产经营目的的制造或生产。如果设计不能用工业的方法复制出来，或者达不到批量生产的要求，就不是专利法意义上的外观设计；第三，外观设计富有美感。外观设计包含的是美术思想，即解决产品的视觉效果问题，而不是技术思想。

此外，在其他国家还设有植物专利、产品专利、方法专利、改进专利、独立专利、从属专利、输入专利等。

（二）专利资产

专利资产，是指专利权人拥有或者控制的，能持续发挥作用并且能带来经济利益的专利权益。专利需要满足以下三点关键要素才能成为专利资产：其一，能持续发挥作用，也就是该项专利在经营活动中可以在一段时间内持续发挥作用，而不是偶然一次或几次发挥作用，在其他时间内闲置不发挥作用；其二，能带来经济利益，也就是该项专利在发挥作用的过程中可以为专利权拥有人带来经济利益，这是非常重要的一点；其三，专利的获利能力是通过法律保护获得的。法律在对专利提供保护的同时，也对专利获得保护的条件作出了明确的规定，也就是说，专利权成为资产，必须符合法律的相关规定。另外，法律同时还对专利获得保护的范围及时限作出了明确规定。因此，专利资产一定是已经经过法定程序审查批准并在专利权保护有效期内的一项专利权。可见，并不是所有的专利权都可以形成专利资产。对于那些已失效的专利申请或专利，由于已不受专利法的保护，就不能构成专利资产。而那些没有经济价值的专利，也不能构成专利资产。只有那些可以持续发挥作用并能产生收益的专利才能形成专利资产。现实中还存在其他与确定专利资产不同的情况，包括以下两种：

一是该专利已经提出申请，但是尚没有完成专利的审查批准程序，处于申请阶段的专利，这种专利是否能成为正式专利尚不能确定，当然能否形成专利资产也不能确定。

二是该专利虽然已经经过法定审查程序并且已经被批准成为专利，但是该项专利发挥作用尚需要经过其他法律、法规规定的审查程序。如新药方面的专利，一项新药专利可能已经通过专利法规定的审查程序并获得批准成为一项专利，但是该专利发挥作用还需经过国家药品管理法律、法规规定的审查程序，在未获得药品生产许可证之前，该专利不能实施，能否获得药品生产许可证尚不能确定，因此该专利未来能否持续发挥作用并为权利人产生收益尚不能确定。

对于上述两种情况下的专利，未来是否可以持续发挥作用并能产生经济利益，目前尚不能最终确定，我们称此类专利资产为或有专利资产，对于或有专利资产评估需要采用一些特殊的评估方法。

二、专利资产的特征

(一) 法律特征

专利资产的法律特征主要由于专利资产是依专利权而形成的资产,而专利权是依《专利法》而界定的权利,因此,这些特性包括以下几个方面:

1. 时效性

专利资产的时效性是指其权利的时限是由法律规定的。《专利法》对三种专利的保护期限都有明确的规定。发明专利权的法律保护期限为20年,实用新型专利权和外观设计专利权的期限为10年,均自申请日起计算。也就是说,一旦超过规定的保护期限,《专利法》将不再提供保护,专利将不再为其权利所有者带来超额经济收益,也就不具有无形资产价值。

2. 地域性

专利资产的地域性是指一项技术仅在其获得专利权的国家或地区依当地专利法的规定获得保护。这主要是由于专利法是一个国内法,专利资产的地域性特征对国外专利技术及国内专利技术在国际市场的价值有决定性作用。

3. 约束性

根据我国《专利法》的规定,专利权垄断的法定边界是"专利权利要求书"记载的范围,即专利资产的范围是由"权利要求书"确定的。由于有形资产具有确定的形态,它的资产范围是直观的,一般不需要通过额外的法律文件进行确认。对于专利资产而言,它的资产范围是依法获得的保护范围,因此需要通过对专利文件——"权利要求书"进行分析,确定它的资产范围。如果没有对"权利要求书"进行全面的分析,将导致评估对象与实际情况相差甚远。

(二) 技术特性

专利法保护的对象是具有新颖性、创造性和实用性的技术方案,因此专利资产也相应地具有技术特性。具体包括以下几种:

1. 技术公开性

专利法的实质是以给予专利权人一段时期的技术垄断换取技术的公开,从而促进技术进步及科技创新,因此专利资产具有技术公开性。

2. 技术不完整性

专利资产的技术不完整性主要是由于企业及个人在申请专利过程中,会或多或少保留一些技术诀窍。这种技术诀窍可能不会妨碍该项专利权的获得,但对专利资产的技术完整性产生影响,从而影响技术的价值。

3. 技术不成熟性

根据《专利法》的规定,每项专利的批准均需要相当一段时间,如我国发明专利的获得一般需要2~3年时间,因此企业及个人在申请专利时,技术方案可能并不完善成熟。另外,随着专利战略日益获得各个国家及企业的重视,"产品未到,专利先行"已成为当今各企业的基本战略之一,这也使得很多专利技术在申请时并不成熟。

（三）经济特征

1. 专利资产具有垄断收益

专利权是一种法定的垄断权，其他企业及个人未经专利权人的许可，不能使用该专利技术，这是该专利获得超额经济收益的保证，专利权人因此享有相应的垄断收益权。

2. 专利资产的收益不稳定性

技术资产与有形资产相比，其收益能力的确定具有一定的难度，这种难度主要体现为技术资产在应用过程中存在的风险，包括技术风险、市场风险、资金风险及管理风险。另外，由于技术资产属于无形资产，与有形资产相比，在交易过程中存在一定的困难，增加了技术价值实现的难度。这些困难包括技术交易价格的不确定性、技术移植的难度及技术交易的多样性。

3. 专利资产的研发成本不易界定

一般而言，技术研制开发的成本往往与技术价值没有直接的对应关系，而且研制的成本难以核算。根据我国的财务制度，专利资产的研究开发成本不能完全资本化，各个企业一般将其中部分成本费用化，已计入历史各期损益，很难重新剥离。另外，由于各个企业往往从事多项研究，难以分离某一特定专利资产的成本，从而导致专利资产的研发成本较难界定。

4. 专利资产之间的可比性弱

专利资产应具有新颖性、创造性和实用性，因此每项专利均具有独特性，专利资产之间的可比性不强。

三、专利资产评估目的

专利资产评估，是指资产评估机构及其资产评估专业人员遵守法律、行政法规和资产评估准则，根据委托对评估基准日特定目的下的专利资产价值进行评定和估算，并出具资产评估报告的专业服务行为。专利资产评估业务的评估对象是指专利资产权益，包括专利所有权和专利使用权。专利使用权是指专利实施许可权，具体包括专利权独占许可、独家许可、普通许可和其他许可形式。

专利资产评估目的包括转让、投资、质押、诉讼、财务报告等。这里主要阐述专利资产的转让。

专利资产的转让分为所有权转让和使用权转让。所有权转让是将专利的所有权通过合同转让给受让方所有；使用权转让是通过技术许可贸易形式，将专利资产的使用权限、时间期限、地域范围、仲裁处理等在许可合同中加以确认。下面对使用权转让重点阐述。

1. 使用权限

专利资产按技术使用权限的大小可分为：

（1）独占许可。独占许可是指在无形资产使用权许可合同规定的时间和地域范围内，卖方只把无形资产转让给某一特定买方，卖方不得再卖给第二家买方，同时卖方自己也不得在该时间和地区范围内使用该无形资产或销售用该无形资产生产的产品，以保证买方在该地区内的独家垄断性，保证买方的垄断收益，这就是独家使用权。这种使用权权限仅仅小于所有权，价格比较高。

(2) 独家许可。独家许可是指在许可合同规定的时间和地域范围内，卖方不得把无形资产转让给第二家买方，但自己可以保留使用该无形资产或销售使用该无形资产生产的产品的权利。这样保证卖方和唯一的买方共同垄断该市场，这就是独家许可。该权限的垄断性小于独占许可，因此，独家许可价值也低于独占许可。

(3) 普通许可。普通许可是指卖方在合同规定的时间和地域范围内，可以向多家买方转让该无形资产，同时自己也可以使用该无形资产或销售使用该无形资产生产的产品。这种情况下，竞争性很强，垄断收益会消失，当然普通许可价值也最低。

(4) 回馈转让权。卖方要求买方承担把买方自己在使用过程中对转让技术的改进、发展和完善反馈给卖方的义务。

2. 地域范围

使用权转让合同要明确规定无形资产的使用和使用该无形资产的产品和服务的销售范围，买方不得超越这一范围，否则被认为违反合同，构成侵权。

3. 时间限制

无形资产转让有时间限制，如果该项无形资产有法定保护期限，则合同期限不得超越法定保护期限。

4. 事后事项

对于无形资产的买方和卖方日后可能产生的纠纷和争议，可以按许可合同约定的方法解决，在协商不能够解决的情况下，可以通过诉讼或仲裁方式解决。

四、专利资产评估程序

资产评估机构接受委托者委托以后，一般按下列程序进行评估：

（一）明确专利资产的基本状况

专利资产的基本状况通常包括：专利名称、专利类别、专利申请的国别或者地区、专利申请号或者专利号、专利的法律状态、专利申请日、专利授权日、专利权利要求书所记载的主权利要求、专利使用权利。

（二）关注专利资产的法律状态

专利的法律状态通常包括专利申请人或者专利权人及其变更情况，专利所处的专利审批阶段，年费缴纳情况，专利权的终止，专利权的恢复，专利权的质押，以及是否涉及法律诉讼或者处于复审、宣告无效状态。

（三）核实专利资产的有效性

专利资产凭借法定的垄断权，为特定权利主体带来经济收益。对专利资产有效性的分析，是对专利权的核实，也就是判断该技术是否享有法定的垄断权。对专利资产有效性的判断包括核实该专利是否为有效专利和核实该专利是否具有专利性两个层次。

（四）确定评估方法，搜集相关资料

专利资产评估最常用的评估方法是收益法，有时也会用到成本法。执行专利资产评估业务，应当对专利及其实施情况进行调查，包括必要的现场调查、市场调查，并收集相关信息、资料等。调查过程收集的相关信息、资料包括：(1)专利资产的权利人及实施企业基本情况；(2)专利证书、最近一期的专利缴费凭证；(3)专利权利要求书、专利说明书及其附图；(4)专利技术的研发过程、技术实验报告，专利资产所属技术领域的发展状况、技术水平、技术成熟度、同类技术竞争状况、技术更新速度等有关信息、资料，如果技术效果需要检测，还应当收集相关产品检测报告；(5)与分析专利产品的适用范围、市场需求、市场前景及市场寿命、相关行业政策发展状况、宏观经济、同类产品的竞争状况、专利产品的获利能力等相关的信息、资料；(6)以往的评估和交易情况，包括专利权转让合同、实施许可合同及其他交易情况。

执行专利资产评估业务，应当对影响专利资产价值的法律因素进行分析，通常包括专利资产的权利属性及权利限制、专利类别、专利的法律状态、专利剩余法定保护期限、专利的保护范围等。资产评估专业人员应当关注专利所有权与使用权的差异、专利使用权的具体形式、以往许可和转让的情况对专利资产价值的影响。

执行专利资产评估业务，应当对影响专利资产价值的技术因素进行分析，通常包括替代性、先进性、创新性、成熟度、实用性、防御性、垄断性等。

对影响专利资产价值的经济因素进行分析时，通常包括专利资产的取得成本、获利状况、许可费、类似资产的交易价格、市场应用情况、市场规模情况、市场占有率、竞争情况等。

通过分析确定各有关技术参数、指标，最后进行评定估算，确定评估值。

（五）编制专利资产评估报告

编制专利资产评估报告应当反映专利资产的特点，通常包括下列内容：(1)评估对象的详细情况，通常包括专利资产的权利属性、使用权具体形式、法律状态、专利申请号及专利权利要求等；(2)专利资产的技术状况和实施状况；(3)对影响专利资产价值的法律因素、技术因素、经济因素的分析过程；(4)专利的实施经营条件；(5)使用的评估假设和限制条件；(6)专利权许可、转让、诉讼、无效请求及质押情况；(7)有关评估方法的主要内容，包括评估方法的选取及其理由，评估方法中的运算和逻辑推理方式，各重要参数的来源、分析、比较与测算过程，对测算结果进行分析并形成评估结论的过程；(8)其他必要信息。

五、专利资产的评估方法

专利资产评估主要采用收益法，在一些特殊情况下也可以采用成本法。

（一）收益法

收益法应用于专利资产评估，其根本的问题是如何寻找、判断、选择和测算评估中的各项技术指标和参数，即专利资产的收益额、折现率和获利期限。

专利资产的收益额是指直接由专利资产带来的预期收益。对于收益额的测算，通常可以通过直接测算超额收益和通过测算利润分成率获得。

专利资产之所以有价值,关键在于通过它能够获得超额收益。如果一项专利资产的应用根本无法产生超额收益,那么它很可能就不能形成无形资产,或者也就无法采用收益法估算其价值。对于超额收益我们可以通过分析将专利资产划分为收入增长型专利和费用节约型专利来测算,也可以用分成率方法测算。

采用利润分成率测算专利资产收益额,即以专利资产投资产生的收益为基础,按一定比例(利润分成率)分成确定专利资产的收益。利润分成率反映专利资产对整个利润额的贡献程度。利润分成率确定为多少合适,据联合国工业发展组织对印度等发展中国家引进技术价格的分析,认为利润分成率在16%～27%之间是合理的。美国一般认为在10%～30%之间是合理的。我国理论工作者和评估人员通常认为利润分成率在25%～33%之间较合适。这些基本分析在实际评估业务过程中具有参考价值,但更重要的是对被评估专利资产进行切合实际的分析,确定合理的、准确的利润分成率。

利润分成是对专利资产同与之结合的资产共同形成的利润的分成,实际操作过程中通常采用一种变通的方法,即以销售收入分成率替代利润分成率,相应的分成基础也就由利润变成销售收入了。尽管销售收入分成率和利润分成率之间存在一定关系,并可以通过数学关系进行互换,但销售收入分成率合理性的基础仍然是利润分成率,这是必须明确的。

下面通过案例说明专利资产评估过程。

[例5-6]　甲企业将一项专利技术出售给乙企业,有关资料如下:

(1)根据对该类专利技术的更新周期以及市场上产品更新周期的分析,确定该专利技术的剩余使用期限为5年。

(2)根据过去的经营绩效以及对未来市场需求的分析,评估人员对未来5年的销售收入预测为:900万元、900万元、800万元、800万元、700万元。

(3)根据对该类技术的交易实例的分析,以及该技术对产品生产的贡献性分析,确定销售收入分成率为3%。

(4)根据当期的市场投资收益率,确定该专利技术评估中采用的折现率为10%。

(5)所得税税率为25%。

现需要对该项专利技术进行评估。

评估计算如下:

$$
\begin{aligned}
P &= \sum_{t=1}^{n} \frac{K \cdot R_t(1-T)}{(1+r)^t} \\
&= 900\times 3\% \times (1-25\%) \times 0.9091 + 900\times 3\% \times (1-25\%) \times 0.8264 \\
&\quad + 800\times 3\% \times (1-25\%) \times 0.7513 + 800\times 3\% \times (1-25\%) \times 0.6830 \\
&\quad + 700\times 3\% \times (1-25\%) \times 0.6209 \\
&= 70.74(\text{万元})
\end{aligned}
$$

因此,该专利技术的评估值为70.74万元。

（二）成本法

成本法应用于专利资产的评估，重点在于分析计算其重置成本的构成、重置成本的数额以及相应的成新率。专利分为外购和自创两种。外购专利技术的重置成本确定比较容易。自创专利技术的成本一般由下列因素组成：

1. 研制成本

研制成本包括直接成本和间接成本两大类。直接成本是指研制过程中直接投入发生的费用；间接成本是指与研制开发有关的费用。

（1）直接成本。一般包括：材料费用，即为完成技术研制所耗费的各种材料费用；工资费用，即参与研制技术的科研人员和相关人员的费用；专用设备费，即为研制开发技术所购置的专用设备的费用或专用设备的摊销；资料费，即研制开发技术所需的图书、资料、文献、印刷等费用；咨询鉴定费，即为完成该项目发生的技术咨询、技术鉴定费用；协作费，即项目研制开发过程中某些零部件的外部加工费以及使用外单位资源的费用；培训费，即为完成本项目而委派有关人员接受技术培训的各种费用；差旅费，即为完成本项目发生的差旅费用；其他费用等。

（2）间接成本。主要包括：管理费，即为管理、组织本项目开发所负担的管理费用；非专用设备折旧费，即采用通用设备、其他设备所负担的折旧费；应分摊的公共费用及能源费用等。

2. 交易成本

交易成本指发生在交易过程中的费用支出。主要包括：技术服务费，即卖方为买方提供专家指导、技术培训、设备仪器安装调试及市场开拓费；交易过程中的差旅费及管理费，即谈判人员和管理人员参加技术洽谈会及在交易过程中发生的食宿及交通费等；手续费，即指有关的公证费、审查注册费、法律咨询费等；税金，即无形资产交易、转让过程中应缴纳的营业税等。

由于评估目的不同，其成本构成内涵也不一样，在评估时应视不同情形考虑以上成本的全部或一部分。

下面举例说明成本法用于专利技术的评估。

［例5-7］ 甲企业3年前自行研制开发并获得专利证书的一项实用新型专利技术，准备转让。经分析，很难确切地预计该项专利技术的超额收益，同类技术在市场上尚未发现有交易案例，因此，决定选用成本法。该项专利技术系自创形成，其开发形成过程中的成本资料可从企业中获得。具体如下：材料费用60 000元；工资费用30 000元；专用设备费20 000元；资料费5 000元；咨询鉴定费8 000元；专利申请费3 000元；培训费4 000元；差旅费9 000元；管理费分摊7 000元；非专用设备折旧费分摊6 000元，合计152 000元。根据考察、分析和测算，近3年生产资料价格上涨指数分别为5%、6%和8%。该项实用新型专利技术的法律保护期限为10年，但根据专家鉴定分析和预测，该项专利技术的剩余使用期限仅为5年。现需要对该专利技术进行评估。

评估分析和计算过程如下：

(1) 分析测算其重置成本：

重置成本 =152 000 ×(1 +5%)×(1 +6%)×(1+8%)=182 710.08(元)

(2) 确定该项专利技术的成新率：

成新率 =5 ÷(3 +5)×100% =62.5%

(3) 计算评估值：

评估值 =182 710.08 ×62.5% =114 193.8(元)

因此，该项专利技术的评估值为 114 193.8 元。

第四节　商标资产评估

一、商标和商标权

(一) 商标

商标是商品或服务的标记，是生产者或经营者为了把自己的商品或服务区别于他人的同类商品或服务，在商品上或服务中使用的一种特殊标记。根据《中华人民共和国商标法》(以下简称《商标法》)的规定，任何能够将自然人、法人或者其他组织的商品与他人的商品区别开的标志，包括文字、图形、字母、数字、三维标志、颜色组合、声音等，以及上述要素的组合，均可以作为商标申请注册。

商标的作用表现在以下几个方面：商标表明商品或服务的来源，说明该商品或服务来自何企业或何地；商标能把一个企业提供的商品或服务与其他企业的同一类商品或服务区别开来；商标标志一定的商品或服务的质量；商标反映向市场提供某种商品或服务的特定企业的声誉，消费者通过商标可以了解这个企业的形象，企业也可以通过商标宣传自己的商品或服务，提高企业的知名度。从经济学角度讲，商标的这些作用最终能为企业带来超额收益。从法律角度来讲，保护商标也就是保护企业获取超额收益的权利。

商标可以根据其构成、作用、功能、享誉程度以及是否享受法律保护等标准划分为若干种类。研究商标的分类，对于正确理解、使用和设计商标具有积极意义，也为商标权评估提供了有益的参考。

1. 按商标的构成分类

按商标的构成，商标可以划分为文字商标、图形商标、符号商标、文字图形组合商标、色彩商标、三维标志商标、声音商标等。

2. 按商标的作用分类

按商标的不同作用，商标可分为商品商标、服务商标、集体商标和证明商标等。其中，集体商标是指以团体、协会或者其他组织名义注册，供该组织成员在商事活动中使用，以表明使用者在该组织中的成员资格的标志；证明商标是指由对某种商品或者服务具有监督能力的组织所控制，而由该组织以外的单位或者个人使用于其商品或服务，用以证明该商品或服务的原产地、原料、制造方法、质量或者其他特定品质的标志。

3. 按商标的功能分类

按商标的功能，商标可以分为经常使用的商标、防御商标、联合商标、扩展商标、备用商标。经常使用的商标是指单位在生产经营中经常使用的商标；防御商标是为了防止他人侵犯而申请使用一系列与自己商标近似而又相互联系的商标；联合商标是将同一商标在不同商品上注册，阻止别人在其他商品上使用自己已经注册的商标；扩展商标是指在同一商标的基础上，进行一系列的扩展注册，如注册汉字商标后，还注册英文的意译商标、音译商标。

4. 按商标的享誉程度分类

按商标的享誉程度，商标可以分为普通商标和驰名商标。普通商标是相对于驰名商标的一种对商标的称谓，通常是指没有特别的市场影响力及公众知晓程度不是很高的商标；驰名商标一般是指具有较大市场影响力、广为公众知晓并享有较高声誉的商标。在我国，驰名商标是国家工商总局根据企业的申请而认定的。

5. 按商标是否享受法律保护分类

按商标是否享受法律保护，商标可以分为注册商标和非注册商标。注册商标是指满足《商标法》的规定，经政府商标管理行政主管部门批准注册的商标。我国《商标法》规定："经商标局核准注册的商标为注册商标，包括商品商标、服务商标和集体商标、证明商标；商标注册人享有商标专用权，受法律保护。"非注册商标则是指未经政府商标管理行政主管部门批准注册的商标。普通的非注册商标不受法律保护。我们所说的商标资产的评估，指的是注册商标专用权的评估。

（二）商标权

商标权是指商标经注册或被认定为驰名商标而获得法律保护，形成了排他使用等权利。绝大部分的商标权是通过商标注册获得的。商标经注册后，商标所有者依法享有商标权权益，并受到法律保护。因《驰名商标认定和保护规定》的存在，驰名商标可能是个例外，即注册和非注册的驰名商标都会受到法律保护。从某种意义上讲，驰名商标本身就是一种商标权。

商标权一般包括排他专用权（或独占权）、转让权、许可使用权、继承权等。

1. 排他专用权

排他专用权是指注册商标的所有者享有禁止他人未经许可而在同一种商品服务或类似商品服务上使用其商标的权利。

2. 转让权

转让权是商标所有者作为商标权人，享有将其拥有的商标转让给他人的权利。我国《商标法》规定："转让注册商标的，转让人和受让人应当签订转让协议，并共同向商标局提出申请。受让人应当保证使用该注册商标的商品质量。转让注册商标的，商标注册人对其在同一种商品上注册的近似的商标,或者在类似商品上注册的相同或者近似的商标,应当一并转让。转让注册商标经核准后,予以公告。受让人自公告之日起享有商标专用权。”

3. 许可使用权

许可使用权是指商标权人依法通过商标使用许可合同允许他人使用其注册商标。商标权人通过使用许可合同,转让的是注册商标的使用权。

4. 继承权

继承权是指商标权人将自己的注册商标交给指定的继承人继承的权利,但这种继承必须依法办理有关手续。

二、商标资产的特征

商标资产是指商标权利人拥有或者控制的,能够持续发挥作用并且能带来经济利益的注册商标权益。商标需要满足以下两个关键要素才能成为商标资产:其一,商标区别企业商品或服务的功能及作用能够通过营销在消费者意识中形成独特的联想并产生经济利益;其二,以法律保护的形式将商标标识作用所带来的经济利益赋予了商标权利人。

商标资产主要有以下特征:

(一)形式特征

1. 商标资产通常为商品商标权和服务商标权

按照《商标法》对商标的分类和定义,集体商标和证明商标都存在着商标使用不具有专有性和排他性,难以单独交易转让,不具备成为商标资产的基本要素。而商品商标和服务商标则是自然人、法人或其他经济组织对其生产经营的商品或提供的服务项目申请注册的商标,具有专有性和排他性的特征。当商品商标和服务商标得到消费者的认可,并在经济上有所体现时,商品商标和服务商标就能转化为商标资产。

2. 商标资产通常为驰名商标

不论是商品商标,还是服务商标,如果它们仅仅具有区别商品或服务提供者的功能,并不能自然而然地成为商标资产。商标资产必须同时具备区别商品或服务提供者的功能,以及因其使用能够带来超额收益的能力。驰名商标基本具备了区别商品和服务提供者的功能和获得超额收益的能力,它们在获得法律保护之后是最典型的商标资产。

3. 商标资产可以是独立的商标权或以商标权为核心的资产组合

从商标资产的存在形式上看,商标资产可以是独立商标权,如某些驰名商标的信誉已经超出或游离于所标识的商品或服务之外,该驰名商标本身就代表着品质和信誉,成为相对独立的“商标资产”。而在更多的情况下,商标资产是以商标权为核心的资产组合。这种资产组合通常是以商标权为核心,辅以支撑该商标权拥有超额收益能力的相关技术和管理。例如,许多优质商品的商标,除了商标本身之外,往往有独特的配方、先进的制造技术、特殊的工艺和完善的管理予以辅佐,才使其成为商标资产。

（二）价值特征

1. 对商标标识的商品或服务的数量和质量具有相对依附性

商标的知名度、信誉度及市场影响力是通过所标识的特定商品或服务的质量逐步实现的。大部分商标资产的价值在很大程度上与其所标识的商品或服务的质量与数量水平存在着紧密的关系或依附关系。

2. 商标资产需要相关技术和管理支撑

商标资产的价值在很大程度上是由其所标识的商品或服务的品质决定的。而商品或服务的品质与其生产技术和管理紧密相关，尤其是商品商标资产，表现得更为明显。许多商标资产并不单单是一个商标权，往往是若干技术和管理围绕着一个商标权形成的商标资产组合。商标权是一种法律概念，而商标资产是一种无形资产。商标权可以通过设计和申请注册实现，而商标资产必须通过经营管理实现。

3. 广告宣传和营销管理对商标资产的价值具有维持和助推作用

商标在很大程度上发挥着广告的功能。商标是联结商品与市场、商品与消费者的桥梁和纽带，是商品展示自我、介绍自我、宣传自我的重要载体，具有极强的广告作用。商标资产的价值虽然不是由广告和营销决定的，但是，好的广告宣传和好的营销管理对于商标的市场影响力的形成是有推动作用的，进而会对商标资产的价值具有维持和助推作用。

4. 商标资产具有逻辑扩展能力

商标资产的逻辑延伸通常是指将商标应用在与已经建立的应用有直接联系的商品或服务之中。对于具有良好市场认可和品牌忠诚度的商标而言，商标可以延伸到相关商品或服务上。

（三）法律特征

商标资产在法律的层面上主要表现为注册商标，其特性主要包括以下几个方面：

1. 商标资产的时效性

在我国，注册商标的有效期为10年。有效期满需要继续使用的，商标注册人应当在期满前12个月内按照规定办理续展手续；在此期间未能办理的，可以给予6个月的宽展期。每次续展注册的有效期为10年，自该商标上一届有效期满次日起计算。10年届满如果没有申请续展，则商标的注册将被注销，商标权失效，不再具有经济价值。

商标注册人按期提出续展申请，经商标局核准，商标权可以无限续展，即在合法续展的情况下，商标权可成为永久性收益的无形资产。老牌商标权的价值一般与其寿命成正比，寿命越长，价值越高。如果没有商标续展的规定，一个驰名商标在临近保护期的前一年进行评估，其评估值可能不如一个刚刚注册、有效期还有10年的非驰名商标。但实际上，由于有续展期的规定，没有人愿意出高价购买非驰名商标，原因是驰名商标通过续展可以长期为购买者带来比较高的超额收益。

2. 商标资产的地域性

商标权的地域范围对商标资产的价值有很大影响。商标资产具有严格的地域性，商标权只有在法律认可的一定地域范围内受到保护。由于不同国家存在着不同的商标保护原则，商标权并不是在任何地方都受到保护。如果需要得到其他国家的法律保护，必须按照该国的法律规定，在该国申请注册，或向世界知识产权组织国际局申请商标国际注册。国际上一些经济学家在评估“可口可乐”商标权价值为434.27亿美元时，并未注意说明该商标权是在美国转让还是在世界各国转让的价值，而这两者之间可能相差100倍。因此，商标注册的地域范围也是影响商标权价值的因素。

3. 商标资产的约束性

注册商标的专用权以核准注册的商标和核定使用的商品为限。因此，评估商标资产价值时，要注意商标注册的商品种类及范围，要考虑商品使用范围是否与注册范围相符合，商标权只有在核定的商品上使用时才受法律保护，对超出注册范围部分所带来的收益不应计入商标资产的预期收益中。我国于2014年5月1日起开始实施的新《商标法》及《商标法实施条例》明确了“一标多类”商标注册申请制度，即商标注册申请人可以通过一份申请就多个类别的商品申请注册同一商标。因此，某一项商标权的价值可能承载了多类商品或服务，评估专业人员在对某一商标进行评估时，需要重点关注该商标所对应的商品类别以及相应的商品、服务项目名称，必要时还需要在商品或服务的内容间进行分割。

三、商标资产评估程序

商标资产评估，是指资产评估机构及其资产评估专业人员遵守法律、行政法规和资产评估准则，根据委托对评估基准日特定目的下的商标资产价值进行评定和估算，并出具资产评估报告的专业服务行为。商标资产评估对象是指受法律保护的注册商标权益，包括商标所有权和商标使用权。

在进行商标资产评估时，可按下述步骤进行：

（一）明确评估目的

商标资产评估目的包括转让、投资、质押、诉讼、财务报告等。这里主要阐述商标资产的转让。

从商标权转让方式来说，可以分为商标权转让和商标权许可使用。商标权转让是指转让方放弃商标权，转归受让方所有，实际上是商标所有权出售。商标权许可使用则是拥有商标权的商标权人在不放弃商标所有权的前提下，特许他人按照许可合同规定的条款使用其商标。商标权转让方式不同，评估价值也不一样。一般来说，商标所有权转让的评估值高于商标权许可使用的评估值。

（二）搜集有关资料

执行商标资产评估业务，应当对商标资产相关情况进行调查，包括必要的现场调查、市场调查，并收集相关资料等。

调查过程中收集的相关资料通常包括：(1)商标注册人和商标使用人的基本情况；(2)商标的权属及登记情况，包括注册、变更、许可、续展、质押、纠纷及诉讼等；(3)对商标的知晓程度；(4)相关商品或者服务的销售渠道和销售网络等；(5)商标使用的持续时间；(6)商标宣传工作的持续时间、程度、费用和地理范围；(7)与使用该商标的商品或者服务相关的著作权、专利、专有技术等其他无形资产权利的情况；(8)宏观经济发展和相关行业政策与商标商品或者服务市场发展状况；(9)商标商品或者服务的使用范围、市场需求、同类商品或者服务的竞争状况；(10)商标使用、收益的可能性和方式，包括实施企业财务状况、行业竞争地位、未来发展规划等；(11)近似商标近期的市场交易情况；(12)商标以往的评估及交易情况；(13)商标权利维护方面的情况，包括权利维护方式、效果、成本费用等。

（三）确定评估方法，搜集确定有关指标

商标资产价值的评估方法包括市场法、收益法和成本法三种基本方法及其衍生方法。执行商标资产评估业务，应当根据评估目的、评估对象、价值类型、资料收集等情况，分析上述三种基本方法及其衍生方法的适用性，选择评估方法。

运用收益法进行商标资产评估时，应当合理确定预期收益。商标资产的预期收益应当是因商标的使用而额外带来的收益，可以通过增量收益、节省许可费、收益分成或者超额收益等方式估算。确定预期收益时，应当区分并剔除与商标无关的业务产生的收益，并关注商标商品或者服务所属行业的市场规模、市场地位及相关企业的经营情况。

采用收益法评估商标资产时，应当根据具体情况选择恰当的收益口径。可以按照销售收入、利润或者现金流等口径估算商标资产预期产生的收益。

采用收益法评估商标资产时，应当合理确定商标资产收益期限。收益期限可以通过分析商标商品或者服务所属行业的发展趋势，通过综合考虑法律保护期限、相关合同约定期限、商标商品的产品寿命、商标商品或者服务的市场份额及发展潜力、商标未来维护费用、所属行业及企业的发展状况、商标注册人的经营年限等因素确定。

采用收益法进行商标资产评估时，应当合理确定折现率。折现率可以通过分析评估基准日的利率、投资回报率，以及商标商品生产、销售实施过程中的技术、经营、市场等因素确定。商标资产折现率应当有别于企业或者其他资产折现率。商标资产折现率可以采用无风险报酬率加风险报酬率的方式确定。商标资产折现率口径应当与预期收益的口径保持一致。

采用市场法进行商标资产评估时，应当对收集的可比交易案例与评估对象进行比较，分析时可以从交易时间、权利种类或形式、交易方的关系、获利能力、竞争能力、预计收益期限、商标维护费用、风险程度等方面的差异进行比较。

采用成本法进行商标资产评估时，应当考虑商标资产价值与成本的相关程度，恰当考虑成本法的适用性。商标重置成本包括合理成本、利润和相关税费等。采用成本法进行商标资产评估时，应当关注评估对象的贬值。

（四）编制商标资产评估报告

编制商标资产评估报告应当反映商标资产的特点，通常包括下列内容：(1)商标注册人的基本情况；(2)商标的基本情况；(3)商标商品或者服务的基本情况；(4)商标商品或者服务的生产、销售中涉及的著作权、专利、专有技术等其他无形资产情况；(5)商标资产产生收益的方式；(6)商标剩余法定保护期限以及预计收益期限；(7)对影响商标资产价值因素的

分析过程;(8)使用的评估假设和限制条件;(9)商标资产许可、转让、诉讼以及质押等情况;(10)其他必要说明。

四、商标资产评估方法

商标资产评估采用的方法一般为收益法,下面主要介绍说明收益法在商标资产评估中的应用。

(一)商标权转让的评估

[例5-8]　某企业将转让一种注册商标的所有权。根据预测估计,预计该商标能够继续获取超额利润的时间是10年,前5年每年可获取的超额利润为150万元,后5年每年可获取的超额利润为120万元;根据市场的安全利率及相应的风险率,确定其折现率为10%。评估这项商标权的价值。

该项商标权价值计算如下:

$$
\begin{aligned}
\text{商标权价值} &= 150 \times \frac{(1+10\%)^5-1}{10\%(1+10\%)^5} + 120 \times \frac{(1+10\%)^5-1}{10\%(1+10\%)^5} \times \frac{1}{(1+10\%)^5} \\
&= 150 \times 3.790\,8 + 120 \times 3.790\,8 \times 0.620\,9 \\
&= 568.62 + 282.44 \\
&= 851.06(\text{万元}) \approx 851(\text{万元})
\end{aligned}
$$

由此确定该商标权转让评估值为851万元。

(二)商标许可价值评估(商标使用权评估)

[例5-9]　甲厂将某著名商标的使用权通过许可使用合同允许给乙厂使用,使用时间为5年。双方约定由乙厂每年将使用该商标新增利润的30%支付给甲厂作为商标使用费。企业所得税税率为25%,折现率取10%。试评估该商标使用权的价值。

评估过程如下:

首先,预测使用期限内新增利润总额取决于每件产品的新增利润和预计产量。对于产量的预测,应根据许可合同的有关规定及市场情况进行。如果许可合同中规定有地域界限,在预测时必须予以考虑。否则就可能导致预测量过多,引致评估值失实。根据评估人员预测,每件产品可新增利润10元,第一年至第五年生产的产品分别是60万件、65万件、70万件、75万件、75万件。由此确定每年新增净利润为:

第一年:$60 \times 10 = 600$ 万元;

第二年:$65 \times 10 = 650$ 万元;

第三年:$70 \times 10 = 700$ 万元;

第四年:$75 \times 10 = 750$ 万元;

第五年:$75 \times 10 = 750$ 万元。

其次，确定分成率。按许可合同中确定的30%作为分成率。

再次，确定折现率。折现率为10%。

最后，计算出商标使用权的评估值为：

$$P = \sum_{t=1}^{n} \frac{K \cdot R_t(1-T)}{(1+r)^t}$$

$$= 600 \times 30\% \times (1-25\%) \times 0.909\,1 + 650 \times 30\% \times (1-25\%) \times 0.826\,4 + 700 \times 30\% \times (1-25\%) \times 0.751\,3 + 750 \times 30\% \times (1-25\%) \times 0.683\,0 + 750 \times 30\% \times (1-25\%) \times 0.620\,9$$

$$= 122.728\,5 + 120.861 + 118.329\,75 + 115.256\,25 + 104.776\,875$$

$$= 581.952\,375(万元) \approx 582(万元)$$

第五节　著作权资产评估

一、著作权与相关联作品

（一）著作权

著作权也称版权，是指文学、艺术作品和科学作品的创作者依照法律规定对这些作品所享有的各项专有权利。它是知识产权的一个重要组成部分，也是现代社会发展中不可缺少的一种法律制度。根据《中华人民共和国著作权法》（以下简称《著作权法》）的规定，著作权包括下列人身权和财产权：

（1）发表权，即决定作品是否公之于众的权利。

（2）署名权，即表明作者身份，在作品上署名的权利。

（3）修改权，即修改或者授权他人修改作品的权利。

（4）保护作品完整权，即保护作品不受歪曲、篡改的权利。

（5）复制权，即以印刷、复印、拓印、录音、录像、翻录、翻拍等方式将作品制作一份或者多份的权利。

（6）发行权，即以出售或者赠与方式向公众提供作品的原件或者复制件的权利。

（7）出租权，即有偿许可他人临时使用电影作品和以类似摄制电影的方法创作的作品、计算机软件的权利，计算机软件不是出租的主要标的的除外。

（8）展览权，即公开陈列美术作品、摄影作品的原件或者复制件的权利。

（9）表演权，即公开表演作品，以及用各种手段公开播送作品的表演的权利。

（10）放映权，即通过放映机、幻灯机等技术设备公开再现美术、摄影、电影和以类似摄制电影的方法创作的作品等的权利。

(11) 广播权,即以无线方式公开广播或者传播作品,以有线传播或者转播的方式向公众传播广播作品,以及通过扩音器或者其他传送符号、声音、图像的类似工具向公众传播广播作品的权利。

(12) 信息网络传播权,即以有线或者无线方式向公众提供作品,使公众可以在其个人选定的时间和地点获得作品的权利。

(13) 摄制权,即以摄制电影或者以类似摄制电影的方法将作品固定在载体上的权利。

(14) 改编权,即改变作品,创作出具有独创性的新作品的权利。

(15) 翻译权,即将作品从一种语言文字转换成另一种语言文字的权利。

(16) 汇编权,即将作品或者作品的片段通过选择或者编排,汇集成新作品的权利。

(17) 应当由著作权人享有的其他权利。

其中,第(1)项至第(4)项规定的权利为著作权的人身权。第(5)项至第(17)项规定的权利为著作权的财产权,具有可以转让、继承、交易等商品属性。著作权人可以许可他人行使著作权的财产权,并依照约定或者《著作权法》有关规定获得报酬。此外,著作权人还可以全部或者部分转让著作权的财产权,并依照约定或者《著作权法》有关规定获得报酬。

从价值评估角度,按照著作权的财产权与传播相关还是与使用方式相关,还可以进行如下分类:

发行权、出租权、展览权、表演权、放映权、广播权、信息网络传播权等7类权利均涉及作品的传播方式,而作品的传播也是著作权价值得以实现的手段和途径,我们称其为"作品传播相关权利";复制权、摄制权、改编权、翻译权、汇编权等5类权利,主要涉及作品表现和使用形式的变化,我们称其为"作品使用方式相关权利",而这些权利最终也仍然需要通过上述各种传播相关权利来实现著作权价值。因此,是否具有"作品传播相关权利",是著作权价值能否实现的关键。

(二) 著作权相关联作品

《中华人民共和国著作权法实施条例》(以下简称《著作权法实施条例》)中,对与著作权相关联作品的形式进行了界定,通常包括以下几种:

(1) 文字作品,是指小说、诗词、散文、论文等以文字形式表现的作品。

(2) 口述作品,是指即兴的演说、授课、法庭辩论等以口头语言形式表现的作品。

(3) 音乐作品,是指歌曲、交响乐等能够演唱或者演奏的带词或者不带词的作品。

(4) 戏剧作品,是指话剧、歌剧、地方戏等供舞台演出的作品。

(5) 曲艺作品,是指相声、快书、大鼓、评书等以说唱为主要形式表演的作品。

(6) 舞蹈作品,是指通过连续的动作、姿势、表情等表现思想情感的作品。

(7) 杂技艺术作品,是指杂技、魔术、马戏等通过形体动作和技巧表现的作品。

(8) 美术作品,是指绘画、书法、雕塑等以线条、色彩或者其他方式构成的有审美意义的平面或者立体的造型艺术作品。

(9) 建筑作品,是指以建筑物或者构筑物形式表现的有审美意义的作品。

(10) 摄影作品,是指借助器械在感光材料或者其他介质上记录客观物体形象的艺术作品。

(11) 电影作品和以类似摄制电影的方法创作的作品,是指摄制在一定介质上,由一系列有伴音或者无伴音的画面组成,并且借助适当装置放映或者以其他方式传播的作品。

(12) 图形作品,是指为施工、生产绘制的工程设计图、产品设计图,以及反映地理现象、说明事物原理或者结构的地图、示意图等作品。

(13) 模型作品,是指为展示、试验或者观测等用途,根据物体的形状和结构,按照一定比例制成的立体作品。

根据以上两个维度的分析,我们可以构建出一个“作品类别”×“财产权益类别”的著作权价值评估对象基本矩阵,其中的元素即为著作权价值评估对象——××作品××权。按照不同类别作品的特征以及各种财产权益的概念,并不是每一类作品都具有12项财产权利。

在“作品传播相关权利”中,发行、信息网络传播权利基本可体现在绝大部分作品上;广播、表演权利主要体现在文字、音乐、舞蹈等艺术类作品上;出租权仅体现在电影作品、计算机软件作品上;展览权仅体现在美术作品、摄影作品上;放映权体现在美术、摄影、电影作品上。

在“作品使用方式相关权利”中,复制、摄制、改编、翻译、汇编5种权利适用于大部分作品。具体评估业务中,则需要根据特定的经济行为、评估目的确定评估对象,可能是上述矩阵中的某一个元素——单项权利,也可能是几个元素组成的集合——权利组合。

(三) 与著作权有关的权益(邻接权)

与著作权有关的权益(邻接权),也称作品传播者权,是与著作权相邻近的权利,是指作品传播者等因其在传播作品过程中所作出的创造性劳动、投资或其他贡献而被法律赋予的权利。按照《著作权法实施条例》的规定,与著作权有关的权益主要包括出版者对其出版的图书和期刊的版式设计享有的权利,表演者对其表演享有的权利,录音录像制作者对其制作的录音录像制品享有的权利,广播电台、电视台对其播放的广播、电视节目享有的权利。邻接权与著作权密切相关,又是独立于著作权之外的一种权利。

二、著作权资产的特征

著作权资产是指权利人所拥有或者控制的,能够持续发挥作用并且预期能带来经济利益的著作权的财产权益和与著作权有关权利的财产权益。同样,并非所有的著作权都能成为资产评估中的著作权资产,著作权中能够持续发挥作用并且预计能为权利人带来经济利益的著作权才能够成为资产评估中的著作权资产。

另外,在评估实务中,评估专业人员还需要区分著作权资产与著作权载体之间的区别。著作权资产只是著作权以及邻接权的财产权益所形成的无形资产,而著作权载体通常是承载特定著作权作品的实物资产。例如，一本图书是承载具体作品的纸质实物，通过购买而拥有该图书的实物资产，并不代表享有了书中作品的著作权及其资产。因此，上述实物图书构成的资产不是评估中的著作权资产。同样，购买载有某办公系统软件的光盘，购买者便获得了一个载有著作权作品的实物资产，并可以占有、使用该光盘中的软件（但不准出租，计算机软件出租是著作权法规定的一项著作权资产），但并不能拥有该光盘包含的软件著作权，即购买者所购买、拥有的仅仅是相关的实物资产，而不是评估中的著作权资产。

著作权资产主要有以下特征：

（一）形式特征

著作权资产与其他无形资产如专利、专有技术和商标资产等一样，最主要的特征就是一般不能单独发挥作用，需要与其他资产共同发挥作用，这些资产通常称为贡献资产，如房屋、设备和营运资金等。例如，按照图纸“复制”建筑物，不但需要图纸著作权资产，还需要建筑设备、资金；计算机软件公司销售计算机软件，不但需要计算机软件著作权的复制权和发行权，还需要载有计算软件的载体（如光盘）的所有权等。这种共同发挥作用的特性，主要表现在如下三个方面：

1. 著作权资产与相关有形资产以及其他无形资产共同发挥作用

对于一些特殊著作权资产，其在发挥作用的过程中，不但与一些有形贡献资产共同发挥作用，甚至还可能与一些无形贡献资产共同发挥作用。例如，计算机软件著作权资产具有一个特性，即思想性与表达性的不可分割性，我们知道著作权法是保护人们表述“思想”的方式，而不是“思想”本身。著作权保护的是计算机程序及其文档的表达形式，不涉及开发软件所用的思想、处理过程、操作方法、算法、功能、技术、概念等。但在进行一项计算机软件评估时，我们可能不但涉及其著作权资产，也就是计算机程序及其文档的表达方式，还会涉及该软件在设计、编制过程中的思想、处理过程、操作方式、算法、功能、技术概念等，这些要素可能会构成专利、专有技术。在这种情况下，由于计算机软件的著作权与上述专利或专有技术本身无法分割或者不需要分割，因此在评估该计算机软件时，就可能包括上述专利、专有技术的贡献。另一种情况是著作权与商标共同发挥作用。例如，同样的计算机软件著作权，由于编制软件的公司不同，这些公司拥有不同的商标，必然反映在该公司产出的产品中，使得软件著作权产品的销售价格存在较大差异，这个差异可能就有部分是由商标等无形资产所产生的，商标的作用与软件著作权的作用是结合在一起的。

2. 著作权资产与演绎作品共同发挥作用

例如，一个文字作品为原创作品，享有著作权，如果需要将其改编为电视剧作品，则改编好的电视剧作品也享有著作权，并且电视剧作品著作权与文学作品的著作权不同，著作权权利人可能也不同。这个电视剧的著作权称为在原创作品（文字作品）著作权上演绎形成的衍生著作权。著作权法规定，演绎作品著作权人行使自身作品著作权时，不能侵犯原创作品的著作权人的权益。当演绎作品著作权人授权电视台播放改编的电视剧作品时，将会为著作权人带来收益，该收益从实质上说应该包括演绎作品著作权中的“放映权”和原创作品著作权中的“改编权”“摄制权”结合在一起共同发挥作用产生的收益。演绎作品著作权人通常需要通过以下两种方式将收益进行分割：一是采用一次性支付的方式，一次支付原创作品著作权人“购买”许可将原创作品改编为电视剧的权利；二是以收益分账的方式将电视剧播放的收益在原创作品著作权人与演绎作品著作权人之间进行分割。

3. 著作权和与著作权有关权利(邻接权)共同发挥作用

以一本图书的出版为例，作者创作完成作品后授权出版社出版，出版社编辑、设计加工后经印刷复制、发行，图书很畅销，图书销售所产生的收益既有作者著作权的贡献，也有出版社版式设计邻接权的贡献，是著作权与邻接权共同发挥作用的结果。另一个案例是剧场演出的话剧，一台话剧节目的剧本是享有著作权的，演出不能没有演员，并且一般情况下，演员具有十分重要的作用。对于这台话剧演出收益来说，不但有剧本作品著作权的贡献，还包括演员的贡献，演员享有的权利是属于邻接权范畴的，没有演员邻接权的贡献，演出收益无法实现，因此上述演出收益应该理解为是剧本著作权与演员邻接权共同贡献的结果。

（二）法律特征

1. 著作权资产的时效性

不同的著作权具有不同的法律保护期限。著作财产权以及应当由著作权人享有的其他权利保护期为50年，截止于作者死亡后第50年的12月31日；如果是合作作品，截止于最后死亡的作者死亡后第50年的12月31日；如果是法人或者其他组织的作品，著作权（署名权除外）由法人或者其他组织享有的职务作品，其发表权、所有的著作财产权以及应当由著作权人享有的其他权利保护期为50年，截止于该作品首次发表后第50年的12月31日，但作品自创作完成后50年内未发表的，法律将不再保护；电影作品和以类似摄制电影的方法创作的作品、摄影作品，其发表权、所有的著作财产权以及应当由著作权人享有的其他权利保护期，截止于作品首次发表后第50年的12月31日，但作品自创作完成后50年内未发表的，法律将不再保护。著作权资产价值不仅取决于著作权的法定保护期限和剩余保护期限，对于某一具体经济行为，则会更多地关注其合同约定的使用期限。该合同期限必须是在作品著作权法定剩余保护期限内。只有在合同规定使用年限内产生的合理收益才能作为著作权价值评估的基础。

2. 著作权资产的地域性

一般来说，著作权只在授予权利的国家的管辖范围内受到该国相关法律的保护，对其他国家没有域外效力。著作权的这一性质限制了因转让或者使用著作权而产生收益的地域范围。一般来说，著作权的地域性限制越小，著作权评估值也就越大，反之越小。比如，我国在刚刚颁布《著作权法》的时候，还没有参加著作权的国际公约，这就意味着中国作品在国外不受保护，国外的作品在中国也不受保护，除非是外国人的作品在中国首先发表或者出版，才受中华人民共和国法律的保护。但在我国参加了《伯尔尼公约》及《世界版权公约》，并且成为世界贸易组织成员之后，这些国际公约的条款，使著作权受到保护的地域已经远远超出了一个国家的范围，国内法变成了区域性法律。特别是目前世界上绝大多数国家都是世界贸易组织的成员，如果在一个国家享有著作权，则可以在世界上绝大多数国家得到相应的保护。

三、著作权资产评估程序

著作权资产评估，是指资产评估机构及其资产评估专业人员遵守法律、行政法规和资产评估准则，根据委托对评估基准日特定目的下的著作权资产价值进行评定和估算，并出具资产评估报告的专业服务行为。著作权资产评估对象是指著作权中的财产权益以及与著作权有关权利的财产权益。著作权资产的财产权利形式包括著作权人享有的权利和转让或者许可他人使用的权利。

在进行著作权资产评估时，可按下述步骤进行：

（一）明确评估目的

著作权资产评估目的包括转让、投资、质押、诉讼、财务报告等。这里主要阐述著作权资产的转让。

从著作权转让方式来说，可以分为著作权转让和著作权许可使用。著作权转让是指转让方放弃著作权，转归受让方所有，实际上是著作权所有权出售；著作权许可使用则是拥有著作权的著作权人在不放弃著作权所有权的前提下，特许他人按照许可合同规定的条款使用其著作权。许可使用形式包括法定许可和授权许可。授权许可形式包括专有许可、非专有许可和其他形式许可等。著作权转让方式不同，评估价值也不一样。一般来说，著作权所有权转让的评估值高于著作权许可使用的评估值。

（二）搜集有关资料

执行著作权资产评估业务，应当对享有著作权的作品相关情况进行调查，包括必要的现场调查、市场调查，并收集相关信息、资料等。

调查过程收集的相关信息、资料通常包括：(1)作品作者和著作权权利人的基本情况；(2)作品基本情况，包括作品创作完成时间、首次发表时间、复制、发行、出租、展览、表演、放映、广播、信息网络传播、摄制、改编、翻译、汇编等使用情况；(3)作品的类别，包括文字作品，口述作品，音乐、戏剧、曲艺、舞蹈、杂技艺术作品，美术、建筑作品，摄影作品，电影作品和以类似摄制电影的方法创作的作品，工程设计图、产品设计图、地图、示意图等图形作品和模型作品，计算机软件，法律、行政法规规定的其他作品；(4)作品的创作形式，包括原创或者各种形式的改编、翻译、注释、整理等；(5)作品的题材类型、体裁特征等情况；(6)著作权和与著作权有关权利的情况及其登记情况；(7)各种权利限制情况，包括相关财产权利在时间、地域方面的限制以及质押、诉讼等方面的限制；(8)与作品相关的其他无形资产权利的情况；(9)作品的创作成本、费用支出；(10)著作权资产以往的评估和交易情况，包括转让、许可使用以及其他形式的交易情况；(11)著作权权利维护情况；(12)宏观经济发展和相关行业政策与作品市场发展状况；(13)作品的使用范围、市场需求、同类产品的竞争状况；(14)作品使用、收益的可能性和方式；(15)同类作品近期的市场交易及成交价格情况。

（三）确定评估方法，搜集确定有关指标

确定著作权资产价值的评估方法包括市场法、收益法和成本法三种基本方法及其衍生方法。执行著作权资产评估业务，应当根据评估目的、评估对象、价值类型、资料收集等情况，分析上述三种基本方法的适用性，选择评估方法。

采用收益法进行著作权资产评估时，应当根据著作权资产对应作品的运营模式估计评估对象的预期收益，并关注相关经营情况。著作权资产的预期收益通常通过分析计算增量收益、节省许可费和超额收益等途径实现。

执行著作权资产评估业务，应当关注该作品演绎出新作品并产生衍生收益的可能性。当具有充分证据证明该作品在可预见的未来可能会演绎出新作品并产生衍生收益时，应当谨慎、恰当地考虑这种衍生收益对著作权资产价值的影响。当原创作品的演绎作品尚未形成时，应当了解其衍生收益的产生在评估基准日具有较大的不确定性，可以按或有资产评估衍生收益对应的著作权资产价值。

采用收益法进行著作权资产评估时，应当确定资产的剩余经济寿命。剩余经济寿命可以通过综合考虑法律保护期限、相关合同约定期限、作品类别、创作完成时间、首次发表时间以及作品的权利状况等因素确定。

采用收益法进行著作权资产评估时应当合理确定折现率。折现率可以通过分析评估基准日的利率、投资回报率，以及著作权实施过程中的技术、经营、市场、生命周期等因素确定。著作权资产折现率可以采用无风险报酬率加风险报酬率的方式确定。著作权资产折现率口径应当与预期收益的口径保持一致。

采用市场法进行著作权资产评估时应当：(1)考虑该著作权资产或者类似著作权资产是否存在活跃的市场，恰当考虑市场法的适用性；(2)收集类似著作权资产交易案例的市场交易价格、交易时间及交易条件等交易信息；(3)选择具有比较基础的可比著作权资产交易案例；(4)收集评估对象近期的交易信息；(5)对可比交易案例和评估对象近期交易信息进行必要调整。

采用成本法进行著作权资产评估时，应当合理确定作品的重置成本。作品重置成本包括直接成本、间接费用、合理利润及相关税费等。

采用成本法进行著作权资产评估时，应当采用适当方法合理确定评估对象的贬值。

（四）编制著作权资产评估报告

编制著作权资产评估报告应当反映著作权资产的特点，通常包括下列内容：(1)作者和著作权权利人的基本情况；(2)评估对象的具体组成情况，包括作品基本情况、作品的类别、作品的创作形式、涉及的演绎作品等情况；(3)评估对象包含的财产权利限制条件；(4)与著作权有关的权利情况；(5)著作权和与著作权有关权利事项登记情况；(6)作品含有其他无形资产的情况；(7)作品产生收益的方式；(8)著作权剩余法定保护期限以及剩余经济寿命；(9)对著作权资产价值影响因素的分析过程；(10)著作权资产许可、转让、诉讼以及质押等情况；(11)其他必要信息。

四、著作权资产评估方法

著作权资产评估采用的方法一般为收益法,下面主要介绍说明收益法在著作权资产评估中的应用。

[例5-10]　A公司将某美术作品著作权资产的复制权、信息网络传播权通过许可使用合同许可给B公司使用,使用时间为6年。双方约定由B公司在2019年到2024年每年分别支付给A公司4万元、5万元、6万元、6万元、5万元、4万元作为该著作权资产的许可使用费,企业所得税税率为25%,折现率取10%,评估基准日为2018年12月31日。要求评估该著作权资产的许可使用价值。

该著作权资产的许可使用价值计算如下:

$$
\begin{aligned}
&=4\times(1-25\%)\times0.9091+5\times(1-25\%)\times0.8264\\
&\quad+6\times(1-25\%)\times0.7513+6\times(1-25\%)\times0.6830\\
&\quad+5\times(1-25\%)\times0.6209+4\times(1-25\%)\times0.5645\\
&=2.7273+3.099+3.38085+3.0735+2.328375+1.6935\\
&=16.302525(\text{万元})\approx16.3(\text{万元})
\end{aligned}
$$

第六节　商誉评估

一、商誉及其分类

(一) 商誉的概念

商誉是指企业在一定条件下,能获取高于正常投资报酬率的收益所形成的价值。商誉是企业整体声誉的体现,是不可辨认无形资产,不能离开企业单独存在。在不同的财务报告或者税收制度下,商誉可能被赋予不同的概念。商誉通常表现为一个企业预期将来的利润超过同行业正常利润的超额利润的价值。这种价值的预期是由于企业所处的地理位置的优势,或由于历史悠久、经营效率高、管理水平高、人员素质高、良好的客户关系等多种因素综合产生的。理解商誉的内涵,应注意以下几点:

1. 商誉是一种能够资本化的无形资产

商誉价值表现为企业收益和同行业资本平均收益的差额,该差额能够通过资本化的价值量表现出来。具体来讲,可以认为是企业相对于社会基准收益水平的资产实力与其重置成本价值的差额,而不是企业收益与社会基准收益的差额。

2. 商誉是一种不可辨认的无形资产

商誉没有实物形态，而是融入企业整体，因而它不能单独存在，也不能与企业其他各种可辨认资产分开来单独出售。商誉本身不是一项单独创造收益的资产，若脱离整体单独进行交易或评估则是毫无意义的。因此，在评估时要考虑全部有形资产和可辨认的无形资产的价值，从而得出全部不可辨认的无形资产对于整个超额收益的影响程度，即商誉的价值。

3. 商誉的价值可正、可负、可为零

由于自创商誉价值难以量化，商誉的正负性主要是就商誉当中的并购商誉而言，其价值可正、可负、可为零。每个企业都存在商誉，但商誉的价值并不一定总为正值。商誉大多与企业整体经营效果相关，现实中企业资本实际收益不同，带来的商誉价值也会有正有负。

4. 商誉由多方面的因素决定

商誉是多项因素作用形成的结果，一般业界公认商誉主要由以下因素决定：秘密的技术和工艺；杰出的管理层；良好的企业物质条件；高素质的企业员工；卓越的销售组织；畅通的销售渠道；有效的广告宣传；和睦的劳资关系；高水平的公共往来；优秀的资信级别；优越的战略地位；广阔的发展前景；有利的政府政策；优惠的纳税条件；足够的市场份额；领先的员工培训计划；竞争对手的不利发展等。

（二）商誉的分类

1. 并购商誉与自创商誉

根据商誉的不同来源可以把商誉分为并购商誉和自创商誉。并购商誉和自创商誉是两个相互对应的概念。并购商誉又被称为外购商誉，来源于企业之间的并购行为。自创商誉是由企业或个人创造的，与特定主体相联系，不能脱离主体而单独存在。

（1）并购商誉。

并购商誉通常是在企业兼并与收购过程中形成的。在企业并购时，并购企业所付出的并购价值可能并不等于被并购企业可辨认的有形和无形资产的公允价值。但并购方之所以愿意以高出被并购方可辨认净资产的公允价值来购买企业，主要是其认为并购后可获得在将来赚取超过正常水平的“超额收益”。因此，并购商誉是并购企业预期认定被并购企业能够在未来时期使合并企业获得超额盈利水平的资产，是一种对被并购企业的未来良好预期。支付的差额部分就是并购商誉的价值。这部分差额是并购企业为了获取被并购企业拥有的包括良好关系、优秀职工队伍、高效的企业组织结构和垄断在内的各项优势因素而支付的。根据目前国际上较为通行的做法，企业并购过程中并购方支付的溢价，应由并购方确认为一项资产，即商誉，所以支付和确认这部分价差的会计主体是并购企业。

（2）自创商誉。

自创商誉是企业在经营过程中积累起来的，不需要一次性支付任何款项给他人的能使企业获得未来超额利益的无形经济资源。

自创商誉从表面上看是由多种因素形成的外界对企业的一种好感，如优秀的管理方面的人才、先进的技术、合理科学的组织方式、社会认知度和美誉度高的品牌等，具体表现就是企业具有突出的获取超额收益的能力。理论上自创商誉的价值等于资产收益与资产成本的差额。但由于自创商誉中所包含的很多无形资源和企业能力的形成原因模糊,因此企业很难搞清楚具体哪些投资形成了这些特异资源和能力,以及如何投资才能获得特异无形资源和能力。换言之,当一项费用发生时,企业并不知道它是否会形成自创商誉。事实上,很多资源的投入(费用的发生)既与企业的日常生产经营活动密切相关,又与无形资源和企业能力的形成紧密联系,更何况企业各项资源在形成过程中还存在交互关联性和社会复杂性。因此,自创商誉的价值也就很难与有关的成本费用形成可靠的或可预期的关系。

其实,自创商誉开发是否资本化一定程度上取决于对自创无形资产的会计处理。由于自创商誉具有不可辨认性、依附性、整体性、风险性等特性,导致其价值确切计量的难度较大,因此国际通行的做法是不确认自创商誉,我国会计准则也是趋同于国际会计准则,只确认并购商誉,对自创商誉不予确认。而自创商誉只能在公司并购活动发生时才能体现,因此自创商誉是并购商誉的基础,后者是由前者转化来的。并购商誉仅是自创商誉在产权交易时的一个短暂状态,并购商誉实际上是自创商誉的市场表现形式。

比起自创商誉,并购商誉出现的频率更高,但其本质形式又离不开自创商誉。在并购中,因为并购企业对未来获取高收益这一潜在优势作出的预计,从而导致了并购中出现的差额。换句话说,由于并购前的被并购企业内部存在的协同效应形成了自创商誉,并购完成时,在被并购企业自创商誉和并购等因素共同作用下,并购企业与被并购企业之间也会形成一种新的协同效应,即产生了一个“新生”的自创商誉。

2. 正商誉与负商誉

一般认为,并购过程中产生的商誉即并购商誉,它是由并购成本同被并购企业净资产公允价值的差额所形成的。这个差额可以为正、也可以为负,为正时称为正商誉,为负时就称其为负商誉。

(1) 正商誉。

并购成本同被并购企业净资产公允价值的差额为正时形成正商誉。正商誉是超常盈利能力或是超常未来盈利能力本金化的结果。当一家企业决定并购另一家企业时,其目的并不仅仅在于购买对方的单项资产。一般是由于被并购企业在同行中处于较为优越的地位并有超过一般企业利润水平的能力,使得并购企业愿意高价收购,具体包括良好的社会关系(如顾客的偏好、供应商的信任、员工的忠诚等)、卓越的员工(如优秀的管理人员、高素质的技术人员、熟练的工人等)、适销对路的产品(如精良的产品品质、市场占有率等)、优越的地理位置、先进的企业组织结构等。一般认为是对被并购企业未来超额盈利的期望即用来购买被并购企业的商誉。

(2) 负商誉。

如果企业合并成本低于所取得净资产公允价值的差额,那么就形成了负商誉。对于负商誉的性质,目前的争议较大,缺乏统一的认识。比较有代表性的观点有以下几种:

① 当期收益观认为,负商誉是由于购买的净资产按低于公允价值的价格获得而形成的当期收益,这种非常利得是企业之间讨价还价的结果。该种观点的优点是注重当期的影响,

会影响企业的当期收益;缺点是带有主观色彩,没有考虑到商誉对企业未来预期收益的影响,不符合配比原则。

② 递延收益观认为,负商誉是支付的合并对价低于净资产公允价值而形成的收益,应递延到以后各期,以便与以后期间的费用相配比。该种观点的优点是既看到了对当期收益的影响,也看到了对未来预期收益的影响;缺点是称为"收益"不符合负商誉形成的客观实际,因为其不仅形成隐形负担,还会带来递延所得税的负担。

③ 差额观认为,商誉是一个企业的总体价值与可辨认净资产公允价值之和的差额。差额为正数时就是正商誉,差额为负数时就是负商誉。其本质都是一样的,都是企业未来超额盈利能力的反映。因为购买企业之所以愿意以低于净资产公允价值的金额购买另一个企业,也是为了获得高于购入企业净资产可能带来的平均水平以上的超额收益,而不是为了获得低于社会平均的利润水平。因此,负商誉的概念应该为以买受企业为取得让售企业的全部净资产所支付价格低于其公允价值的差额来体现的企业未来超额收益能力。这种观点的优点是定量描述,清晰易懂;缺点是比较片面,体现负的未来超额收益能力显然不合理。

④ 负债观认为,被并购方存在一些账面上未能反映出来的隐性负债,导致并购方替被并购方承担了未来资产贬值或收益减少责任而形成的负商誉。这种观点较好地解释了由于被购买企业存在无形负债时所形成的购买价低于所购得可辨认净资产公允价值差额的现象,但对其他原因引起的负商誉却没有作出合理的解释。而且负商誉的发生是因为企业在购买过程中所形成的一种价差,这种价差没有哪一方对其有要求权。它既不需要将来付出资产或劳务,也无须借新债来偿还,不具有负债的内在属性。

⑤ 还有一种观点认为,商誉是被并购企业资产的高估价值。这种观点认为导致购买成本低于被并购企业可辨认净资产公允价值差额的主要原因是:被并购企业的非货币性资产(或非流动性资产)存在价值的高估。这种观点受到美国和国际会计准则委员会的推崇。该处理方法避免了虚计资产和负债价值,符合谨慎性原则的要求。其缺陷是如果将负商誉按比例冲减被购买企业的非货币性资产(或非流动性资产)的公允价值,那么冲减后的价值既不代表资产的公允价值,也不代表其历史成本,会计信息的可理解性降低。在以后的经营期间,被购买企业将以较低的资产摊销费用与其收入相配比,导致利润虚增。

二、商誉的特征和价值影响因素

(一) 商誉的特征

1. 依附性

企业是商誉及其价值的载体,商誉不能离开企业而单独存在。商誉是企业所有资产共同作用的结果,它的形成和效益的发挥与企业的有形资产和所处环境紧密相连。商誉不能与企业可辨认的资产分开出售,不存在独立的转让价值,也不能以独立的一项资产作为投资。可以把商誉看成是一种组合无形资产,即不可辨认无形资产的组合,它的价值只有在企业整体出售成交或整体合并成功后,才能得到体现。

2. **累积性**

商誉是企业长期积累起来的一项价值。商誉不是企业成立之初就有的,必须经过大量的市场营销、技术创新、广告宣传、公关活动和优质服务等一系列的长期智力投入方能逐渐形成。这种经营管理方式使顾客和用户对产品质量以及服务质量产生信任和好感,企业因此取得比同行高得多的收益。

3. **整体性**

商誉本身不是一项单独能产生收益的无形资产,是多方面因素共同作用的结果。各种不同的无形因素从整体上有助于商誉价值的形成,但却难以用一定的方法或公式进行单独的计价,只能以商誉总体加以确定。鉴于此,它的价值只有通过企业整体收益水平才能体现出来,并通过企业的收益水平与同行业平均水平的比较才能判断和测定。因此,要从企业整体获利能力的角度来评估商誉价值。

4. **持续性**

不同于其他无形资产,商誉存续期间没有法定限制,它只依赖于企业的经营状况。只要企业遵守诚实守信的原则,不断提高产品质量,改善服务态度,商誉就能持续下去。这就是商誉的持续性特征,一旦形成,即可以在较长时间里发生无形的作用。

5. **动态性**

商誉的动态性表现为两方面:一方面是种类的变化。由于商誉是无形资产当中不可辨认的部分,因此,它的范围也会随着可辨认的无形资产的变化而变化,即为商誉的动态性。随着计量技术以及人们认识水平的提高,一部分过去不可辨认的无形资产会逐步独立出来,被划分为可辨认无形资产。但是商誉这种不可辨认的无形资产并不会随着技术的进步而消失,因为会有新的无形资产产生,而当中不可辨认的部分依然会被划分为商誉,因此是一个有出有进的动态过程;另一方面表现为价值量的变化。商誉价值会随着时间的推移或增或减,随着企业经营情况、外界环境、企业文化的整合及技术创新能力等条件发生变化而变动,即商誉是动态的,任何企业都不可能无代价地永远享用这一无形资产。具体而言,当企业的收益率不变,同行业同一规模的企业收益率增长速度大于其收益率的增长速度时,商誉的价值会随着企业的持续经营而耗减;当企业的收益率与同行业企业的收益率同比例增加时,商誉的价值可能在一定时期内不会改变;当同行业同规模企业的收益率增长速度小于其收益率增长速度时,商誉的价值有增加的可能性。

(二) 商誉价值影响因素

1. **自创商誉**

(1) 企业的盈利情况。

自创商誉是对企业拥有持续竞争优势的综合反映。尽管企业的竞争优势表现在多个方面,但是,所有这些竞争优势的最终体现形式都是企业的盈利情况。这种盈利大多表现为超额利润。那些未入账的无形资源和企业能力是企业获得竞争优势不可或缺的一部分,它们是企业获得持续超额利润的根本原因。因此,获取持续超额利润是衡量一个企业有无自创商誉最根本的标准，获利能力的大小也将直接影响自创商誉的价值。

（2）企业的历史和文化。

企业良好的商誉不是一蹴而就的，而是通过管理层和员工层长期的共同拼搏、积累，才形成了企业的技术秘诀、经营之道、公众形象及其社会知名度，也才构建了独特的企业文化。企业文化代表一个企业的精神，良好的企业文化可以促进企业内部良好关系的形成，与员工的沟通是否积极到位，员工之间团队协作精神是否强而有效都能从企业的文化中表现出来。悠久的企业历史可以成就良好的企业文化，良好的企业文化可以促使整个团队展现出“1 + 1 > 2”的效应，从而形成一个团结、高效、有机的整体，降低各方面的经营成本，创造超额利润。

（3）企业的社会形象。

企业良好的社会形象能增强消费者对企业产品（服务）的信任，提高企业产品（服务）的销路，增加企业的超额收益，这是社会形象对自创商誉贡献的基本方面。同时，企业树立良好的社会形象的行为也会得到社会各界特别是政府的认同，并由此形成较为融洽的公共关系，有利于企业的持续高效运行，最终为企业赚取更多利润。

（4）企业的资信级别。

优秀的资信级别可以降低企业的融资成本。优秀的资信级别是指企业具有良好的银行信用以及已跟银行建立良好的合作关系，当企业融筹资金时，可以优先获得金融界的支持，最快地对市场作出反应，从而扩大企业的市场占有率，取得其他企业无法得到的回报，有利于企业的未来经营发展。对于同行业的企业来说，谁拥有优秀的资信级别，谁就会获得克敌制胜的先机。因此，企业的资信级别是当今企业商誉价值构成的重要内容和有机组成部分。

2. 并购商誉

（1）协同效应因素。

企业发生并购行为，所购买的往往是被并购企业作为一个有机整体创造未来利润和现金流量的能力，而不是互不相干的各个单项资产的价值。正因为如此，并购企业所支付的并购价格实际上是对被并购企业作为一个有机整体价值的反映，而不对其账面净资产公允价值的反映。并购企业从自身利益出发，追求管理上、经营上和财务方面的协同效应，对并购后协同效应的预期决定了并购商誉的价值。并购企业也往往因为预期并购协同效应的存在而愿意溢价并购目标企业。可见，并购商誉就是购并双方企业各构成要素在预期的组合方式下期望的协同作用价值。

（2）风险因素。

一般来说，产权交易中包括商誉在内的企业整体的购买者，在购买时尚不能准确测定并购商誉价值的大小。无论是管理协同还是财务协同，都是并购方的预期，被并购企业要与并购方不断融合，这种融合是否成功，需要时间的验证。对并购协同效应的预期和多个企业之间的相互竞价是影响并购价格的两个关键因素，并购方对于该项投资风险的预期决定了竞价高低，进而影响并购商誉的价值。近年来，资本市场并购大潮风起云涌，在并购盛宴下许多公司市值暴涨。一些公司在并购过程中，以巨额商誉的形式增加了并购成本。一旦巨额减值发生，对并购公司未来业绩会造成巨大冲击。

（3）资本市场因素。

企业并购的支付方式主要有现金支付和股票支付两种方式。如果采用换股合并，被并购企业的股价水平将决定并购价格。然而，由于不完全有效市场的存在，股价并不仅仅和企业自身价值有关，其波动还受制于各种经济、政治因素，并受投资心理和交易技术等的影响。因此，股票价格往往不能客观公正地反映企业自身的价值，以这种方式产生的并购价格以及并购商誉也就受到这些资本市场因素的影响。

三、商誉评估的注意事项

商誉本身的特性决定了商誉评估的困难性。商誉评估的理论和操作方法争议较大，现在虽然尚无定论，但在商誉评估中，至少下列问题应予以明确：

（一）商誉评估须坚持预期原则

企业是否拥有超额收益是判断企业有无商誉和商誉大小的标志，这里所说的超额收益指的是企业未来的超额收益，并不是企业过去或现在的超额收益。在评估过程中，对于目前亏损的企业，经分析预测，如果其未来超额收益潜力很大，则该企业也会有商誉存在，这在评估时必须加以综合分析和预测。

（二）商誉评估宜采用收益法进行

由于商誉的不可辨认性及构成要素的多样性，一般采用收益法对其进行评估，其中两种最常用的具体评估方法是割差法和超额收益法。割差法应用于商誉评估时，是通过计算企业整体价值扣除各项有形资产和可辨认无形资产价值后的差额而确定商誉价值。企业整体价值和各项可辨认单项资产评估值可以分别通过多种具体的途径和方法进行评估。超额收益法应用于商誉评估时，是通过对目标企业获取的增量经济收益进行本金化或者折现而得到商誉价值。根据被评估企业的实际情况，超额收益法又可分为超额收益本金化价格法和超额收益折现法。前者是把被评估企业各单项资产预期收益之和高于行业平均收益水平的超额收益进行资本化还原，进而确定商誉价值，这种方法适用于经营状况一直较好、超额收益比较稳定的企业；后者则是把企业可预测的若干年预期超额收益进行折现来确定商誉价值，这种方法适用于评估超额收益只能维持有限期的企业。

（三）商誉评估不能采用投入费用累加的方法进行

商誉价值的形成既然是建立在企业预期超额收益基础之上的，那么，商誉评估值高低与企业为形成商誉投入的费用和劳务就没有直接联系，不会因为企业为形成商誉投资越多，其评估值就越高。尽管所发生投资费用和劳务会影响商誉评估值，但它是通过未来预期收益的增加得以体现的。因此，商誉评估不能采用投入费用累加的方法进行。

（四）商誉评估不能采用市场类比的方法进行

商誉是由众多因素共同作用的结果，但形成商誉的个别因素具有不能够单独计量的特征，致使各项因素的定量差异调整难以运作，所以商誉评估也不能采用市场类比的方法进行。

（五）企业负债与否、负债规模大小与企业商誉无直接关系

企业负债与否、负债规模大小与企业商誉没有直接关系。有观点认为，企业负债累累，不可能有商誉。这种认识显然有失偏颇。市场经济条件下，负债经营是企业的融资策略之一。按财务学原理分析，企业负债不影响资产收益率，而影响投资者收益率，即资本收益率。资本收益率与资产收益率的关系可以用下列公式表示：

资本收益率 = 资产收益率/(1 - 资产负债率)

在资产收益率一定且超过负债资金成本的条件下，增大负债比率，可以增加资本收益率，并不直接影响资产收益率。资产收益率高低受制于投资方向、规模以及投资过程中的组织管理措施。商誉评估值取决于预期资产收益率，而非资本收益率。当然，资产负债率应保持一定的限度，负债比例增大会增加企业风险，最终会对资产收益率产生影响。这在商誉评估时应有所考虑，但不能因此得出负债企业就没有商誉的结论。

四、商誉评估的方法

（一）割差法

割差法是根据企业整体评估价值与各单项可确指资产评估价值之和进行比较确定商誉评估值的方法。用割差法对企业的商誉进行评估的步骤包括：首先，通过整体评估的方法，评出企业整体资产的价值；其次，通过单项资产评估的方法，评出各单项可确指资产的价值；最后，在企业整体资产价值中扣除各单项可确指资产价值之和，所剩余值即是企业商誉的评估价值。

其基本公式为：

商誉的评估值 = 企业整体资产评估价值 - 企业各单项可确指资产评估价值之和

公式中企业整体资产评估值一般通过收益法求取，即通过对预测出的企业未来收益进行折现或资本化求得，对于上市公司，也可以按股票市价总额确定。注意，企业整体资产评估价值与净资产是两个不同的概念。企业评估价值受到企业预期收益的影响，而净资产与企业预期收益无关；企业评估价值包括有形资产、可确指的无形资产和商誉的价值，而净资产仅包括有形资产和可确指的无形资产的价值，并不包括企业自创的商誉。

从公式中可以看出，商誉的评估价值可以是正值，也可以是负值。当企业的收益水平低于同行业或社会平均收益水平时，商誉就可能是负值。当商誉为负值时，对商誉的评估也就失去了意义。故商誉的评估仅限于经济效益高于同行业或社会平均收益水平的企业。

［例 5-11］　某企业的预期年收益额为 600 万元，该企业的各单项资产（含可确指的无形资产）的评估值之和为 2 600 万元，根据企业所在行业的收益水平和风险水平，确定的折现率是 20%。确定该企业商誉评估值。

解：（1）该企业整体资产评估值为：600/20% =3 000（万元）

（2）该企业商誉评估值为：3 000 − 2 600 =400（万元）

（二）超额收益法

商誉是企业超额收益的资本化。企业实际收益分为两部分：一部分是正常收益；另一部分是超额收益。正常收益为企业获得的等于、小于行业或社会平均收益水平的收益。企业的正常收益属于企业的可确指资产（包括有形资产和可确指的无形资产）。超额收益为超过行业或社会平均收益水平的收益。企业获得的超额收益属于不可确指的资产——商誉。超额收益法就是对属于商誉的超额收益进行折现或资本化的方法。根据商誉获得超额收益的期限是否有限，分为超额收益本金化价格法和超额收益折现法。

1. 超额收益本金化价格法

当预计企业每年的超额收益额相等，并且企业获得超额收益无限期的情况下，使用超额收益本金化价格法。其公式为：

$$P = A \div r$$

即：

$$\text{商誉的价值} = \text{年超额收益额} \div \text{本金化率}$$

式中：

年超额收益额 = 企业预计年收益额 − 企业的单项可确指资产评估价值之和 × 行业平均收益率

或

年超额收益额 = 企业单项可确指资产评估值之和 × 超额收益率

超额收益率 = 企业预计年收益率 − 均收益率

［例 5-12］　某企业预期年收益额为 500 万元，该企业的单项可确指资产评估值之和为 2 000 万元，企业所在的行业的资产收益率为 20%，并以行业平均资产收益率作为折现率，则该企业的商誉评估值为：

该企业商誉评估值 =（500 − 2 000 ×20%）/20% =500（万元）

或该企业商誉评估值 =2 000 ×（500/2 000 − 20%）/20% =500（万元）

2. 超额收益折现法

当预计企业每年的超额收益额不相等，并且企业获得超额收益有限期的情况下，使用超额收益折现法。公式为：

$$\text{商誉的价值} = \sum_{t=1}^{n} \frac{R_t}{(1+r)^t}$$

[例5-13] 某企业预计将在今后5年内保持其具有超额收益的经营态势，估计预期未来第1—5年的超额收益分别为50万元、40万元、20万元、15万元、10万元，如折现率取10%，则该企业的商誉的价值为：

$$\text{该企业商誉的价值} = 50\times0.9091+40\times0.8264+20\times0.7513+15\times0.6830+10\times0.6209 = 109.991(\text{万元}) \approx 110(\text{万元})$$

本章小结

无形资产是指特定主体拥有或者控制的，不具有实物形态，能持续发挥作用并且能带来经济利益的资源。

无形资产评估，是指资产评估机构及其资产评估专业人员遵守法律、行政法规和资产评估准则，根据委托对评估基准日特定目的下的无形资产价值进行评定和估算，并出具资产评估报告的专业服务行为。

无形资产按取得方式分类，可分为自创无形资产和外来无形资产；按有无专门法律保护分类，可以分为有专门法律保护的无形资产和无专门法律保护的无形资产；按能否辨认及独立存在分类，可以分为可辨认无形资产和不可辨认无形资产；按性质和属性分类，可以分为知识型无形资产、权利型无形资产、关系型无形资产和组合型无形资产。

无形资产的形式特征有非实体性、排他性、效益性和不确定性等。无形资产的功能特性有附着性、共益性、积累性和替代性等。

影响无形资产评估价值的因素主要有：无形资产的取得成本、机会成本、效益因素、使用期限、技术成熟程度、转让内容、国内外该种无形资产的发展趋势、更新换代情况和速度、市场供需状况、同行业同类无形资产的价格水平等方面。

无形资产评估一般按下列程序进行：明确评估目的、鉴定无形资产、搜集相关资料、确定评估方法、整理并撰写报告、作出评估结论。

确定无形资产价值的评估方法包括市场法、收益法和成本法三种基本方法及其衍生方法。执行无形资产评估业务，资产评估专业人员应当根据评估目的、评估对象、价值类型、资料收集等情况，分析上述三种基本方法的适用性，选择评估方法。

专利是指由国家专利局或代表几个国家的地区机构认定，根据法律批准授予专利所有人在一定期限内对其发明创造享有的独占使用权、转让权、许可权等权利。专利可分为发明专利、实用新型专利和外观设计专利。专利资产，是指专利权人拥有或者控制的，能持续发挥作用并且能带来经济利益的专利权益。专利资产评估业务的评估对象是指专利资产权益，包括专利所有权和专利使用权。

商标是商品或服务的标记，是生产者或经营者为了把自己的商品或服务区别于他人的同类商品或服务,在商品上或服务中使用的一种特殊标记。商标权是指商标经注册或被认定为驰名商标而获得法律保护,形成了排他使用等权利。商标资产是指商标权利人拥有或者控制的,能够持续发挥作用并且能带来经济利益的注册商标权益。商标资产评估对象是指受法律保护的注册商标权益,包括商标所有权和商标使用权。

著作权也称版权,是指文学、艺术作品和科学作品的创作者依照法律规定对这些作品所享有的各项专有权利。著作权资产是指权利人所拥有或者控制的,能够持续发挥作用并且预期能带来经济利益的著作权的财产权益和与著作权有关权利的财产权益。著作权资产评估对象是指著作权中的财产权益以及与著作权有关权利的财产权益。著作权资产的财产权利形式包括著作权人享有的权利和转让或者许可他人使用的权利。

商誉是指企业在一定条件下,能获取高于正常投资报酬率的收益所形成的价值。商誉分为:并购商誉和自创商誉;正商誉与负商誉。商誉评估需要注意事项包括:商誉评估须坚持预期原则,商誉评估宜采用收益法进行,商誉评估不能采用投入费用累加的方法进行,商誉评估不能采用市场类比的方法进行,企业负债与否及负债规模大小与企业商誉无直接关系。

思考题

1. 无形资产有哪些特征?
2. 影响无形资产评估价值的因素有哪些?
3. 无形资产评估的程序有哪些?
4. 无形资产有哪些成本特性?
5. 专利资产有哪些特征?
6. 专利使用权的许可有哪几种情况?
7. 商标权一般包括哪些?
8. 商标资产的特征有哪些?
9. 著作权资产的特征有哪些?
10. 商誉评估应注意哪些事项?

练习题

一、名词解释

无形资产　最低收费额　商标　著作权　无形资产评估　商誉
专利资产　著作权资产　专利　割差法　商标资产

二、单项选择题

1. 著作权属于(　　)。

A. 知识型无形资产　　B. 权利型无形资产
C. 关系型无形资产　　D. 组合型无形资产

2. 销售网络属于(　　)。

A. 知识型无形资产　　B. 权利型无形资产

C. 关系型无形资产　　D. 组合型无形资产

3. 商誉属于(　　)。

A. 知识型无形资产　　B. 权利型无形资产

C. 关系型无形资产　　D. 组合型无形资产

4. 下列属于无形资产功能特性的是(　　)。

A. 排他性　　B. 效益性　　C. 不确定性　　D. 附着性

5. 下列属于无形资产成本特性的是(　　)。

A. 共益性　　B. 弱对应性　　C. 积累性　　D. 替代性

6. 发明专利权的法律保护期限为(　　)。

A. 5 年　　B. 10 年　　C. 20 年　　D. 30 年

7. 在许可合同规定的时间和地域范围内,卖方不得把无形资产转让给第二家买方,但自己可以保留使用该无形资产权利的,称为(　　)。

A. 独占许可　　B. 独家许可　　C. 普通许可　　D. 一般许可

8. 注册商标的有效期为(　　)。

A. 5 年　　B. 10 年　　C. 20 年　　D. 30 年

9. 下列属于著作权的财产权的是(　　)。

A. 发表权　　B. 署名权　　C. 复制权　　D. 修改权

10. 不可辨认的无形资产是指(　　)。

A. 专利权　　B. 商标权　　C. 著作权　　D. 商誉

三、多项选择题

1. 下列属于无形资产的是(　　)。

A. 著作权　　B. 客户关系　　C. 域名　　D. 商誉

2. 下列属于无形资产形式特征的是(　　)。

A. 排他性　　B. 附着性　　C. 积累性　　D. 效益性

3. 无形资产转让时最低收费额的决定因素包括(　　)。

A. 重置成本净值　　B. 历史成本

C. 机会成本　　D. 生产成本

4. 下列属于无形资产成本特性的是(　　)。

A. 不完整性　　B. 弱对应性

C. 附着性　　D. 虚拟性

5. 专利可分为(　　)。

A. 发明专利　　B. 实用新型专利

C. 设计专利　　D. 外观设计专利

6. 下列属于专利资产法律特征的是(　　)。

A. 时效性　　B. 地域性

C. 约束性　　D. 技术公开性

7. 专利资产按技术使用权限的大小可分为(　　)。

A. 独占许可　　B. 独家许可

C. 普通许可　　D. 一般许可

8. 商标权一般包括(　　)。

A. 排他专用权　　B. 转让权

C. 许可使用权　　D. 继承权

9. 下列属于著作权的人身权的是(　　)。

A. 发表权　　B. 署名权　　C. 发行权　　D. 出租权

10. 下列属于无形资产评估目的的是(　　)。

A. 无形资产转让　　B. 无形资产投资

C. 无形资产质押　　D. 无形资产诉讼

四、判断题

1. 无形资产评估只能采用收益法,不能采用成本法和市场法。(　　)

2. 销售网络属于知识型无形资产。(　　)

3. 在技术许可使用合同中,出让方希望使用销售收入分成率,而受让方则希望使用销售利润分成率。(　　)

4. 实用新型专利是指以实用新型为客体的专利权。实用新型是指对产品的形状、构造或者其结合所提出的适于实用的新的技术方案。(　　)

5. 文字、图形、字母、数字、三维标志、颜色组合、声音等,以及上述要素的组合,均可以作为商标申请注册。(　　)

6. 著作权的人身权,具有可以转让、继承、交易等商品属性。(　　)

7. 在评估实务中,评估人员需要区分著作权资产与著作权载体之间的区别。(　　)

8. 并购成本小于被并购企业净资产公允价值的差额称为正商誉。(　　)

9. 商誉评估既可以采用收益法,也可以采用成本法和市场法。(　　)

10. 从商标权转让方式来说,可以分为商标权转让和商标权许可使用。(　　)

五、计算题

1. 某企业转让制药生产全套技术,经搜集和初步测算,已获知下列资料:该企业与购买企业共同享受该制药生产技术,双方的设计能力分别为600万箱和400万箱;该制药生产全套技术系国外引进,账面价格为400万元,已使用4年,4年中该类技术的物价指数分别为5%、6%、8%、9%,尚可使用6年;该项技术转让对该企业的生产经营有较大影响,由于市场竞争,产品价格下降,在以后6年中减少的销售收入按折现值计算为80万元,增加开发费以保住市场的追加成本按现值计算为20万元。

要求：根据上述资料，计算确定：

（1）该制药生产全套技术的重置成本净值。

（2）该无形资产转让的最低收费额评估值。

2. 某企业转让一项无形资产，购买方用于改造产品生产线。经过对无形资产边际贡献因素的分析，测算在其寿命期间各年度分别可带来追加利润 100 万元、120 万元、90 万元、70 万元，分别占当年利润总额的 40%、30%、20%、15%。折现率为 10%。

要求：评估该无形资产的利润分成率。

3. 甲企业以一项技术向乙企业投资，该技术的重置成本为 600 万元，适用的成本利润率为 200%；乙企业的其他投资的重置成本为 8 000 万元，适用的成本利润率为 10%。

要求：计算该项技术的利润分成率。

4. 甲企业将一项专利技术出售给乙企业，有关资料如下：(1)根据对该类专利技术的更新周期以及市场上产品更新周期的分析，确定该专利技术的剩余使用期限为 6 年；(2)根据过去的经营绩效以及对未来市场需求的分析，评估人员对未来 6 年的销售收入预测为：600 万元、700 万元、800 万元、800 万元、700 万元、600 万元；(3)根据对该类技术的交易实例的分析，以及该技术对产品生产的贡献性分析，确定销售收入分成率为 4%；(4)根据当期的市场投资收益率，确定该专利技术评估中采用的折现率为 10%；(5)所得税税率为 25%。

要求：评估该项专利技术的价值。

5. 甲厂将某著名商标的使用权通过许可使用合同允许给乙厂使用，使用时间为 5 年。双方约定由乙厂每年将使用该商标新增利润的 30% 支付给甲厂作为商标使用费，各年的新增利润分别为 300 万元、350 万元、380 万元、360 万元、320 万元。企业所得税税率为 25%，折现率取 10%。

要求：评估该商标使用权的价值。

6. A 公司将某著作权资产通过许可使用合同许可给 B 公司使用，使用时间为 6 年。双方约定由 B 公司在未来 6 年中分别支付给 A 公司 10 万元、10 万元、9 万元、9 万元、8 万元、6 万元作为该著作权资产的许可使用费，企业所得税税率为 25%，折现率取 10%。

要求：评估该著作权资产的许可使用价值。

第六章

长期投资评估

学习目的与要求

通过本章学习,了解并掌握:

1. 长期投资的分类、长期投资评估特点、长期投资评估程序;
2. 长期债权投资评估的方法;
3. 长期股权投资评估的方法;
4. 其他资产评估的方法。

第一节　长期投资评估概述

一、长期投资的概念和分类

投资是指购买一种在未来能提供收益的资产。投资按其投资目的分为短期投资和长期投资两类。长期投资是指除短期投资以外的投资,包括持有时间准备超过一年(不含一年)的各种股权性质的投资、不能变现或不准备随时变现的债券、其他债权投资和其他长期投资。长期投资的目的一是为了积累资金;二是为了控制其他企业或对其他企业实施重大影响;三是出于其他长期的战略考虑等。长期投资主要有以下三种分类方式:

(一) 按投资方式分类

长期投资按投资方式分类可以分为直接投资和间接投资两大类。

(1) 直接投资是指将现金、实物或无形资产等生产要素直接投入被投资单位,得到相应的股权。

（2）间接投资是指通过购买被投资企业的股票或债券来获得相应的收益。

（二）按投资形态分类

长期投资按投资形态分类可以分为实物投资、无形资产投资和有价证券投资三类。

（1）实物投资是指投资方以厂房、机器设备、材料等作为资本金投入，或参与其他企业运营，或组成联营企业的投资。

（2）无形资产投资是指投资方以专利、土地使用权等作为资本金投入，或参与其他企业运营，或组成联营企业的投资。

（3）有价证券投资是指投资方以货币资金购买被投资企业的股票和债券的投资。

（三）按投资性质分类

长期投资按其投资的性质可分为权益性投资、债权性投资和混合性投资三类。

（1）权益性投资是指为了获取其他企业的权益或净资产所进行的投资，如对其他企业的股票投资，为获取其他企业股权的联营投资等。权益性投资通常长期持有，不准备随时出售，投资企业作为被投资单位的股东，按所持股份比例享有权益并承担责任。这种投资的收益要根据被投资企业的经营效益而定，是不确定的，因此又叫作不确定请求权的投资。

（2）债权性投资是指企业为了取得债权而进行的投资，如购买公司债券、国库券、金融债券等。债券发行人有向债券持有人定期付息、到期还本的义务，因此债券性投资又叫作确定请求权的投资。

（3）混合性投资是指兼有权益和债权双重性质的投资。这种投资通常表现为混合性证券投资，如购买优先股股票可转换公司债券等。

二、长期投资评估的特点

由于长期投资是以对其他企业享有的权益而存在的，因此，长期投资评估主要是对长期投资所代表的权益进行评估。其主要特点是：

（一）长期股权投资评估是对资本的评估

长期股权投资是投资者在被投资企业所享有的权益，虽然投资者的出资形式有货币资金、实物资产和无形资产等，但是，一旦该项资产被转移到被投资企业，即被作为资本的象征。因此，对长期股权投资的评估事实上成为对其资本的评估。

（二）长期股权投资评估是对被投资企业获利能力的评估

长期股权投资是投资者不准备随时变现，持有时间超过一年的对外投资。其根本目的是为了获取投资收益和实现投资增值。因此，被投资企业的获利能力就成为长期投资评估的决定因素。对于股票形式的长期投资，投资者关心的是按期收到股利以及若干时间以后股票价格的上升情况。因此，股票的评估除了要参照股市行情外，主要是对发行股票企业的经营状况和财务状况，尤其是获利能力的评估。

（三）长期债权投资评估是对被投资企业偿债能力的评估

由于长期债权投资到期应收回本息，被投资企业偿债能力的大小直接影响着投资企业债权投资到期收回本息的可能性。因此,被投资企业偿债能力就成为长期债权投资评估的决定因素。

(四)长期投资评估是在有限制条件下的评估

在投资实践中需要对被投资企业或单位进行审计、验资和评估。能否以及怎样对被投资企业或单位进行审计、验资或评估,要受现行有关法律法规、制度等的制约。因此,在有些情况下,长期投资的评估会受到某些限制。充分利用资产评估的"替代原则",采用切实可行的评估途径和评估方法对长期投资资产进行合理地估价,是长期投资评估的另一特点。

三、长期投资评估程序

对长期投资的评估一般按以下程序进行:

(一)明确长期投资项目的具体内容

首先,在进行长期投资的评估时,应明确投资的种类、原始投资额、评估基准日余额、投资收益计算方法、历史收益额、长期股权投资占被投资企业实收资本的比例以及相关会计核算方法等。

(二)进行必要的职业判断

在进行长期投资评估时,应判断长期投资预计可收回金额计算的正确性和合理性,判断长期投资余额在资产负债表上列示的准确性。而这些金额合理性的判断需要必要的职业判断能力。

(三)根据长期投资的特点选择合适的评估方法

可以在证券市场上市交易的股票和债券一般采用现行市价法进行评估,按评估基准日的收盘价确定评估值;非上市交易及不能采用现行市价法评估的股票和债券一般采用收益法,评估人员应根据综合因素选择适宜的折现率,确定评估值。

(四)测算长期投资价值,得出评估结论

根据长期投资不同的种类,选择相应的评估方法,得出相应的评估结论。

第二节 长期债权投资的评估

一、长期债权投资的特点

长期债权投资包括债券投资及其他债权投资。债券是政府、企业、银行等债务人为了筹集资金,按照法定程序发行并向债权人承诺于指定日期还本付息的有价证券。债权投资与股权投资相比较,具有如下特点:

（一）安全性

相对于股权投资而言，债券投资风险相对较小。因为国家对债券发行有严格的规定，发行债券必须满足国家规定的基本要求。比如，政府发行国库券由国家担保；银行发行债券要以其信誉及一定的资产作为后盾；企业发行债券也有严格的限定条件，通常以其实力及发展潜力作为保证。当然，债券投资也具有一定的风险，一旦债券发行主体出现财务困难，债券投资者有发生损失的可能。但是，相对于股权投资，债券投资具有较高的安全性，即使债券发行企业破产，在破产清算时，债券持有者也有优先受偿权。

（二）收益性

债券收益主要受两大因素制约：一是债券面值；二是债券票面利率。而且这两大因素都是事前约定，债券利率通常是比较稳定的，在正常情况下要高于同期存款利率。只要债券发行主体不发生较大变故，债券的收益是相当稳定的。

（三）流动性

如果购买的债券是可以上市交易的债券，其变现能力就较强。在我国目前发行的债券中，有相当部分是可流通债券，投资企业可以随时在证券市场上交易变现。

二、长期债权投资的评估方法

债券作为一种有价证券，从理论上讲，它的市场价格是收益现值的市场反映。当债券可以在市场上自由买卖、变现时，债券的现行市价就是债券的评估值。但是，如果企业购买的是不能在证券市场自由交易的债券，其价值就需要通过一定的方法进行评估。

（一）上市交易债券的评估

上市交易的债券是指可以在证券市场上交易、自由买卖的债券，对此类债券一般采用现行市价法进行评估，按照评估基准日的收盘价确定评估值。如果在特殊情况下，某种可上市交易的债券市场价格严重扭曲、不能代表实际价格时，就应该采用非上市交易债券的评估方法进行评估。

采用现行市价法进行评估，应在评估报告书中说明所用评估方法和结论与评估基准日的关系，并说明该评估结果应随市场价格变化而予以调整。

[例6-1] 在对某企业的长期债权投资进行评估时，发现长期债权投资账面价值为24万元（购买债券1 200张，面值200元/张），年利率10%，期限3年，已上市交易。根据市场调查，评估基准日的收盘价为240元/张。据评估人员分析，该价格比较合理，其评估值为：

$$评估值 = 1\ 200 \times 240 = 288\ 000（元）$$

（二）非上市交易债券的评估

对于非上市交易债券不能直接采用市价进行评估，应该采取相应的评估方法进行价值评估。对距评估基准日一年内到期的债券，可以根据本金加上持有期间的利息确定评估值；

超过一年到期的债券，可以根据本利和的现值确定评估值。但对于不能按期收回本金和利息的债券，评估人员应在调查取证的基础上，通过分析预测，合理确定评估值。

通过本利和的现值确定其评估值的债券，宜采用收益法进行评估。根据债券付息方法，债券又可分为到期一次还本付息债券和分次付息、一次还本债券两种。评估时应采用不同的方法计算。

1. 到期一次还本付息债券的评估

对于到期一次还本付息的债券，其价值评估的公式为：

$$P = F \times (1 + r)^{-n}$$

式中：P——债券的评估值；

F——债券到期时的本利和；

r——折现率；

n——评估基准日到债券到期日的间隔（以年或月为单位）。

其中本利和 F 的计算还要区分单利率和复利率两种计算方式。

（1）债券本利和采用单利计算。在采用单利计算时：

$$F = A(1 + m \times i)$$

（2）债券本利和采用复利计算。在采用复利计算时：

$$F = A(1 + i)^{m}$$

式中：A——债券面值；

m——计息期限；

i——债券利息率。

债券利息率、计息期限、债券本金在债券上均有明确记载，而折现率是评估人员根据评估时的实际情况分析确定的。

折现率包括无风险报酬率和风险报酬率，无风险报酬率通常以银行储蓄利率、国库券利率或国家公债利率为准；风险报酬率的大小则取决于债券发行主体的具体情况。国库券、金融债券等有良好的担保条件，其风险报酬率一般较低；企业债券如果发行企业经营业绩较好，有足够的还本付息能力，则风险报酬率较低；否则，应以较高风险报酬率调整。

[例 6-2] 某企业的"长期债权投资——债券投资"的账面价值为 10 万元，系 A 企业发行的三年期一次还本付息债券，年利率 5%，单利计息，评估时点距离到期日为两年，当时国库券利率为 4%。经评估人员分析调查，发行企业经营业绩尚好，财务状况稳健，两年后具有还本付息的能力，投资风险较低，取 2% 的风险报酬率，以国库券利率作为无风险报酬率，故折现率取 6%。根据前述的公式，该债券的评估价值为：

$$F = A(1 + m \times i) = 100\,000 \times (1 + 3 \times 5\%) = 115\,000（元）$$

$$\begin{aligned} P &= F(1 + r)^{-n} = 115\,000 \times (1 + 6\%)^{-2} \\ &= 115\,000 \times 0.890\,0 \\ &= 102\,350（元） \end{aligned}$$

2. 分次付息，到期一次还本债券的评估

分次付息，到期一次还本债券的价值评估，宜采用收益法，其计算公式为：

$$P = \sum_{t=1}^{n}[R_t(1+r)^{-t}] + A(1+r)^{-n}$$

式中：P——债券的评估值；

R_t——第 t 年的预期利息收益；

r——折现率；

A——债券面值；

t ——评估基准日距收取利息日期限；

n——评估基准日距到期还本日期限。

[例6-3] 仍以例6－2的资料，假定该债券是每年付一次息，债券到期一次还本。其评估值为：

$$P = \sum_{t=1}^{n}[R_t(1+r)^{-t}] + A(1+r)^{-n} = 100\ 000 \times 5\% \times (1+6\%)^{-1} +$$

$$100\ 000 \times 5\% \times (1+6\%)^{-2} + 100\ 000 \times (1+6\%)^{-2}$$

$$= 5\ 000 \times 0.943\ 4 + 5\ 000 \times 0.890\ 0 + 100\ 000 \times 0.890\ 0$$

$$= 98\ 167(\text{元})$$

第三节　长期股权投资的评估

长期股权投资包括直接投资和间接投资两种方式，直接投资是以资产（包括货币资产、实物资产和无形资产）直接投资于其他单位，组成联营企业、合资合作企业或股份公司，从而成为被投资单位的股东。间接投资是指在证券市场上以货币购买其他单位的股票，成为被投资单位的股东。由于两种投资方式在具体操作上存在较大差异，故需分别讨论它们的评估方法。

一、直接投资的评估

直接投资是投资主体以货币资产、实物资产或无形资产等直接投入到被投资企业，取得被投资企业的股权，从而通过控制被投资企业获取收益的投资行为。

对直接投资的评估，首先必须了解具体投资形式、收益获取方式和占被投资企业实收资本或所有者权益的比重，根据不同情况，采取不同方法进行评估。其中投资收益的分配形式，比较常见的有如下几种类型：

（1）按投资额占被投资企业实收资本的比例，参与被投资企业净利润的分配；

（2）按被投资企业销售收入的一定比例提成；

（3）按被投资企业净利润的一定比例分配；

（4）按投资方出资额的一定比例支付资金使用报酬等。

投资合同或协议一般规定有投资期限，有期限的投资在投资期届满时投入资本的处理方式通常有：

（1）按投资时的作价金额以现金返还；

（2）按期满时的实投资产的变现价格作价以现金返还；

（3）以实物资产返还等。

对于非控股型长期投资评估，通常采用收益法，即根据历史上收益情况和被投资企业的未来经营情况及风险，预测未来收益，再用适当折现率折算为现值得出评估值；对于合同、协议明确约定了投资报酬的长期投资，可将按规定应获得的收益折为现值，作为评估值；对到期收回资产的实物投资情况，可按约定或预测出的收益折为现值，再加上到期收回资产的价值，计算评估值；对于不是直接获取资金收入，而是取得某种权利或其他间接经济效益的，可通过了解、分析，测算相应的经济效益，折现计值；对于明显没有经济效益，也不能形成任何经济权利的投资则按零值计算。在未来收益难以确定时，可以采用重置价值法进行评估。即通过对被投资企业进行评估，确定净资产数额，再根据投资方所占的份额确定评估值。如果进行该项投资的期限较短，价值变化不大，被投资企业资产账实基本相符，则可根据核实后的被投资企业资产负债表上净资产数额，再根据投资方所占的份额确定评估值。

对于控股型的长期投资，应对被投资企业进行整体评估后再测算股权投资的价值。整体评估应以收益法为主，特殊情况下，可以单独采用市场法，对被投资企业整体评估，基准日与投资方的评估基准日相同。

[例6-4]　甲企业两年前曾与乙企业进行联营，协议约定联营期10年，按投资比例分配利润。甲企业投入资本50万元，其中现金资产20万元、厂房作价30万元，占联营企业总资本的25%。合同约定，合营期满，以厂房返还投资。该厂房年折旧率为5%，净残值率为5%。评估前两年的利润分配方案是：第一年实现净利润20万，甲企业分得5万；第二年实现净利润30万元，甲企业分得7.5万元。目前，联营企业生产稳定，今后每年20%的收益率是能保证的，期满后厂房折余价值15.75万元，预计期满时厂房的变现价格为40万元。经调查分析，折现率定为15%，则评估值为：

$$
\begin{aligned}
P &= 500\,000 \times 20\% \times (P/A,15\%,8) + 400\,000 \times (1+15\%)^{-8} \\
&= 100\,000 \times 4.487\,3 + 400\,000 \times 0.326\,9 \\
&= 448\,730 + 130\,760 \\
&= 579\,490(\text{元})
\end{aligned}
$$

二、间接投资的评估

（一）股票投资的特点

股权投资中的间接投资是指股票投资。股票投资是通过购买等方式取得被投资企业的股票而实现的投资行为。股票投资具有高风险、高收益的特点，如果股份公司破产，股票投资人不仅没有红利可分，而且有可能“血本无归”。股票按不同的分类标准可分为记名股票和不记名股票；有面值股票和无面值股票；普通股股票和优先股股票；公开上市股票和非上市股票等。股票的价格包括票面价格、发行价格、账面价格、清算价格、内在价格和市场价格。股票的价值评估通常与股票的票面价格、发行价格和账面价格的联系并不紧密，而与股票的内在价格、清算价格和市场价格有着较为密切的联系。

（1）股票的清算价格，是公司清算时公司的净资产与公司股票总数的比值。如果因经营不善或者其他原因被清算时，该公司的股票价值就相当于公司股票的清算价格。

（2）股票的内在价值，是一种理论价值或模拟市场价值。它是根据评估人员对股票未来收益的预测，经过折现后得到的股票价值。股票的内在价值主要取决于公司的财务状况、管理水平、技术开发能力、公司发展潜力，以及公司面临的各种风险。

（3）股票的市场价格，是证券市场上买卖股票的价格。在证券市场比较完善的条件下，股票的市场价格基本上是市场对公司股票内在价值的一种客观评价，在某种程度上可以将市场价格直接作为股票的评估价值。当然，在证券市场发育尚未成熟之时，或股票市场的投机成分太大时，股票的市场价格就不能完全代表其内在价值。因此，在具体进行股票价值评估时，也就不能不加分析地将其市场价格作为股票的评估值。

对于股票的价值评估，一般分为上市交易股票和非上市交易股票两类进行。

（二）上市交易股票的价值评估

上市交易股票是指企业公开发行的、可以在证券市场上市交易的股票。对上市交易股票的价值评估，正常情况下，可以采用现行市价法，即按照评估基准日的收盘价确定被评估股票的价值。所谓正常情况是指股票市场发育正常，股票自由交易，没有非法炒作的现象。此时，股票的市场价格可以代表评估时点被评估股票的价值；否则，股票的市场价格就不能完全作为评估的依据，而应采用评估非上市交易股票的方法，即以股票的内在价值作为评估股票价值的依据。通过对股票发行企业的经营业绩、财务状况及获利能力等因素的分析，综合判断股票内在价值。除此之外，以控股为目的而持有上市公司的股票，其评估时一般可采用收益法进行评估。上市股票评估价值的计算公式为：

$$评估值 = 股票数量 \times 评估基准日的市场收盘价$$

［例6-5］ 甲企业拥有一上市公司的股票80 000股，该股票在评估基准日的收盘价为15元。则评估值为：

$$评估值 = 80\ 000 \times 15 = 1\ 200\ 000（元）$$

依据股票市场价格进行评估的结果，应在评估报告书中说明所用的方法，并说明该评估结果应随市场价格变化而予以适当调整。

（三）非上市交易股票的价值评估

非上市交易的股票，一般应采用收益法评估，即综合分析股票发行企业的经营状况及风险、历史利润水平和分红情况、行业收益等因素，合理预测股票投资的未来收益，并选择合理的折现率确定评估值。

非上市交易股票按普通股和优先股的不同而采用不同的评估方法。普通股没有固定的股利，其收益大小完全取决于企业的经营状况和盈利水平；优先股是在股利分配和剩余财产分配上优先于普通股的股票。优先股的股利是固定的，一般情况下，都要按事先确定的利率支付股利，在这方面，优先股与债券很相似，二者的区别在于：债券的利息是在所得税前支付，而优先股的股利是在所得税后支付。

1. 普通股的评估

对非上市普通股的评估，实际是对普通股预期收益的预测，并折算成评估时点的价值。这样，就需要对股票发行企业进行全面、客观地了解与分析。首先，应了解被评估企业历史上的利润水平、利润分配政策；其次，了解企业的发展前景，其所处行业的前景、盈利能力、企业管理人员素质和能力等方面因素。在此基础上，进行综合评估。

在实际评估普通股时面临的主要问题是如何预计未来每年的股利，以及如何确定折现率。股利的多少取决于每股盈利和股利支付率两个因素，估算方法是对历史资料的统计分析，例如回归分析、时间序列的趋势分析等。折现率的作用是把所有未来不同时间的现金流入折算成为现在的价值，该比例应该是投资者所要求的收益率，一般有以下三种确定方法：一是根据股票历史上长期的平均收益率来确定，但过去的情况未必符合将来的发展。历史上不同时期的收益率高低不同，不好判断哪一个更适用；二是参照债券的收益率，加上一定的风险报酬率来确定；三是直接使用市场利率，因为市场利率是投资于股票的机会成本，投资者要求的收益率一般不低于市场利率，所以市场利率可以作为折现率。

股份公司的股利分配政策，通常可以划分为固定红利型、红利增长型和分段型三种类型。

（1）固定红利型。固定红利型是假设企业经营稳定，分配红利固定，并且今后也能保持固定水平。在这种假设条件下，普通股股票评估值的计算公式为：

$$P = R/r$$

式中：P——股票的评估值；

R——股票每年的红利额；

r——折现率。

[例6-6] 被评估企业拥有非上市普通股60 000股，每股面值1元。在持有期间，每年的收益率一直保持在20%左右。经评估人员了解分析，股票发行企业经营比较稳定，管理人员素质高，管理能力强。在预测该公司以后的收益能力时，按稳健的估计，今后几年，其最低的收益率为16%左右。评估人员根据该企业的行业特点及当时宏观经济运行情况，确定无风险报酬率为4%（国库券利率），风险报酬率为4%，则确定的折现率为8%。根据上述资料，计算评估值为：

$$P=R/r=60\ 000\times16\%\div8\%=120\ 000(\text{元})$$

事实上，企业每年发放的红利不可能完全相等。这时，可以根据预测的每年红利，通过下列公式计算等额收益或者年金：

$$A=\sum_{t=1}^{n}[R_t\times(1+r)^{-t}]\div\sum_{t=1}^{n}(1+r)^{-t}$$

或

$$A=\sum_{t=1}^{n}[R_t\times(1+r)^{-t}]\times(A/P,r,n)$$

式中$(A/P,r,n)$为投资回收系数，即年金现值系数的倒数。

[例6-7] 甲企业持有乙公司非上市股票4 000股，每股面值1元。乙公司经营稳健，盈利水平波动不大，预计今后5年红利分配分别为：0.20元、0.21元、0.22元、0.19元、0.20元。乙公司的风险系数为2%，5年期国债利率为10%。试评估该批股票的价值。

分析 乙公司经营平稳，红利发放亦较平稳，适用固定红利模型，但需先计算出固定红利。

$$A=\sum_{t=1}^{n}[R_t\times(1+12\%)^{-t}]\times(A/P,12\%,5)$$

$$=[4\ 000\times0.20\times(1+12\%)^{-1}+4\ 000\times0.21\times(1+12\%)^{-2}$$
$$+4\ 000\times0.22\times(1+12\%)^{-3}+4\ 000\times0.19\times(1+12\%)^{-4}$$
$$+4\ 000\times0.20\times(1+12\%)^{-5}]\times0.277\ 4$$
$$=[800\times0.892\ 9+840\times0.797\ 2+880\times0.711\ 8+760\times0.635\ 5$$
$$+800\times0.567\ 4]\times0.277\ 4$$
$$=2\ 947.252\times0.277\ 4$$
$$=817.57(\text{元})$$

$$P=817.57\div12\%=6\ 813.08(\text{元})$$

该批股票价值为6 813.08元。

（2）红利增长型。红利增长型适用于成长型股票的评估。成长型企业发展潜力大，收益会逐步提高。该类型的假设条件是发行企业并未将剩余收益全部分配给股东，而是用于追加投资扩大再生产，因此，红利呈增长趋势。在这种假设前提下，普通股股票评估值的公式为：

$$P=R\div(r-g)\quad(r>g)$$

式中：P——股票的评估值；

R——股票下一年的红利额；

r——折现率；

g——股利增长率。

股利增长率 g 的计算方法，一是统计分析法，即根据过去股利的实际数据，利用统计学的方法计算出的平均增长率，作为股利增长率；二是趋势分析法，即根据被评估企业的股利分配政策，以企业剩余收益中用于再投资的比率与企业净资产利润率相乘确定股利增长率。

[例6-8] 某评估公司受托对D企业进行资产评估，D企业其拥有某非上市公司的普通股股票60万股，每股面值1元，在持有股票期间，每年股票收益率在10%左右。股票发行企业每年以净利润的70%用于发放股利，其余30%用于追加投资。根据评估人员对企业经营状况的调查分析，认为该行业具有发展前途，该企业具有较强的发展潜力。经过分析后认为，股票发行企业随着投资的增加，净资产利润率将保持在15%的水平，无风险报酬率为6%（国库券利率），风险报酬率为4%。该股票评估值为：

$$g = 30\% \times 15\% = 4.5\%$$

$$R = 600\ 000 \times 10\% = 60\ 000（元）$$

$$\begin{aligned} P &= R/(r-g) \\ &= 60\ 000 \div [(6\% + 4\%) - 4.5\%] \\ &= 1\ 090\ 909.09（元） \end{aligned}$$

（3）分段型。前两种模型一种是股利固定，另一种是固定的增长率，过于模式化，很难适用所有的股票评估。针对实际情况，采用分段型则比较客观。其计算原理是：第一段为能客观预测股票收益期间或股票发行企业某一经营周期；第二段是以不易预测收益的时间为起点，将两段收益现值相加，得出评估值。实际计算时，第一段以预测收益直接折现；第二段可以采用固定红利型或红利增长型，收益额采用趋势分析法或其他方法确定。

[例6-9] 公司甲拥有公司乙的非上市普通股股票30万股，每股面值1元。在持有期间，每年股利收益率均在15%左右。评估人员通过对乙公司的调查分析，认为前3年保持15%的收益率是有把握的；第4年，一套大型先进生产线交付使用，可使收益率提高5个百分点，并将持续下去。评估时的国库券利率为5%。因为乙公司为公用事业企业，风险报酬率确定为3%，则折现率为8%。试评估该批股票的价值。

该公司股票的评估值为：

$$\begin{aligned} P &= 前3年的收益折现值+第4年后的收益折现值 \\ &= 300\ 000 \times 15\% \times (P/A, 8\%, 3) + (300\ 000 \times 20\% \div 8\%) \\ &\quad \times (P/F, 8\%, 3) \\ &= 45\ 000 \times 2.577\ 1 + 750\ 000 \times 0.793\ 8 \\ &= 115\ 969.5 + 595\ 350 \\ &= 711\ 319.5（元） \end{aligned}$$

2. 优先股的评估

优先股的评估主要考虑两大因素：一是评估优先股的风险；二是按优先股的性质和条款确定预期收益，然后评估其收益现值。正常情况下，优先股在发行时就已规定了股息率，因此对优先股风险的评估主要是判断发行主体是否有足够税后利润用于优先股的股息分配。而这种判断是建立在对股票发行企业的全面了解和分析基础上的，包括股票发行企业的生产经营情况、利润实现情况、负债情况、股本构成中优先股所占的比重、股息率的高低等。如果股票发行企业的资本构成合理，每年的利润可观，具有很强的支付能力，那么优先股就基本具备了“准企业债券”的性质，评估就比较简单；反之，优先股具有一定的风险，在确定折现率时必须予以考虑。一般地，可以以事先确定的股息率计算出优先股的年收益额，然后进行折现求和即可。优先股评估计算公式为：

$$P = \sum_{t=1}^{\infty} R_t \times (1+r)^{-t} = \frac{A}{r}$$

式中：P——优先股的评估值；

R_t——第 t 年的优先股收益；

r——资本化率；

A——优先股的年等额股息收益。

［例6-10］ 甲公司持有乙公司的500股累积性优先股，每股面值100元，年股息率为15%。评估时，国库券利率为8%。评估人员在对乙公司的调查过程中，了解到乙公司的资本结构不尽合理，负债率较高，可能会对优先股的分配产生消极影响，故将风险报酬率定为4%，再加上无风险报酬率8%，该优先股的折现率为12%。则评估值为：

$$P = 500 \times 100 \times 15\% \div (8\% + 4\%) = 62\ 500(\text{元})$$

若股东打算若干年后转让其优先股，评估公式为：

$$P = \sum_{t=1}^{n} R_t \times (1+r)^{-t} + P_n \times (1+r)^{-n}$$

式中：P_n——优先股的预期变现价格；

n——优先股的持有年限。

其他符号的含义同前。

［例6-11］ 仍以例6-11的资料，若甲公司打算持有3年后将这些优先股出售，预计出售时的每股市价为130元。则评估值为：

$$\begin{aligned} P &= 500 \times 100 \times 15\% \times (P/A, 12\%, 3) + 500 \times 130 \times (1+12\%)^{-3} \\ &= 7\ 500 \times 2.401\ 8 + 65\ 000 \times 0.711\ 8 \\ &= 18\ 013.5 + 46\ 267 \\ &= 64\ 280.5(\text{元}) \end{aligned}$$

第四节 其他资产的评估

一、其他资产的构成

其他资产是指不能包括在流动资产、长期投资、固定资产、无形资产等之内的资产，主要包括具有长期性质的待摊费用和其他长期资产。长期待摊费用包括固定资产大修理支出、租入固定资产改良支出、股票发行费用、筹建期间费用（开办费）等。其他长期资产主要包括特准储备物资、银行冻结存款、冻结物资以及涉及诉讼的财产等。长期待摊费用本质上是一种费用，而不是资产，只是这种费用的影响不仅体现在本年度，而且延续到以后若干会计年度。

二、其他资产的评估

由于其他资产除特准储备物资、冻结存款、冻结物资以及涉及诉讼的财产外，主要是已发生费用的摊余价值，这些未摊销的费用不能单独对外交易或转让，只有当企业发生整体产权变更时，才可能涉及对其价值的评估。所以，其他资产能否作为评估对象取决于它能否在评估基准日后带来经济利益。

在评估其他资产时，必须了解其合法性、合理性、真实性和准确性，了解费用支出和摊余情况，了解形成新资产和权利的尚存情况。其评估值要根据评估目的实现后资产的占有情况和尚存情况，而且与其他评估对象没有重复计算的现象存在进行确定。按此原则，其他资产的不同构成内容应采取不同的评估和处理方法。

（一）开办费

开办费是企业在筹建期间发生的、不能计入固定资产价值的费用，主要包括：筹建期间人员的工资、员工培训费、差旅费、办公费、注册登记费以及不能计入固定资产购建成本的汇兑损益、利息支出等。根据现行会计制度的规定，企业筹建期间发生的费用，应予开始生产经营起一次计入开始生产经营当期的损益。因此，如果企业不是在筹建期间评估，则不存在开办费的评估问题。如果企业是在筹建期间评估，由于开办费的尚存资产或权利的价值难以准确计算，故可按其账面价值计算其评估值。

（二）固定资产大修理费

固定资产大修理费是指已经发生的固定资产大修理的费用、其应由超过一个会计期间负担。由于在对固定资产评估时，已经考虑了固定资产的修理状况，评估时已体现在固定资产中，故没有尚存的资产和权利，因此，也不能计算评估值。否则，会造成重复评估。

（三）其他长期待摊费用

其他长期待摊费用，比如股票发行费用、租入固定资产改良支出等，其影响可能延续到以后若干年，从理论上讲，对这类项目的评估，应依据企业的收益状况、收益时间及货币的时间价值等因素确定评估值。货币的时间价值因素因受益时间长短而定，一年内的一般不予考虑，超过一年时间的要根据具体内容、市场行情的变化趋势处理。但从实践上看，由于这些费用对未来产生收益的能力和状况并不能准确界定，如果物价总水平波动不大，可以将其账面价值作为其评估价值，或者按其发生额的平均数计算。

[例6-12] 某企业因产权变动需要进行整体评估。该企业长期待摊费用的账面余额为52万元，其中：办公楼装修摊余价值30万元，租入固定资产改良支出摊余价值12万元，设备大修理费用10万元。据评估人员调查了解，办公楼装修费已包含在房屋评估值中，实现了增值，因此，不能重复计算；设备大修理费用同样也体现在设备评估中，也不能重复计算；租入固定资产改良支出费用发生总额28万元，已摊销16万元，租赁协议中设备租入期为2年，已租入1年，尚有1年的使用期。根据以上资料，则租入固定资产改良支出的评估价值为：

$$固定资产改良支出的评估值 = 28 \div 2 \times 1 = 14(万元)$$

本章小结

长期投资是指除短期投资以外的投资，包括持有时间准备超过一年（不含一年）的各种股权性质的投资、不能变现或不准备随时变现的债券、其他债权投资和其他长期投资。

长期投资按投资方式分类可以分为直接投资和间接投资两类；长期投资按投资形态分类可以分为实物投资、无形资产投资和有价证券投资三类；长期投资按投资的性质可分为权益性投资、债权性投资和混合性投资三类。

对长期投资的评估一般按以下程序进行：明确长期投资项目的具体内容；进行必要的职业判断；根据长期投资的特点选择合适的评估方法；测算长期投资价值，得出评估结论。

上市交易的债券是指可以在证券市场上交易、自由买卖的债券，对此类债券一般采用现行市价法进行评估，按照评估基准日的收盘价确定评估值。

对于非上市交易债券不能直接采用市价进行评估，应该采取相应的评估方法进行价值评估。对距评估基准日一年内到期的债券，可以根据本金加上持有期间的利息确定评估值；超过一年到期的债券，可以根据本利和的现值确定评估值。但对于不能按期收回本金和利息的债券，评估人员应在调查取证的基础上，通过分析预测，合理确定评估值。

对于非控股型长期投资评估，通常采用收益法，即根据历史上收益情况和被投资企业的未来经营情况及风险，预测未来收益，再用适当折现率折算为现值得出评估值；对于合同、协议明确约定了投资报酬的长期投资，可将按规定应获得的收益折为现值，作为评估值；对到期收回资产的实物投资情况，可按约定或预测出的收益折为现值，再加上到期收回资产的价值，计算评估值；对于不是直接获取资金收入，而是取得某种权利或其他间接经济效益的，可通过了解分析，测算相应的经济效益，折现计值。

对于控股型的长期投资，应对被投资企业进行整体评估后再测算股权投资的价值。

对上市交易股票的价值评估，正常情况下，可以采用现行市价法，即按照评估基准日的收盘价确定被评估股票的价值。

非上市交易的股票，一般应采用收益法评估，即综合分析股票发行企业的经营状况及风险、历史利润水平和分红情况、行业收益等因素，合理预测股票投资的未来收益，并选择合理的折现率确定评估值。

思考题

1. 长期投资评估具有哪些特点？
2. 长期投资评估的程序是怎样的？
3. 长期债权投资的特点有哪些？
4. 非上市交易债券是怎样进行评估的？
5. 对于非控股型长期投资是怎样进行评估的？
6. 投资收益的分配形式，常见的有哪些类型？
7. 哪些股票的价格与股票的评估价值联系较为密切？
8. 非上市普通股是怎样进行评估的？
9. 非上市优先股是怎样进行评估的？
10. 其他资产有哪些？是怎样进行评估的？

练习题

一、名词解释

长期投资　直接投资　间接投资　权益性投资　债权性投资　混合性投资

二、单项选择题

1. 下列属于按投资方式分类的是(　　)。

A. 直接投资　B. 实物投资　C. 权益性投资　D. 债权性投资

2. 下列属于按投资形态分类的是(　　)。

A. 间接投资　B. 无形资产投资　C. 债权性投资　D. 混合性投资

3. 下列属于按投资性质分类的是(　　)。

A. 直接投资　B. 间接投资　C. 实物投资　D. 混合性投资

4. 股票的内在价值属于股票的(　　)。

A. 账面价值　B. 理论价值　C. 发行价格　D. 历史价值

5. 不属于股份公司的股利分配政策的类型是(　　)。

A. 变动红利型　B. 固定红利型　C. 红利增长型　D. 分段型

6. 到期一次还本付息债券的评估,其评估对象是(　　)。

A. 债券本金　B. 债券本金加利息

C. 债券利息　D. 债券本金减利息

7. 下列资产中风险由小到大排列正确的是(　　)。

A. 股票、国家债券、金融债券、企业债券　B. 国家债券、金融债券、企业债券、股票

C. 企业债券、股票、国家债券、金融债券　D. 股票、企业债券、金融债券、国家债券

8. 长期债权投资评估的是(　　)。

A. 投资企业的获利能力　B. 投资企业的偿债能力

C. 被投资企业的获利能力　D. 被投资企业的偿债能力

9. 长期股权投资评估的是(　　)。

A. 投资企业的获利能力　B. 被投资企业的获利能力

C. 投资企业的偿债能力　D. 被投资企业的偿债能力

10. 下列属于其他资产的是(　　)。

A. 折旧费　B. 办公费　C. 差旅费　D. 开办费

三、多项选择题

1. 下列属于按投资方式分类的是(　　)。

A. 直接投资　B. 间接投资　C. 权益性投资　D. 债权性投资

2. 下列属于按投资形态分类的是(　　)。

A. 实物投资　B. 无形资产投资

C. 有价证券投资　D. 混合性投资

3. 下列属于按投资性质分类的是(　　)。

A. 权益性投资　B. 债权性投资　C. 实物投资　D. 混合性投资

4. 下列属于债权投资特点的是(　　)。

A. 安全性　B. 收益性　C. 附着性　D. 流动性

5. 股份公司的股利分配政策,通常可以划分为(　　)。

A. 固定红利型　B. 变动红利型　C. 红利增长型　D. 分段型

6. 常见的投资收益的分配形式是(　　)。

A. 按投资比例参与净利润的分配

B. 按销售收入的一定比例提成

C. 按净利润的一定比例分配

D. 按出资额的一定比例支付资金使用报酬

7. 与股票的评估价值联系并不紧密的是股票的(　　)。

A. 票面价格　　B. 发行价格　　C. 账面价格　　D. 内在价格

8. 与股票的评估价值联系较为密切的是股票的(　　)。

A. 内在价格　　B. 清算价格　　C. 票面价格　　D. 市场价格

9. 会影响到债券的评估价值的因素是(　　)。

A. 票面价值　　B. 票面利率　　C. 折现率　　D. 付息方式

10. 下列属于其他资产的是(　　)。

A. 冻结物资　　B. 开办费　　C. 固定资产　　D. 特准储备物资

四、判断题

1. 长期债权投资评估是对被投资企业获利能力的评估。(　　)

2. 长期股权投资评估是对被投资企业偿债能力的评估。(　　)

3. 股票的价值评估通常与股票的票面价格、发行价格的联系并不紧密。(　　)

4. 股票的价值评估通常与股票的内在价格、市场价格的联系并不紧密。(　　)

5. 对于非控股型长期投资评估,通常采用收益法,即根据被投资企业的未来经营情况及风险,预测未来收益,再用适当折现率折算为现值得出评估值。(　　)

6. 上市交易的债券可以按照评估基准日的收盘价确定评估值。(　　)

7. 国家债券的风险报酬率一般要低于企业债券的风险报酬率。(　　)

8. 对于非上市交易债券也可以直接采用市价进行评估。(　　)

9. 对于控股型的长期投资,应对被投资企业进行整体评估后再测算股权投资的价值。(　　)

10. 优先股是在股利分配和剩余财产分配上优先于普通股的股票。(　　)

五、计算题

1. 被评估债券为2016年发行,面值为100元,年利率为10%,3年期。2018年评估时,债券市场上面值为100元的同种同期债券的交易价为110元。被评估企业拥有该债券160张。

要求:确定该债券的评估值。

2. 被评估债券为非上市债券,3年期,年利率为12%,按年付息,到期还本,面值为100元,共1 000张。评估时,债券购入已满一年,第一年的利息已经入账,当时一年期国库券的利率为9%,该企业的风险报酬率为1%。

要求:确定该债券的评估值。

3. 被评估债券为4年期一次性还本付息债券10 000元,年利率为15%,不计复利,评估时债券的购入时间已满2年,当年的国库券利率为10%。评估人员通过对债券发行企业的了解,认为应该考虑3%的风险报酬率。

要求:确定该债券的评估值。

4. 被评估企业以机器设备向B企业直接投资,投资额占B企业资本总额的20%,双方协议联营10年,联营期满,B企业将机器设备的折余价值20万元返还给投资方。评估时,双方联营已有5年，前5年B企业的税后利润保持在50万元水平，投资企业按其在B企业的投资额分享收益，评估人员认定B企业未来5年的收益水平不会有较大变化，折现率设定为12%。

要求：确定该企业直接投资的评估值。

5. 被评估企业以无形资产向A企业进行长期投资，协议规定投资期为10年，A企业每年以运用无形资产生产的产品的销售收入的5%作为投资方的回报，10年后，投资方放弃无形资产产权。评估时，此项投资已满5年，评估人员根据前5年A企业的产品销售情况和未来5年的市场预测，认为今后5年A企业每年的产品销售收入保持在200万元水平，企业所得税税率为25%，折现率为12%。

要求：评估该项长期投资的价值。

6. 被评估企业拥有M公司面值共90万元的非上市股票，从持股期间来看，每年股利分派相当于票面值的10%，评估人员通过调查，了解到M公司只把税后利润的80%用于股利分配，另20%用于公司扩大再生产。公司有很强的发展后劲，公司的股本利润保持在15%的水平上，折现率设定为12%。

要求：运用红利增长模型评估该企业拥有的M公司股票的价值。

第七章

流动资产评估

学习目的与要求

通过本章学习，了解并掌握：

1. 流动资产的内容与特点、流动资产评估的特点与程序；
2. 实物类流动资产评估的方法；
3. 非实物类流动资产评估的方法。

第一节　流动资产评估概述

一、流动资产的内容及其特点

（一）流动资产的内容

流动资产是指企业可以在一年内或者超过一年的一个营业周期内变现或者耗用的资产。流动资产的内容包括货币资产、交易性金融资产、结算资产、储备资产、生产资产、商品资产以及其他流动资产等。

企业的流动资产品种繁多，形态各异，可以按不同的分类标准进行分类。

1. 按流动资产在企业生产经营中的作用分类

（1）货币资产。货币资产是指以货币形态存在的资产，包括库存现金、银行存款和其他货币资金等。

（2）交易性金融资产。交易性金融资产是指企业为了近期内出售而持有的债券投资、股票投资和基金投资。

（3）结算资产。结算资产是指企业因购销活动而形成的短期债权性资产，包括应收票据、应收账款、预付账款、其他应收款等。

（4）储备资产。储备资产是指从购买到投入生产为止处于生产准备状态的资产，包括材料、燃料、修理用备件、低值易耗品、包装物、外购半成品等。

（5）生产资产。生产资产是指从投入生产过程到产品制成入库为止处于生产加工过程的资产，包括在产品、自制半成品等。

（6）商品资产。商品资产是指从入库到销售为止处于待销售状态的资产，包括产成品或商品、准备销售的半成品等。

（7）其他流动资产。其他流动资产是指除以上资产外的流动资产。

2. 按流动资产的表现形态分类

（1）实物类流动资产。实物类流动资产是指有实物形态的流动资产，包括材料、燃料、修理用备件、低值易耗品、包装物、外购半成品、在产品、自制半成品、产成品、商品、准备销售的半成品等。

（2）非实物类流动资产。非实物类流动资产是指没有实物形态的流动资产，包括库存现金、银行存款、其他货币资金、交易性金融资产、应收票据、应收账款、预付账款、其他应收款等。

（二）流动资产的特点

与非流动资产相比较，流动资产具有以下特点：

1. 循环周转速度快

流动资产在使用中只参加一个生产经营周期就改变其原有实物形态，并将其全部价值转移到所形成的商品中，构成成本费用的组成部分，然后从营业收入中得到补偿。

2. 变现能力强

各种形态的流动资产都可以在较短的时间内出售和变卖，具有较强的变现能力，是企业对外支付和偿还债务的重要保证。变现能力强是企业流动资产区别于其他资产的重要标志，但各种形态的流动资产，其变现速度是有区别的。变现能力由强到弱的一般顺序为：货币形态的流动资产、短期内出售的存货和近期可变现的债权性资产、生产加工过程中的在产品及准备耗用的物资。一个企业拥有变现能力强的流动资产越多，企业对外支付和偿还债务的能力就越强，企业的经营风险就越小。

3. 占用形态同时并存又相继转化

企业再生产过程中，流动资产依次经过购买、生产、销售三个阶段，分别采取货币资产、储备资产、生产资产和成品资产等形态，不断地循环流动。因此，企业的流动资产是以多种形态并存于企业生产经营过程的各个阶段。同时，各种形态的流动资产又按照生产经营过程的顺序相继转化，如此周而复始地形成流动资产循环和周转过程。

4. 波动性

企业的流动资产一般需要不断地购买和售卖，受市场供求变化和季节性影响较大。此外,企业的流动资产还受到外部经济环境、经济秩序等因素的制约,使其占用总量以及流动资产的不同形态构成比例呈现出波动性。

5. **相对性**

流动资产的相对性表现在:一方面,流动资产的特点是相对的。如低值易耗品、包装物等,虽然是作为流动资产评估,但它们在周转方式上更接近于固定资产,在使用过程中不改变物质形态,价值可以分次摊入成本;另一方面,固定资产与流动资产的划分是相对的。例如,作为产品的机器设备在生产厂家属于流动资产,但在使用单位就成了固定资产。这是评估人员在确定评估范围时必须注意的问题。

二、流动资产评估的特点

由于流动资产的流动性较强、容易变现,其账面价值与市场价值较为接近,因此,流动资产的价值评估与其他资产的评估相比,具有如下特点:

(一)流动资产评估主要是单项评估

对流动资产的评估主要是以单项资产为对象进行价值评估。因此,它不需要对其综合获利能力进行综合性价值评估。

(二)流动资产评估必须选准评估基准日

由于流动资产与其他资产的显著区别在于其资产的流动性和价值的波动性。不同形态的流动资产随时都在变化。而评估则是确定其某一时点上的价值,不可能人为地停止流动资产的周转。因此,评估基准日应尽可能选择在会计期末,必须在规定的时点进行资产清查、登记,确定流动资产数量和账面价值,以避免重登和漏登现象的发生。

(三)既要认真进行资产清查,同时又要分清主次,掌握重点

由于流动资产一般具有数量大、种类多的特点,清查工作量大,所以流动资产清查应考虑评估的时间要求和评估成本。对流动资产评估往往需要根据不同企业的生产经营特点和流动资产分布的情况,对流动资产分清主次、重点和一般,选择不同的方法进行清查和评估,做到突出重点,兼顾一般。清查采用的方法是抽查、重点清查和全面清查。当抽查核实中发现原始资料或清查盘点工作可靠性较差时,应扩大抽查面,直至核实全部流动资产。

(四)流动资产的账面价值基本上可以反映其现值

由于流动资产周转快、变现能力强,在物价水平相对比较稳定的情况下,流动资产的账面价值基本上可以反映出流动资产的现值。因此,在特定情况下,可以采用历史成本作为其评估值。同时,评估流动资产时一般不需要考虑资产的功能性贬值因素,其有形损耗(实体性贬值)的计算只适用于诸如低值易耗品、呆滞、积压存货类流动资产的评估。

三、流动资产评估的程序

（一）确定评估对象和评估范围

进行流动资产评估前，首先要确定被评估资产的对象和范围，这是保证评估质量的重要条件之一。被评估对象和评估范围应依据经济活动所涉及的资产范围而定。同时，在实施评估前应做好下列工作：

1. 鉴定流动资产

进行流动资产评估，首先应明确被评估流动资产的范围，必须注意划清流动资产与非流动资产的界限，防止将不属于流动资产的机器设备等作为流动资产，也不得把属于流动资产的低值易耗品等作为非流动资产，以避免重复评估和漏评估。

2. 查核待评估流动资产的产权

企业在进行资产评估前，首先应核实流动资产的产权，企业中存放的外单位委托加工材料、代为保管的材料物资等，尽管存在于该企业中，但由于其产权不属于被评估单位，故不得将其列入流动资产的评估范围。

3. 对被评估流动资产进行抽查核实，验证基础资料

准确的评估资产清单是正确评估资产价值的基础资料，被评估资产的清单应以实存数量为依据，而不能仅仅以账面记录为准。

（二）对有实物形态的流动资产进行质量检测和技术鉴定

对企业需要评估的材料、半成品、产成品等流动资产进行检测和技术鉴定，目的是了解这部分资产的质量状况，以便确定其是否还具有使用价值，并核对其技术情况和等级与被评估资产清单的记录是否一致。对被评估资产进行技术检测是正确评估资产价值的重要基础。特别是对那些时效性较强的存货，如有保鲜期要求的食品、有有效期要求的药品、化学试剂等，对其进行技术检测尤为重要。

（三）对企业的债权情况进行分析

根据对被评估企业与债务人经济往来活动中的资信情况的调查了解，以及对每项债权资产的经济内容、发生时间的长短及未清理的原因等因素进行核查，综合分析确定各项债权回收的可能性、回收的时间、回收时将要发生的费用等。

（四）合理选择评估方法

流动资产评估方法的选择，一是根据评估目的选择；二是根据不同种类流动资产的特点选择。

流动资产评估目的主要有：服务于企业产权变动，如企业合资、合作经营、联营等；企业清算和资产变卖；保险索赔；清产核资；会计核算的需要等方面。不同目的的资产评估，相应地采用不同的评估方法。

1. 流动资产在企业持续经营条件下按在用用途继续使用

企业合资、合作经营及联营等发生了产权变动的资产业务，被评估企业若不改变生产经营方向,流动资产就可按在用用途继续使用。清产核资、保险索赔等,在总体上也都是以企业持续经营、资产按在用用途继续使用为前提的。在这种情况下,按重置成本标准来评估流动资产,即选用重置成本法比较适宜。

2. 企业持续经营,而流动资产进入公平市场出售或转移使用

在合作、联营、兼并过程中发生产权转移或变动,被估企业生产经营方向和结构将进行调整。未来的生产经营对被评估流动资产的需求量大大减少或根本不需要,这些多余的和不需用资产将进入市场变卖。企业持续经营条件下,流动资产进入市场,适用于变现净值标准,即应选用现行市价法来评估。

3. 因企业清算,要求流动资产快速变现,适用清算价格法评估标准

不同种类流动资产有着不同的特点,根据不同的特点,从评估角度将流动资产划分为不同类型,这些类型会影响到评估方法的选择。我们在前面已论及,流动资产可分为两大类:一是实物类流动资产;二是非实物类流动资产。非实物类流动资产又可以分为货币类流动资产、债权类流动资产、其他类流动资产。

(1) 对于实物类流动资产可以采用市场法和成本法进行评估,但在具体评估时应考虑稳健性原则,对存货中价格变动较大的要考虑市场价格;对买入价较低的要按现价调整;而对买入价高的,除考虑市场价格外,还要分析最终产品价格是否能相应提高,或存货本身是否具有按现价出售的现实可能性。对一些低值易耗品,因它有递延效益,提前支付尚未摊销的费用,账面上虽已无价值记载,但实际上它还在被使用。若低值易耗品价值较高,可采用与固定资产中机器设备相同的评估方法。

(2) 对货币类流动资产,其清查核实后的账面值就是现值,不需采用特殊方法进行评估,仅仅应对外币存款按评估基准日的国家外汇牌价进行折算。

(3) 对于债权类流动资产只适用按可变现值进行评估。

(4) 对于其他流动资产,应分别根据不同情况进行评估。

(五) 评定估算流动资产,出具评估结论

经过上述评估程序对有关流动资产进行评估后,即可得出相应的评估结论。

第二节　实物类流动资产评估

一、材料评估

(一) 材料评估的步骤

企业中的材料,按其存放地点可分为库存材料和在用材料。在用材料在生产过程中已形成产成品或半成品,已不再作为单独的材料存在,故材料评估是对库存材料评估。

库存材料包括原料及主要材料、辅助材料、燃料、修理用备件、外购半成品等。由于低值易耗品和包装物在某种程度上与材料类似，故应采用与材料类似的评估方法。

库存材料具有品种多，金额大，而且性质、计量单位、购进时间、自然损耗各不相同等特点。因此，评估时可按下列步骤进行：

（1）进行实物盘点，使其账实相符。在进行材料的价值评估前，首先应进行材料清查，做到账实相符。与此同时，还应查明材料有无霉烂、变质、呆滞、毁损等情况。

（2）根据不同评估目的和待估资产的特点，选择相应的评估方法。在评估方法的选择上，更多的是采用成本法或市场法。因为材料等流动资产，其功效高低取决于其自身，而且是生产过程中的"消费性"资产，所以，即使在发生投资行为的情况下，仍可采用成本法或市场法。就这两种方法而言，如果在某种材料存在活跃市场、供求基本平衡的情况下，成本法和市场法二者可以替代使用。但如不具备上述条件，则应分析使用。

（3）运用存货管理的 ABC 分析法，突出重点。由于企业的材料品种、规格复多，而且单位价值不等，在实际进行资产评估时，可按照一定的目的和要求，对材料按照 ABC 分析法进行排队，分清主次，突出重点，着重对重点材料进行评估。

（二）材料评估的方法

对材料进行评估时，可以根据材料购进情况的不同选择相适应的方法。

1. 近期购进的材料

近期购进的材料库存时间较短，在市场价格变化不大的情况下，其账面值与现行市价基本接近。评估时，可采用成本法，也可以采用市场法。

[例7-1] 企业中甲材料系一个月前从外地购进，材料明细账的记载为：数量 4 000 千克，每千克 400 元，运杂费为 800 元。根据材料消耗的原始记录和清查盘点，评估时库存尚有 1 500 千克。根据上述资料，可以确定该材料的评估值如下：

$$材料评估值 = 1\,500 \times (400 + 800/4\,000) = 600\,300(元)$$

评估时对于购进时发生运杂费的处理，如果是从外地购进的原材料，因运杂费数额较大，评估时应将由被评估材料分担的运杂费计入评估值；如果是从本地购进，运杂费数额较小，评估时则可以不考虑运杂费。

2. 购进批次间隔时间长、价格变化较大的材料

对这类材料评估时，可以采用最接近市场价格的那批材料的价格或直接以市场价格作为评估的计价标准。

［例 7-2］　某企业要求对其库存的某种钢材进行评估。该种钢材是分两批购进的，第一批于去年 10 月购进，每吨 3 600 元，共 900 吨；第二批于今年 9 月购进，每吨 4 000 元，共 300 吨。今年 10 月 1 日评估时，经核实去年购进的该种钢材尚存 400 吨，今年 9 月购进的尚未使用。要求评估该企业库存钢材的价值。

需评估的该种钢材的数量是 700 吨，价格可采用 4 000 元计算。

$$该企业库存钢材的评估值 = 700 \times 4\ 000 = 2\ 800\ 000(元)$$

本例的评估中，因评估基准日 10 月 1 日与本年 9 月购进时间较近，所以直接采用 9 月份购进材料的价格。如果近期内该材料价格变动很大，或者评估基准日与最近一次购进时间间隔期较长，其价格变动较大时，评估时应以统一的评估时点为基准日，利用物价指数对不同批次的原材料的账面价值加以调整。其计算公式为：

$$评估值 = 账面价值 \times \frac{评估时物价指数}{购买时物价指数}$$

［例 7-3］　某企业库存钢材评估时账面价值时 660 000 元，共分三批购进，第一批购进 30 000 元，当时的物价指数为 100%；第二批购进 150 000 元，当时的物价指数为 120%；第三批购进 480 000 元，当时的物价指数为 200%。资产评估时的物价指数为 180%。要求评估该企业库存钢材的价值。

$$第一批评估值 = 30\ 000 \times 180\% / 100\% = 54\ 000(元)$$

$$第二批评估值 = 150\ 000 \times 180\% / 120\% = 225\ 000(元)$$

$$第三批评估值 = 480\ 000 \times 180\% / 200\% = 432\ 000(元)$$

$$库存钢材评估值合计 = 54\ 000 + 225\ 000 + 432\ 000 = 711\ 000(元)$$

需要注意的是，对于材料的购进时间和购进价格的差异，会计上会采用不同的核算方法，比如先进先出法、后进先出法、加权平均法等，相应的账面余额会有所差异，但这种会计核算方法的差异不应影响评估结果。资产评估的关键是核查库存材料的实际数量，并按最接近市场的价格计算确定评估值。

3. 没有准确的现行市价的库存材料

企业库存的某些材料可能购进的时间早，市场已经脱销，目前无明确的市价可资参考或使用。对这类材料的评估，一般有以下三种途径：

（1）通过寻找替代品的价格变动资料来修正材料价格。

（2）在分析市场供需的基础上，确定该材料的供需变化，并以此来修正材料价格。

（3）通过市场上同类商品的平均物价指数进行评估。

4. 超储积压物资

超储积压物资是指从企业库存材料中清理出来进行处理的那部分资产。这部分资产由于长期积压，可能会因为自然力的作用和保管不善而造成使用价值下降。因此，评估此类资产，首先应对其数量和质量进行核实和鉴定，然后区别不同情况进行评估。对于产权变动企业的资产，可以采用清算价格法；对于继续生产经营，仍有可能使用的资产，可以在原账面价值的基础上，对其中失效、变质、残损、报废、无用的部分，在分析计算并扣除相应的贬值额后确定评估值。

二、低值易耗品评估

（一）低值易耗品的特点与分类

低值易耗品是指单项价值在规定限额以下或使用期限不满一年的劳动资料。不同行业对固定资产和低值易耗品的划分标准是不完全相同的。比如，服装行业的缝纫机，虽然其单位价值较小，但它是该行业的主要劳动工具，应作为固定资产核算和管理。但在其他行业，一般情况下，则作为低值易耗品处理。因此，在评估过程中判断劳动资料是否为低值易耗品，原则上视其在企业中的作用而定，一般可尊重企业原来的划分标准。低值易耗品能够多次使用而基本保持其实物形态，在使用过程中需要进行维护、修理，报废时也有一定的残值，这与固定资产相似；同时，低值易耗品的价值较低，有的很容易损坏，又常被视同为材料管理。可见，低值易耗品是一种特殊的劳动资料，低值易耗品的评估方法既有与固定资产相似的一面，又有与材料相似的一面。掌握这些特点是做好评估的前提。

低值易耗品的种类很多，从评估的角度按以下两种标准分类：

（1）根据低值易耗品的用途，可以划分为一般工具、专用工具、替换设备、管理用具和劳动保护用品等。按此种分类的目的在于可以按大类进行评估，简化评估工作。

（2）根据低值易耗品的使用情况，可以划分为在库和在用两类。这种分类直接影响评估方法的选择。

（二）低值易耗品的评估方法

在库低值易耗品的评估，可以根据实际情况，采用与库存材料评估相同的方法。

在用低值易耗品的评估，一般采用成本法评估。其计算公式为：

$$在用低值易耗品评估值=全新成本价值\times成新率$$

全新成本价值可以这样确定：在物价变动很小的情况下，直接采用低值易耗品的账面价值；在物价变动较大的情况下，可以在其账面价值的基础上乘以相应的物价变动指数或直接采用评估基准日的现行市场价格。

成新率的计算可以采用使用月数法，其计算公式为：

$$成新率=1-\frac{低值易耗品实际已使用月数}{低值易耗品可使用月数}\times100\%$$

在确定成新率时，需注意以下两个问题：第一，低值易耗品的使用期限一般都短于固定资产，因此主要考虑其实体性贬值，不考虑功能性贬值和经济性贬值；第二，在会计核算上，为了有效计算成本和费用，对低值易耗品的价值要采用一定的摊销方式，比如一次摊销、五五摊销等，但这种摊销数额并不能真实地反映低值易耗品的实际损耗程度。所以，评估人员应根据经验观测来确定低值易耗品的实际损耗程度，而不能简单地按照会计账面的摊销数额来确定。

［例7-4］　某项低值易耗品，原价600元，预计使用1年，现已使用8个月，该低值易耗品的现行市价为900元。要求评估该项低值易耗品的价值。

$$在用低值易耗品评估值 = 900 \times (1 - 8/12) \times 100\% = 300(元)$$

三、在产品评估

在产品包括产品制作过程中的在制品和已加工完成入库但不能单独对外销售的半成品（可直接对外销售的自制半成品视同产品评估，在此不做介绍）。在产品进行评估时，一般可采用成本法或市场法进行评估。

（一）成本法

成本法是根据技术鉴定和质量检测的结果，按评估时的相关市场价格及费用水平重置同等级在制品及半成品所需合理的料工费计算评估值。这种评估方法只适用于生产周期较长的在产品的评估。对生产周期短的在产品，主要以其实际发生的成本作为价值评估依据，在没有变现风险的情况下，可根据其账面值进行调整。具体方法有以下几种：

1. 价格变动系数调整法

评估生产经营正常，会计核算水平较高的企业的在产品，可以其实际发生的原始成本为基础，参照发生日至评估基准日的市场价格变动调整为重置成本。步骤如下：

（1）对被评估在制品进行技术鉴定，从总成本中剔除超出正常范围的不合格在制品的成本。

（2）分析原成本，从总成本中剔除非正常的不合理费用。

（3）分析从生产准备开始到评估基准日，原成本中的材料的市场价格的变动情况，测算出调整系数。

（4）分析从开始生产到评估基准日，原成本中的工资、燃料、动力等制造费用的变动情况，测算出调整系数。

（5）根据上述调整的结果计算确定评估值。必要时，还需要从变现的角度对评估值进行修正。

价格变动系数调整法的基本计算公式为：

$$\begin{aligned}评估值 &= 原合理材料成本 \times (1 + 价格变动系数) + \\ &\quad 原合理工资、费用 \times (1 + 合理工资、费用变动系数)\end{aligned}$$

需要说明的是，在产品的成本包括直接材料、直接工资和制造费用三部分，其中，制造费用属于间接费用。工资费用虽然属于直接费用，但也同间接费用一样难以测算。因此，评估时将工资和制造费用合并为一项费用进行测算。

2. 社会平均工艺定额和现行市价计算法

按社会平均工艺定额和现行市价计算评估值，即按照重置同类在制品的社会平均成本确定被评估在产品的价值。使用这种方法需要掌握被评估在产品的以下资料：

（1）被评估在产品的完工程度；

（2）被评估在产品有关工序的工艺定额（如果有行业平均物料消耗标准，可按该标准计算；如没有，可按企业现行的工艺定额计算）；

（3）被评估在产品耗用物料的近期市场价格；

（4）被评估在产品合理的工时及费率（“合理”是指正常的生产经营情况下）。

社会平均工艺定额和现行市价计算法的基本计算公式为：

评估值＝在产品实有数量×（该工序单件材料工艺定额×单位材料现行市价＋该工序单件工时定额×正常工资费用）

［例7-5］ 某企业进行在产品评估，其中，A类在产品经清查核实有40件，每件消耗钢材定额800千克，每千克钢材的现行市价为6元，在产品累计工时定额350小时，每定额小时的燃料和动力费定额1.5元，工资及附加费定额5.5元，制造费用定额1.3元。要求评估A类在产品的价值。

A类在产品的定额成本为：

原材料成本＝40×800×6＝192 000（元）

工资成本＝40×350×5.5＝77 000（元）

费用成本＝40×350×1.3＝18 200（元）

燃料和动力成本＝40×350×1.5＝21 000（元）

因此，A类在产品评估值＝192 000＋77 000＋18 200＋21 000＝308 200（元）

3.完工程度估算法

在产品的最终形式为产成品，因此可以在计算产成品重置成本的基础上，根据在产品的完工程度计算确定其评估值。计算公式为：

在产品评估值＝产成品重置成本×在产品约当量

在产品约当量＝$\sum$各工序在产品数量×该工序完工率

在实际评估时，如果各工序在产品的数量和加工量都相差不大，可以把全部在产品的完工程度估计为50%。因为按50%计算，对前面各工序多计算的加工量，可以抵补后面各工序少计算的加工量。但是，如果各工序在产品的数量和加工量都相差很大时，则要分别按工序计算约当量，再加和计算。这时尤其需要注意材料成本的处理。一般地，工业企业的主要原材料都是在生产过程中第一道工序一次性投入的，因此，材料成本是按照在产品的实际数量而不是按照约当量计算的。

[例7-6] 某产品需要经过5道工序加工制成。原材料是在第一道工序一次性投入。资产评估时,在每道工序上均有20件在产品,从第一道工序至第五道工序的完工率分别为20%、40%、65%、80%和95%。该产品的单位定额成本为:材料200元,工资及附加费50元,其他各项费用5元。要求评估该在产品的价值。

在产品约当量 = 20 × 20% + 20 × 40% + 20 × 65% + 20 × 80% + 20 × 95% = 60(件)

在产品材料成本 = 100 × 200 = 20 000(元)

在产品工资及附加费用 = 60 × 50 = 3 000(元)

在产品其他费用 = 60 × 5 = 300(元)

因此,在产品的评估值 = 20 000 + 3 000 + 300 = 23 300(元)

(二) 市场法

市场法是指按同类在产品或半成品的现行市价,扣除销售过程中预计发生的费用后计算评估值的方法。该方法适用于因产品下马,在产品和自制半成品只能按照评估时的状态向市场出售时的评估。一般地,若被评估在产品的通用性好,尚能用于产品配件更换和用于维修,评估值会比较高。其评估值的基本公式为:

在产品评估值 = 该在产品实有数量 × 市场可接受的不含税的单价 - 预计销售过程中发生的费用

需注意的是,如果在调剂过程中有一定的变现风险,还要考虑设立一个风险调整系数计算可变现的评估值。

而对于既不能继续生产,又无法通过市场调剂出去的专用配件则只能按废料回收价格进行评估。其评估值的基本公式为:

在产品评估值 = 可回收废料的重量 × 市场可接受的不含税的单价 - 预计销售过程中发生的费用

[例7-7] 某企业因产品技术落后而全面停产,准备并入另一家企业,现对该企业的在产品进行评估。有关评估资料如下:

在产品原账面成本为175万元。按在产品的状态及通用性的好坏分为以下三类:

第一类:已从仓库中领出,但尚未进行加工的原料;

第二类:已加工成部件,可通过市场调剂且流动性较好的在产品;

第三类:加工成的部件无法调剂出去,又不能继续加工,只能报废处理的在产品。

第一类可按实有数量、技术鉴定情况、现行市场价格计算评估值;第二类可根据市场可接受现行价格、调剂过程中的费用以及调剂风险综合确定评估值;第三类则只能按废料的回收价格确定评估值。

因此，根据上述评估资料可以通过计算得到以下评估结果，如表7-1、表7-2、表7-3所示。

表7-1 车间已领用尚未加工的原材料

材料名称	编号	计量单位	实有数量	现行单位市价(元)	按市价计算的资产价格(元)
黑色金属	A001	吨	150	1 600	240 000
有色金属	A002	公斤	3 000	18	54 000
有色金属	A003	公斤	7 000	12	84 000
合计					378 000

表7-2 车间已加工成部件并可直接销售的在产品

材料名称	编号	计量单位	实有数量	现行单位市价(元)	按市价计算的资产价格(元)
A	B001	件	1 800	54	97 200
B	B002	件	600	100	60 000
C	B003	台	100	250	25 000
D	B004	台	130	165	21 450
合计					203 650

表7-3 报废在产品

在制品名称	计量单位	实有数量	单件可回收废料	可回收废料数量	废料回收单价(元)	评估值(元)
D001	件	5 000	35	175 000	0.4	70 000
D002	件	6 000	10	60 000	0.4	24 000
D003	件	4 500	2	9 000	6	54 000
D004	件	3 000	11	33 000	5	165 000
合计						313 000

因此，在产品的评估值＝378 000＋203 650＋313 000＝894 650(元)

四、产成品及库存商品评估

这部分流动资产包括工业企业已完工入库的产成品，已完工并经质量检验但尚未办理入库手续的产成品和商业流通企业的库存商品等。评估时主要依据其变现的可能和市场可接受价格进行估算，适用成本法和市场法。

（一）成本法

用成本法评估产成品主要是根据生产制造该产成品的过程中所发生的成本费用确定评估值。具体评估时可以分为以下两种情况分别处理：

（1）评估基准日与产成品完工时间较接近，并且成本费用的物价变化不大时，可以直接按产成品的账面成本确定其评估值。计算公式为：

产成品评估值 = 产成品数量 × 单位产成品账面成本

(2) 评估基准日与产成品完工时间相距较远,并且成本费用的物价变化大时,可按下列两种计算方法计算。

方法一:

产成品评估值 = 产成品实有数量 ×(合理材料工艺定额 × 材料单位现行价格 + 合理工时定额 × 单位小时合理工时工资、费用)

方法二:

产成品评估值 = 产成品实际成本 ×(材料成本比例 × 材料综合调整系数 + 工资、费用成本比例 × 工资、费用综合调整系数)

[例 7-8] 某企业进行产成品评估,经核查,产成品实有数量为 50 件。根据该企业的成本资料并结合同行业成本耗用资料分析,评估人员确定该产品的合理材料定额为 500 千克/件,合理工时定额为 18 小时。由于物价上涨,生产该产成品的材料价格由原来的 60 元/千克涨至评估基准日的 64 元/千克,单位小时的合理工时工资、费用不变,仍为 15 元/小时。要求评估该产成品的价值。

该产成品评估值 = 50 ×(500 × 64 + 18 × 15)= 1 613 500(元)

[例 7-9] 某企业产成品实有数量 80 台,每台实际成本 60 元,根据会计核算资料,生产该产品的材料费用与工资、其他费用的比例为 60∶40,根据评估基准日的物价和其他相关资料,确定材料综合调整系数为 1.35,工资、费用综合调整系数为 1.06。要求评估该产成品的价值。

该产成品的评估值 = 80 × 60 ×(60% × 1.35 + 40% × 1.06)= 5 923.2(元)

(二) 市场法

用市场法评估产成品要点有二:一是确定可接受市场价格;二是确定合理的扣除费用。

在确定可接受市场价格时,工业企业的产成品一般以卖出价为依据,而商业企业的库存商品一般以买入价为依据。同时还应注意考虑以下几方面的因素:第一,产成品及库存商品的使用价值。评估人员要根据对产品本身的技术水平和内在质量的技术鉴定,确定产品是否具有使用价值及其实际等级,以便选择合理的市场价格;第二,分析同类产品的市场供求关系和被评估产品的市场前景;第三,应选择在公开市场上形成的产品近期交易价格,非正常交易下的价格不能作为评估的依据;第四,对于外表存在不同程度残缺的产品,要根据其损坏程度,通过修正系数予以适当调整。

在确定合理的扣除费用时,如何处理产品中包含的待实现税金和利润是一个重要问题。目前评估学界对此大致有三种观点:第一种观点认为,应扣除流转税、所得税和相应的销售费用;第二种观点认为,只应扣除流转税和相应的销售费用,不应扣除所得税;第三种观点认为,只应扣除销售费用,不必扣除流转税与所得税。

对这一问题应做具体分析，要视产品评估的特定目的，即产品即将发生的经济行为而定。

（1）假如评估是以产品出售为目的，应直接以现行公开市场价格作为其评估值，而无需考虑扣除销售费用和税金。理由有二：其一，任何低于市场价格的评估值，对于卖方而言都是不能接受的。其二，对于缴纳增值税的产成品而言，其销项税额尽管是向买方收取，但并不构成产成品价格；对于买方而言，支付给卖方的销项税额即为自身的进项税额，在它将买进的产品再卖出去时，所实际支付的税款是销项税额和进项税额的差额，本身就意味着税款的扣除。

（2）假如评估是以产品投资为目的，则必须从市价中扣除各种税金和利润。理由也有二：其一，产品在新的企业中按市价销售后，流转税和所得税将流出企业，追加的销售费用也应得到补偿；其二，产品评估值折价后作为投资者权益，具有分配收益的性质。

在实际评估中，一般是区别以下情况分别处理：对于十分畅销的产品，根据其出厂销售价格减去销售费用和全部税金确定评估值；对于正常销售的产品，根据其出厂销售价格减去销售费用、全部税金和适当数额的税后净利润确定评估值；对于勉强能销售出去的产品，根据其出厂销售价格减去销售费用、全部税金和税后净利润确定评估值。显然，畅销类产品的评估值最大，其次是正常销售的产品，而勉强能销售出去的产品的评估值最小。

第三节　非实物类流动资产评估

一、货币资产评估

货币资产是指以货币形态存在的资产，包括库存现金、银行存款和其他货币资金。货币资产不会因时间的变化而发生变化，只存在不同币种的换算和不同货币资产形态的转换。因此，不存在价值估算，而仅仅需要核实数额。对库存现金的评估，实际上是通过对现金的盘点，与现金日记账和现金总账核对，确认现金数额；对银行存款和其他货币资金的评估，实际上是通过银行函证与核对，确认银行存款和其他货币资金的实有数额。最后，以核实后的实有数额作为评估值。如有外币，可按评估基准日的汇率折算成人民币。

二、应收账款及预付账款的评估

应收账款是指企业因销售商品、产品或提供劳务等原因，应向购货客户或接受劳务的客户收取的款项或代垫的运杂费等。预付账款是指企业按购货合同或劳务合同规定，预先支付给供货方或提供劳务方的账款。两者都属于企业的债权类流动资产。由于存在回收的风险，所以应收账款在评估时，一般应从以下三方面进行：一是确定应收账款账面余额；二是确认已发生的坏账损失；三是确定可能发生的坏账损失。评估的基本公式如下：

应收账款评估值 = 应收账款账面余额 - 已确定的坏账损失 - 预计的坏账损失

具体进行应收账款的评估时，其基本程序如下：

1. 确定应收账款账面余额

确定应收账款账面余额，既要进行账表核对，还要尽可能通过函证确定各项应收款项的虚实和金额，特别要注意是否具有合法、有效的原始凭证，查明并记录款项发生的时间，作为判断坏账损失的依据之一。

2. 确认已发生的坏账损失

坏账是指企业无法收回或收回的可能性极小的应收账款。发生坏账而产生的损失，称为坏账损失。已经发生的坏账损失，是指评估时有确切证据证明全部或部分金额确实无法收回。通常情况下，企业应收账款符合下列条件之一的，确认为坏账：

(1) 因债务人死亡或者依法被宣告失踪、死亡，其财产或者遗产清偿后仍然无法收回；

(2) 因债务人依法宣告破产、关闭、解散、被撤销，或者被依法注销、吊销营业执照后，其财产清偿后仍然无法收回；

(3) 债务人较长时期内(如超过 3 年)未履行偿债义务，并有其他足够的证据表明无法收回或收回的可能性极小；

(4) 与债务人达成债务重组协议或法院批准破产重整计划后，无法追偿的；

(5) 因自然灾害、战争等不可抗力导致无法收回的。

评估操作中，判断作为已发生的坏账损失，应取得下列工作底稿：

(1) 法院的破产公告和破产清算的清偿文件；

(2) 法院的败诉判决书、裁决书，或者胜诉但被法院裁定终(中)止执行的法律文书；

(3) 工商部门的注销、吊销公示信息；

(4) 政府部门有关撤销、责令关闭的行政决定文件；

(5) 公安等有关部门的死亡、失踪证明；

(6) 逾期三年以上及已无力清偿债务的确凿证明；

(7) 与债务人的债务重组协议及其相关证明；

(8) 其他相关证明。

已发生的坏账损失，直接从应收款项中扣减。

3. 确定可能发生的坏账损失

在评估实践中，对于有充分理由和证据表明无回收风险的，有确切证据表明无法回收的和符合有关管理制度应予以核销的应收账款，是相对容易的。而对很可能收不回部分款项的，需要一定的分析判断方法。对很可能收不回部分款项的坏账损失的预计，实际上是对未来的判断，坏账损失并未在评估基准日现实发生，因而确切地说属于预测的范畴。

一般来说，确定可能发生的坏账损失，首先根据企业与债务人的业务往来和债务人的信用情况，将应收账款分类，然后按分类情况估计坏账损失发生的可能性及其数额。应收账款一般分为以下四类：

第一类，业务往来较多，债务人结算信用好；

第二类，业务往来少，债务人结算信用一般；

第三类，偶然发生业务往来，债务人信用状况未能调查清楚；

第四类，有业务往来，但债务人信用状况较差，有长期拖欠贷款的记录。

对预计坏账损失的估计方法主要有如下两种：

（1）坏账比例法。

根据历史经验，估计出坏账损失占应收账款发生额的比例，然后以本期应收账款数额乘以该比例，即可求出本期可能发生的坏账损失。坏账比例的确定，可以根据被评估企业前若干年（一般为 3 ~5 年）的实际坏账损失额与其应收账款发生额的比例确定。其计算公式为：

$$坏账比例 = \frac{评估前若干年发生的坏账数额}{评估前若干年应收账款余额} \times 100\%$$

$$坏账损失额 = 核实后的应收账款账面余额 \times 坏账比例$$

当然，如果企业的应收账款多年未清理，缺乏处理坏账的历史账面数据，就不能适用该种方法。

［例 7-10］ 对某企业的流动资产进行评估，经核实，截止到评估基准日 2018 年 6 月 30 日，应收账款账面余额为 800 万元，前 5 年的应收账款发生及坏账处理情况如表 7-4 所示。

表 7-4　坏账损失情况表　　单位：万元

	应收账款余额	处理坏账额	备注
第一年	200	8	
第二年	300	12	
第三年	350	16	
第四年	450	18	
第五年	700	22	
合　计	2 000	76	

由此计算前 5 年坏账占应收账款的百分比为：

坏账比例 =（76 ÷ 2 000）× 100% = 3.8%

预计坏账损失额 = 800 × 3.8% = 30.4（万元）

在实际评估中，还应该分析由于特殊原因造成的坏账损失，这部分坏账损失造成的坏账比例因有其特殊性，不能直接作为未来预计损失的依据。

（2）账龄分析法。

账龄分析法是指根据应收账款拖欠时间的长短来分析判断坏账准备的金额。一般地，应收账款的账龄越长，坏账损失的可能性就越大。因此，可将应收账款按账龄的长短分成几组，按组估计坏账损失的可能性，进而计算出坏账损失金额。

［例 7-11］　某企业以 2018 年 10 月 31 日作为评估基准日，核实有应收账款 1 350 000 元，有关资料如表 7-5、表 7-6 所示。

表 7-5　应收账款账龄分析表　　单位：元

欠款单位	总金额	其中：未到期	其中：过期			
			半年	一年	两年	三年及以上
甲	300 000	150 000	20 000	60 000	70 000	
乙	500 000	120 000	140 000		100 000	140 000
丙	200 000		50 000		150 000	
丁	350 000	200 000	30 000	40 000	50 000	30 000
合计	1 350 000	470 000	240 000	100 000	370 000	170 000

表 7-6　坏账损失计算分析表　　单位：元

账龄	应收金额	预计坏账损失率	坏账金额	备注
未到期	470 000	1%	4 700	
过期：半年	240 000	10%	24 000	
一年	100 000	20%	20 000	
两年	370 000	30%	111 000	
三年及以上	170 000	50%	85 000	
合　计	1 350 000		244 700	

应收账款评估值 = 1 350 000 − 244 700 = 1 105 300（元）

一般地，应收账款的评估结果中没有“坏账准备”，或者说，“坏账准备”按零值计算，评估结果中没有此项目。由于在评估应收账款时，已经考虑了实际可收回的可能性，因此在评估结果中不再考虑坏账准备数额。

其他应收款和预付账款等结算资产的评估，可比照应收账款评估进行。

三、应收票据评估

我国的应收票据即指商业汇票。商业汇票按承兑人不同，分为商业承兑汇票和银行承兑汇票；按是否计息，分为不带息汇票和带息汇票。应收票据的评估可以采用下列两种方法：

（一）票据本利和计算法

应收票据的评估值为票据的面值加上应计利息。其计算公式为：

$$应收票据评估值 = 票面金额 \times (1 + 利息率 \times 持有期限)$$

若是不带息票据，其评估值即是其票面金额。

［例7-12］ 某企业拥有6个月期，月利率为1%，票面金额为80 000元的票据一张，截止到评估基准日已持有3个月，试评估应收票据的价值。

$$应收票据评估值=80\ 000\times(1+1\%\times3)=82\ 400(元)$$

（二）票据贴现值计算法

票据贴现是指票据持有人将未到期的票据在背书后送交银行，银行从票据到期值中扣除按银行贴现率计算的贴现利息，然后将余额付给持票人，作为银行对企业短期贷款的一种信用行为。票据到期价值与贴现收到金额之间的差额，叫作贴息或贴现息。对企业应收票据的评估，通常是以应收票据的贴现值作为评估值。其计算公式为：

$$应收票据评估值=票据到期价值-贴现息$$

$$不带息票据到期价值=票面金额$$

$$带息票据到期价值=票面金额\times(1+利息率\times持有期限)$$

$$贴现息=票据到期价值\times贴现率\times贴现期$$

$$贴现期=票据期限-持有期限$$

［例7-13］ 某企业持有一张期限为3个月的无息票据，票面金额200 000元，在持票30天时对其进行评估，银行贴现率为9%。试评估该票据的价值。

$$票据到期价值=200\ 000(元)$$

$$贴现息=200\ 000\times9\%\times60\div360=3\ 000(元)$$

$$应收票据评估值=200\ 000-3\ 000=197\ 000(元)$$

［例7-14］ 某企业收到期限为120天的票据一张，票面金额为800 000元，年利率6%，持票60天时进行评估，银行贴现率为9%。试评估该票据的价值。

$$票据到期价值=800\ 000\times(1+6\%\times120\div360)=816\ 000(元)$$

$$贴现息=816\ 000\times9\%\times60\div360=12\ 240(元)$$

$$应收票据评估值=816\ 000-12\ 240=803\ 760(元)$$

与应收账款类似，如果被评估的应收票据系在规定的时间内未能收回的票据，则按应收账款的评估方法进行价值评估。

四、待摊费用、预付费用及交易性金融资产的评估

（一）待摊费用的评估

待摊费用是指企业中已经支付或发生，但应由本期和以后各期负担的分摊期限在一年以内（包括一年）的费用。这种费用本身不是资产，但其支出可以形成一定的有形资产、享用服务的权利或其他无形资产，是已耗用资产的反映。因此，评估的实质并非费用本身，而是待摊费用形成的实体资产或权益，即评估只与资产和权益的存在有关，而与待摊费用的摊余

价值没有本质联系。换言之,如果待摊费用所形成的资产或权益已经消失,无论会计账面的摊余金额是多大,待摊费用的评估值都为零。

待摊费用的评估,原则上应按其形成的具体资产价值来确定。例如,某企业发生大修理费用 5 万元,需要在以后各期中分摊。而在机器设备评估中,因发生大修理而延长了设备寿命或增加了其功能,导致机器设备评估值增加。故待摊费用 5 万元实际已在设备评估值中得到体现,就没有必要再反映在待摊费用的评估中,否则会导致重复评估。

(二) 预付费用的评估

预付费用是指企业在评估基准日前已经支付、但在评估日后才能产生效益的款项。如预付的保险金、各类租金、报纸杂志费等。预付费用可以看作是企业未来取得服务的权利,因此要作为资产进行评估,即评估这种取得服务的权利。

预付费用的评估主要依据其在未来可以产生效益的时间。如果预付费用的效益已经在评估日前全部体现,只是因为各种原因被分期摊销,那么这种预付费用的评估值为零。只有那些在评估日后仍将发挥作用的预付费用才是评估的真正对象。

[例 7-15] 现拟于 2018 年 6 月 30 日对某企业的预付款进行单项评估,有关资料如下:①半年前企业预付了一年的保险金 120 000 元,现已摊销 30 000 元;②预付办公室租金 300 000 元,已摊销 60 000 元。根据租约,始租时间为 2016 年 7 月 1 日,终止期为 2021 年 6 月 30 日;③以前年度应结转但因成本太高而未结转的费用 240 000 元。试对上述预付费用进行评估。

(1) 预付保险金的评估:

每月应该分摊额 = 120 000 ÷ 12 = 10 000

应该预留的保险金即评估值 = 10 000 × 6 = 60 000(元)

(2) 预付租金的评估:

根据租约,租期 5 年,

每年应付租金 = 300 000 ÷ 5 = 60 000(元)

剩余 3 年使用期评估值 = 60 000 × 3 = 180 000(元)

(3) 以前年度应结转而未结转的费用 240 000 元的评估值为 0,因为这一款项已经不再发生作用,没有经济效益产生。则:

企业预付费用的评估值 = 60 000 + 180 000 + 0 = 240 000(元)

(三) 交易性金融资产的评估

交易性金融资产是指企业为了近期内出售而持有的债券投资、股票投资、基金投资。以赚取差价为目的从二级市场购买的股票、债券、基金等均属于交易性金融资产。

交易性金融资产通常持有时间短且易于变现。交易性金融资产评估中,对于公开挂牌交易的股票、债券和基金等有价证券,可按评估基准日的收盘价计算确定评估值;对于没有公开挂牌交易的有价证券,可按其本金加持有期利息计算确定评估值。

[例7-16]　某企业购入A股票20 000股，购入成本为76 000元，评估基准日的收盘价为每股4.9元。试评估A股票价值。

$$A股票评估值=20\ 000\times4.9=98\ 000(元)$$

本章小结

流动资产是指企业可以在一年内或者超过一年的一个营业周期内变现或者耗用的资产。流动资产按在企业生产经营中的作用可分为货币资产、交易性金融资产、结算资产、储备资产、生产资产、商品资产、其他流动资产等。流动资产按其表现形态可分为实物类的流动资产和非实物类的流动资产。

流动资产具有以下特点：(1)循环周转速度快；(2)变现能力强；(3)占用形态同时并存又相继转化；(4)波动性；(5)相对性。

流动资产评估具有如下特点：(1)流动资产评估主要是单项评估；(2)流动资产评估必须选准评估基准日；(3)既要认真进行资产清查，同时又要分清主次，掌握重点；(4)流动资产的账面价值基本上可以反映其现值。

流动资产评估的程序有：确定评估对象和评估范围；对有实物形态的流动资产进行质量检测和技术鉴定；对企业的债权情况进行分析；合理选择评估方法；评定估算流动资产，出具评估结论。

材料评估的步骤为：进行实物盘点，使其账实相符；根据不同评估目的和待估资产的特点，选择相应的评估方法；运用存货管理的ABC分析法，突出重点。

材料评估的方法：近期购进的材料的评估，评估时可采用成本法，也可采用市场法；购进批次间隔时间长、价格变化较大的材料的评估，评估时可以采用最接近市场价格的那批材料的价格或直接以市场价格作为评估的计价标准。

低值易耗品的评估方法：在库低值易耗品的评估，可以根据实际情况，采用与库存材料评估相同的方法；在用低值易耗品的评估，一般采用成本法评估。

在产品进行评估时，一般可采用成本法或市场法进行评估。

产成品及库存商品进行评估时，一般可采用成本法和市场法进行评估。

应收账款在评估时，一般应从以下三方面进行：一是确定应收账款账面余额；二是确认已发生的坏账损失；三是确定可能发生的坏账损失。

应收票据的评估可以采用下列两种方法：1. 票据本利和计算法；2. 票据贴现值计算法。

待摊费用、预付费用及交易性金融资产的评估方法。

思考题

1. 什么流动资产？主要有哪些分类？
2. 流动资产的特点有哪些？
3. 流动资产评估的特点有哪些？
4. 流动资产评估的程序有哪些？
5. 购进批次间隔时间长、价格变化较大的材料是怎样进行评估的？
6. 在产品评估的价格变动系数调整法的步骤有哪些？
7. 企业应收账款符合哪些条件可以确认为坏账？
8. 应收账款是怎样进行评估的？
9. 可能发生的坏账损失是怎样确定的？
10. 应收票据是怎样进行评估的？

练习题

一、名词解释

流动资产　交易性金融资产　货币资产　结算资产　储备资产　生产资产
商品资产　实物类流动资产　票据贴现

二、单项选择题

1. 下列属于结算资产的是(　　)。

A. 包装物　B. 预付账款　C. 在产品　D. 其他货币资金

2. 下列属于储备资产的是(　　)。

A. 银行存款　B. 应收票据　C. 原材料　D. 产成品

3. 下列属于生产资产的是(　　)。

A. 库存现金　B. 应收账款　C. 修理用备件　D. 自制半成品

4. 下列属于商品资产的是(　　)。

A. 产成品　B. 银行存款　C. 应收票据　D. 低值易耗品

5. 下列属于实物类流动资产的是(　　)。

A. 交易性金融资产　B. 预付账款　C. 其他应收款　D. 自制半成品

6. 下列属于非实物类流动资产的是(　　)。

A. 修理用备件　B. 低值易耗品
C. 交易性金融资产　D. 包装物

7. 采用成本法对在用低值易耗品评估时，成新率的确定应根据(　　)。

A. 已使用月数　B. 已摊销数额
C. 实际损耗程度　D. 尚未摊销数额

8. 应收账款评估后，“坏账准备”科目应该(　　)。

A. 按账龄分析计算　　B. 按应收账款的3%计算
C. 按零值计算　　D. 按应收账款的5%计算
9. 在产品进行评估时，一般不可采用的评估方法是(　　)。
A. 成本法　　B. 市场法
C. 收益法　　D. 成本法和市场法
10. 下列属于流动资产特点的是(　　)。
A. 周转速度慢　　B. 变现能力强
C. 占用形态单一　　D. 波动性小

三、多项选择题

1. 下列属于货币资产的是(　　)。
A. 库存现金　B. 银行存款　C. 银行借款　D. 其他货币资金
2. 下列属于结算资产的是(　　)。
A. 应收账款　B. 应付账款　C. 预付账款　D. 应收票据
3. 下列属于储备资产的是(　　)。
A. 修理用备件　B. 低值易耗品　C. 产成品　D. 交易性金融资产
4. 下列属于非实物类流动资产的是(　　)。
A. 其他货币资金　　B. 应付账款
C. 交易性金融资产　　D. 应收票据
5. 下列属于商品资产的是(　　)。
A. 产成品　　B. 商品
C. 准备销售的半成品　　D. 外购半成品
6. 坏账损失的估计方法主要有(　　)。
A. 坏账比例法　　B. 账面分析法
C. 账龄分析法　　D. 账面调整法
7. 产成品及库存商品的评估，一般可采用(　　)。
A. 成本法　B. 年金法　C. 市场法　D. 收益法
8. 流动资产具有的特点是(　　)。
A. 周转速度快　B. 变现能力强　C. 波动性　D. 相对性
9. 带息应收票据的评估，可以采用的方法是(　　)。
A. 先进先出法　　B. 后进先出法
C. 票据本利和计算法　　D. 票据贴现值计算法
10. 影响应收账款评估值的因素是(　　)。
A. 应收账款账面余额　　B. 坏账准备账面余额
C. 已确定的坏账损失　　D. 预计的坏账损失

四、判断题

1. 评估流动资产一般不需要考虑资产的功能性贬值因素。(　　)

2. 对流动资产评估一般需要考虑其综合获利能力进行综合性价值评估。(　　)

3. 应收账款的评估结果中“坏账准备”应按零值计算。(　　)

4. 储备资产是指从投入生产过程到产品制成入库为止处于生产加工过程的资产,包括在产品、自制半成品等。(　　)

5. 预付费用是指企业在评估基准日前已经支付的费用,都不需要进行评估。(　　)

6. 所有应收票据的评估值都是根据票据的面值加上应计利息确定的。(　　)

7. 在产品进行评估时,一般可采用成本法或市场法进行评估。(　　)

8. 购进批次间隔时间长、价格变化较大的材料只能采用最接近市场价格的那批材料的价格作为评估的计价标准。(　　)

9. 交易性金融资产评估中,对于公开挂牌交易的股票、债券和基金等有价证券,可按评估基准日的收盘价计算确定评估值。(　　)

10. 应收账款账面余额和坏账准备账面余额都是影响应收账款评估值的因素。(　　)

五、计算题

1. 某企业对库存的一种燃料进行评估。该燃料的库存量为 50 吨,经现场技术鉴定,没有发生质量变化,仍将满足正常需要,只是保管中自然损耗 1% 。根据市场调查,得知该燃料的近期市场价格为每吨 4 000 元,每吨运费为 100 元,整理入库费为每吨 40 元。

要求:评估该批燃料的评估值。

2. 某企业在联营过程中,对其某一工序上的在产品进行评估,该工序上的在产品数量为 5 000 件,根据行业平均定额标准得知,该在产品在该工序上的材料消耗定额为 10 千克/件,工时定额为 5 小时/件。经过市场调查得知,该在产品耗用材料的近期市场价格为 10 元/千克,相同工种的正常小时工资为 6 元 / 小时,经调查,该企业产品的销路一向很好,假设不存在变现风险。

要求:评估该在产品的价值。

3. 某企业评估某项低值易耗品,原价为 700 元,预计使用 1 年,现已使用 6 个月,会计账面上已摊销 300 元,经调查了解,该低值易耗品的现行市价为 1 100 元。

要求:确定该低值易耗品的评估值。

4. 某企业准备继续生产已入库的 A 系列在产品。经过调查了解,关于该系列在产品的资料如下:

(1)截至评估基准日,该系列产品的账面累计总成本为 200 万元,该系列产品中有一种在产品 150 件报废,账面单位成本为 100 元/件,估计可回收的废料价值为 3 500 元。

(2)该系列在产品的材料成本占总成本的 70% ,所有材料为某种贵重金属材料。从其生产准备到评估基准日有半年时间,据了解,同类生产材料在半年内价格上涨了 10% 。

(3)关于该系列在产品的费用分析表明,本期在产品的单位产品费用偏高,主要系前期漏转费用 5 万元计入本期成本,其他费用在半年内没有发生变化。

要求:按照价格变动系数调整该在产品的原始成本,确定该系列在产品的评估值。

5. 对某企业的应收账款进行评估，经核实，截止到评估基准日 2018 年 12 月 31 日，应收账款账面余额为 1 000 万元，其中经分析确认已发生的坏账损失为 100 万元；该企业前 5 年的应收账款余额 4 000 万元，5 年累计发生坏账损失 160 万元。

要求：确定评估基准日该企业应收账款的评估值。

6. 某企业收到期限为 180 天的应收票据一张，票面金额为 600 万元，年利率 5%，持票 30 天时进行评估，银行贴现率为 8%。

要求：评估该应收票据的价值。

7. 某企业评估基准日为 2018 年 12 月 31 日，账面预付费用余额为 558 000 元，其中当年 1 月 31 日预付未来一年的保险金 120 000 元，已摊销 70 000 元；尚待摊销的低值易耗品为 243 000 元。此外，该企业已经对全部低值易耗品进行了评估；2018 年 7 月 1 日，预付未来一年的房租 300 000 元，已摊销 150 000 元；前几年，因成本高而未结转的费用为 115 000元。

要求：根据以上资料，评估该企业预付费用的价值。

第八章

企业价值评估

学习目的与要求

通过本章学习,了解并掌握:

1. 企业、企业价值、企业价值评估的特点,企业价值评估程序;
2. 企业价值评估信息的收集和分析;
3. 企业价值评估的收益法;
4. 企业价值评估的市场法;
5. 企业价值评估的资产基础法。

第一节 企业价值评估概述

一、企业与企业价值

(一)企业及其特点

企业是以盈利为目的,按照法律程序建立起来的经济组织,是由各种要素资产组成并具有持续经营能力的自负盈亏的经济实体。按照组织形式的不同,企业一般可分为公司制企业、合伙企业和个人独资企业三类。企业作为一类特殊的资产,有其自身的特点,具体如下:

1. 盈利性

企业作为一类特殊的资产,其经营目的就是盈利。为了达到盈利的目的,企业需具备相应的功能。企业的功能是以企业的生产经营范围为依据,以其生产工艺为主线,将若干要素资产有机组合起来形成的。

2. 持续经营性

企业要获取盈利，必须进行经营，而且要在经营过程中努力降低成本和费用。为此，企业要对各种生产经营要素进行有效组合并保持最佳利用状态。影响生产经营要素最佳利用的因素很多，持续经营是保证正常盈利的一个重要方面。如果企业生产经营断断续续，由于其固定费用不会因经营间断而减少，必然相对加大经营费用，影响盈利。所以，持续经营就成为企业的一个重要特征。

3. 整体性

构成企业的各个要素资产虽然各具不同性能，但它们是在服从特定系统目标前提下而构成企业整体的。构成企业的各个要素资产功能可能不会个个都很健全，但它们可以综合在一起，成为具有良好整体功能的资产综合体。当然，即便构成企业的各个要素资产的个体功能良好，但如果它们之间的功能不匹配，由此组合而成的企业整体功能也未必很好。因此，整体性是企业区别于其他资产的一个重要特征。

4. 权益可分性

作为生产经营能力载体和获利能力载体的企业具有整体性的特点，而与载体相对应的企业权益却具有可分性的特点。企业的权益可分为股东全部权益和股东部分权益。

（二）企业价值及其特点

企业价值是企业获利能力的货币化体现，是企业在遵循价值规律的基础上，通过以价值为核心的管理，使企业利益相关者均能获得满意回报的能力。企业给予其利益相关者回报的能力越高，企业价值就越高。企业价值具有如下特点：

1. 企业价值是一个整体概念

企业价值是一个整体概念，主要表现在两个方面：第一，企业的价值通常不能通过对企业所拥有的各项资产价值进行简单相加而得到，这是因为企业的各项资产是相互作用、相互补充、相互影响的，这些资产在企业中的价值大小取决于其对企业所产生贡献的多少。企业价值所体现的是将企业的人力、物力、财力等生产经营要素整合在一起的现在和未来的获利能力；第二，按评估对象进行划分，企业价值包括整体企业权益价值、股东全部权益价值和股东部分权益价值。对这些企业价值的评估对象进行评估涉及的评估方法、评估过程、评估结果及其使用方式等各方面，均贯穿和反映了企业价值作为一个整体的特征。比如，同一企业中，拥有控制权和缺乏控制权的股权，其单位价值可能存在差异，即存在着控制权的溢价和缺乏控制权的折价，对这些溢价和折价的估算，并不是通过企业的具体资产价值的差异来反映，而是在将企业作为一个整体的基础上，采用恰当的方法进行测算的。

2. 企业价值受企业可存续期限影响

企业的价值是依附于企业这一实体而存在的，企业又是具有生命周期的。在企业生命周期中的初创、成长、成熟、衰退等不同阶段，企业的价值也会有所不同。与其他资产不同，企业未来可存续的期限是不确定的，难以准确预计，这也对企业价值评估产生着影响。

3. 企业价值的表现形式具有虚拟性

金融制度的变迁导致了企业的实体价值与虚拟价值并存，它们分别依托于实体经济和虚拟经济而存在。实体经济是指在商品市场上进行生产、流通和消费活动以及自给自足等非商品的经济活动。企业的实体价值表现为企业在商品市场上的交易价值或资产价值（包括有形资产价值和无形资产价值）。虚拟经济是指金融市场上金融资产的形成和交易活动。企业的虚拟价值是指在金融市场上（特别是股票市场）形成的企业虚拟资产（股票）的市场价值。在实体价值与虚拟价值并存的情况下，对企业价值的判断和评估应综合考虑企业实体价值和虚拟价值的影响。

（三）企业价值的影响因素

影响或决定企业价值的因素众多，可以从不同角度识别影响企业价值的因素，且不同的因素之间可能会相互作用，呈现错综复杂的关系。在企业价值评估实务中，通常是将企业置于其发展环境中，依次从宏观环境因素、行业发展状况和企业发展状况三个方面对影响企业价值的因素进行梳理，即分别涉及宏观、中观和微观三个层次。

1. 宏观环境因素

宏观环境因素是指对所有企业的经营管理活动都会产生影响的各种因素。这些外部的、基本不可控的因素会影响到企业的经营活动，由此会对企业的发展产生持久、深远的影响。因此，企业价值评估应当充分考虑宏观环境对被评估企业及其所在行业的影响。宏观环境因素主要包括政治环境、宏观经济、法律法规、财政政策、货币政策、产业政策、技术进步以及社会和文化等因素。

2. 行业发展状况

行业发展状况是影响企业价值的中观因素。行业发展状况是指对行业内的所有企业的经营管理活动都会产生影响的各种因素，这些因素主要有行业政策环境，行业经济特征，行业市场特征，行业竞争情况，行业特有的经营模式，行业的周期性、区域性和季节性特征，企业所在行业与上下游行业之间的关联性，上下游行业发展对本行业发展的有利和不利影响等。这些因素通常对其他行业企业的价值并不产生显著影响。

3. 企业发展状况

企业发展状况是影响企业价值的微观因素。企业发展状况是指来源于企业内部并对企业价值产生影响的各种因素，分为企业层面的因素和资产层面的因素两大类。对企业价值可能产生影响的企业层面的因素主要有企业发展、业务和经营战略，企业生产经营模式，盈利模式，业务或产品的种类及结构，生产能力，行业竞争地位，产业链关系（与供应商和客户的关系），资本结构，会计政策，生产经营管理方式，人力资源，企业管理水平以及关联交易情况等。资产层面对企业价值可能产生影响的因素，主要与企业拥有的具体资产利用方式、利用程度、利用范围以及利用效果等情况相关。这些因素通常对其他企业的价值并不产生显著影响。

二、企业价值评估的特点与要素

（一）企业价值评估的特点

企业价值评估是指资产评估机构及其资产评估专业人员遵守法律、行政法规和资产评估准则，根据委托对评估基准日特定目的下的企业整体价值、股东全部权益价值或者股东部分权益价值等进行评定和估算，并出具资产评估报告的专业服务行为。企业价值评估具有如下特点：

1. 评估对象载体是由多个或多种单项资产组成的资产综合体

企业是多种要素资产围绕盈利目标，发挥各自特定功能，共同构成一个有机的生产经营能力和获利能力的载体及其相关权益的集合或总称。企业价值评估的范围涵盖了被评估企业所拥有的全部资产，包括流动资产、固定资产、无形资产以及其他所拥有的资产，但企业价值的评估对象是这些资产有机结合形成的综合体所反映的企业整体价值或权益价值，而不是各项资产的简单集合。因此，无论是企业整体价值的评估，还是股东全部权益价值或股东部分权益价值的评估，评估对象载体均是由多个或多种单项资产组成的资产综合体。

2. 企业价值评估关键是分析判断企业的整体获利能力

影响企业价值高低的因素很多，既包括外在的宏观环境因素和行业发展状况，也包括企业自身经营能力和竞争能力等，但决定企业价值高低的核心因素是企业的整体获利能力。企业价值本质上是以企业未来的收益能力为标准的内在价值。因此，评估专业人员在评估企业价值的过程中要考虑企业未来的整体获利能力。

企业的获利能力通常是指企业在一定时期内获取利润或现金流量的能力，是企业生产能力、营销能力、经营能力等各种能力的综合体。从企业的角度看，企业从事经营活动，其直接目的是最大限度地获取收益并维持企业持续稳定发展，而企业未来所能获得的收益将直接影响企业的现时价值。

企业在不同的获利水平状态下价值的表现形式不同：

（1）当企业获利能力强且超过行业平均水平时，企业不仅能够形成自我更新、自我发展的良性循环，而且能够依其良好的经营管理状况或其他因素的作用而获得超额利润。这时企业价值既来源于有形资产的最佳使用价值和可确指无形资产的价值，还包括不可确指的无形资产价值，如商誉；

（2）当企业的获利能力较强但还没有达到行业平均水平时，企业创造的价值不仅能补偿资产的耗费，而且能积累并进行扩大再生产，形成投入、产出的良性循环，这时企业价值的构成既包括有形资产的最佳使用价值，也包括专有技术等可确指的无形资产价值；

（3）当企业处于微利或轻度亏损状态时，企业创造的价值仅能弥补所消耗资产的价值，生产经营处于勉强维持状态，这时企业价值的构成是其有形资产的重置成本价值；

（4）当企业处于严重亏损、即将破产或已破产时，企业不能补偿已消耗资产的价值，这时企业价值就只能体现为有形资产的破产清算价值。

所有上述情况中企业的获利能力或获利水平，均指考虑了企业收益期因素的客观获利能力或客观获利水平，而非局限于企业短期的实际获利能力。因此，评估专业人员进行企业价值评估时，要在充分分析宏观环境因素、行业发展状况以及企业自身状况的基础上，判断企业的整体获利能力水平，选择合适的评估方法进行评估。

3. 企业价值评估是一种整体性评估

整体性是企业价值评估与其他资产评估的本质区别。企业价值评估是将企业作为一个经营整体并依据其未来获利能力进行评估。因此，企业价值评估强调的是从整体上计量企业全部资产形成的整体价值，而不是简单估计单项资产的收益或估计单项资产的价值。也就是说，企业价值不是企业各单项资产的简单相加，企业单项资产的价值之和也并不一定是企业价值。构成企业的各个要素资产虽然具有不同性能，但只有在服从特定系统目标的前提下，以恰当的方式形成有机联系构成企业整体，其要素资产的功能才能充分发挥。企业是整体与部分的统一，部分只有在整体中才能体现出其价值。因此，整体性是企业价值评估区别于其他资产评估的一个重要特征。

（二）企业价值评估的要素

企业价值评估的要素包括评估主体、评估对象、评估范围、评估目的、评估程序、评估方法、评估基准日、价值类型及评估假设等。这里主要介绍企业价值评估的评估目的、评估对象、评估范围、价值类型这四个评估要素。

1. 评估目的

随着社会经济的发展对企业价值评估提出越来越广泛的需求，企业价值评估目的也呈现多样化特征。目前，企业价值的评估目的主要有以下几种：

（1）企业改制。

企业改制是企业体制改革的简称。企业改制涉及的具体形式众多，不仅包括国有企业改制、集体企业改制和其他企业改制，也包括非公司制企业按照《中华人民共和国公司法》要求改建的有限责任公司或股份有限公司、经批准有限责任公司变更为股份有限公司等形式。

企业改制通常围绕着企业的产权进行改革，因而企业改制一般通过重组、联合、兼并、租赁、承包经营、合资、转让产权和股份制、股份合作制等方式来完成。在企业改制过程中，不论是哪种形式的企业改制，也不论具体采用哪种方式来完成企业改制，凡涉及企业产权变动、需要了解股权价值或企业整体价值的，均属于企业价值评估的范畴。

（2）企业并购。

企业并购是企业兼并与收购的简称，是企业在平等自愿、等价有偿基础上，以一定的经济方式取得其他企业产权的行为。企业并购通常包括企业合并、股权收购以及资产收购等形式。其中，企业合并又可进一步分为吸收合并、新设合并和控股合并三种方式。在企业并购活动中，通常需要进行企业价值评估。

（3）企业清算。

企业清算包括以下三种类型：一是依据《中华人民共和国企业破产法》的规定，在企业破产时进行清算；二是依照国家有关规定对改组、合并、撤销法人资格的企业资产进行清算；三是企业按照合同、契约、协议规定终止经营活动的清算。在上述企业清算过程中，通常需要进行企业价值评估。

（4）财务报告。

随着公允价值在会计计量中的运用逐渐增多以及公允价值计量对专业性和独立性的要求，以财务报告为目的的资产评估也日益增多。在以财务报告为目的的评估中，涉及企业价值评估的情形主要包括：对企业合并过程中产生的商誉进行减值测试，需要对被合并企业的企业价值进行评估；在确定权益工具的公允价值过程中，可能需要对权益工具对应的企业价值进行评估，协助企业确定、判断企业获利能力和未来收益。

（5）法律诉讼。

公司股东与股东之间、股东与管理层之间、股东与债权人之间以及公司的利益相关者之间，常常会发生因公司价值变化而引起的法律诉讼，在这种情况下，企业价值评估结论就成为这些法律案件裁决的重要依据之一。

（6）税收。

投资于企业的股权投资作为一项财产，是各种财产税的课税基础。因此，在股权的保有、交易、赠与、继承等环节，股权投资者就需要根据相关税法的确定，针对特定经济行为，缴纳相应的财产税。股权财产税的税基一般是股权的市场价值，如果股权投资对象为上市公司，其市场价值可以根据市场交易价格很方便地加以确定；但对于非上市公司的股权，其市场价值通常需要评估专业人员进行评估后确定。因此，在我国推进税制改革的进程中，由资产评估师向税收征管提供价值尺度，已逐渐成为资产评估实践领域的重要方面。

（7）其他目的。

除以上几种常见的经济行为以外，还有许多其他经济行为，如股票公开发行、企业股利政策的制定、企业员工持股计划的制订、企业投资项目决策、企业租赁、股权的质押和担保以及债务重组等，都可能涉及企业价值评估。

2. 评估对象

企业价值评估的对象通常包括企业整体权益、股东全部权益和股东部分权益三种。

（1）企业整体权益。

企业整体权益是公司所有出资人（包括股东、债权人）共同拥有的企业运营所产生的价值，即所有资本（付息债务和股东权益）通过运营形成的价值。企业整体权益价值并不必然等于资产负债表中的资产价值的合计数，主要理由有两点：一是企业整体价值的评估范围包括了企业所拥有全部资产、负债，包括表内和表外的资产、负债，但资产负债表中的资产总计不是构成企业整体价值的全部；二是企业整体价值反映了其作为一个有机整体的整体获利能力，但资产负债表上的各项资产的合计数仅仅是各单项资产价值的简单相加，无法反映企业作为资产综合体的整体获利能力。

在反映了各单项资产对企业整体获利能力影响的前提下，企业表内、表外全部资产价值的合计数称为企业的总资产价值。企业整体权益价值不等于企业的总资产价值。因为从资本的运用角度看，整体企业权益价值等于企业的总资产价值减去企业负债中的非付息债务价值后的余额；从资本的来源角度看，整体企业权益价值等于股东全部权益价值加上企业的全部付息债务的价值。

在企业价值评估实务中，评估得出整体企业权益价值通常并非最终要达到的目的，而是为评估股东全部权益价值而采用的中间过程。

（2）股东全部权益。

股东权益代表了股东对企业净资产的所有权，反映了股东在企业资产中享有的经济利益。因此，企业股东全部权益价值就是企业的所有者权益或净资产价值。对企业价值进行评估，得出股东全部权益价值的方式有两种：一是直接评估得出股东全部权益价值，比如，在运用收益法评估企业价值中，通过对股权自由现金流量采用股权资本成本进行折现，求取股东全部权益价值；二是先评估得出整体企业权益价值，再将整体企业权益价值减去全部付息债务价值，得出股东全部权益价值。

（3）股东部分权益。

股东部分权益价值其实就是企业一部分股权的价值，或股东全部权益价值的一部分。股东部分权益价值的评估，通常也有两种途径：一是直接评估得出股东部分权益价值，比如，采用股利折现模型求取少数股权的价值；二是先评估得出股东全部权益价值，再乘以持股比例或持股数量，并考虑必要的溢价或折价因素后得出股东部分权益价值。股东部分权益价值并不必然等于股东全部权益价值与股权比例的乘积，这是因为在某些情况下，同一企业内不同股东的单位股权价值可能因股东具有控制权或者缺乏控制权，而相应产生溢价或折价，出现同一企业内不同股东单位股权价值不相等的情形。

由于企业价值评估的对象是多层次的，评估专业人员在评估企业价值时，应当根据评估目的及委托人的要求等谨慎区分评估的是整体企业权益价值、股东全部权益价值还是股东部分权益价值，并在评估报告中予以明确说明。

3. 评估范围

企业价值评估范围是对评估对象价值进行评定估算的工作过程中所涉及的企业资产和负债的范围。企业价值评估范围应当服务评估对象的选择，不论是进行整体企业权益价值评估、股东全部权益价值评估，还是股东部分权益价值评估，一般都要求对企业进行整体性评估。其中，整体企业权益价值评估范围包括企业产权涉及的全部资产及非付息负债；股东全部权益和股东部分权益价值评估范围包括企业产权涉及的全部资产及全部负债。

企业产权涉及的资产和负债，按财务报表记录情况可区分为资产负债表表内部分和资产负债表表外部分；按资产配置和使用情况可区分为经营部分和非经营部分；按产权主体自身占用情况可区分为产权主体自身占用及经营部分以及虽不为企业产权主体自身占有及经营但可以由企业产权主体控制的部分。企业拥有的非法人资格的分公司、办事处、分部及其他派出机构，属于产权主体自身占用及经营部分；企业拥有的全资子公司、控股子公司以及非控股公司中的投资，属于虽不为企业产权主体自身占有及经营但可以由企业产权主体控制的部分。

评估专业人员在具体界定企业价值评估范围时，应根据有关文件资料进行，如企业价值评估申请报告及上级主管部门批复文件所规定的评估范围；企业有关产权转让或产权变动的协议、合同、章程中规定的企业资产变动的范围；企业有关资产产权证明、账簿、投资协议、财务报表及其他相关资料等。企业价值评估范围的界定，应与评估对象的口径相匹配。

4. 价值类型

在企业价值评估中，价值类型是最基本的评估要素之一。评估专业人员在执行企业价值评估业务时，应恰当选择价值类型。在用价值和残余价值是针对单项资产或企业要素资产的价值类型，并不适用于企业价值评估。企业价值评估中的主要价值类型分别为市场价值、投资价值和清算价值。

（1）市场价值。

市场价值是指自愿买方和自愿卖方在各自理性行事且未受任何强迫的情况下，评估对象在评估基准日进行正常公平交易的价值估计数额。

（2）投资价值。

投资价值是指评估对象对于具有明确投资目标的特定投资者或者某一类投资者所具有的价值估计数额，亦称特定投资者价值。考虑到预期增量收益是投资价值的重要构成部分且预期增量收益存在不同形式等因素，投资价值可理解为某项资产在明确的投资者基于特定目的、充分考虑可能实现的增量收益和投资回报水平的情况下，在评估基准日的价值估计数额。根据该理解，投资价值应具有以下要件：明确的资产、明确的投资者、特定目的、协同效应、投资回报水平、评估基准日、以货币单位表示、价值估计数额。其中，明确的投资者体现了投资价值是特定市场主体对特定资产的把握，投资价值是基于特定市场主体对相关市场的理解（包括市场一般的估值趋势）以及在自身经营条件下（特别是经营战略）所进行的判断；特定目的可以理解为特定投资意图，投资价值强调“具有特定的投资目标或动机，多为战略上的考虑，可能付出比市场价格更高的价格”；协同效应具体指买方特定协同效应，并不包括市场参与者协同效应，市场参与者协同效应因广泛适用于一般市场参与者而被包含在市场价值当中；投资回报水平反映了一项投资活动的获利能力，进一步表现为标的资产对于特定投资者和一般参与者而言的未来资金成本和风险可能存在不同。

（3）清算价值。

清算价值是指在评估对象处于被迫出售、快速变现等非正常市场条件下的价值估计数额。清算价值是一种价值类型，与以清算为目的的评估有联系而又不是直接对应关系。以清算为目的的评估在某些情况下确实需要选择清算价值作为价值类型，而在另外一些情况下，也可能选择其他的价值类型。清算价值作为一种价值类型是以评估对象被快速变现或被强制出售为前提条件的，只有评估对象是在快速变现或强制出售的前提条件下进行评估，其评估结论的价值类型才可以选择清算价值的价值类型。

三、企业价值评估的程序

企业价值评估是一项复杂的系统工程,制定和执行科学的评估程序,有利于评估效率的提高,有利于评估结果的真实和科学。

企业价值评估一般可以按下列程序进行:

(一)明确评估的目的和评估基准日

接受资产评估委托时,首先必须弄清和明确评估的特定目的。评估的特定目的不同,选择的价值内涵,即价值类型也不一样,评估结果也不相同。评估基准日则是反映评估价值的时点定位,一般应考虑选择某一个结算期的终止日。

(二)明确评估对象

明确评估对象包括两方面内容:一是确定被评估资产的范围和数量;二是确定资产的权益。就被评估资产的范围和数量来说,要明确哪些资产要评估,哪些资产不属于评估范围。例如,股份制改组过程中,是以全部资产作价入股,还是以企业净资产、剥离企业办社会性资产后剩余的全部净资产或全部资产、剥离非经营性资产和企业办社会性资产后剩余的全部资产作价入股,将直接影响到评估范围的确定;就资产权益来说,企业价值评估中的评估对象包括企业整体权益价值、股东全部权益价值和股东部分权益价值等。

(三)制订评估工作计划

这个工作计划包括:

(1)整个评估工作(项目)的人员组成及项目的分工负责。

(2)需要准备的资料,包括两部分:①企业提供资料,应对企业所提供资料进行验收;②现场查勘资料。

有时会出现企业提供资料与现场查勘资料不一致,应进行协调,有关事宜也可在将来的评估报告中载明。例如,评估土地使用权时,如果未对该企业占用土地作实际丈量,而企业又提供了有关部门的具体资料,评估时如按企业提供资料评估,应在评估报告中有所说明。

(3)工作进程的安排。整个评估工作分成若干阶段进行,并分阶段汇总讨论,随时解决评估中的具体问题。

(四)评定估算企业价值

对资料加以归纳、分析和整理,并加以补充和完善,根据资产的特点、评估目的选择合适的方法,评定估算企业价值。

执行企业价值评估业务,应当根据评估目的、评估对象、价值类型、资料收集等情况,分析收益法、市场法、成本法(资产基础法)三种基本方法的适用性,选择评估方法。

(五)编制企业价值评估报告

评估结果完成后,应召集各方面,包括委托者、各有关部门等进行讨论,对评估过程加以说明,对特殊内容作出解释,未尽事宜进一步协商。在讨论和纠正评估值的过程中,绝不能随意调整评估值，应防止不必要的行政干预。最后，产生结论，完成企业价值报告。

进行企业价值评估，通常在资产评估报告中应重点披露下列内容：(1) 影响企业经营的宏观、区域经济因素；(2) 所在行业现状与发展前景；(3) 企业的业务分析情况；(4) 企业的资产、财务分析和调整情况；(5) 评估方法的运用过程；(6) 企业价值评估的结论等。

第二节　企业价值评估信息的收集和分析

进行企业价值评估需要有充分的数据资料。评估专业人员对企业价值进行评估的过程就是评估专业人员对与企业价值相关的数据资料进行收集、整理、归纳和分析的过程。不论评估专业人员采用什么样的技术途径和方法，都要有充分的数据资料做支持。评估专业人员从什么地方收集数据资料，对收集来的数据资料如何分类整理，怎样归纳与分析，都将决定企业价值评估报告的质量和评估结果的可用性。因此，评估专业人员应当独立分析、判断评估所需要的信息。由于经济活动纷繁复杂，存在着信息失真、信息扭曲的情况，这更要求评估人员在选择待评估企业的数据资料时付出更多的精力，采取一切必要措施和程序判断所收集信息资料的可靠性和适当性，而采取的必要措施和程序应当符合行业内公认的要求或惯例，以杜绝资料选取上的随意性。

一、企业价值评估信息收集

评估结论是评估专业人员根据收集的相关信息，遵循评估准则的原则要求，按照一定的技术路径“推算”出来的专业判断过程。评估结论需要相应的评估信息资料支持，信息资料质量的高低，可能直接影响评估专业人员的专业判断，影响评估结论的可靠性。因此，评估专业人员应当高度重视评估对象相关信息资料的收集、整理与分析。

执行企业价值评估业务，应当根据评估业务的具体情况，确定所需资料的清单并收集相关资料，通常包括：(1) 与评估对象权益状况相关的协议、章程、股权证明等有关法律文件，评估对象涉及的主要资产权属证明资料；(2) 被评估企业历史沿革、实际控制股东及股东持股比例、经营管理结构和产权架构资料；(3) 被评估企业的业务、资产、财务、人员及经营状况资料；(4) 被评估企业经营计划、发展规划和收益预测资料；(5) 被评估企业以往的评估及交易资料；(6) 影响被评估企业经营的宏观、区域经济因素的资料；(7) 被评估企业所在行业现状与发展前景的资料；(8) 证券市场、产权交易市场等市场的有关资料；(9) 可比企业的经营情况、财务信息、股票价格或者股权交易价格等资料。

上述资料以被评估企业为中心，可以分为两大类：一类是被评估企业内部相关信息；另一类是被评估企业外部的相关资料。

（一）企业内部信息

1. 评估对象相关权属资料

（1）相关权益法律文件。评估对象相关权属资料反映评估对象的权益持有人所享有的权益状况。相关的法律文件通常包括公司投资协议、公司章程、公司制度、股权买卖协议或回购协议以及国有资产产权登记证等。评估对象相关权属资料及有关法律文件是确定评估范围的依据，表明评估对象权益的性质、范围、条件等。

（2）主要权属证明。评估对象涉及的主要权属证明资料通常包括被评估企业所拥有的重要资产的权属证明资料，它们是被评估企业可以进行正常生产经营活动的法律保证。评估专业人员应当了解、熟悉常见的权属证明式样、主要记载事项及其含义以及可能对评估结果产生直接影响的事项。

常见的权属证明资料主要有以下几类：一是不动产相关权属证明资料，如国有土地使用证、房屋所有权证、建筑工程施工许可证等；二是车辆等运输设备权属证明，如行驶证；三是采掘业企业特有的权属证明，如采矿许可证、勘查许可证等；四是森林资源资产特有的权属证明，如林权证；五是企业知识产权资产特有的权属证明，如专利权证书、商标注册证、著作权（版权）等相关权属证明；六是权益形成的权属证明，如股权出资证明或股份持有证明、债权持有证明、有关产权转让合同等。评估专业人员可以根据具体项目所涉及的资产类型，有针对性地选择上述资料。

2. 企业产权和经营资料

（1）设立和权益变更。企业设立和权益变更资料有助于评估专业人员了解被评估企业的历史沿革，包括企业成立和经营的时间、企业性质、主要产权所有者、业务类型、生产经营地点等历史发展和变动情况。主要股东及持股比例是指评估基准日被评估企业的主要股权结构情况，包括股东姓名、持股数量和比例、股东简介、特殊权益约定以及股东之间是否存在关联关系等。通过权益变更资料的收集，还可能了解到评估对象过往评估或交易的情况，有助于评估专业人员最终确定评估结论时的合理性判断。

（2）主要股权投资情况。了解评估基准日被评估企业主要的股权投资情况，有助于准确把握评估的空间范围和选择评估技术路径，如是否采用合并报表基础等。股权投资情况主要包括被投资企业名称、投资日期、投资比例、是否具有控制权、主要经营业务、经营地点、与被评估企业之间是否存在业务关系等。对主要产权进行调查，是评估专业人员评估长期股权投资需要履行的程序之一，也是合理安排评估报告体例和明确工作范围与工作量的基础。

（3）组织架构。收集、分析经营管理架构资料有助于评估专业人员了解被评估企业经营管理流程和职能责任，该资料是制订评估计划与专业人员配备的基础，也是安排被评估企业各资产类别对口人员的依据。被评估企业的组织架构情况通常包括企业的组织架构图及职能说明。从企业的组织架构，有时还能看出被评估企业管理效率、风险管理架构的合理性等企业管理方面的问题。

3. 资产和财务资料

任何企业的经营活动，都是通过配置资源、管理利用资源而取得财务成果。因此，企业的资产配置、经营管理和财务成果三者之间具有内在的逻辑关系。企业的资产、财务、经营管理状况资料涉及的范围十分广泛，在这里仅对一些常见的资料进行举例说明。

（1）资产状况。资产是企业经营管理的资源，是企业赖以生存和营利的基础。企业价值评估中需要收集并分析企业的资产配置、资产规模、资产利用、资产新旧、资产价值等反映企业资产状况的资料。例如，固定资产重点收集并分析的资料包括：房屋建筑物的成新度、利用率、账面价值等；机器设备的成新度、技术先进性、利用率、账面价值以及工艺水平等。在建工程重点收集并分析的资料包括：工程建设可行性报告及政府批文、计划投资额、计划建设周期、建设资金来源、工程投产后的预计效益、工程进度等。无形资产重点收集并分析的资料包括：无形资产的来源、权利状况、账面价值、技术类无形资产的先进性、品牌类无形资产的市场竞争力等。

（2）财务状况。财务管理贯穿企业经营管理的各个环节，企业价值评估需要收集并分析企业的财务报告资料，需要收集并分析企业研发环节、采购环节、生产环节、销售环节、管理环节、投融资环节、税务环节等的状况资料，以及或有事项相关资料等。例如，采购环节重点收集并分析的资料包括：原材料采购成本、原材料库存情况、关联交易情况、采购活动产生的债权债务等；生产环节重点收集并分析的资料包括：生产能力及利用率、产品单位成本及成本构成、产销比率、存货数量及质量、应付职工薪酬等；销售环节重点收集并分析的资料包括：结算方式与收入确认政策、销售价格与销售数量、关联交易情况、毛利率与营业利润率、营业费用及构成、应收款项及坏账等；投融资环节重点收集并分析的资料包括：投资种类及规模、投资分红或收益、债务融资的规模及结构、债务融资成本等；税务环节重点收集并分析的资料包括：执行的税种及税率、税收优惠、纳税记录等。

（3）管理状况。企业管理状况表现在不同的方面，主要资料包括公司治理、研发、采购、生产、营销、人力资源等企业经营管理各个方面状况的资料。例如，公司组织结构、公司内部控制方面的资料；研发模式、核心技术人员、研发激励制度、研发环节的竞争优势或劣势方面的资料；采购模式、原材料的供应及价格的稳定性、关联交易情况、主要供应商及依赖度、采购环节的竞争优势或劣势方面的资料；生产模式、生产工艺与生产技术的先进性、生产质量管理与控制、生产环节的竞争优势或劣势方面的资料；营销模式、营销渠道、品牌宣传、产品市场定位及市场需求、主要客户及依赖度、关联交易情况、营销环节的竞争优势或劣势方面的资料；员工数量与结构、员工素质、劳动工资制度方面的资料等。

4. 经营计划

企业价值评估是对企业未来获利能力的价值判断过程。因此，企业的发展规划、年度经营计划和未来收益预测资料是企业价值评估的重要支持资料，特别是在通过收益法评估企业价值的情况下。评估专业人员应当收集并分析企业提供的发展规划（战略规划）、经营计划和未来收益预测资料，并关注企业提供的未来收益预测是否和发展规划、经营计划保持一致，企业编制这些规划和计划是否与所处经济环境相吻合，数据资料是否有理有据。评估专业人员在合理确定评估假设的基础上，分析和判断被评估企业的资本结构、经营状况、历史业绩、发展前景，并考虑宏观和区域经济因素、所在行业现状与发展前景对企业价值的影响，进而对委托人或者相关当事方提供的企业未来收益预测进行必要的分析、判断和调整，形成价值测算中的未来收益预测。

5. 以往交易情况

在企业基本经营状况没有发生较大变化的情况下，评估对象或被评估企业以往的评估及交易资料可以作为评估作价的参考依据或可比交易案例。如果企业发生了较大业务或产权变动，但这些变动可以明确界定时，过往交易的情况对于判断最终评估结论的合理性也具有间接的验证作用。例如，被评估企业近期的股权交易可以考虑作为市场法的可比案例，或作为评估作价的参考依据。被评估企业近期的企业价值评估报告也具有一定的参考价值，通过查阅以往的评估资料，可以获取相关的参数信息，帮助评估专业人员发现可能存在的虚假资料，防范执业风险。

（二）企业外部信息

外部信息主要包括影响被评估企业经营环境的外部因素的相关资料、评估对象所在市场的类似交易资料等。影响企业经营的外部因素主要有宏观经济状况及其未来前景，区域经济发展的状况及其特点，被评估企业所在行业的竞争状况和发展前景。市场交易资料则包括证券市场、产权交易市场的总体情况以及各类市场中可比交易案例的资料。

1. 宏观环境因素

在世界经济日益融合的当今社会，企业价值评估中宏观环境因素通常包括：世界经济和企业所在国家及地区经济现状和发展趋势、经济波动情况；企业所在国家、地区与被评估企业经营相关的法律法规；企业所在国家、地区有关财政、金融政策等。对这些资料的收集，是评估专业人员依照评估准则分析影响企业经营的宏观经济因素的基础。

常见宏观经济分析包括下列部分或全部内容：通货膨胀预测、国民生产总值前景、可支配收入和消费者信心、带有地域特色的人口变量、国际经济形势、经济周期分析、国家宏观经济政策、国家和地区经济发展目标等。

2. 区域经济因素

人口流动、产业分工、政策推动等因素，可能使被评估企业所在区域经济发展呈现突出的特点，如出现先导产业、产业积聚、特有消费时尚、依靠自然资源竞争等现象。评估专业人员收集这些资料，有助于判断被评估企业未来获利能力及其预测的合理性。

3. 行业发展因素

行业内企业情况类比分析是企业价值评估结果合理性判断最容易为报告使用者接受的方式。因此，行业现状和发展前景分析是企业价值评估需要收集的重要资料，通常包括下列内容：行业主要政策规定；行业竞争情况；行业发展的有利和不利因素；行业特有的经营模式，行业的周期性、区域性和季节性特征等；企业所在行业与上下游行业之间的关联性，上下游行业发展对本行业发展的有利和不利影响。评估专业人员在收集分析企业所在行业现状与发展前景的资料时，也应当重点从上述几个方面入手。

4. **证券市场**

证券市场是竞争相对充分、同质化交易最高的交易市场。证券市场资料具有规范化、透明度高、公开内容丰富的特点，是企业价值评估，特别是收益法和市场法评估的重要信息来源。在收益法评估中，计算折现率时使用的无风险报酬率、市场风险溢价等，需要从证券市场等资本市场公开披露的相关信息中选取。在市场法评估中，许多的参数都是从证券市场等资本市场公开披露的价格统计资料和企业基本信息中得到的。

5. **产权交易市场**

产权交易市场是交易市场多层次的体现，产权市场覆盖了更广泛的交易标的、交易形式、交易区域和交易规则，特别是非标准化的股权、无形资产、债权等资产的交易。因此，对于企业价值评估来说，产权交易市场的有关资料是对证券市场资料的重要补充，能为非证券市场交易、少数股权交易、单项无形资产交易等评估提供必要的信息。

6. **可比企业资料**

可比企业的财务信息、股票价格或者股权交易价格等资料可以为采用市场法和收益法评估企业价值提供必要的信息。在市场法评估中，可比企业或交易案例的选取、可比企业财务报表数据的分析与调整、价值比率的确定和修正计算等都离不开可比企业的相关资料。这些参数也都是从证券市场、产权交易市场等资本市场公开披露的价格统计资料和企业基本信息中得到的。

二、企业价值评估信息分析

（一）评估信息分析的基本要求

评估信息分析是从评估专业人员收集到的相关信息开始，到分析、判断、测算出评估结论的论证过程。信息分析过程应当逻辑严谨、论据充分，论述和表述能够支持评估结论的形成。在评估实务中，信息分析应注意的情形主要是相关性和合理性。

1. **相关性**

评估信息分析的相关性是指分析的观点、内容、推断与评估对象具有较强的关联关系。如宏观分析、区域经济分析、行业分析，应当自上而下，最终落脚在被评估企业所在的细分市场、细分产品或服务上；再比如论述的被评估企业的优势和劣势，应该与企业未来获利能力的趋势判断相吻合。

2. **合理性**

企业价值评估和其他资产评估业务一样，价值结论都是在一系列假设和判断的基础上得出的。评估假设的确定应当与评估信息分析的推断结果相一致，评估中参数的选择也应当符合信息分析的结论。

（二）评估信息分析的内容

不同评估途径下，信息收集和分析内容的侧重点会有所不同。资产基础法信息分析的重点是类似单项资产的价值变化情况,被评估企业对于资产使用的情况,各项资产对企业整体价值的贡献情况,被评估企业账上资产和负债是否包含了全部对企业价值有影响的经济资源和约定义务。

收益法与市场法信息分析则更多的是根据同类企业的市场状况对企业整体获利能力进行分析。运用收益法和市场法进行评估时,评估信息分析内容主要包括以下几种:

1. 影响企业经营的宏观、区域经济因素

(1) 国家、地区有关企业经营的法律法规。国家、地区有关企业经营的法律法规可能关系到被评估企业的建设、生产、经营、环保、法律责任等重要方面,评估专业人员在执行企业价值评估业务时,应当了解国家、地区有关企业经营的主要法律法规,为企业所在行业分析、企业业务分析、企业资产与财务分析等提供法律法规依据和支持。

(2) 国家、地区经济形势及未来发展趋势。企业的业务活动与国家、地区经济形势及未来发展趋势密切相关。企业业务活动是国家、地区经济的基础,国家、地区经济的良好运行是企业业务活动得以顺利进行的必要条件。评估专业人员在执行企业价值评估业务时,应当分析国家、地区经济形势,了解国家的宏观经济调控目标和调控政策,判断国家、地区的未来经济发展趋势。

(3) 有关财政、货币政策等。财政政策的变化可能会引起企业所在行业的税收、需求等发生变化,或者引起企业所在区域的经济形势等发生变化。货币政策的变化则会对货币供求关系、资金成本等带来影响,对于资金密集型企业、高财务杠杆企业、成长型企业等可能会带来较大的影响。评估专业人员在执行企业价值评估业务时,应结合评估业务的具体情况,对影响企业经营的有关财政、货币政策等进行分析、判断和预测。

2. 所在行业现状与发展前景

(1) 行业主要政策规定。评估专业人员在执行企业价值评估业务时,熟悉了解行业的主要政策规定,能为企业所在行业分析、企业业务分析、企业资产与财务分析等提供政策依据和支持。

(2) 行业竞争情况。通过行业竞争情况分析,可以了解行业的整体盈利水平,把握企业的竞争优劣势,为企业业务分析、企业资产与财务分析等提供行业背景支持。

(3) 行业发展的有利和不利因素。对行业发展的有利和不利因素进行深入分析,有利于把握行业竞争结构的演变趋势和预测行业的发展前景,有利于更好地进行企业业务分析和财务预测。

(4) 行业特有的经营模式,行业的周期性、区域性和季节性特征等。分析行业特有的经营模式有利于把握行业的业务特点和盈利模式,分析行业的周期性、季节性特征有利于把握行业的盈利波动水平,分析行业的区域性特征有利于把握行业的市场分布情况等。

(5) 企业所在行业与上下游行业之间的关联性,上下游行业发展对本行业发展的有利和不利影响。上游行业不仅影响产品的原材料成本和其他投入成本,还影响原材料等的供应量和供应稳定性等;下游行业不仅影响产品的价格、产品质量或服务成本,还影响产品的需求量和需求稳定性等。

3. 企业的业务分析

（1）主要产品或者服务的用途。熟悉了解企业的主要产品或者服务及其用途是进行业务分析的前提条件，是判断企业产品或服务的市场需求、市场竞争、盈利水平等的基础。

（2）经营模式及经营管理状况。企业的经营模式通常分为研发模式、采购模式、生产模式、营销模式等，分析企业的经营模式及经营管理状况，有利于识别企业的优劣势和竞争战略，有利于企业的资产和财务分析。

（3）企业在行业中的地位、竞争优势及劣势。企业竞争优势来源于企业价值链的各个环节，它们决定了一个企业对成本的控制能力，对产品差异化的贡献，专注于某一细分市场的资源等，以及最终的市场份额和盈利水平。通过与竞争对手价值链的比较可以揭示决定企业竞争优势的差异所在，并客观判断企业在行业中的地位。

（4）企业的发展战略及经营策略等。企业的基本竞争战略包括成本领先战略、差异化战略、集中化战略等，企业应当从上述战略中选择一种，作为其主导战略。上述三种基本战略架构上差异较大，成功地实施它们需要不同的资源和技能，这些资源和技能表现为企业的竞争优势。

4. 企业的资产、财务分析和调整

（1）资产配置和使用的情况。不同的行业资产配置情况各不相同，同一行业内不同企业的资产配置情况也可能差异很大，评估专业人员应当了解企业资产的构成和分类，并重点关注企业的核心资产。评估专业人员还应当结合企业所在行业的现状与发展前景，根据企业的经营模式、行业地位、竞争战略、竞争优劣势、管理水平等因素，了解、分析、判断企业资产的综合利用率和使用效益以及影响因素等。

（2）历史财务资料的分析总结。一般包括历史年度财务分析、与所在行业或者可比企业的财务比较分析等。

（3）对财务报表及相关申报资料的重大或者实质性调整。根据评估业务的具体情况，对财务报表的分析和调整事项通常包括：财务报表编制基础，非经常性收入和支出，非经营性资产、负债和溢余资产及其相关的收入和支出。

第三节　企业价值评估的收益法

企业价值评估的收益法，是指将预期收益资本化或者折现，确定评估对象价值的评估方法。资产评估专业人员应当结合被评估单位的历史经营情况、未来收益可预测情况、所获取评估资料的充分性，恰当考虑收益法的适用性。在运用收益法对企业价值进行评估时，一个必要的前提是判断企业是否具有持续的盈利能力。只有当企业具有持续的盈利能力时，运用收益法对企业进行价值评估才有意义。

一、收益法的计算公式及其说明

（一）企业持续经营假设前提下的收益法

1. 年金法

年金法的公式为：

$$P = A/r$$

其中：P——企业价值评估值；

A——企业每年的年金收益；

r——本金化率。

[例8-1] 某企业预计未来各年的预期收益额均为100万元，假定本金化率为10%，试用年金法估算该企业价值的评估值。

企业价值的评估值 = 100 ÷ 10% = 1 000（万元）

由于企业预期收益并不能表现为年金形式，评估人员如果要运用年金法评估企业价值，必须先对被评估企业的未来预期收益进行综合分析，进行年金化处理，然后再把已年金化的企业预期收益进行收益还原，估算企业价值的评估值。年金的计算公式如下：

$$A = \sum_{t=1}^{n} \frac{R_t}{(1+r)^t} \div \frac{(1+r)^n - 1}{r(1+r)^n}$$

[例8-2] 某被评估企业预计未来5年的预期收益额为110万元、120万元、110万元、120万元、115万元，假定折现率及本金化率均为10%，试用年金法估算该企业价值的评估值。

$$A = (110 \times 0.909\,1 + 120 \times 0.826\,4 + 110 \times 0.751\,3 + 120 \times 0.683\,0 + 115 \times 0.620\,9) \div (P/A, 10\%, 5)$$

$$= 435.175\,5 \div 3.790\,8$$

$$= 114.80\text{（万元）}$$

企业价值的评估值 = 114.80 ÷ 10% = 1 148（万元）

2. 分段法

分段法是将持续经营的企业的收益预测分为前后两段。将企业的收益预测分为前后两段的理由在于：在企业发展的前一个期间，企业处于不稳定状态，因此企业的收益是不稳定的；而在该期间之后，企业处于均衡状态，其收益是稳定的或按某种规律进行变化。对于前段企业的预期收益采取逐年预测并折现累加的方法；而对于后段的企业收益，则针对企业具体情况并按企业的收益变化规律，对企业后段的预期收益进行折现和还原处理。将企业前后两段收益现值加在一起便构成企业的收益现值。

假设以前段最后一年的收益作为后段各年的年金收益，分段法的公式可写成：

$$P = \sum_{t=1}^{n} \frac{R_t}{(1+r)^t} + \frac{R_n}{r} \times \frac{1}{(1+r)^n}$$

[例8-3] 某企业预计未来5年的预期收益额为100万元、120万元、130万元、150万元、180万元。根据企业的实际情况推断，从第六年开始，企业的年收益额将维持在180万元的水平上，假定本金化率为10%，使用分段法估测企业的价值。

运用公式：

$$P = \sum_{t=1}^{n} \frac{R_t}{(1+r)^t} + \frac{R_n}{r} \times \frac{1}{(1+r)^n}$$

$$= (100 \times 0.909\,1 + 120 \times 0.826\,4 + 130 \times 0.751\,3 + 150 \times 0.683\,0 + 180 \times 0.620\,9) + 180 \div 10\% \times 0.620\,9$$

$$= 501.959 + 1\,117.62$$

$$= 1\,619.579(\text{万元}) \approx 1\,620(\text{万元})$$

假设从$(n+1)$年起的后段，企业预期年收益将按一固定比率(g)增长，则分段法的公式可写成：

$$P = \sum_{t=1}^{n} \frac{R_t}{(1+r)^t} + R_{n+1} \times \frac{(1+g)}{(r-g)} \times \frac{1}{(1+r)^n}$$

[例8-4] 承[例8-3]资料，假如评估人员根据企业的实际情况推断，企业从第六年起，收益额将在第五年的水平上以2%的增长率保持增长，其他条件不变，试估测待估企业的价值。

运用公式：

$$P = \sum_{t=1}^{n} \frac{R_t}{(1+r)^t} + R_{n+1} \times \frac{(1+g)}{(r-g)} \times \frac{1}{(1+r)^n}$$

$$= (100 \times 0.909\,1 + 120 \times 0.826\,4 + 130 \times 0.751\,3 + 150 \times 0.683\,0 + 180 \times 0.620\,9) + 180(1+2\%)/(10\% - 2\%) \times 0.620\,9$$

$$= 501.959 + 1\,424.965\,5$$

$$= 1\,926.924\,5(\text{万元}) \approx 1\,927(\text{万元})$$

（二）企业有限持续经营假设前提下的收益法

（1）关于企业有限持续经营假设的适用。对企业而言，它的价值在于其所具有的持续的盈利能力。一般而言，对企业价值的评估应该在持续经营前提下进行。只有在特殊的情况下，才能在有限持续经营假设前提下对企业价值进行评估。如果企业章程已对企业经营期限作出规定，而企业的所有者无意逾期继续经营企业，则可在该假设前提下对企业价值进行评估。评估人员在运用该假设对企业价值进行评估时，应对企业能否适用该假设作出合理判断。

（2）企业有限持续经营假设是从最有利于回收企业投资的角度，争取在不追加资本性投资的前提下，充分利用企业现有的资源，最大限度地获取投资收益，直至企业无法持续经营为止。

(3) 对于有限持续经营假设前提下企业价值评估的收益法,其评估思路与分段法类似。首先,将企业在可预期的经营期限内的收益加以估测并折现;其次,将企业在经营期限后的残余资产的价值加以估测及折现。而后,将两者相加。其数学表达式为:

$$P = \sum_{t=1}^{n} \frac{R_t}{(1+r)^t} + P_n \times \frac{1}{(1+r)^n}$$

式中:P_n为第 n 年企业资产的变现值;其他符号含义同前。

二、企业收益的界定

企业的收益额是运用收益法对企业价值进行评估的关键参数。在企业价值评估中,企业的收益额需要从两个方面来认识和把握:一是在将企业收益额作为企业获利能力的标志来认识和把握的时候,企业的收益额是指在正常合法条件下,企业所获得的归企业的所得额。虽由企业创造的但不归企业权益主体所有的收益,如税收,不论是流转税还是所得税都不能视为企业收益,都不能作为企业整体资产评估中的企业收益;凡属于被评估企业权益主体所有的收益,无论是营业内收益,还是营业外收益,无论是资产收益,还是投资收益,都必须归入企业收益范围。二是在将企业收益额作为运用收益法评估企业价值的一种媒介的时候,企业的收益额有多种表现形式,如股利、净利润、净现金流量(股权自由现金流量)、息前净现金流量(企业自由现金流量)等。作为企业获利能力标志的企业收益额,是评估人员衡量企业价值的根本依据。

(一) 收益的主要形式

1. 股利

股利是企业向投资者分配的利润。股利的获得要通过企业的利润分配过程来实现。利润分配是企业按照国家有关法律、法规以及企业章程的规定,在兼顾股东与债权人及其他利益相关者的利益关系基础上,将实现的利润在企业与企业所有者之间、企业内部的有关项目之间、企业所有者之间进行分配的活动。利润分配决策是股东当前利益与企业未来发展之间权衡的结果,将引起企业的资金存量与股东权益规模及结构的变化,也将对企业内部的筹资活动和投资活动产生影响。

(1) 关于股利分配的相关规定。

不同组织形式的企业,其股利分配和利润分配的要求也存在差异。

根据《中华人民共和国合伙企业法》的规定,合伙企业的利润分配、亏损分担,按照合伙协议的约定办理;合伙协议未约定或者约定不明确的,由合伙人协商决定;协商不成的,由合伙人按照实缴出资比例分配、分担;无法确定出资比例的,由合伙人平均分配、分担。合伙协议不得约定将全部利润分配给部分合伙人或者由部分合伙人承担全部亏损。

根据《中华人民共和国公司法》的规定,公司利润分配项目包括以下部分:

第一,法定公积金。法定公积金从净利润中提取形成,用于弥补公司亏损、扩大公司生产经营或者转为增加公司资本。公司分配当年税后利润时应当按照10%的比例提取法定公积金;法定公积金累计额达到公司注册资本的50%时,可不再继续提取。公司的法定公积金不足以弥补以前年度亏损的,在按规定提取法定公积金之前,应当先用当年利润弥补亏损。

第二,任意公积金。公司从税后利润中提取法定公积金后,经股东会或者股东大会决议,还可以从税后利润中提取任意公积金。

第三,股利(向投资者分配的利润)。公司弥补亏损和提取公积金后所余税后利润,有限责任公司股东按照实缴的出资比例分取红利,但全体股东约定不按照出资比例分取红利的除外;股份有限公司按照股东持有的股份比例分配,但股份有限公司章程规定不按持股比例分配的除外。

因此,公司制企业利润分配的顺序为:首先,计算可供分配的利润;其次,计提法定公积金;再次,计提任意公积金;最后,向股东(投资者)支付股利(分配利润)。

(2) 企业股利分配的主要模式。

股利分配的核心问题是如何权衡企业股利支付决策与未来长期增长之间的关系,以实现企业价值最大化的财务管理目标。实务中,企业的股利分配是在种种制约因素下进行的,比如,在公司制企业的利润分配中,股利分配政策应考虑法律限制因素、股东因素、公司因素以及其他限制的影响。在公司制企业中,股利分配政策通常有以下主要模式:

第一,剩余股利政策。股利分配与公司的资本结构相关,而资本结构又是由投资所需资金构成的,因此实际上股利政策要受到投资机会及其资本成本的双重影响。剩余股利政策就是在公司有着良好的投资机会时,根据一定的目标资本结构(最佳资本结构),测算出投资所需的权益资本,先从盈余当中留用,然后将剩余的盈余作为股利予以分配。奉行剩余股利政策,意味着公司只将剩余的盈余用于发放股利。这样做的根本理由是为了保持理想的资本结构,使加权平均资本成本最低。

第二,固定或持续增长股利政策。这一股利政策是将每年发放的股利固定在某一相对稳定的水平上并在较长时间内不变,只有当公司认为未来盈余会显著地、不可逆转地增长时,才提高年度的股利发放额。采用固定或持续增长股利政策的主要目的是避免出现由于经营不善而削减股利的情况,有利于投资者安排股利收入与支出,向市场传递公司正常发展的信息。但当公司盈余较低时仍要支付固定的股利,就可能导致资金短缺,财务状况恶化,同时不能像剩余股利政策那样保持较低的资本成本。

第三,固定股利支付率政策。固定股利支付率政策是公司确定一个股利占盈余的比率,并长期按此比率支付股利的政策。在这一股利政策下,各年股利额随公司经营的好坏而上下波动,获得较多盈余的年份股利额高,获得盈余少的年份股利额就低。这种政策能使股利与公司盈余紧密地配合,以体现多盈多分、少盈少分、无盈不分的原则,但这种政策下各年的股利变动较大,容易造成公司不稳定的感觉,对于稳定股票价格不利。

第四,低正常股利加额外股利政策。低正常股利加额外股利政策是公司一般情况下每年只支付固定的、数额较低的股利,在盈余多的年份,再根据实际情况向股东发放额外股利。但额外股利并不固定化,不意味着公司永久地提高了规定的股利率。这种股利政策使公司具有较大的灵活性,又可使那些依靠股利度日的股东每年至少可以得到虽然较低但比较稳定的股利收入，从而吸引住这部分股东。

2. **净利润**

净利润是指企业在一定经营期间的利润总额扣除所得税费用后的净额。企业的净利润的形成，一般是通过下列三个方面实现的：

（1）营业利润。

营业利润是指企业在一定经营期间生产经营活动实现的利润。营业利润是主营业务收入、其他业务收入和投资净收益之和扣除主营业务成本、其他业务成本、税金及附加、销售费用、管理费用、财务费用、资产减值损失后的净额。投资净收益是指投资收益扣除投资损失后的数额。

营业利润可以用计算公式表示如下：

营业利润 = 主营业务收入 + 其他业务收入 + 投资净收益 - 主营业务成本 - 其他业务成本 - 税金及附加 - 销售费用 - 管理费用 - 财务费用 - 资产减值损失

投资净收益 = 投资收益 - 投资损失

（2）利润总额。

利润总额是指企业在一定经营期间的营业利润和营业外收支净额的合计数额。营业外收支净额是指营业外收入与营业外支出之间的差额。营业外收入是指与企业生产经营无直接关系的各项收入，主要包括非流动资产处置利得、非货币性资产交换利得、债务重组利得、政府补助、盘盈利得、捐赠利得等。营业外支出是指与企业生产经营无直接关系的各项支出，包括非流动资产处置损失、非货币性资产交换损失、债务重组损失、公益性捐赠支出、非常损失、盘亏损失等。

利润总额可以用计算公式表示如下：

利润总额 = 营业利润十营业外收支净额

营业外收支净额 = 营业外收入 - 营业外支出

（3）净利润。

净利润是指企业在一定经营期间的利润总额扣除所得税费用后的净额。所得税费用是指按照税法规定计算的应由本期负担的应纳所得税额。

净利润可以用计算公式表示如下：

净利润 = 利润总额 - 所得税费用

所得税费用 = 应纳税所得额 × 所得税税率

应纳税所得额 = 利润总额 ± 纳税调整项目

3. **净现金流量（股权自由现金流量）**

净现金流量，也称股权自由现金流量，是股东可自由支配的现金流量。股东是企业股权资本的所有者，拥有企业产生的全部现金流量的剩余要求权，即拥有企业在满足了全部财务要求和投资要求后的剩余现金流量。股权自由现金流就是在扣除经营费用、偿还债务资本对应的本息支付和为保持预定现金流量增长所需的全部资本性支出后的现金流量。

根据股权自由现金流量的概念，股权自由现金流量的计算公式如下：

股权自由现金流量 =（税后净营业利润 + 折旧及摊销）-（资本性支出 + 营运资金增加）
- 税后利息费用 - 付息债务的净偿还

其中，税后净营业利润也称息前税后净利润，是指将企业不包括利息收支的营业利润扣除实付所得税税金之后的数额，即：税后净营业利润 = 净利润 + 利息费用 ×（1 - 所得税税率）；税后利息费用 = 利息费用 ×（1 - 所得税税率）；付息债务的净偿还 = 偿还付息债务本金 - 新借付息债务。

因此，上式可表示为：

股权自由现金流量 = [净利润 + 利息费用 ×（1 - 所得税税率）+ 折旧及摊销]
-（资本性支出 + 营运资金增加）- 利息费用 ×（1 - 所得税税率）
-（偿还付息债务本金 - 新借付息债务）
=（净利润 + 折旧及摊销）-（资本性支出 + 营运资金增加）
-（偿还付息债务本金 - 新借付息债务）
= 净利润 + 折旧及摊销 - 资本性支出 - 营运资金增加
- 偿还付息债务本金 + 新借付息债务

此外，因为：

企业自由现金流量 = 股权自由现金流量 + 债权自由现金流量

债权自由现金流量 = 税后利息支出 + 偿还债务本金 - 新借付息债务

则有：

股权自由现金流量 = 企业自由现金流量 - 债权自由现金流量
= 企业自由现金流量 - 税后利息支出 - 偿还债务本金 + 新借付息债务

（1）折旧和摊销。折旧和摊销尽管属于税前列支的费用，但是与其他费用不同，折旧和摊销属于非现金费用。因此，在计算股权自由现金流量过程中，需要在净利润的基础上加计折旧和摊销金额。

（2）资本性支出。资本性支出是企业用于购建固定资产和无形资产等长期资产的支出金额。企业的持续经营往往伴随着资本性支出的发生，这是因为企业的生产经营活动会消耗或损耗企业的固定资产和无形资产等长期资产，而这些长期资产往往是形成企业生产或服务能力的基础资产，为维持或扩大企业的生产或服务能力，必须保持或增加这些长期资产。

（3）营运资金增加额。营运资金增加额是指当期营运资金减去上期营运资金的余额。在预测期，首先计算各年度所需的营运资金，然后以当期营运资金减上期营运资金，得出当期营运资金增量。当某年度营运资金增量为正数时，表示该年度的经营活动需占有更多的现金，相应减少当期的自由现金流量；当某年度营运资金增量为负数时，表示该年度的经营活动可节约现金占用，这些节约的现金加计至自由现金流量中，相应增加当期的自由现金流量。

（4）债务资本。债务资本是企业向债务资本投资者筹集的资金，通常包括短期借款、长期借款、应付债券等需要支付债务利息的项目，债务资本也称付息债务或付息负债。债务资本是企业重要的资本来源，很少有企业只靠权益资本而不运用债务资本就能满足资本需要的。债务资本是与权益资本不同的资本筹集方式。与后者相比，债务资本的特点表现为：筹集的资金具有使用上的时间性，需到期偿还；不论企业好坏，需要固定支付债务利息，从而形成企业固定的负担；其资本成本一般比普通股筹资成本低，且不会分散投资者对企业的控制权。

4. 息前净现金流量（企业自由现金流量）

息前净现金流量，也称企业自由现金流量，是全部资本投资者共同支配的现金流量。全部资本提供者包括普通股股东、优先股股东和付息债务的债权人。

企业自由现金流量的计算方法主要有以下三种方法：

（1）在净利润基础上进行计算。其计算公式如下：

企业自由现金流量 = [净利润 + 利息费用 ×（1 − 所得税税率）+ 折旧及摊销]

−（资本性支出 + 营运资金增加）

=（税后净营业利润 + 折旧及摊销）−（资本性支出 + 营运资金增加）

（2）在股权自由现金流量的基础上进行计算。其计算公式为：

企业自由现金流量 = 股权自由现金流量 + 债权自由现金流量

因为，债权自由现金流量 = 税后利息支出 + 偿还债务本金 − 新借付息债务，则：

企业自由现金流量 = 股权自由现金流量 + 税后利息支出 + 偿还债务本金 − 新借付息债务

当企业的资本投资者包括普通股股东、优先股股东和付息债务的债权人时，企业自由现金流量应当是三种资本对应现金流量的合计，即：

企业自由现金流量 = 普通股股东的自由现金流量 + 优先股股东的自由现金流量

+ 债权自由现金流量

（3）在企业经营活动产生的现金净流量基础上进行计算。企业自由现金流量可以近似地认为是经营活动现金净流量与资本性支出之差，其计算公式为：

企业自由现金流量 = 经营活动产生的现金净流量 − 资本性支出

（二）收益形式的选择

企业的收益额有股利、净利润、净现金流量（股权自由现金流量）、息前净现金流量（企业自由现金流量）等多种表现形式。在对企业的收益形式做出说明之后，在企业价值的具体评估中还需要根据评估目的的不同和能否客观反映企业正常盈利能力的差别，对不同口径的收益如股利、净利润、净现金流量（股权自由现金流量）、息前净现金流量（企业自由现金流量）等作出选择，因为不同口径的收益额，其折现值的价值内涵和数量是有差别的。

1. 按照评估目的选择收益额

在假设折现率口径与收益额口径保持一致或不冲突的前提下，选择股利作为收益额，将预期股利进行折现以确定评估对象价值，通常适用于缺乏控制权的股东部分权益价值评估；选择净利润、净现金流量（股权自由现金流量）作为收益额，将预期净利润、净现金流量（股权自由现金流量）进行折现以确定评估对象价值，通常适用于股东全部权益价值评估；选择息前净现金流量（企业自由现金流量）作为收益额，将预期息前净现金流量（企业自由现金流量）进行折现以确定评估对象价值，通常适用于企业整体价值评估。

净利润或净现金流量加上扣税后的长期负债利息折现或资本化的结果则是企业的投资

资本价值(所有者权益+长期负债);净利润或净现金流量加上扣税后的全部利息(企业自由现金流量)折现或资本化的结果是企业整体价值(所有者权益价值和付息债务之和)。

是选择净利润还是自由现金流量(包括股权自由现金流量和企业自由现金流量)作为企业价值评估的收益基础对企业的最终评估值存在一定的影响。一般而言,应选择企业的自由现金流量作为运用收益途径进行企业价值评估的收益基础。就企业价值与收益额的关系而言,实证研究表明,企业的净利润虽然与企业价值高度相关,但企业价值最终由其现金流量决定而非由其利润决定;就反映企业价值的可靠性而言,企业的自由现金流量是企业实际收支的差额,不容易被更改,而企业的净利润则要通过一系列复杂的会计程序进行确定,而且可能由于企业管理当局的利益而被更改。

2. 按照最能客观反映企业正常盈利能力的原则选择收益额

对企业收益口径的选择,应在不影响企业价值评估目的的前提下,选择最能客观反映企业正常盈利能力的收益额。对于某些企业,净现金流量(股权自由现金流量)最能客观地反映企业的获利能力。而另一些企业,可能息前净现金流量(企业自由现金流量)更能反映企业的获利能力。如果企业评估的目标是企业的股东全部权益价值(净资产价值),使用净现金流量(股权自由现金流量)最为直接,即评估人员直接利用企业的净现金流量(股权自由现金流量)评估出企业的股东全部权益价值。此种评估方式也被称作企业价值评估的直接法。当然,评估人员也可以利用企业的息前净现金流量(企业自由现金流量)首先估算出企业的整体价值(所有者权益价值和付息债务之和),然后再从企业整体价值中扣减企业的付息债务后得到股东全部权益价值。此种评估方式也被称作企业价值评估的间接法。评估人员是运用企业的净现金流量(股权自由现金流量)直接估算出企业的股东全部权益价值(净资产价值),还是采用间接的方法先估算企业的整体价值,再估算企业的股东全部权益价值(净资产价值),取决于企业的净现金流量和企业的息前净现金流量那个更能客观地反映出企业的获利能力。

三、收益预测

对企业未来的收益进行预测是运用收益法评估企业价值的基础,是估计过去投资形成的现实资产未来所能产生收益的过程。在进行企业未来收益预测时,对委托人和其他相关当事人依法提供并保证合理性、合法性、完整性的未来收益预测资料,资产评估专业人员应当与委托人和其他相关当事人讨论未来各种可能性,结合被评估单位的人力资源、技术水平、资本结构、经营状况、历史业绩、发展趋势,考虑宏观经济因素、所在行业现状与发展前景,分析未来收益预测资料与评估目的及评估假设的适用性。评估专业人员不能仅以企业提供的收益预测作为对企业未来收益进行预测的唯一依据,而应在自身专业知识和所收集的其他资料的基础上作出客观、独立的判断。

(一) 收益预测步骤

企业收益预测的基本步骤如下:

1. 对影响企业收益的因素进行分析

企业的发展离不开企业所处的环境，也与企业自身状况密切相关，企业的收益是在多种内外部因素共同作用和影响下的结果。因此，对企业收益进行预测，首先应对影响企业收益的主要因素进行分析，判断这些因素对企业收益是产生积极影响还是不利影响。根据影响因素与企业关系的不同，对企业收益产生影响的因素可分为企业外部因素和企业内部因素。企业外部因素又可区分为宏观因素和行业因素。宏观因素主要包括政治和法律因素、经济因素、社会和文化因素、技术因素等；行业因素主要包括行业经济特性、行业市场结构、行业生命周期、行业景气情况等因素。企业内部因素反映了企业所拥有的客观物质条件、内部资源和企业投资者拥有的综合能力，主要包括企业历史业绩情况、企业现有业务在所处行业中的竞争地位以及企业未来的经营方向与经营效果等因素。

2. 对企业历史收益进行分析和调整

在持续经营过程中，企业在任一时点或任一周期的经营业绩都不是孤立的，都与其历史业绩和未来收益相联系。对企业历史收益进行分析和调整，目的在于了解企业历史业绩的走势，认识企业所处发展周期，反映企业历史业绩与其影响因素的关系，为企业未来收益预测提供参考依据。对企业历史收益进行分析和调整后的数据，不能用于其他目的。对企业历史收益进行分析和调整，主要包括三部分内容：一是对财务报表编制基础进行分析和调整，使历史各年度的业绩具有相同的编制基础；二是对非经常性收入和支出进行分析和调整，使历史各年度的业绩均反映经常性的收入和支出；三是对非经营性资产、负债和溢余资产及其相关的收入和支出进行分析和调整，使历史各年度的业绩均反映经营性资产和经营性负债的贡献。

3. 对企业未来收益趋势进行总体分析和判断

影响企业发展的因素往往是不断变化的，企业历史业绩走势对企业未来收益趋势产生着一定的影响，但并不能仅仅根据企业历史业绩走势对企业未来收益趋势作出推算，评估专业人员应在分析企业历史业绩走势的基础上，深入企业进行现场实地考察和调研，与企业管理层进行交流和访谈，了解企业的生产能力、经营状况、企业管理水平，再对影响企业未来发展的各种内外部因素进行分析和判断，然后才能对企业未来收益趋势进行总体分析和判断。对企业未来收益趋势进行总体分析和判断，其主要内容包括企业当前所处发展周期及未来的走势、企业未来收益进入稳定状态所需的时间以及进入稳定状态后的趋势等。

4. 企业未来收益的具体预测

在对企业未来收益趋势进行总体分析和判断后，便可开展企业未来收益的具体预测。应根据宏观经济环境、行业发展状况及发展前景、企业历史财务及经营数据、企业未来商业计划等预测基础资料，对企业未来收益进行具体预测，具体预测内容主要包括收入预测、成本及费用预测、折旧和摊销预测、营运资金预测、资本性支出预测、负债预测、溢余资产分析、非经营性资产和非经营性负债分析等。企业未来收益的具体预测，主要是对企业未来利润表的情况进行预测，也可能需要对企业未来资产负债表的内容进行预测。

（二）收益预测基础

1. 实际收益对未来收益的影响

企业在评估基准日的实际收益是企业内部与外部各种因素共同作用的结果，在这些因素中，有些因素可能是一次性的或偶然性的，现在发生并不意味着未来仍会发生。如果以企业评估基准日的实际收益作为预测企业未来收益的基础而不加以调整，则意味着将在企业未来经营中不复存在的因素仍然作为影响企业未来收益的因素加以考虑。因此，企业未来收益的预测，应以经调整后的实际收益作为出发点。

2. 新产权主体对未来收益的影响

企业未来收益额应与评估结果的价值类型相匹配和协调。企业的未来收益预测值能否考虑新产权主体的贡献或影响，取决于企业价值评估所确定的价值类型是市场价值还是投资价值。若企业价值类型为市场价值，只能基于企业现有产权主体的经营管理方式和能力，以企业存量资产为出发点，可以考虑对存量资产的合理改进、升级换代乃至合理重组，但必须反映在企业本身具有的、企业外部环境允许的条件下企业按正常合理的经营方式、经营水平和管理水平下所能实现的收益，而不能将新产权主体对企业可能产生的贡献考虑在内；若企业价值类型为投资价值，则不仅要考虑企业现有产权主体的行为及存量资产的运作因素，而且还要考虑新产权主体这一特定投资者对企业可能实施的影响而给企业带来的协同效应。

（三）对收益历史及现状的分析判断

1. 对收益历史及现状进行分析的目的

对收益历史及现状进行分析的目的，是掌握和了解企业正常的盈利能力及其历史发展轨迹，为企业收益的预测建立工作平台和比较基础。

2. 对收益历史及现状进行分析的主要内容

企业历史经营期的长短及其所在行业的特征不同，对企业收益的历史及现状分析的重点也不同。对于已有较长经营历史且收益稳定的企业，应在着重分析其历史收益的发展趋势的基础上判断企业的盈利能力。而对于发展历史不长的企业，则要着重对其现状进行分析并主要在分析该企业未来发展机会的基础上判断企业的盈利能力。

3. 对收益历史及现状进行分析应考虑的因素

为较为客观地判断企业的正常盈利能力，还必须结合影响企业盈利能力的内部及外部因素进行分析。首先，要对影响企业盈利能力的内部关键因素进行分析和判断，对企业的核心竞争力有一个较为清晰的认识。其次，要对企业所处的产业及市场地位有一个客观认识，了解企业所处产业的发展前景、企业在该产业及市场中的地位、企业主要竞争对手的情况等。最后，对影响企业发展的可以预见的宏观因素进行分析和考虑。

（四）企业未来收益的具体预测

1. 收益期的确定

收益期是指资产具有获利能力的期间。在企业价值评估中，企业的收益期是指企业未来获得收益的年限，即从评估基准日到企业收益结束日的时间长度。企业的收益期包括有限年期和永续年期两种情况，对于大多数正常经营的企业，在没有信息证明其企业经营有年限的限制时，均适用于永续经营假设，收益期限为无限期；对于生产经营受到一些因素的制约、无法维持永续经营的企业，其收益期限为有限期。在企业价值评估实务中，对企业收益期的确定，通常应考虑法律法规的规定、协议和章程的约定、企业主要资产的使用期限以及企业经营状况等因素的影响，具体分析如下：

（1）法律法规对企业收益期的影响。对企业收益期的确定，应首先考虑国家有关法律法规、产业政策、行业准入政策、企业所在行业现状与发展前景等因素。通常情况下，对于国家鼓励的产业，可以理解为企业的收益期不会因为行业产业政策而受到影响；对于国家限制的产业，应慎重考虑企业的收益期限制；对于国家禁止的行业，企业的收益期会受到限制或影响。

（2）公司协议和章程对企业收益期的影响。企业投资者在协议或章程中对企业收益期作出具体约定的，通常不能仅根据这些协议或章程中的约定作出企业收益期为有限期的认定，还应考虑协议或章程中约定的期限届满后是否可以延长经营期限以及企业投资者的经营规划等因素后，合理确定企业收益期。通过分析企业经营状况及与投资者进行沟通，若企业投资者并无延长合作期的意愿和打算，则应以公司章程中规定的年限作为企业收益期；若企业投资者计划延长合作期，企业目前正常经营且预计其未来能够保持正常运营，则企业的收益期可视为无限期。

（3）企业主要资产的使用期限对企业收益期的影响。企业收益来源于企业的生产经营活动，而企业的生产经营活动需依赖或使用企业的资产。当企业主要资产的可使用或利用期限为有限期，且无法通过更新换代使这些资产持续为企业所使用或利用的，企业收益期将受这些资产使用期限的影响或制约。企业主要资产的使用期限对企业收益期产生影响或制约的情形主要有以下三种：

第一，企业生产经营所必需的主要生产资料能否持续取得具有不确定性，则该类企业的收益期通常为评估基准日企业已取得生产资料的可使用或可供利用期。此类企业中最有代表性的是房地产开发企业，受开发土地供给方式的影响，房地产开发企业持续获得开发用地具有较大的不确定性，因此，对房地产开发企业收益期的确定，通常结合评估假设确定为有限期限，其收益期至评估基准日所拥有的全部土地资源开发完毕为止。

第二，企业经营依赖于耗竭性的、不可再生的自然资源的，应根据其所依赖的自然资源的可利用期限确定企业的收益期。依赖于耗竭性资源进行生产经营的企业主要包括矿产资源采选企业和以耗竭性资源为主要原料的生产企业。

第三，企业主要资产的可经营期受法律法规或合同规范制约的，企业的收益期取决于该主要资产的可经营期。在某些领域，因法律法规的规定或协议的约定，企业主要资产的可经营期为有限期，资产可经营期届满后，需要将这些资产移交给另一方，则企业的收益期应根据主要资产的可经营期进行确定。

（4）企业所处生命周期及其经营状况对企业收益期的影响。采用收益法对企业价值进行评估隐含着一项基本假设，即企业能够持续经营，但企业持续经营并不意味着企业永续经营，任何企业都有其生命周期，应在分析企业生命周期的基础上，结合企业经营状况，合理确定企业收益期。

2. 收益期的划分

考虑到企业在收益期的不同阶段其经营状况和收益水平会不断变化并呈现不同的阶段性特点，不论企业的收益期是有限期还是无限期，通常需要将企业收益期划分为预测期和永续期。预测期也称为明确的预测期，是指从评估基准日到企业达到稳定状态的收益期限。在预测期，企业的投资回报率、财务杠杆水平及企业面临的风险大小与行业或市场平均水平存在差异，企业各项财务指标尚不稳定，有必要对企业收益逐年进行预测。永续期是指从企业达到稳定状态开始直至企业收益结束日的期间。

预测期和永续期划分的理论基础是竞争均衡理论。竞争均衡理论认为，一个企业的增长速度不可能永远高于宏观经济增长速度，如果一个行业的投资资本回报率较高，就会吸引更多的投资者进行投资从而加剧竞争，导致成本上升或价格下降，使得投资资本回报率降低至社会平均水平，反之亦然。

在评估实务中，评估人员应在分析企业的经营状况、财务状况的基础上，考虑企业的生命周期、投资计划等对投资回报率、经营风险水平、资本性支出、营运资金的影响，合理确定预测期。预测期限应该足够长，以消化企业经营发展的不确定或非典型因素。企业收益的不稳定时期有多长，预测期就应当有多长。评估实务中较多地采用5年的预测期，但这一做法并非是一个固定的模式，有些企业的预测期可能比5年更长，甚至超过10年，而有些企业的预测期可能短于5年。对处于周期性行业的企业来说，预测期通常与净现金流量到达整个业务周期的期望平均净现金流量时所需要的年度数量或者期间数量一致。若企业已进入平稳期，预测期可淡化周期性的影响，但对尚处于波动期的企业，通常需要适当延长预测期，使预测期结束时企业的经营状况能达到稳定状态。此外，应注意的是，企业从预测期过渡至永续期通常是一个平滑或平稳的过程，若预测期最后一年的收入或收益增长率还很高，而永续期的收入或收益却按零增长考虑，若无足够的理由（如产能受到限制、企业规模扩大存在瓶颈等）支持这样的判断，则预测期与永续期的划分就存在不合理之处。企业达到稳定状态，通常应同时具备以下五项特征：一是企业收入成本的结构较为稳定且基本接近行业平均水平，二是企业的资本结构逐渐接近行业平均水平或企业目标资本结构水平；三是企业除为维持现有生产能力而进行更新改造的资本性支出以外，不再有新增投资活动；四是企业的投资收益水平逐渐接近行业平均水平或市场平均水平；五是企业的风险水平逐渐接近行业平均水平或市场平均水平。尽管预测期时间长度的选择非常重要，但从本质上看，预测期时间长度的选择并不影响企业的价值，只影响企业价值在预测期和永续期的分布。

3. 收益预测的假设条件

收益法的核心问题是对未来变量的概率估计，有的变量是无法确定概率的，这就产生了假设；有的变量是可以确定其发生概率的，这就产生了预测。假设和预测都是对未来变量的处理。假设还有一个功能是支持预测和预测结果，不同的假设有不同的预测结果。换言之，任何一项预测都是建立在一定的预测假设或预测基准之上的，假设在很大程度上决定了预测和结果。因此,从这个意义上讲,所谓的预测是根据对被评估企业未来可能发生事项或所采取行动的假设编制的财务信息。要确信企业预测结论是否合理,必然首先要分析预测假设是否合理。评估专业人员对评估结果的合理性承担责任,客观上也应保证假设的合理性。企业未来收益预测的假设条件主要包括以下几种:一是国家的政治、经济等政策变化对企业未来收益的影响,除已经出台未实施的以外,通常假定其将不会对企业未来收益构成重大影响;二是不可抗拒的自然灾害或其他无法预期的突发事件,不作为企业收益的相关因素考虑;三是企业经营管理者的某些个人行为也不在预测企业收益时考虑。评估专业人员对企业未来收益预测的假设条件设定必须符合法律法规的规定并具有合理性,否则的话,这些假设条件不能构成合理预测企业未来收益的前提和基础。

4. 收益预测的具体方法

对预测期企业收益的预测是在企业历史及评估基准日调整后收益水平及发展趋势的基础上,结合影响企业收益实现的主要因素在未来预期变化的情况,采用适当的方法进行的。

对永续期企业收益的预测可在企业预测期收益预测的基础上,找出企业收益变化的取向和趋势,并借助某些手段,分析和判断企业收益在永续期的长期变化区间和趋势。比较常用的是采用保持假设的方式,假定企业在永续期的收益水平维持相对稳定的水平,也可假定企业在永续期的收益水平保持一个递增比率。但是,任何假设都必须建立在合乎逻辑、符合企业客观情况的基础上,以保证企业未来收益预测值是相对合理和准确的。

在对一般的工业企业的未来收益进行预测的过程中,预测企业收益,通常先根据企业的资产结构、资产规模及其配置情况测算其生产能力,再预测企业的销售数量和销售单价,得出营业收入的预测值,在此基础上,从成本费用与营业收入的关系着手,逐项测算企业的各项成本费用,进而完成企业收益预测。但在对某些企业进行收益预测时,对企业未来收入和收益的预测并非始于对企业资产规模及其配置情况的分析,而是始于企业债务结构、债务规模的分析和预测。比如,对银行业金融企业进行收益预测,通常首先预测企业资产负债表,根据负债情况(资金来源)安排资金使用,然后再根据资产配置情况预测收益、成本和费用以及所有者权益变动情况,得出收益预测结果。不论是始于资金来源还是始于资金运用的预测,其关键目标均是合理预测出企业的收入。通常是在预测出企业收入的基础上,开展各项成本费用的预测,因此,收入的预测十分重要,收入预测的误差会对收益预测结果造成影响。对企业收入进行预测一般有两种具体方法:一是自上而下法,就是通过预测市场总量的大小,确定企业能够占有的市场份额,然后再预测销售单价,得出收入预测值,该方法是从市场总量入手预测市场渗透率、价格变化和市场份额;二是自下而上法,以企业现有客户的需求、客户流失率和潜在新客户的发展情况进行预测,该方法是将企业新增客户与现有客户结合起来进行预测的方法。

5.收益预测的表现形式

企业未来收益预测的结果通常可以运用利润表或现金流量表的形式进行表现,不仅通俗易懂,也便于理解和掌握。需要说明的是,用企业利润表或现金流量来表现企业未来收益的结果,并不等于说企业未来收益预测就相当于企业利润表或现金流量表的编制。企业收益预测的过程是一个具体的、需要占有大量数据并运用科学方法分析运作的过程，不仅需要测算和分析利润表、现金流量表中相关栏目或项目的数据，而且也可能需要测算和分析资产负债表、所有者权益变动表中相关栏目或项目的数据，用利润表或现金流量表表现的仅仅是该过程的结果。所以，企业的收益预测不能简单地等同于企业利润表或现金流量表的编制，而是利用利润表或现金流量表的已有栏目或项目，通过对影响企业收益的各种因素变动情况的分析，在评估基准日企业收益水平的基础上，对利润表或现金流量表表内各栏目或项目进行合理测算、汇总分析得到所预测年份的各年企业收益。

企业自由现金流量预测表（见表8-1）是一张可供借鉴的收益预测表。如测算的收益层次和口径与该表有差异，可在该表的基础上进行适当的调整。如采用其他方式测算企业收益，评估人员可自行设计企业收益预测表。

表8-1　企业自由现金流量预测表

项目	2×18年	2×19年	2×20年	2×21年	2×22年
一、营业收入					
减：营业成本					
税金及附加					
销售费用					
管理费用					
财务费用					
资产减值损失					
加：公允价值变动损益					
投资收益					
二、营业利润					
加：营业外收入					
减：营业外支出					
三、利润总额					
减：所得税费用					
四、净利润					
加：税后利息费用					
折旧和摊销					
减：资本性支出					
营运资金增加额					
五、企业自由现金流量					

6. 收益预测的主要内容

对企业未来的收益进行预测的主要内容通常包括以下几项：

（1）对被评估企业未来收益主要影响因素的估计。包括企业外部因素和企业内部因素,企业外部因素又可区分为宏观因素和行业因素。

（2）市场需求及市场供给的估计。主要包括对被评估企业未来的产品或服务所对应的市场需求总量和市场供给总量、行业竞争状况、被评估企业市场占有份额等内容作出估计。

（3）未来销售收入的估计。主要包括对被评估企业未来的产品或服务的类别和结构、销售方式、销售数量、销售单价等内容作出估计。

（4）未来成本费用及税金的估计。主要包括对营业成本、税金及附加、销售费用、管理费用、财务费用、所得税费用等内容作出估计。

（5）投入资本的估计。主要包括对股权资本、债务资本的增减金额以及资本结构等内容作出估计。

（6）资本性支出的估计。主要包括对固定资产、无形资产和其他长期资产进行追加投资等内容作出估计。

（7）营运资金的估计。主要包括对应收账款周转率、存货周转率、应付账款周转率以及最低现金保有量等内容作出估计。

7. 收益预测的注意事项

对企业未来的收入、成本费用、资本性支出和营运资金等进行预测,应注意以下事项:

（1）收入预测应注意的事项。对收入预测应重点关注企业产品或服务的销售数量、销售单价及未来走势情况。具体注意事项列举如下:企业产品或服务的市场需求情况及未来变化趋势情况,消费群体的构成及未来变化情况;影响消费者消费的主要因素,企业产品或服务的生产要素情况(包括劳动力、资金、技术、生产或服务设施、原材料、能源供应情况等)及其与未来销售量变化的匹配关系,企业的产品开发和营销策略,企业产品或服务的定价方式;供需关系及未来变化趋势,价格需求弹性对企业收入的影响情况,企业未来销售价格的预测依据及同类企业竞争情况,企业销售收入预测值及增长率与企业未来经营状况趋势的对比情况,企业未来引入新产品或采取新的策略或淘汰老产品情况,企业预期的销售收入增长与行业增长率的对比情况,企业目前的市场份额及预测的变化趋势情况等。

（2）成本费用预测应注意的问题。对成本费用预测应重点关注企业成本费用变化的规律及其与收入的关系。具体注意事项列举如下:预测产品或服务的成本费用结构(人工成本、材料成本、制造费用、变动成本、固定成本)与历史数据的对比情况,预测的毛利率与历史毛利率的对比情况,预测的毛利率与行业中其他企业的毛利率水平的对比情况,企业未来产品结构的变化情况及其对成本结构的影响,企业历史及未来各项变动成本费用占收入的比例的对比情况,企业未来收益与企业未来实行的会计政策和税收政策保持一致的情况等。

（3）资本性支出预测应注意的问题。对资本性支出预测应重点关注企业未来的资本性支出与产量规模的匹配性。具体注意事项列举如下:预测的资本性支出的具体构成情况(用于扩大再生产的资本性支出、用于更新现有固定资产的资本性支出),预测的资本性支出的预测依据和测算过程(总投资额、投资明细、分年度投资额、投产时间和投产后的收益等的预测依据以及审核批准情况),预测用于更新现有固定资产的资本性支出所采用的经济寿命年限与行业惯例的对比情况,企业为满足资本性支出所需要准备的资金情况等。

（4）营运资金预测应注意的问题。对营运资金预测应重点关注营运资金与企业生产和销售规模的关系。具体注意事项列举如下：预测营运资金水平与企业经营预测情况（业务经营模式、结算方式、信用账期）的匹配关系，企业营运资金涉及项目（存货、应收账款、应付账款）的周转天数计算方法，最低现金保有量的计算方法，预测期营运资金水平与预测的企业增长情况的相关关系，企业为满足营运资金增加额所需要准备的资金情况等。

（5）收益期是有限期时现金流量预测应注意的问题。当企业收益期为有限期时，不仅要对预测期里每年持续经营所产生的现金流量进行逐年预测，还需预测企业经营到期时残余资产的价值，作为收益结束日当年可回收的现金流量。预测期现金流量现值和到期时可回收现金流量现值之和即为被评估企业经营性资产和负债的价值。

8. 收益预测合理性的分析

考虑到对企业未来收益进行预测是一项非常复杂的工作，需要考虑企业内外部影响因素，又容易受到评估专业人员能力和主观判断的影响，而收益预测结果又直接影响或决定着企业价值的评估结果，因此，评估专业人员在对企业未来收益作出初步预测后，应该对该初步预测结果进行检验和分析，以判断所做预测的合理性。

对企业未来收益的初步预测结果进行检验和分析，通常可以从以下几个方面进行：第一，将预测期企业收益的发展方向和变化趋势与企业历史收益进行对比。如预测的结果与企业历史收益的平均趋势明显不符，或出现较大变化又无充分理由加以支持，则该预测的合理性值得怀疑。第二，对影响企业价值的敏感性因素进行严格检验。敏感性因素通常具有两方面的特征：一是该类因素未来存在多种变化；二是该类因素的小幅变化就会对企业价值产生明显影响。第三，对所预测的企业收入与成本费用变化的一致性进行检验。成本费用中的可变成本与收入之间往往呈现较强的相关性，成本费用中的固定成本虽与收入之间并无明显的相关性，但也并非一成不变的，也会受企业规模的影响。若企业未来的收入变化而成本费用并无变化，则该预测值不合理。第四，将收益法评估结果与其他方法的评估结果进行比较，进而对收益预测值的合理性作出检验。

四、折现率的确定

折现率是指将未来各期收益折算成现值的比率。从本质上讲，折现率是一种期望投资报酬率，是投资者在投资风险一定的情况下对投资所期望的回报率，即投资者要求的报酬率。

投资者未来获得一定数量的收益所带来的效用不等于当前获得相同数量的收益所带来的效用，这是由于时间偏好因素和投资风险因素的作用，需要通过折现率将未来的收益还原或转换为当前的收益。因此，从这个意义上讲，折现率由无风险报酬率和风险报酬率组成。无风险报酬率是指没有投资限制和障碍，任何投资者都能投资并能够获得的投资报酬率，是对资金时间价值的转换和反映。风险报酬率是对投资风险的一种补偿，由于不确定性的存在和人们风险回避的态度，需要对投资风险给予一定的补偿。从数量上，风险报酬率是超过无风险报酬率的那部分投资报酬率。如果一项投资的收益恒定不变且永续存在,则该项投资的现值等于年度收益除以折现率,此时的折现率即为资本化率。因此,资本化率是一种特殊的折现率。

无风险报酬率取决于资金的机会成本,即正常的投资报酬率不能低于该投资的机会成本。这个机会成本通常以政府发行的国库券利率和银行储蓄利率作为参照依据。风险报酬率的高低主要取决于投资风险的大小。风险大的投资,要求的风险报酬率就高。

(一) 企业评估中选择折现率的基本原则

在运用收益法评估企业价值时,折现率起着至关重要的作用,它的微小变化都会对评估结果产生较大的影响。因此,在选择和确定折现率时,必须注意以下几个方面的问题:

(1) 折现率不低于投资的机会成本。在存在着正常的资本市场和产权市场的条件下,任何一项投资的回报率都不应低于该投资的机会成本。在现实生活中,政府发行的国库券利率和银行储蓄利率可以作为投资者进行其他投资的机会成本。由于国库券的发行主体是政府,几乎没有破产或无力偿付的可能,投资的安全系数大。虽然银行大多数属于商业银行,但我国的银行仍然属于国家垄断或严格监控,其信誉也非常高,储蓄也是一种风险极小的投资。因此,国库券和银行储蓄利率可以看成是其他投资的机会成本,相当于无风险投资报酬率。

(2) 行业基准收益率不宜直接作为折现率,但行业平均收益率可以作为确定折现率的重要参考指标。我国的行业基准收益率是基本建设投资管理部门为筛选建设项目,从拟建项目对国民经济的净贡献方面,按照行业统一制定的最低收益率标准,凡是投资收益率低于行业基准收益率的拟建项目不得上马,只有投资收益率高于行业基准收益率的拟建项目才有可能得到批准进行建设。行业基准收益率旨在反映拟建项目对国民经济的净贡献的高低,包括拟建项目可能提供的税收收入和利润,而不是对投资者的净贡献。因此,不宜直接将其作为企业产权变动时价值评估的折现率。另外,行业基准收益率的高低也体现着国家的产业政策。在一定时期,属于国家鼓励发展的行业,其行业基准收益率可以相对低一些;属于国家控制发展的行业,国家就可以适当调高其行业基准收益率,达到限制项目建设的目的。因此,行业基准收益率不宜直接作为企业整体资产评估中的折现率。而随着我国证券市场的发展,行业的平均收益率日益成为衡量行业平均盈利能力的重要指标,可作为确定折现率的重要参考指标。

(3) 贴现率不宜直接作为折现率。贴现率是商业银行对未到期票据提前兑现所扣金额(贴现息)与期票票面金额的比率。贴现率虽然也是将未来值换算成现值的比率,但贴现率通常是银行根据市场利率和贴现票据的信誉程度来确定的。且票据贴现大多数是短期的,并无固定期间周期。从本质上讲,贴现率接近于市场利率。而折现率是针对具体评估对象的风险而生成的期望投资报酬率。从内容上讲,折现率与贴现率并不一致,简单地把银行贴现率直接作为企业评估的折现率是不妥当的。但也要看到,在有些情况下,如对采矿权评估所使用的贴现现金流量法,正是以贴现率折现评估价值的。但就是在这种场合,所使用的贴现率也包括安全利率和风险溢价两部分,与真正意义的贴现率也不完全一样。

（二）风险报酬率的测算

在折现率的测算过程中，无风险报酬率的选择相对比较容易一些，通常是以政府债券利率和银行储蓄利率为参考依据。而风险报酬率的测度相对比较困难，它因评估对象、评估时点的不同而不同。就企业而言，在未来的经营过程中要面临着经营风险、财务风险、行业风险、通货膨胀风险等。从投资者的角度，要投资者承担一定的风险，就要有相对应的风险补偿。风险越大，要求补偿的数额也就越大。风险补偿额相对于风险投资额的比率叫风险报酬率。

在测算风险报酬率的时候，评估人员应注意以下几个因素：

（1）国民经济增长率及被评估企业所在行业在国民经济中的地位；

（2）被评估企业所在行业的发展状况及被评估企业在行业中的地位；

（3）被评估企业所在行业的投资风险；

（4）企业在未来的经营中可能承担的风险等。

在充分考虑和分析以上因素后，风险报酬率可以通过以下方法估测：

1. 风险累加法

企业在其持续经营过程中可能要面临着许多风险，像前面已经提到的行业风险、经营风险、财务风险、通货膨胀等。将企业可能面临的风险对回报率的要求予以量化并累加，便可得到企业评估折现率中的风险报酬率。用数学公式表示为：

风险报酬率 = 行业风险报酬率 + 经营风险报酬率 + 财务风险报酬率 + 其他风险报酬率

行业风险主要指企业所在行业的市场特点、投资开发特点，以及国家产业政策调整等因素造成的行业发展不确定性给企业预期收益带来的影响。

经营风险是指企业在经营过程中，由于市场需求变化、生产要素供给条件变化以及同类企业间的竞争给企业的未来预期收益带来的不确定性影响。

财务风险是指企业在经营过程中的资金融通、资金调度、资金周转可能出现的不确定性因素影响企业的预期收益。

其他风险包括了国家经济景气状况、通货膨胀等因素的变化可能对企业预期收益的影响。

量化上述各种风险所要求的回报率，主要是采取经验判断。它要求评估人员充分了解国家经济的运行态势、行业发展方向、市场状况、同类企业竞争情况等。只有在充分了解和掌握上述数据资料的基础上，对于风险报酬率的判断才能较为客观合理。当然，在条件许可的情况下，评估人员应尽量采取统计和数理分析方法对风险回报率进行量化。

2. β 系数法

β 系数法主要用于估算企业所在行业的风险报酬率。β 系数法的思路是：社会平均收益率中包括无风险报酬率和风险报酬率，社会平均收益率扣除无风险报酬率即为社会风险报酬率，用 β 系数乘以社会风险报酬率，即为适用于被评估企业整体评估的风险报酬率。当然，如果再考虑企业的规模以及企业在其所在行业中的地位的话，关于企业价值评估的风险报酬率，还应乘以企业在其所在行业中的地位系数（α），其计算公式为：

$$R_r = (R_m - R_f) \cdot \beta \cdot \alpha$$

式中：

R_r——被评估企业风险报酬率；

R_m——社会平均收益率；

R_f——无风险报酬率；

α——企业在其所在行业中的地位系数。

[例8-5] 根据测算，证券市场平均收益率为14%，无风险报酬率8%，某被评估企业所在行业的β系数为1.5，企业在其所在行业中的地位系数为0.9，则该企业的风险报酬率为：

风险报酬率 =(14% -8%) ×1.5 ×0.9 =8.1%

（三）折现率的测算

如果能通过一系列方法测算出风险报酬率，则企业价值评估的折现率的测算就相对简单了。其中，累加法、资本资产定价模型、加权平均资本成本模型是测算企业价值评估中的折现率及资本化率较为常用的方法。

1. 累加法

累加法是采用无风险报酬率加风险报酬率的方式确定折现率或资本化率。用公式可表示为：

折现率 = 无风险报酬率 + 风险报酬率

风险报酬率 = 行业风险报酬率 + 经营风险报酬率 + 财务风险报酬率 + 其他风险报酬率

2. 资本资产定价模型

资本资产定价模型是用来测算权益资本折现率的一种工具。用公式表示为：

折现率 = 无风险报酬率 + 风险报酬率

= 无风险报酬率 +（社会平均收益率—无风险报酬率）× 风险系数(β)

× 企业在其行业中的地位系数(α)

3. 加权平均资本成本模型

加权平均资本成本模型是以企业的所有者权益和企业负债所构成的全部资本以及全部资本所需求的回报率，经加权平均计算来获得企业评估所需折现率的一种数学模型。用公式表示为：

折现率 = 权益资本成本 × 权益资本占全部资本的比重 + 债务资本成本

× 债务资本占全部资本的比重

其中：债务资本成本是指扣除了所得税后的资本成本。

当评估企业的整体价值或投资资本价值时，需使用资本加权平均报酬率进行折现，其与企业的息前净现金流量相匹配。例如，使用企业的权益资本和长期负债所构成的投资资本，以及投资资本组成要素各自要求的回报率和它们各自的权重，经加权平均获得企业投资资本价值评估所需要的折现率。用公式表示为：

企业投资资本要求的折现率 = 权益资本成本 × 权益资本占投资资本的比重 +

长期负债成本 × 长期负债占投资资本的比重

其中：权益资本要求的回报率 = 无风险报酬率 + 风险报酬率；

负债成本是指扣除了所得税后的长期负债成本。

［例8-6］ 某企业融资总额为6亿元人民币，其中长期负债与权益比例为6:4，借债利息率为10%，经估算，社会无风险报酬率为8%，该企业风险报酬率为6%，企业所得税税率为25%，采用加权平均资本成本模型计算折现率。

$$折现率 = 60\% \times 10\% \times (1-25\%) + 40\% \times (8\% + 6\%) = 10.1\%$$

五、收益额与折现率口径一致问题

根据不同的评估目的，用于企业价值评估的收益额可以有不同的口径，如净利润、净现金流量（股权自由现金流量）、息前净现金流量（企业自由现金流量）等。而折现率既有按不同口径收益额为分子计算的折现率，也有按同一口径收益额为分子，而以不同口径资金占用额或投资额为分母计算的折现率。如企业资产总额收益率、企业投资资本收益率、企业净资产收益率等。所以，在运用收益法评估企业价值时，必须注意收益额与折现率之间结构与口径上的匹配和协调，以保证评估结果合理而且有意义。净利润、净现金流量（股权自由现金流量）是股权收益形式，一般采用股权投资回报率作为折现率；息前净现金流量（企业自由现金流量）是股权与债权收益的综合形式，一般采用股权与债权综合投资回报率作为折现率。

六、收益法评估案例

［例8-7］ 某电气设备制造企业委托评估机构对该企业的价值进行评估。评估基准日为2015年12月31日。被评估企业成立于2009年10月，注册资本为5 000万元。被评估企业为电气设备制造企业，主要生产变压器、电抗器、电容器等电气设备。其所在行业发展比较成熟，行业内的企业竞争比较充分，通过多年的发展，被评估企业已在区域市场占据较稳定的市场份额，其客户总体较为稳定。被评估企业为一般纳税人，企业所得税税率为25%。被评估企业2013—2015年的收入及利润情况如表8-2所示。

表8-2 被评估企业2013—2015年利润表 单位：万元

项目	2013年	2014年	2015年
一、营业收入	5 114	8 944	10 384
减：营业成本	3 743	5 414	6 358
税金及附加	20	36	42
销售费用	627	1 627	1 861
财务费用	36	63	72
管理费用	248	644	731
资产减值损失	—	—	—

续表

项目	2013 年	2014 年	2015 年
加:公允价值变动损益	—	—	—
投资收益	—	—	—
二、营业利润	440	1 160	1 320
加:营业外收入	—	—	—
减:营业外支出	—	—	—
三、利润总额	440	1 160	1 320
减:所得税费用	110	290	330
四、净利润	330	870	990

评估过程和结果如下:

1. 收益期的确定

假设被评估企业评估基准日后永续经营,相应的收益期为无限期。根据对被评估企业近年来经营状况、财务状况以及投资计划的分析,经综合考虑,将2016—2019年划分为预测期,2020年及以后年度为永续期。

2. 未来收益的预测

被评估企业预测期2016—2019年企业的预测情况如表8-3所示。

表 8-3　企业净利润预测表　　单位:万元

项目	2016 年	2017 年	2018 年	2019 年
一、营业收入	12 329	12 545	15 926	16 176
减:营业成本	7 582	7 715	9 874	10 029
税金及附加	49	50	64	65
销售费用	2 200	2 216	2 792	2 835
管理费用	869	877	1 096	1 122
财务费用	150	168	132	132
资产减值损失	—	—	—	—
加:公允价值变动损益	—	—	—	—
投资收益	—	—	—	—
二、营业利润	1 479	1 519	1 968	1 993
加:营业外收入	—	—	—	—
减:营业外支出	—	—	—	—
三、利润总额	1 479	1 519	1 968	1 993
减:所得税费用	369.75	379.75	492	498.25
四、净利润	1 109.25	1 139.25	1 476	1 494.75

经预测,2020年及以后年度企业净利润将保持在1 500万元的水平上(年金)。

3. 折现率的确定

经预测,折现率为12%。

4. 评估结果的测算

(1) 预测期折现值的测算。根据两阶段模型,第一阶段(即预测期)折现值的计算过程如下:

$$预测期折现值=\frac{1\ 109.25}{(1+12\%)^1}+\frac{1\ 139.25}{(1+12\%)^2}+\frac{1\ 476}{(1+12\%)^3}+\frac{1\ 494.75}{(1+12\%)^4}$$
$$=990.45+908.21+1\ 050.62+949.91$$
$$=3\ 899.19(万元)$$

(2) 永续期折现值的测算。

$$永续期折现值=\frac{1\ 500}{12\%}\times\frac{1}{(1+12\%)^4}=7\ 943.75(万元)$$

$$企业价值评估值=3\ 899.19+7\ 943.75=11\ 842.94(万元)$$

[例8-8] A公司有与外资合资的意向,需要了解企业股东全部权益价值,因此要进行企业价值评估。评估基准日为2016年1月1日。A公司2015年度企业自由现金流量表如表8-4所示。

表8-4 企业自由现金流量预测表 单位:万元

项目	2015年
一、营业收入	10 000
减:营业成本	6 000
税金及附加	100
销售费用	1 000
管理费用	700
财务费用	200
资产减值损失	—
加:公允价值变动损益	—
投资收益	—
二、营业利润	2 000
加:营业外收入	—
减:营业外支出	—
三、利润总额	2 000
减:所得税费用	500
四、净利润	1 500

续表

项目	2015 年
加:税后利息费用	150
折旧和摊销	450
减:资本性支出	660
营运资金增加额	160
五、企业自由现金流量	1 280

评估计算及分析过程如下:

1. 收益法模型的选取

对被评估企业的股东全部权益价值进行评估,具体选择企业自由现金流量折现模型中的两阶段模型。

2. 收益期的确定

假设被评估企业评估基准日后永续经营,相应的收益期为无限期。经综合考虑,将2016—2020 年划分为预测期,2021 年及以后年度为永续期。

3. 未来收益的预测

被评估企业预测期 2016—2020 年企业自由现金流量的预测情况如表 8-5 所示。

表 8-5　企业自由现金流量预测表　　单位:万元

项目	2016 年	2017 年	2018 年	2019 年	2020 年
一、营业收入	11 000	12 000	13 000	13 500	13 600
减:营业成本	6 600	7 200	7 800	8 000	8 100
税金及附加	110	120	130	140	140
销售费用	1 100	1 200	1 300	1 350	1 360
管理费用	760	780	800	820	820
财务费用	220	240	260	270	280
资产减值损失	—	—	—	—	—
加:公允价值变动损益	—	—	—	—	—
投资收益	—	—	—	—	—
二、营业利润	2 210	2 460	2 710	2 920	2 900
加:营业外收入	—	—	—	—	—
减:营业外支出	—	—	—	—	—
三、利润总额	2 210	2 460	2 710	2 920	2 900
减:所得税费用	552.5	615	677.5	730	725
四、净利润	1 657.5	1 845	2 032.5	2 190	2 175
加:税后利息费用	165	180	195	202.5	210

续表

项目	2016 年	2017 年	2018 年	2019 年	2020 年
折旧和摊销	460	480	490	500	500
减:资本性支出	680	700	740	750	750
营运资金增加额	150	160	180	190	200
五、企业自由现金流量	1 452.5	1 645	1 797.5	1 952.5	1 935

经预测,2021 年及以后年度企业自由现金流量将保持在 1 935 万元的水平上(年金)。

4. 折现率的确定

经预测,折现率为 14%。

5. 评估结果的测算

(1) 预测期折现值的测算。根据两阶段模型,第一阶段(即预测期)折现值的计算过程如下:

$$预测期折现值=\frac{1\,452.5}{(1+14\%)^1}+\frac{1\,645}{(1+14\%)^2}+\frac{1\,797.5}{(1+14\%)^3}+\frac{1\,952.5}{(1+14\%)^4}+\frac{1\,935}{(1+14\%)^5}$$
$$=1\,274.13+1\,265.83+1\,213.31+1\,156.08+1\,005.04$$
$$=5\,914.39(万元)$$

(2) 永续期折现值的测算

$$永续期折现值=\frac{1\,935}{14\%}\times\frac{1}{(1+14\%)^5}=7\,178.85(万元)$$

$$企业整体价值评估值=5\,914.39+7\,178.85=13\,093.24(万元)$$

假定经预测,企业付息债务价值为 2 000 万元,则企业股东全部权益价值为:

$$企业股东全部权益价值=13\,093.24-2\,000=11\,093.24(万元)$$

第四节 企业价值评估的市场法

一、市场法评估企业价值的基本思路

企业价值评估中的市场法,是指将评估对象与可比上市公司或者可比交易案例进行比较,确定评估对象价值的评估方法。

市场法所依据的基本原理是市场替代原则,即一个正常的投资者为一项资产支付的价格不会高于市场上具有相同用途的替代品的现行市价。根据这一原则,相似的企业应该具有类似的价值。因此,具有相似性的被评估企业价值与可比对象价值可以通过同一经济指标联系在一起，即：

$$\frac{V_1}{X_1}=\frac{V_2}{X_2}$$

即：
$$V_1 = X_1 \times \frac{V_2}{X_2}$$

式中：V_1——被评估企业的价值；

V_2——可比企业的价值；

X_1——被评估企业与企业价值相关的可比指标；

X_2——可比企业与企业价值相关的可比指标。

$\frac{V}{X}$ 通常又称为可比价值比率，价值比率通常包括盈利比率、资产比率、收入比率和其他特定比率。式中 X 参数通常选用以下财务和非财务指标：(1) 利息、折旧和税收前利润；(2) 无负债净现金流量（企业自由现金流量）；(3) 净现金流量（股权自由现金流量）；(4) 净利润；(5) 销售收入；(6) 净资产；(7) 吞吐量；(8) 装卸量；(9) 专业人员数量等。

在选择、计算、应用价值比率时，应当考虑：(1) 选择的价值比率有利于合理确定评估对象的价值；(2) 计算价值比率的数据口径及计算方式一致；(3) 应用价值比率时尽可能对可比企业和被评估单位间的差异进行合理调整。

市场法常用的两种具体方法是上市公司比较法和交易案例比较法。上市公司比较法是指获取并分析可比上市公司的经营和财务数据，计算价值比率，在与被评估单位比较分析的基础上，确定评估对象价值的具体方法。交易案例比较法是指获取并分析可比企业的买卖、收购及合并案例资料，计算价值比率，在与被评估单位比较分析的基础上，确定评估对象价值的具体方法。两种方法都是通过对市场上可比交易数据的分析得出被评估企业的价值，所不同的只是可比对象的来源不同，前者来源于公开交易的证券市场，后者来源于个别的股权交易案例。

二、市场法应用的基本原则

市场法评估的基本原则是评估人员在评估过程中应当遵循的基本思想，包括可比性原则、可获得性原则、及时性原则、透明度原则和有效性原则。

（一）可比性原则

可比性原则是运用市场法进行评估的关键，该原则要求被评估企业及可比上市公司或并购交易案例在价值决定因素方面具有可比性，主要包括行业可比、规模可比、成长预期可比、经营风险可比、财务风险可比等几个方面。

（二）可获得性原则

可获得性原则是指案例的市场交易信息及可比对象的产品信息、财务信息等可以通过正常途径获取。

（三）及时性原则

及时性原则是指评估人员运用市场法进行评估时应当将最新的市场情况纳入评估过程中。由于市场行情变化频繁，信息的及时性对评估结果的准确性至关重要。

（四）透明度原则

透明度原则意味着信息的开放、良好的沟通及对信息的充分解释。市场交易信息及公司信息作为市场法评估的基础，其信息的透明度将影响市场法结果的可靠性。

（五）有效性原则

有效性原则建立在市场合理有效的假设基础之上。有效市场假设认为，在一个活跃、有效的市场上有许多充分了解信息和理性的投资者，证券价格完全反映了所有可获取的信息，证券能够被合理定价。

三、市场法常用的两种具体方法

（一）上市公司比较法

上市公司比较法是市场法评估的一种具体操作方法。该方法的核心就是选择上市公司作为标的公司的"可比对象"，通过将标的企业与可比上市公司进行对比分析，确定被评估企业的价值。上市公司比较法的关键和难点是选取可比上市公司及选择恰当的价值比率。此外，上市公司比较法涉及的可比公司通常是公开市场上正常交易的上市公司，评估结果须考虑流动性对评估对象价值的影响。

1. 可比公司的选择

对比公司与被评估企业具有严格可比性的情况较为少见，因此评估专业人员需要分析比较各方面的差异，了解被评估企业自身的业务特性、市场情况、经营绩效以及其所在行业、行业同类型公司的特点，以确定合适的可比公司。

在可比公司选择的数量方面，一般认为，若是采用主观调整法修正价值比率，则选择可比公司的"质量"重于"数量"，当确定好可比标准后，若可供选择的可比公司较多，则可以进一步增加对比标准，选择更可比的可比对象；但若是采用回归法进行调整，且能将影响企业价值或价值比率的因素尽可能纳入考虑，则应当保证可比公司的数量，满足回归样本数量的充足性及覆盖范围的全面性。

2. 价值比率的选择和调整

价值比率的确定是市场法应用的关键，因此，对于上市公司比较法来说，价值比率的选择尤为重要。评估专业人员在选择和应用价值比率时应特别注意以下几点：

（1）价值比率的选择。价值比率种类众多，对于价值的最佳估计常常是通过运用最合适的价值比率得出的。一般选择价值比率的方法包括基本因素方法、统计方法及常规方法等。

（2）口径的一致性。在选择价值比率时应当考虑其内涵的一致性，即价值比率的分子、分母应匹配，当分子是权益类时，分母的指标也应当与其对应。

另外,计算价值比率采用的数据口径应保持一致性。可比公司之间可能会存在会计核算方式(如折旧方法)、计量方法(如公允价值计量)、税率、非经常性损益和非经营性资产等方面的差异,在计算价值比率时应当剔除差异因素的影响。

(3) 应用价值比率时应进行调整。每个可比公司与被评估企业在成长性和风险性等方面都会存在差异,因此需要采用多种方法对价值比率进行分析调整,常用的方法包括主观调整、矩阵法及回归法等。

3. 缺乏流动性因素的影响

在上市公司比较法中,可比公司的股份可以在证券市场上自由交易,而被评估企业若为非上市公司,则没有这样的交易平台,因此两者的股权在流动性上就会产生一定差异。上市公司比较法采用上市公司的股票交易价格计算股权市值,因此该市值代表的是流动性、少数股权的价值,故采用上市公司比较法对非上市单位进行评估时,需要调整缺乏流动性因素的影响。国际上对缺乏流动性折扣的研究主要有限售交易价格法、IPO 前交易价格法、新股发行定价法及期权定价法等;国内对于缺乏流动性折扣的研究主要有法人股交易价格法、股权分置改革支付对价法、新股发行定价法及非上市公司并购市盈率与上市公司市盈率对比法等。

(二) 交易案例比较法

交易案例比较法是市场法评估的另一种具体操作方法。该方法的核心就是选择交易案例作为标的公司的"可比对象",通过将标的企业与交易案例进行对比分析,确定被评估企业的价值。

运用交易案例比较法时,应当考虑评估对象与交易案例的差异对价值的影响。

1. 交易情况差异调整

交易案例比较法采用的可比公司一般为非上市公司,在流动性方面比较接近,一般不进行调整,对评估对象与交易案例的差异调整主要是对交易条件差异和时间差异等因素进行定量和定性分析,并进行适当的调整。

交易条件差异调整主要包括交易条款调整和交易方式调整。对比交易案例中的成交价格往往与交易附带条款有关,这些条款对交易价格可能产生影响,因此需要进行交易条款调整。同时案例的交易方式可能会涉及公开或非公开市场交易,一般认为公开交易方式更可能产生公平交易价格,但也可能会是对于特定投资者的投资价值,此时便需要调整协同效应可能带来的影响;对于非公开的协议交易方式,则更可能会存在某些其他因素影响交易价格的公允性,因此需要对交易方式进行调整。

另外,交易时间可能与基准日相距时间较长,需要进行时间因素调整。时间因素调整可以参考市场相关价格指数。

2. 案例获取渠道

交易案例信息的获取难度相对较大,目前国际上信息获取的渠道主要有汤森路透、彭博等服务商。另外,国内的各产权交易所也是信息获取的途径之一。近年来,产权交易所内交易数量大幅提升,信息披露也逐渐规范。但最核心的问题是披露的财务、经营信息不够全面，因此产权交易所信息对市场法评估应用发挥的作用有限。相比之下，上市公司的收购案例对收购对象情况的披露较为全面，评估专业人员可通过上市公司披露的公告获取收购案例的财务、经营及行业数据，同时也可获取交易背景、协议安排等其他相关资料。

四、市场法应用的操作步骤

市场法评估程序一般包括以下操作步骤：

（一）选择可比对象

市场法首先需要找出市场上公开交易的可比公司或交易案例。选择可比对象的指导思想是力求现金流、成长潜力和风险水平方面的相似，可以从行业因素、规模因素、成长预期、经营风险、财务风险等角度加以考虑，分析比较。

（二）规范被评估企业和可比对象的财务报表

为了能顺利地进行对比分析，需要先为对比分析奠定一个基础，这个基础就是将可比对象和被评估企业的相关财务数据整合到一个相互可比的基础上。由于可比对象与被评估企业在采用的相关会计准则或会计政策等方面可能存在重大差异，针对这些差异所可能产生的财务数据上的差异，评估专业人员需要进行一定的调整和修正，主要包括会计政策差异调整和特殊事项调整两个方面。

1. 会计政策差异调整内容

可比对象和被评估企业财务报告中由于执行的会计政策不同会影响价值比率中各参数统计口径的一致性，在计算价值比率之前有必要对可比对象和被评估企业的财务数据进行模拟调整，统一会计政策。在会计政策差异调整时主要应关注存货成本核算、收入确认、折旧差异、税收差异等方面。

2. 特殊事项调整内容

特殊事项调整的内容主要包括非经常性项目调整和非经营性及溢余资产调整。

（三）计算各种价值比率

计算价值比率首先应当考虑其内涵的一致性，分子及分母应匹配；其次，计算价值比率采用的数据口径应保持一致性，在计算时应剔除各类会计政策或会计估计方式差异因素的影响；另外，计算价值比率的方式应保持一致性，因为在不同的时间段，企业的经营绩效必然存在差异。因此，评估专业人员应当合理区分时点型价值比率与区间型价值比率，保证计算口径上的一致性。

（四）选择用于被评估企业的价值比率

选择及计算恰当的价值比率的过程是影响评估结果准确性的重要环节。价值比率是指以价值或价格作为分子，以财务数据或其他特定非财务指标等作为分母的比率。价值比率是市场法对比分析的基础，由资产价值与一个与资产价值密切相关的指标之间的比率倍数表示，即：

$$价值比率=\frac{资产价值}{与资产价值密切相关的指标}$$

价值比率有很多种，按照价值比率分子的计算口径来分类，价值比率可分为权益价值比率和企业整体价值比率；按照价值比率分母的性质来分类，价值比率可分为盈利价值比率、资产价值比率、收入价值比率和其他特定价值比率。

$$盈利价值比率=\frac{企业整体价值/股权价值}{盈利类参数}$$

$$资产价值比率=\frac{企业整体价值/股权价值}{资产类参数}$$

$$收入价值比率=\frac{企业整体价值/股权价值}{销售收入}$$

$$其他特定价值比率=\frac{企业整体价值/股权价值}{特定类参数}$$

评估专业人员需要结合企业的业务特点选择合适的价值比率。评估专业人员根据长期的经验总结，形成了一些价值比率选择的行业惯例。例如，制造业企业的评估一般选择市盈率乘数；银行业企业价值评估一般选择市净率乘数；服务业企业评估一般选择市销率乘数；医院一般选择单位床位收入乘数等。以分子的性质分类，主要包括权益价值比率及企业整体价值比率。一般若是评估少数股东权益，或是被评估企业与可比对象资本结构相似时，采用权益价值比率较为合适；而若评估控股股权价值，或被评估企业与可比对象资本结构差异较大时，则适合采用企业整体价值比率。

（五）将被评估企业与可比对象进行比较

每个可比对象与被评估企业在成长性及风险等方面会存在差异，评估专业人员应当采用各类定性和定量分析方法，对差异进行分析，常用的方法包括定性的 SWOT 分析、定量的财务经营状况分析等。

（六）对价值比率进行调整

根据对可比对象及被评估企业在成长性及风险等方面差异的分析，评估人员可以对价值比例进行适当调整。调整的方式主要有主观调整、矩阵法及回归法。在调整的内容上，应当全方位考虑财务绩效、规模风险、成长性以及其他风险因素对可比性产生的影响，核心的调整思路是需要找到各类影响因素与价值比率或企业价值的相关性，构建调整模型。

（七）将调整后的价值比率应用于被评估企业

根据被评估企业的财务经营指标或相关经济变量，将调整后的价值比率应用于被评估企业以获得各种评估结果。

（八）综合考虑市场法评估结果的差异

针对各种价值比率得到的不同评估结果，评估人员应当综合分析其中的差异，合理选择其中一个结果或者对各评估结果进行加权平均，作为评估结论。对于不同价值比率计算结果赋予权重的大小往往依赖于评估专业人员的评估经验，例如，服务性企业通常基于收入评估价值；资本密集型企业基于净利润或净资产；房地产企业基于毛现金流评估价值等。

（九）进行溢价和折价的调整

评估人员在确定评估结果时应当综合考虑各种溢价和折价因素的影响。例如对缺乏控制权及缺乏流动性的股权进行折扣调整。

五、市场法评估案例

［例8-9］ 假定评估H公司的企业价值，资产评估人员从市场上找到了3个相似的公司A、B、C，然后分别计算各公司的市场价值与销售额的比率、与净利润的比率、与净现金流量的比率。这些价值比率如表8-6所示。

表8-6 相似公司价值比率汇总表

项目	A公司	B公司	C公司	平均
市价/销售额	1.5	1.6	1.4	1.5
市价/净利润	12	14	16	14
市价/净现金流量	15	18	18	17

假定H公司的年销售额为9 000万元，净利润为1 000万元，净现金流量为700万元，要求运用市场法评估H公司的企业价值。

根据相似公司价值比率的平均值，计算H公司的指标价值。计算结果如表8-7所示。

表8-7 H公司的指标评估价值表

项目	H公司实际指标	平均价值比率	H公司指标价值
销售额	9 000	1.5	13 500
净利润	1 000	14	14 000
净现金流量	700	17	11 900

H公司的评估价值＝(13 500＋14 000＋11 900)＝13 133.33(万元)

第五节 企业价值评估的资产基础法

一、资产基础法的基本原理

企业价值评估中的资产基础法，是指以被评估单位评估基准日的资产负债表为基础，评估表内及可识别的表外各项资产、负债价值，确定评估对象价值的评估方法。

资产基础法也称成本法或资产负债表调整法。根据会计原理和会计准则，企业的资产负债表记录了企业的资产和负债，将企业资产扣除负债后的净资产，就是企业所有者的权益。因此，评估专业人员将企业的全部资产的价值逐一评估出来，然后再扣除企业全部负债的价值，就可以得到一个净资产的价值，这个净资产的价值就是企业所有者所能享受的权益价值。由于企业资产负债表中的账面价值多是企业拥有的资产和负债的历史成本，而非现实的市场价值，因此需要将企业资产和负债的历史成本调整为现实价值，这就是资产基础法评估的基本原理。用公式表示为：

全部权益价值 =（表内外）各项资产价值 -（表内外）各项负债价值

资产基础法实质是一种以估算获得标的资产的现实成本途径来进行估价的方法。从经济学的角度看，资产评估的成本途径是建立在古典经济学派的价值理论之上的，特别是劳动价值论的理论。劳动价值论认为：商品的交换价格反映了该商品所耗费的成本，古典经济学派将价值归因于生产成本。

二、资产基础法应用的操作步骤

（一）资产基础法的基本操作程序

根据资产基础法的原理，该方法的基本操作程序应该包括以下六个步骤：

1. 获得以成本为基础的资产负债表

评估专业人员的评估首先从企业的历史成本资产负债表开始。此资产负债表若是在评估基准日编制的最为理想，如果不能获得评估基准日的资产负债表，也可以让委托人的会计师编制评估基准日的历史成本资产负债表，或自己根据资料编制评估基准日的资产负债表，或依赖距评估基准日之前最近的财务核算期限已结束的资产负债表进行评估调整等。

2. 确定需要重新评估的资产与负债

评估专业人员应慎重地分析和了解所评估企业每一项实质性的表内资产和负债。评估专业人员的目的是根据所选择的适用于所评估企业的价值标准，决定需要评估的资产与负债。如我们可以设定市场价值为企业评估时适当的价值类型，这样，评估专业人员将在此程序中按照评估市场价值的要求，分析企业每一项实质性的表内资产项目和负债项目是否需要进行评估。

3. 确定表外的资产

评估专业人员将确定在评估结果的资产负债表中需要确认的目前没有入账的（有时称为资产负债表之外的）资产。例如，无形资产经常没有记入编制的资产负债表中，而这些资产往往是小型高新技术企业和许多传媒文化产业以及第三产业服务机构里经济价值最大的组成部分。评估专业人员应寻找这些没有在账上体现的有形资产和无形资产。

4. 确定表外或有负债

评估专业人员将确定在评估结果的资产负债表中需要确认的、但目前没有入账的实质性的或有负债。如果或有负债中存在潜在的未解决的环境污染问题，则可能需要聘请专家作出判断。在一般公允会计准则的规定中，或有负债是不记入以历史成本为基础编制的资产负债表中的。但在审计和财务报表的审核中，重要的或有负债需要在其附注中予以披露。用资产基础法评估企业价值时，对或有负债的确定和评估，相对来说是不经常应用的程序。

对于那些存在未予判决的经济起诉、所得税或资产税方面的争议或环境治理要求等情形的企业,或有负债对企业的经营风险有重要影响(通常可以量化)。

5. 评估以上确定的各项资产和负债

在对账面的资产与负债分析之后和对表外的资产与负债确定之后,评估专业人员将开始企业每一项资产评估的定量分析程序,如有必要,还将进行企业每一项负债的定量分析。在典型的企业价值评估项目中,评估专业人员进行的是各类资产的评估分析,对于某些类型的资产评估,可能需要使用专门的评估专业人员。

6. 编制评估结果分类汇总表

在得出企业的所有有形资产和无形资产的价值,以及企业所有的账面和或有负债之后,评估专业人员将可以编制一份经过评估的、日期为评估基准日的资产负债表。在这份以评估结果为基础的(不同于以历史成本为基础的)资产负债表中,评估专业人员直接以算术程序,用企业(有形和无形的)资产价值减去企业(账面和或有的)负债的价值,得出以企业权益价值衡量的100%的所有者权益。

(二)资产基础法评估操作程序的注意事项

应用资产基础法评估企业价值是对被评估企业资产负债表表内、表外全部资产和负债进行估算,评估过程中的一些评估程序与采用收益法、市场法相比有着自身的特点。

1. 评估范围的确定

采用资产基础法评估企业价值的评估范围是被评估企业资产负债表表内、表外的各项资产和负债。

从实务操作上看,由于资料的可获取性不同,并非每项资产和负债都可以被识别并用适当的方法单独评估。当存在对评估对象价值有重大影响且难以识别和评估的资产或者负债时,应当考虑资产基础法的适用性。如评估专业人员通过调查后判断,被评估企业有价值量较大的表外无形资产,但却没有适当的方法评估出这些无形资产的价值,资产基础法就不能用于这类企业价值的评估。

评估专业人员用资产基础法评估企业价值时,需要对企业资产负债表表内资产、负债是否真实存在进行判断。如果评估基准日的企业财务报表已经通过符合评估目的的专项独立审计,资产评估专业人员应查阅审计报告及其附注。一般情况下,可以从资产评估的角度判断表内资产、负债项目是否构成需要评估的实质性项目,并在评估说明中清晰地表述哪些资产、负债项目不需要单独评估的判断结论。

如果相同基准日的审计报告不是相同目的,则应要求委托人提供评估目的相同的专项审计报告。如果委托人或企业管理层只提供相同基准日年审报告或其他目的的审计报告,资产评估专业人员应判断该类审计报告对于采用资产基础法评估资产负债项目的依据是否充分。

如果委托人或企业管理层不能提供基准日任何审计报告,资产评估专业人员应参考最近时期的各类独立审计报告和其他资料,判断能否采用资产基础法进行企业价值评估。

2. 现场清查核实

在资产基础法评估的现场勘察中,需要按企业申报的清单对各类单项资产进行清查。对于价值量较大的资产和负债项目,应当对照该类资产清单,逐项进行现场清查核实。实务中,一般对价值量较大的大型机器设备、专业车辆、各项房屋建筑物等需要逐项调查,记录、分析其使用状况;对于价值量占比较大的存货需要监督盘点,查看存货保管和使用情况;对于技术类无形资产,特别是成本全部或大部分已摊销的专利或专有技术,需要逐项核对技术类无形资产的法律状况、购买或开发情况、应用情况等;对于企业自行研发的专有技术,评估专业人员一般需要调查该专有技术的研发过程、价值存在依据(如鉴定情况)、保护(保密)情况、市场同类技术状况等。

3. 权属资料瑕疵的披露

在资产基础法评估的调查中,评估专业人员采用上述相对细致的现场清查核实后,更容易发现单项资产项目可能存在的法律权属资料上的瑕疵事项。如某项大型抵债二手设备没有购置凭证;某项厂房由企业股东作为出资投入公司使用,房产的产权证书的名称尚未变更为新企业;某条生产线设定的抵押权用于为企业控股子公司贷款担保;某宗土地按照地方政府的规划需要划出部分作为新建道路,补偿协议尚未签订,道路建设开工日期未定等。各单项资产项目存在的权属资料瑕疵,可能在未来该资产项目使用中发生或有事项,进而影响该资产项目的评估价值。评估专业人员应当结合评估目的和报告的预期用途,判断这类瑕疵事项对于企业价值评估结果的影响程度,酌情对权属资料瑕疵事项在评估报告中予以披露,必要时说明评估结果是否考虑了瑕疵事项的影响。

4. 重要性原则

鉴于应用资产基础法评估企业价值时,需要对价值量较大的资产项目进行逐项现场清查核实,对于大型企业,固定资产的条目可能有数万条或数十万条,如果逐条勘查,现场工作量将是巨大的,按此方式测算、收取评估服务费用也难以为委托人接受。评估专业人员应从以下几方面的因素考虑,适当简化清查核实程序:

(1) 被评估企业的财务管理、资产管理制度基础。被评估企业在财务管理上制度完善,资产管理制度细致,定期盘点核查制度明确,资产使用、维修、保养日志清晰,则可以从企业管理工作记录中发现委托评估资产的特点,选择重要的资产条目进行现场清查核实;反之,被评估企业资产管理粗糙,账面资产价值未按实务条目分类,资产使用人员更换频繁,使用记录简单,则可能需要评估专业人员对重要资产条目逐项现场清查核实,或根据情况要求企业、第三方或评估专业人员自行进行必要的技术监测。

(2) 被评估企业制度执行和风险控制情况。被评估企业管理制度虽然健全,但执行是否到位也是影响评估专业人员现场清查核实详细程度的因素。企业制度执行到位,对经营风险控制较好,将增强评估专业人员对于企业资产各项书面记录内容的信任程度。企业提供的各项资产信息的准确、详细程度,直接影响评估专业人员采用抽样方法的可行程度。

(3) 采用各种抽样勘查的可能性。即使企业资产管理制度完善、执行到位,但由于企业资产条目的类型、存放地点、使用环境的不同,评估专业人员也应当分析,是否有统计上合理有效的采样方式，对大量资产条目进行抽样勘查。一般来说，同质化强、使用环境一致、启用年限一样的资产条目，可以采用随机抽样的方式抽查。按价值量划档，对价值量大的资产条目逐项勘查、对价值量较小的资产条目随机抽查也是一种可行方案。按典型性（类型、地点、年限、使用）抽样也是资产按条目现场勘察常用的一种方式。

（4）可以利用的其他工作成果。其他工作成果主要是指对于资产条目的购买、使用、维修、保养、配件等有较详细记录的专业工作记录。如企业按有关规定近期进行的清产核资工作成果、上级部门进行的资产管理审计工作成果、船级社和航空器登记单位的资产登记维护记录、专业服务机构对被评估企业的资产状况的尽职调查等。

三、单项资产评估的假设及选择

运用资产基础法评估企业价值时应当注意的是，企业整体资产评估的假设与构成企业的各单项资产评估的假设可能会有所不同。因为，运用资产基础法评估企业价值实际上是将企业整体分解为各个组成部分，通过评估各单项资产的价值，然后汇总后分析得出被评估企业价值的过程，因此，企业整体资产的最佳用途可能会与企业各单项资产的最佳用途不完全一致，这样，就会导致企业整体资产评估的假设与企业各单项资产评估的假设可能不相同。

此外，在评估时，由于企业的各单项资产已经作为企业生产经营环节中的一项组成部分，它的价值与一项游离资产的价值也不完全一样。主要的差异表现在：作为企业生产经营要素的单项资产已经完成了从资产生产厂家到使用地点的运输，同时也完成了正常的安装调试工作。因此，作为企业生产经营要素的单项资产的重置成本与一项游离的资产相比其成本的组成要素是不一样的。为了采用一种专业的方式表述在各种不同状态下企业各单项资产重置成本估算需要考虑的要素，在进行单项资产评估时通常需要确定单项资产评估的用途假设，或者称之为资产评估的价值前提。目前比较常见的用途假设包括最佳使用假设、持续使用假设和清算假设。其中，持续使用假设分为现状利用假设、原地续用假设和异地续用假设；清算假设分为有序变现假设和强制变现假设。

（一）最佳使用假设

最佳使用是指市场参与者实现一项资产的价值最大化时该资产的用途。具体是指如果一项资产存在多种用途，其中必定存在一种用途能使该资产价值最大化。最佳使用就特指该资产能使其价值最大化的用途。在使用最佳使用假设时需要考虑资产确定其最佳用途的限定因素，这些限定因素包括法律上允许、技术上可能、经济上可行。所谓法律上允许是指资产的该种用途不违反法律、法规的规定，不因侵害社会公众利益而可能引起法律纠纷；所谓技术上可能是指资产的这种使用在目前社会技术状态下是可能的，不存在暂时无法克服的技术障碍；经济上可行是指对于资产的这种用途，经济上的投入是合理的、可以承受的。

（二）持续使用假设

1. 现状利用假设

现状利用是指资产按照其目前的使用目的、使用状态持续下去，在可预见的未来不会改变。在评估实务中，现状利用通常是指标的资产按照评估基准日该资产在企业中的使用目的、使用状态持续下去，这种假设是评估实务中最为常见的假设之一。

2. 原地续用假设

原地续用是指资产还会在原地继续被使用，但是使用目的、使用状态等可能发生变化。这种假设经常发生在一个企业要收购另一个企业的部分资产，收购后可能还会继续使用该资产，但是使用目的、使用状态和方式等会有所变化的情况下。

3. 异地续用假设

异地续用是指标的资产可能还会被使用，不会被报废，但是需要将其从原安装的地点转移到一个新的地点使用。

（三）清算假设

1. 有序变现假设

有序变现是指相关企业不再使用标的资产，需要将该资产转让给其他方，并且这种转让是在资产所有者控制下，在公开市场上有序进行的。

2. 强制变现假设

与有序变现相比，强制变现的不同点在于资产所有者无法实际控制资产的变现过程，通常由法院或者债权人等实际控制，这个变现过程通常有时间限制，因此有时也称之为快速变现。

采用资产基础法评估各单项资产时，通常需要根据评估目的以及相关法律、法规的规定，恰当选择资产评估的假设，以合理反映出所评估的资产价值与相关经济行为的一致性。

四、单项资产评估的具体方法

企业的资产通常包括流动资产、固定资产和无形资产等，在具体的评估操作过程中，各单项资产评估所需采用的具体方式和方法也会有所不同。应采用合适的评估途径和评估方法对标的企业被识别出来的各项表内、表外资产进行评估。需要注意的是，重要的单项资产评估如果适用于多种评估途径和评估方法，则应采用多种适用方法进行评估，以保证企业价值中主要单项资产的价值评估的合理性。此外，运用资产基础法评估企业价值时，资产组合和长期股权投资也作为“单项”资产进行评估。

（一）资产组合的评估

根据表内、表外资产和负债项目的具体情况，可以对资产组合、资产负债组合形式用适当方法进行评估。例如，经分析，企业生产经营的产品单一，超额收益主要来自企业研发的技术和商标，其中有些技术已申请专利保护，则可将企业的专利、专有技术、商标作为无形资产组合并采用超额收益法或利润分成法进行评估；又如，企业就某项业务与供应商签订了双方互惠的协议，协议执行情况稳定，则可以把与该业务有关的优惠收益、相关成本和义务整体作为收益单元进行资产、负债组合评估。

应特别注意，作为企业资产一部分的资产项目在企业整体价值中体现出来的价值，与该资产项目单独评估的价值可能是不同的。资产基础法中单项资产的价值取决于企业（或独立获利资产组合）整体价值和其贡献程度，整体价值按贡献度在各构成要素中分配。

经常容易犯错误的情况是，企业的超额收益是在所有无形资产共同作用下得到的，评估时却对专利、商标、专有技术分别采用分成法或超额收益法评估。导致各项无形资产分成率总和远大于无形资产对企业价值的贡献，造成资产基础法评估结果高估了企业价值。

（二）长期股权投资的评估

长期股权投资是一种特殊的单项资产，其本身的价值也是一种部分或全部的企业价值。因此，用资产基础法评估企业价值时，评估专业人员要对长期股权投资对应的企业进行分析，对评估对象价值影响大的长期股权投资，应当单独进行评估。这里所说的单独评估，是指履行企业价值评估程序对被投资企业进行整体评估。

通常，对企业长期股权投资项目单独评估的情形有以下几种：

一是对于控制的长期股权投资，应按企业价值评估准则的要求进行评估，实施必要的调查程序，评估方法可以是收益法、市场法或资产基础法中的任何一种或一种以上的基本评估方法，评估结论的选择也应符合准则的要求。

二是对于非控制的长期股权投资，占评估对象相对价值量较大的，或根据评估目的，绝对价值量认为较大的，应该进行单独评估。

当该项投资发生时间不长，被投资企业资产账实基本相符，没有明显表外无形资产投入时，则可对该类长期股权投资不进行单独评估，可根据简化的评估程序，如按被投资企业资产负债表上的净资产数额与投资方应占份额确定长期股权投资的评估价值。对于从事长期股权投资获取收益的控股型企业，即通常所说的“纯控股”或“纯投资”企业进行评估时，由于这类控股型企业总部基本除了投资收益外，没有其他业务收益，但为下属企业提供综合协调和服务时有大量成本发生，因此，如果按资产基础法评估总部资产，按收益法或市场法评估长期股权投资项目，则可能出现总体价值高估的情况。这时，应考虑总部成本分摊方式和总部效益如何体现出价值。具体评估技术路径应该视具体情况分析而定，下面给出几种可能的处理方式。

一是长期股权投资项目主要采用收益法或市场法确定评估结果的，可以对总部也采用收益法评估，其结果一般是负数。资产加和汇总时，总部的负数和长期股权投资项目中由于未考虑总部服务成本而高估的部分进行了冲抵。

二是对总部为各长期股权投资单位提供的服务成本分摊到下属企业的收益法成本预测中。

三是以合并报表为基础，对控股型企业总体进行收支预测。其中折现率应考虑企业总体的平均回报率。

四是参考类似的控股型企业进行市场法评估。评估专业人员应根据控股型企业的具体情况，包括资料的可获取性、成本分摊的可能性等，权衡考虑总部成本和效益的处理方式。

五、评估结果的合理性分析

对资产基础法评估结果合理性的分析，主要是分析是否较好地识别出表外资产或负债，并对识别出的表外资产和负债，像表内资产一样，用适当的方法得到合理的评估结果。另外，可以结合其他评估途径得出的同一评估对象企业价值评估结果，分析、判断资产基础法评估结果的合理性。

（一）对表外资产或负债的考虑

资产基础法的一个难点是判断表外资产、负债项目。这需要评估专业人员运用相关企业财务和非财务信息，判断表外是否存在企业权益形成的资产，或企业义务构成的负债。常见的表外资产项目可能存在的方式有以下几种：一是有获得专利管理机关颁发证书的专利或专利申请；二是自创无形资产，该无形资产投入账面没有反映；三是企业毛利率明显高于同行业平均水平；四是存在某种形式的特许权利（有些特许权利法规可能不允许单独转让，但可以随企业权益一同转让）；五是企业持有较知名商标（可能被冠以驰名商标、著名商标等）；六是存在著作权；七是具有独特的经营模式；八是有协议约定的企业获益形式，如优惠贷款利率、优厚供应条件等。

常见的表外负债存在方式主要有以下几种：一是法律明确规定的未来义务，如土地恢复、环保要求等；二是和其他经济体以协议形式明确约定的义务。虽然评估专业人员可能分析判断出企业存在表外资产负债项目，但并非所有表外项目都能用适当的方法单独评估出来。如果定性判断不能用适当的方法单独评估的表外项目价值量占企业整体价值比重较大时，则资产基础法对该企业价值评估就是不适用的。鉴于资产基础法中表外资产和负债项目往往很难穷尽所有对企业价值有影响的因素，对于持续经营的企业，一般不宜只采用资产基础法一种方法评估其价值。采用两种以上的基本评估方法进行评估时，可以分析评估结果产生差异的原因，进而判断、论证得出的评估结论的合理性。

（二）与其他评估途径结果的比较分析

除非收益途径和市场途径都不适用，或者是存在控股公司的公司层面选择评估方法，一般情况下资产基础法不会作为唯一的评估方法。因此，需要将资产基础法评估结果与其他评估途径进行讨论分析，得到合适的评估结论。中外评估准则都要求评估专业人员通过其判断对每一种评估方法得出的价值计算结果进行相对的权重分配，并提供合理的理由来说明所用的评估方法和在价值结果的协调中所用的加权方法的正确性与合理性。如《美国评估行业统一执业规范（USPAP）》规定，在进行企业评估和无形资产评估时，评估专业人员应对各种评估方法得出的评估结果进行调整，最后得出评估结论。USPAP 规则 9 -5 指出，评估人员必须“使评估途径、方法和程序中所使用的数据具备相应的质量与数量；对获得的价值结论与采用的评估途径、方法与程序是适当的和一致的。”

评估结论的确定主要取决于评估专业人员的判断,而不一定是单纯数学方法处理的结果。评估结论可以采用单一评估方法得到的结果,也可以采用加权平均同种评估途径下各种具体评估方法结果的方式得到。如果采用加权平均方式,评估专业人员可以根据评估目的、数据资料情况、各方法的优缺点等总体状况直接给出,也可以在某种逻辑下按数学运算的方式确定。例如,若不能确定某种方法的评估结果最合适,国外评估机构经常按乐观、最可能、悲观三种情形,对折现现金流以不同的折现率进行敏感性分析,并与市场途径的结果、资产途径结果一起进行统计分析。根据评估目的,选择中位数、下四分位数或者上四分位数作为评估区间,或选择单一评估结果。

评估专业人员在评估操作中应注意以下几点:

第一,无论是依据多种方法得到的评估结果,还是依据单一方法得到的评估结果;无论采用定性方法,还是采用定量方法,都必须具备充分的依据并进行充分的判断。

第二,定性方法不能简单地理解为分析方法,在很多情形下,它是一种定量基础上的定性确定思路;定量方法也不能狭义地理解为简单算术平均或加权算术平均,而是一种在充分判断分析基础上的定量化处理方式,这种方式也可以是包括算术平均或加权平均在内的其他确定方式,在某种程度上,这和评估结论表达方式紧密相关;“权重”也不能单一理解为计算平均值时的因素,也含有考虑的重点之意。

本章小结

企业是以盈利为目的,按照法律程序建立起来的经济组织,是由各种要素资产组成并具有持续经营能力的自负盈亏的经济实体。企业作为一类特殊的资产,具有盈利性、持续经营性、整体性和权益可分性等特点。

企业价值是企业获利能力的货币化体现,是企业在遵循价值规律的基础上,通过以价值为核心的管理,使企业利益相关者均能获得满意回报的能力。企业价值具有如下特点:企业价值是一个整体概念;企业价值受企业可存续期限影响;企业价值的表现形式具有虚拟性。

企业价值的影响因素主要有宏观环境因素、行业发展状况和企业发展状况三个方面。

企业价值评估是指资产评估机构及其资产评估专业人员遵守法律、行政法规和资产评估准则,根据委托对评估基准日特定目的下的企业整体价值、股东全部权益价值或者股东部分权益价值等进行评定和估算,并出具资产评估报告的专业服务行为。企业价值评估具有如下特点:评估对象载体是由多个或多种单项资产组成的资产综合体;企业价值评估关键是分析判断企业的整体获利能力;企业价值评估是一种整体性评估。

企业价值评估的要素包括评估主体、评估对象、评估范围、评估目的、评估程序、评估方法、评估基准日、价值类型及评估假设等。

企业价值评估一般可以按下列程序进行:明确评估的目的和评估基准日、明确评估对象、制订评估工作计划、评定估算企业价值、编制企业价值评估报告。

执行企业价值评估业务，应当根据评估业务的具体情况，确定所需资料的清单并收集相关资料，通常包括：(1)评估对象权益状况相关的协议、章程、股权证明等有关法律文件、评估对象涉及的主要资产权属证明资料；(2)被评估企业历史沿革、实际控制股东及股东持股比例、经营管理结构和产权架构资料；(3)被评估企业的业务、资产、财务、人员及经营状况资料；(4)被评估企业经营计划、发展规划和收益预测资料；(5)评估对象、被评估企业以往的评估及交易资料；(6)影响被评估企业经营的宏观、区域经济因素的资料；(7)被评估企业所在行业现状与发展前景的资料；(8)证券市场、产权交易市场等市场的有关资料；(9)可比企业的经营情况、财务信息、股票价格或者股权交易价格等资料。

企业内部信息包括：评估对象相关权属资料、企业产权和经营资料、资产和财务资料、经营计划、以往交易情况等。企业外部信息包括：宏观环境因素、区域经济因素、行业发展因素、证券市场、产权交易市场、可比企业资料等。

评估信息分析内容主要包括：影响企业经营的宏观、区域经济因素；所在行业现状与发展前景；企业的业务分析；企业的资产、财务分析和调整。

企业价值评估的收益法，是指将预期收益资本化或者折现，确定评估对象价值的评估方法。企业的收益额有多种表现形式，如股利、净利润、净现金流量(股权自由现金流量)、息前净现金流量(企业自由现金流量)等。企业收益预测的基本步骤如下：对影响企业收益的因素进行分析；对企业历史收益进行分析和调整；对企业未来收益趋势进行总体分析和判断；企业未来收益的具体预测。折现率是指将未来各期收益折算成现值的比率，折现率由无风险报酬率和风险报酬率组成。

企业价值评估中的市场法，是指将评估对象与可比上市公司或者可比交易案例进行比较，确定评估对象价值的评估方法。市场法常用的两种具体方法是上市公司比较法和交易案例比较法。上市公司比较法是指获取并分析可比上市公司的经营和财务数据，计算价值比率，在与被评估单位比较分析的基础上，确定评估对象价值的具体方法；交易案例比较法是指获取并分析可比企业的买卖、收购及合并案例资料，计算价值比率，在与被评估单位比较分析的基础上，确定评估对象价值的具体方法。

市场法评估的基本原则包括可比性原则、可获得性原则、及时性原则、透明度原则和有效性原则。

企业价值评估中的资产基础法，是指以被评估单位评估基准日的资产负债表为基础，评估表内及可识别的表外各项资产、负债价值，确定评估对象价值的评估方法。资产基础法也称成本法或资产负债表调整法。

资产基础法的基本操作程序包括：获得以成本为基础的资产负债表；确定需要重新评估的资产与负债；确定表外的资产；确定表外或有负债；评估以上确定的各项资产和负债；编制评估结果分类汇总表。

思考题

1. 什么是企业？主要有哪些特点？
2. 什么是企业价值？主要有哪些特点？
3. 什么是企业价值评估？主要有哪些特点？
4. 企业价值评估的目的主要有哪些？
5. 企业价值评估的对象通常包括哪些？
6. 企业价值评估需要收集哪些企业内部信息？
7. 企业价值评估需要收集哪些企业外部信息？
8. 对企业未来的收益进行预测的主要内容通常包括哪些？
9. 市场法评估的基本原则有哪些？
10. 资产基础法的基本操作程序有哪些？

练习题

一、名词解释

企业自由现金流量　交易案例比较法　股东全部权益　企业价值评估　企业价值
股权自由现金流量　上市公司比较法　股东部分权益　企业整体权益　资产基础法

二、单项选择题

1. 下列不属于企业特点的是(　　)。
A. 盈利性　B. 整体性　C. 权益统一性　D. 权益可分性
2. 下列不属于企业价值评估对象的是(　　)。
A. 企业整体权益　B. 股东全部权益
C. 股东部分权益　D. 企业部分权益
3. 下列不属于企业合并的是(　　)。
A. 吸引合并　B. 吸收合并　C. 新设合并　D. 控股合并
4. 企业价值评估中不适用的价值类型是(　　)。
A. 市场价值　B. 在用价值　C. 投资价值　D. 清算价值
5. 下列不能作为企业价值评估中收益的是(　　)。
A. 股利　B. 净利润　C. 净现金流量　D. 所得税
6. 下列适用于股东部分权益价值评估的收益是(　　)。
A. 股利　B. 净利润　C. 净现金流量　D. 息前净现金流量
7. 下列适用于企业整体价值评估的收益是(　　)。
A. 股利　B. 净利润
C. 企业自由现金流量　D. 股权自由现金流量
8. 用于企业价值评估的折现率中的无风险报酬率一般应用(　　)。

A. 企业债券利率　B. 国库券利率　C. 贴现率　D. 行业基准收益率

9. 企业价值是企业(　　)的货币化体现。

A. 获利能力　B. 经营能力　C. 投资能力　D. 变现能力

10. 下列不属于企业价值评估中常用价值比率的是(　　)。

A. 成本比率　B. 盈利比率　C. 资产比率　D. 收入比率

三、多项选择题

1. 按照组织形式的不同,企业一般可分为(　　)。

A. 公司制企业　B. 合伙企业　C. 个人独资企业　D. 国有企业

2. 下列属于企业特点的是(　　)。

A. 盈利性　B. 持续经营性　C. 整体性　D. 权益可分性

3. 下列属于企业价值的影响因素的是(　　)。

A. 宏观环境因素　B. 地区发展状况

C. 行业发展状况　D. 企业发展状况

4. 下列属于企业价值评估目的的是(　　)。

A. 企业改制　B. 企业并购　C. 财务报告　D. 法律诉讼

5. 企业价值评估中的主要价值类型包括(　　)。

A. 市场价值　B. 投资价值　C. 清算价值　D. 在用价值

6. 企业价值评估中属于企业收益表现形式的是(　　)。

A. 净利润　B. 所得税

C. 股权自由现金流量　D. 企业自由现金流量

7. 企业价值评估中价值比率通常包括(　　)。

A. 盈利比率　B. 资产比率　C. 收入比率　D. 其他特定比率

8. 企业价值评估市场法常用的两种具体方法是(　　)。

A. 上市公司比较法　B. 资产基础法　C. 收益基础法　D. 交易案例比较法

9. 企业价值评估时不宜直接作为折现率的是(　　)。

A. 机会成本　B. 行业基准收益率

C. 贴现率　D. 国库券利率

10. 属于企业价值评估要素的是(　　)。

A. 评估目的　B. 评估对象　C. 评估范围　D. 价值类型

四、判断题

1. 作为生产经营能力载体和获利能力载体的企业具有整体性的特点,而与载体相对应的企业权益却具有可分性的特点。(　　)

2. 决定企业价值高低的核心因素是企业的经营能力和竞争能力。(　　)

3. 企业股东全部权益价值就是企业整体权益价值。(　　)

4. 净现金流量,也称企业自由现金流量,是股东可自由支配的现金流量。(　　)

5. 息前净现金流量，也称股权自由现金流量，是全部资本投资者共同支配的现金流量。（　　）

6. 选择股利作为收益额，将预期股利进行折现以确定评估对象价值，通常适用于缺乏控制权的股东部分权益价值评估。（　　）

7. 对企业收益口径的选择，应在不影响企业价值评估目的的前提下，选择最能客观反映企业正常盈利能力的收益额。（　　）

8. 行业基准收益率可以直接作为折现率。（　　）

9. 交易案例比较法的可比交易数据来源于公开交易的证券市场。（　　）

10. 资产基础法是指以被评估单位评估基准日的资产负债表为基础，评估表内各项资产、负债价值，确定评估对象价值的评估方法。（　　）

五、计算题

1. 根据某待评估企业前5年的经营实绩，预测其未来5年的收益额分别为120万元、125万元、128万元、120万元和130万元。假定本金化率为10%。

要求：试用年金资本化法估计企业整体资产价值。

2. 预测某企业的未来收益，其中前5年分别为80万元、120万元、150万元、180万元、190万元；从第6年开始，企业收益将基本保持在190万元的水平上。已知适用折现率与本金化率均为12%。

要求：试评估该企业的整体资产价值。

3. 某企业融资总额为8亿元人民币，其中长期负债与权益比例为7∶3，借债利息率10%。经估算，社会无风险报酬率为9%，该企业风险报酬率为7%，企业所得税税率为25%。

要求：采用加权平均资本成本模型计算折现率。

4. 证券市场平均收益率为15%，无风险报酬率9%，某被评估企业所在行业的β系数为1.4，企业在其所在行业中的地位系数为0.9。

要求：计算该企业的风险报酬率和折现率。

5. 评估人员对某一企业进行整体评估，收集到的数据资料如下：

（1）预计该企业评估基准日后第一年的收益额为200万元，以后每年的收益额比上年增长10%，自第6年企业将进入稳定发展时期，收益额将保持在300万元的水平上；

（2）社会平均收益率为12%，无风险报酬率8%，某被评估企业所在行业的β系数为1.3，企业在其所在行业中的地位系数为0.9；

要求：确定该企业整体资产评估价值。

第九章
资产评估报告与档案

学习目的与要求

通过本章学习，了解并掌握：
1. 资产评估报告的概念、作用、分类；
2. 资产评估报告的内容；
3. 资产评估报告的编制；
4. 资产评估报告的使用；
5. 资产评估档案的管理。

第一节　资产评估报告概述

一、资产评估报告的概念

资产评估报告是指资产评估机构及其资产评估专业人员遵守法律、行政法规和资产评估准则，根据委托履行必要的评估程序后，由资产评估机构对评估对象在评估基准日特定目的下的价值出具的专业报告。资产评估专业人员应当根据评估业务的具体情况，提供能够满足委托人和其他评估报告使用人合理需求的评估报告，并在评估报告中提供必要信息，使评估报告使用人能够正确理解评估结论。资产评估报告应当按照一定格式和内容进行编写，反映评估目的、假设、程序、标准、依据、方法、结果及适用条件等基本信息。

我国2007年发布了《资产评估准则——评估报告》，并于2017年修订后发布了《资产评估执业准则——资产评估报告》，主要是从基本遵循、报告内容、制作要求等方面对评估报告进行规范。2008年发布的《企业国有资产评估报告指南》及2010年发布的《金融企业国有资产评估报告指南》，均于2017年予以修订，是从国有资产评估报告的基本内容与格式方面，对评估报告的标题、文号、目录、声明、摘要、正文、附件、评估明细表和评估说明等进行规范。

二、资产评估报告的作用

资产评估报告主要有以下几方面的作用：

（一）资产评估报告对被评估资产提供价值意见

资产评估报告是经具有资产评估资格的机构根据委托评估资产的特点和要求，组织资产评估师及相应的专业人员组成的评估队伍，遵循评估准则和标准，履行必要的评估程序，运用科学的方法对被评估资产价值进行评定和估算后，通过报告的形式提出价值意见。该价值意见不代表任何当事人一方的利益，是一种独立专家估价的意见，具有较强的公正性与客观性，因而成为被委托评估资产作价的重要参考依据。

（二）资产评估报告是明确各方责任的依据

资产评估报告是反映和体现资产评估工作情况，明确委托方、受托方及有关方面责任的依据。资产评估报告用文字的形式，对受托资产评估业务的目的、背景、范围、依据、程序、方法等过程和评定的结果进行说明和总结，体现了评估机构的工作成果。同时，资产评估报告也反映和体现了受托的资产评估机构与执业人员的权利与义务，并以此来明确委托方、受托方等有关方面的法律责任。在资产评估现场工作完成后，评估机构和评估人员就要根据现场工作取得的有关资料和估算数据，撰写评估结果报告，向委托方报告。负责评估项目的评估师也同时在报告书上行使签字的权利，并提出报告使用的范围和评估结果实现的前提等具体条款。当然，资评估报告也是评估机构履行评估协议和向委托方或有关方面收取评估费用的依据。

（三）资产评估报告是完善资产评估管理的手段

对资产评估报告进行审核，是资产评估行业行政监督管理部门和行业自律管理组织完善资产评估管理的重要手段。资产评估报告是反映评估机构和评估人员职业道德、执业能力水平以及评估质量高低和机构内部管理机制完善程度的重要依据。行业行政监督管理部门和行业自律管理组织通过审核资产评估报告，可以有效地对评估机构的业务开展情况进行监管。

（四）资产评估报告是归集评估档案资料的重要信息来源

资产评估报告是建立评估档案，归集评估档案资料的重要来源。评估机构和评估人员在完成资产评估任务之后，都必须按照档案管理的有关规定，将评估过程收集的资料、工作记录以及资产评估过程的有关工作底稿进行归档，以便进行评估档案的管理和使用。资产评估报告是对整个评估过程的工作总结，其内容包括了评估过程的各个具体环节和各有关资料的搜集和记录。因此,不仅评估报告的底稿是评估档案归集的主要内容,而且撰写资产评估报告过程中采用到的各种数据、各种依据、工作底稿和资产评估报告制度中形成的有关文字记录等都是资产评估档案的重要信息来源。

三、资产评估报告的分类

资产评估报告可以按不同的分类标准进行分类。

(一)按法律定位划分

按法律定位,资产评估报告可分为法定评估业务评估报告和非法定评估业务评估报告。评估机构开展涉及国有资产或者公共利益等事项,法律、行政法规规定需要评估的法定评估业务,所出具的评估报告为法定评估业务评估报告,比如国有资产评估报告;评估机构开展的非法定评估业务所出具的评估报告为非法定评估业务评估报告。

(二)按评估对象划分

按资产评估对象,资产评估报告可分为整体资产评估报告和单项资产评估报告。对(企业、单位或业务等)整体资产进行评估所出具的资产评估报告称为整体资产评估报告;对一项资产,或若干项以独立形态存在、可以单独发挥作用或以个体形式进行交易的资产进行评估所出具的资产评估报告称为单项资产评估报告。尽管资产评估报告的基本格式是一样的,但因整体资产评估与单项资产评估在具体业务上存在一些差别,两者在报告的内容上也必然会存在一些差别。一般情况下,整体资产评估报告的报告内容不仅包括资产,也包括负债和股东权益(所有者权益),而单项资产评估报告一般不考虑负债。

(三)按报告的繁简程度划分

按照评估报告的繁简程度,资产评估报告也可以分为完整型评估报告、简明型评估报告和限制型评估报告。要求评估师应在评估报告中明确说明评估报告的类型。完整型评估报告、简明型评估报告、限制型评估报告三种评估报告的根本区别在于所提供信息的详细程度的不同。完整型评估报告应当包括解决评估问题所需要的所有重要信息的完整描述;简明型评估报告应该包含对解决评估问题具有重要意义的信息的简要说明;当评估报告的预定使用者不包括除评估委托方之外的人员时,可以提供限制型评估报告。

(四)按评估基准日划分

根据评估基准日的不同选择,评估报告可以分为现时性评估报告、预测性评估报告和追溯性评估报告。现时性评估报告是指以现在时点为评估基准日进行资产价值评估出具的评估报告。其特点是评估基准日非常接近于评估报告日,大多数评估报告都属于现时性评估报告;预测性评估报告是指以未来时点为评估基准日进行资产价值评估出具的评估报告。其特点是评估基准日远远晚于评估报告日;追溯性评估报告是指以过去时点为评估基准日进行资产价值评估出具的评估报告。其特点是评估基准日远远早于评估报告日。如某法院委托进行司法诉讼评估,法院欲了解诉讼标的在三年前某一时点的市场价值,委托评估机构进行评估，此时出具的评估报告即是追溯性评估报告。又如某银行发放抵押贷款，银行欲了解抵押物在两年后某一时点的市场价值，委托评估机构进行评估，此时出具的评估报告即是预测性评估报告。

四、资产评估报告的基本要求

（一）陈述的内容应当清晰、准确，不得有误导性的表述

资产评估专业人员应当以清楚和准确的方式进行表述，而不致引起报告使用人的误解，评估报告不得存在歧义或误导性陈述。由于评估报告将提供给委托人、评估委托合同中约定的其他评估报告使用人和法律、行政法规规定的使用人使用，除委托人以外，其他评估报告使用人可能没有机会与资产评估专业人员进行充分沟通，而仅能依赖评估报告中的文字性表述来理解和使用评估结论，所以资产评估专业人员必须特别注意评估报告的表述方式，不应引起使用者的误解。同时，评估报告作为一个具有法律意义的文件，用语必须清晰、准确，不应有意或无意地使用存在歧义或误导性的表述。

（二）应当提供必要信息，使资产评估报告使用人能够正确理解评估结论

资产评估专业人员应当根据每一个评估项目的具体情况和委托方的合理要求，确定评估报告中所提供信息的范围和程度，使评估报告使用人能够正确理解报告的结论。判定一份评估报告是否提供了必要的信息，就要看评估报告使用人（可能具有评估专业知识，也可能不懂评估专业知识）在阅读评估报告后能否对评估结论有正确的理解。这虽然是一个原则性的外部标准，但对于评估报告是一个合理的要求。只有这样，才能体现资产评估专业人员是否尽到了勤勉尽责的义务。

（三）详略程度可以根据评估对象的复杂程度、委托人的要求合理确定

资产评估报告的详略程度是以评估报告中提供的必要信息为前提的。委托人和其他评估报告使用人是评估报告的服务对象，因此评估报告内容的详略要考虑报告使用人的合理需求。随着市场经济体制的逐步完善，市场主体对评估专业服务的需求也日趋多样化，这与以往评估报告单纯为国有企业和国有资产管理部门服务的状况有着较大区别。作为理性的评估报告使用人，可能会要求资产评估专业人员在评估报告中不仅提供评估结论，还要提供形成评估结论的详细过程，或者要求在评估报告中对某些方面提供更为详细的说明。因此，资产评估报告的详略程度应当根据评估对象的复杂程度、委托人的合理需求来确定。

（四）评估程序受限对评估报告出具的影响

评估报告是在履行评估程序的基础上完成的。现实工作中，由于资产的特殊性、客观条件限制等原因，使得评估程序的履行存在障碍，需要资产评估专业人员采取相关的替代程序。因法律法规规定、客观条件限制，无法或者不能完全履行资产评估基本程序，经采取措施弥补程序缺失，且未对评估结论产生重大影响的，可以出具资产评估报告，但应当在资产评估报告中说明资产评估程序受限情况、处理方式及其对评估结论的影响。如果程序受限

对评估结论产生重大影响或者无法判断其影响程度的,不应出具资产评估报告。

(五) 签字印章要求

资产评估报告应当由至少两名承办该项业务的资产评估专业人员签名并加盖资产评估机构印章。法定评估业务的资产评估报告应当由至少两名承办该项业务的资产评估师签名并加盖资产评估机构印章。

(六) 语言及汇率要求

资产评估报告应当使用中文撰写。需要同时出具外文资产评估报告的,以中文资产评估报告为准。资产评估报告一般以人民币为计量币种,使用其他币种计量的,应当注明该币种与人民币的汇率。

(七) 评估报告的有效期

评估结论反映评估基准日的价值判断,仅在评估基准日成立,所以资产评估报告应当明确评估结论的使用有效期。在基准日后的某个时期经济行为发生时,市场环境未发现较大变化,评估结论在此期间有效,一旦市场价格标准出现较大波动,则评估结论失效。通常,只有当评估基准日与经济行为实现日相距不超过一年时,才可以使用资产评估报告。当然,有时评估基准口至经济行为发生日尽管不到一年,但市场条件或资产状况发生重大变化,评估报告的结论不能反映经济行为实现日价值,这时也应该重新评估。

此外,评估报告有效期是对于现时评估的结论使用存在由于时间差异带来的市场变动的影响而提出的。超过有效期限,评估基准日的评估结论一般不能反映经济行为发生日的评估结论。

第二节 资产评估报告的内容

一、资产评估报告的基本内容

根据《资产评估执业准则——资产评估报告》,资产评估报告的内容包括:标题及文号、目录、声明、摘要、正文、附件。

(一) 标题及文号、目录、声明、摘要

1. 标题及文号、目录

资产评估报告是指资产评估机构及其资产评估专业人员遵守法律、行政法规和资产评估准则,根据委托履行必要的资产评估程序后,由资产评估机构对评估对象在评估基准日特定目的下的价值出具的专业报告。只有符合该定义的评估报告,才能以“评估报告”标题出具。资产评估机构及其资产评估专业人员执行与估算相关的其他业务时,虽然可以参照评估报告准则出具相关报告，但此类报告并不是评估报告，不得以“评估报告”标题出具，以免给委托人和报告使用人造成误解。

目录应当包括每一部分的标题和相应页码。

2. 评估报告声明

资产评估报告的声明通常包括以下内容：

（1）本资产评估报告依据财政部发布的资产评估基本准则和中国资产评估协会发布的资产评估执业准则和职业道德准则编制。

（2）委托人或者其他资产评估报告使用人应当按照法律、行政法规规定和资产评估报告载明的使用范围使用资产评估报告；委托人或者其他资产评估报告使用人违反前述规定使用资产评估报告的，资产评估机构及其资产评估专业人员不承担责任。

（3）资产评估报告仅供委托人、资产评估委托合同中约定的其他资产评估报告使用人和法律、行政法规规定的资产评估报告使用人使用；除此之外，其他任何机构和个人不能成为资产评估报告的使用人。

（4）资产评估报告使用人应当正确理解评估结论，评估结论不等同于评估对象可实现价格，评估结论不应当被认为是对评估对象可实现价格的保证。

（5）资产评估机构及其资产评估专业人员遵守法律、行政法规和资产评估准则，坚持独立、客观和公正的原则，并对所出具的资产评估报告依法承担责任。

（6）资产评估报告使用人应当关注评估结论成立的假设前提、资产评估报告特别事项说明和使用限制。

（7）其他需要声明的内容。

需要注意的是，准则的要求仅是一般性声明内容，资产评估专业人员在执行具体评估业务时，还应根据评估项目的具体情况，调整或细化声明内容。

3. 评估报告摘要

资产评估报告摘要通常提供资产评估业务的主要信息及评估结论。评估报告摘要披露的内容通常包括：(1)评估目的；(2)评估对象和评估范围；(3)价值类型及其定义；(4)评估基准日；(5)评估方法；(6)评估结论。资产评估专业人员还可以根据评估业务的性质、评估对象的复杂程度、委托人要求等，合理确定摘要中需要披露的其他信息。摘要应当与评估报告揭示的结果一致，不得有误导性内容。评估报告摘要与评估报告正文具有同等法律效力。

（二）评估报告正文

1. 委托人及其他资产评估报告使用人

资产评估报告使用人包括委托人、资产评估委托合同中约定的其他资产评估报告使用人和法律、行政法规规定的资产评估报告使用人。在评估报告中应当阐明委托人和其他评估报告使用人的身份，包括名称或类型。该名称可以是可确指的法人、自然人，如某某公司、某某自然人；也可以是不确指的一类群体，如国有资产管理部门、证券市场投资人等。

在国外，为避免违背职业道德准则中的为客户保密的责任，当某些客户希望在评估报告中匿名时，评估师可以将有关客户身份的信息存档，在报告中予以保密。

2. 评估目的

资产评估是为满足特定经济行为的需要而进行的，资产评估特定目的贯穿资产评估的全过程，影响着资产评估专业人员对评估对象的界定、价值类型的选择等，是资产评估专业人员进行具体资产评估时必须首先明确的基本事项。资产评估报告载明的评估目的应当唯一，其结论是服务于评估目的的。

目前国内资产评估业务涉及的评估目的主要包括：(1)转让定价评估目的；(2)抵、质押评估目的；(3)公司设立、改制、增资评估目的；(4)财务报告评估目的；(5)税收评估目的；(6)司法诉讼评估目的；(7)其他评估目的。

3. 评估对象和评估范围

资产评估报告中应当载明评估对象和评估范围，并描述评估对象的基本情况。对于企业价值评估，评估对象可以分为两类，即企业整体价值和股东权益价值(全部或部分)，与此对应的评估范围是评估对象涉及的资产及负债。将股东全部权益价值或股东部分权益价值作为评估对象，股东全部权益或股东部分权益对应的法人资产和负债属于评估范围，本身并不是评估对象。对于单项资产评估，各具体准则中均对评估对象进行了规范。

4. 价值类型

资产评估报告应当说明选择价值类型的理由，并明确其定义。一般情况下可供选择的价值类型包括市场价值、投资价值、在用价值、清算价值和残余价值等。对于价值类型的选择、定义，可以参考《资产评估价值类型指导意见》。

5. 评估基准日

资产评估报告载明的评估基准日应当与资产评估委托合同约定的评估基准日保持一致，可以是过去、现在或者未来的时点。

6. 评估依据

资产评估报告应当说明资产评估采用的法律依据、准则依据、权属依据及取价依据等。

(1) 法律和准则依据。

法律依据应包括资产评估的有关法律、法规等。如《公司法》《证券法》《拍卖法》《资产评估法》《资产评估行业财政监督管理办法》等。准则依据主要包括财政部发布的作为我国资产评估准则体系基础的《资产评估基本准则》，以及中国资产评估协会发布的《资产评估职业道德准则》《资产评估执业准则——资产评估报告》《资产评估执业准则——资产评估程序》《资产评估执业准则——资产评估委托合同》等一系列程序性准则和《资产评估执业准则——企业价值》《资产评估执业准则——无形资产》等一系列实体性准则、指南和指导意见。资产评估专业人员应当根据与评估项目相关的原则，在评估报告中说明执行资产评估业务所采用的具体法律和准则依据。

(2) 权属依据。

资产法律权属状况本身是个法律问题，对资产的所有权及其他与所有权相关的财产权进行界定或发表意见需要履行必要的法律程序，应当由具有相应专业能力与专业资质的人士（如律师）或部门（如产权登记部门）来进行。由于资产的价值与其法律权属状况有着密切关系，资产评估准则要求资产评估专业人员在执业过程中应当关注评估对象法律权属，并对核查验证情况予以披露。因此，资产评估专业人员应当根据与评估项目相关的原则，在评估报告中说明执行资产评估业务所依托的评估对象的权属依据。

权属依据通常包括国有资产产权登记证书，投资人出资权益的证明文件，与不动产、知识产权资产、资源性资产、运输设备等动产相关的权属证书或其他证明文件，债权持有证明文件，从事特定业务所需的经营许可证书等。一些权属证明文件如房屋产权证明上注明的房产面积、结构等仍是资产评估专业人员重要的取价依据，这时产权证明材料可以作为取价依据对待。

（3）取价依据。

取价依据应包括资产评估中直接或间接使用的、企业提供的财务会计经营方面的资料，国家有关部门发布的统计资料和技术标准资料，以及评估机构收集的有关询价资料和参数资料等。企业提供的取价依据相关资料一般包括企业本身的财务会计和经营、资产购建、使用及管理等资料；国家有关部门发布的取价依据相关资料，一般包括统计资料、技术标准和政策文件等资料；评估机构收集的取价资料，应当是除国家有关部门发布和企业提供的资料外，评估机构自行收集并依据的市场交易、专业资讯、研究分析等资料。

由于统计口径不同等原因，不同部门发布同一指标的统计资料其结果可能存在差异，国家有关部门发布的政策文件，也可能存在多次调整标准的情况，因此评估取价依据应当列示相关资料的名称、提供或发布的单位及时间等信息。

评估依据的披露应掌握以下原则：

（1）评估依据的表述方式应当明确、具体，具有可验证性。任何评估报告阅读者可以根据报告中披露的评估依据的名称、发布时间或文号找到相应的评估依据。

（2）评估依据具有代表性，且在评估基准日是有效的。作为评估依据应满足相关、合理、可靠和有效的要求。相关是指所收集的价格信息与需作出判断的资产具有较强的关联性；合理是指所收集的价格信息能反映资产载体结构和市场结构特征，不能简单地用行业或社会平均的价格信息推理具有明显特殊性质的资产价值；可靠是指经过对信息来源和收集过程的质量控制，所收集的资料具有较高的置信度；有效是指所收集的资料能够有效地反映评估基准日资产在模拟条件下可能的价格水平。

7. 评估方法

根据《资产评估基本准则》，确定资产价值的评估方法包括市场法、收益法和成本法三种基本方法及其衍生方法。资产评估专业人员应当根据评估目的、评估对象、价值类型、资料收集等情况，分析上述三种基本方法的适用性，合理选择评估方法。选择评估方法的过程中应注意以下因素：

（1）评估方法的选择要与评估目的、评估时的市场条件、被评估对象的具体状况，以及由此所决定的资产评估价值类型相适应。

（2）评估方法的选择受各种评估方法运用所需的数据资料及主要经济技术参数能否收

集的制约。每种评估方法的运用所涉及的经济技术参数的选择,都需要有充分的数据资料作为基础和依据。在评估时点以及一个相对较短的时间内,某种评估方法所需的数据资料的收集可能会遇到困难,当然也就会限制该评估方法的选择和运用。在这种情况下,资产评估专业人员应考虑依据替代原理,选择信息资料充分的评估方法进行评估。

(3) 资产评估专业人员在选择和运用某一方法进行评估时,应充分考虑该种方法在具体评估项目中的适用性、效率性和安全性,并注意满足该种评估方法的条件要求和程序要求。

(4) 在一些情况下,可以采取排除、否定其他评估方法的做法,作为决定采取某一种评估方法的理由。资产评估报告应当说明所选用的评估方法及其理由。首先需简单说明总体思路和主要评估方法及适用原因;其次要按照评估对象和所涉及的资产(负债)类型逐项说明所选用的具体评估方法。采用成本法的,应介绍估算公式,并对所涉及资产的重置价值及成新率的确定方法作出说明;采用市场法的,应介绍参照物(交易案例)的选择原则、比较分析与调整因素等;采用收益法的,应介绍采用收益法的技术思路,主要测算方法、模型或计算公式,明确预测收益的类型,以及预测方法与过程、折现率的选择和确定等情况;采用多种评估方法时,不仅要确保满足各种方法使用的条件要求和程序要求,还应当对各种评估方法取得的价值结论进行比较,分析可能存在的问题并做相应的调整,确定最终评估结果。

8. 评估程序实施过程和情况

资产评估报告应当说明资产评估程序实施过程中现场调查、收集整理评估资料、评定估算等主要内容,一般包括:

(1) 接受项目委托,确定评估目的、评估对象与评估范围、评估基准日,拟订评估计划等过程;

(2) 指导被评估单位清查资产、准备评估资料,核实资产与验证资料等过程;

(3) 选择评估方法、收集市场信息和估算等过程;

(4) 评估结论汇总、评估结论分析、撰写报告和内部审核等过程。

资产评估专业人员应当在遵守相关法律、法规和资产评估准则的基础上,根据委托人的要求,遵循各专业准则的具体规定,结合报告的繁简程度恰当考虑对评估程序实施过程和情况的披露的详细程度。对于报告使用人而言,真正需要了解的信息是评定估算的过程,尤其是最为关键的评估方法运用实施的过程。通常情况下,资产评估专业人员在评估报告中披露评估方法运用实施过程时应当重点关注以下内容:

(1) 评估方法的运用和逻辑推理计算过程。资产评估专业人员将采用的各种信息、数据,经演算而推导出评估结果,这种思路与演算的过程应符合公认的评估方法和计算模式,以使评估结果具有合理性和科学性。

(2) 评估方法运用中折现率、资本化率、价值比率、重置全价、成新率等重要参数的获取来源和形成过程。资产评估专业人员应当就对评估结果有着重要影响的数据和计算方法作出说明。

(3) 对初步评估结论进行综合分析,形成最终评估结论的过程。由于每一项资产评估可能采用两种以上的评估方法，使用不同评估方法可能会得出不同的评估价值，资产评估专业人员应就不同的评估结果所具有的含义、调整的理由和方法以及最终评估值的合理性进行说明。需要注意的是，评估报告中的评估过程内容，主要说明评估程序实施过程和评估的总体情况，而不是详细说明如何评估的。

9. 评估假设

评估假设本质是评估条件的某种抽象。在具体的评估项目中应当科学合理地设定和使用评估假设，需要与资产评估目的及其对评估市场条件的宏观限定情况、评估对象自身的功能和在评估时点的使用方式与状态、产权变动后评估对象的可能用途及利用方式和利用效果等相联系和匹配。资产评估专业人员应当合理使用评估假设，并在资产评估报告中披露所使用的资产评估假设，以使评估结论建立在合理的基础上，并使评估报告使用人能够正确理解评估结论。

10. 评估结论

《资产评估执业准则——资产评估报告》规定，资产评估报告应当以文字和数字形式表述评估结论，并明确评估结论的使用有效期。评估结论通常是确定的数值。经与委托人沟通，评估结论可以是区间值或者其他形式的专业意见。其中，引入区间值或者其他形式的表达形式是考虑到评估行业不断发展的业务多元化需求。

11. 特别事项说明

特别事项是指在已确定评估结果的前提下，资产评估专业人员在评估过程中已发现可能影响评估结果，但非执业水平和能力所能评定估算的有关事项。资产评估报告中应当对特别事项进行说明，并重点提示评估报告使用人对其予以关注。资产评估报告的特别事项说明包括：

（1）权属等主要资料不完整或者存在瑕疵的情形。即评估中所发现评估对象产权存在的问题，例如，房产证上所列示资产与实际所勘查的资产不一致，土地或房屋没有权属证明或者权属证明尚在办理等问题。资产评估专业人员在评估过程中发现评估对象存在产权瑕疵的问题，应当在特别事项说明中列示，让评估报告使用人能够更好地了解评估报告的信息。

（2）未决事项、法律纠纷等不确定因素。包括所有对评估结果产生重大影响的未决事项、法律纠纷、影响生产经营活动和财务状况的重大合同、重大诉讼事项。评估报告应当首先说明不确定性因素本身的情况，其次说明本次评估处理的方法及处理结果，再次说明此种处理可能产生的后果，最后提出此种处理的责任。所有披露内容，不应与事实相矛盾。

（3）重要的利用专家工作及相关报告情况。资产评估专业人员在执行评估业务的过程中，由于特殊知识和经验限制等原因，需要利用专家工作协助或者相关报告完成评估业务，这是评估专业属性的体现，也是国际上评估实践形成的共识。资产评估报告中应当披露重要的利用专家工作及相关报告的情况。

（4）重大期后事项。根据监管部门或委托人要求，资产评估专业人员可以对评估基准日期后重大事项作出披露。具体包括：说明评估基准日之后出具评估报告前发生的重大事项;特别提示评估基准日的期后事项对评估结论的影响;说明发生评估基准日期后事项时,不能直接使用评估结论的事项。

12. 资产评估报告使用限制说明

资产评估报告的使用限制说明应当载明:

(1)使用范围。

(2)委托人或者其他资产评估报告使用人未按照法律、行政法规规定和资产评估报告载明的使用范围使用资产评估报告的,资产评估机构及其资产评估专业人员不承担责任。

(3)除委托人、资产评估委托合同中约定的其他资产评估报告使用人和法律、行政法规规定的资产评估报告使用人之外,其他任何机构和个人不能成为资产评估报告的使用人。

(4)资产评估报告使用人应当正确理解评估结论。评估结论不等同于评估对象可实现价格,评估结论不应当被认为是对评估对象可实现价格的保证。

资产评估报告由评估机构出具后,委托人、评估报告使用人可以根据所载明的评估目的和评估结论进行恰当、合理使用,例如作为资产转让的作价基础,作为企业进行会计记录或调整账项的依据等。如果委托人或者评估报告使用人违反法律规定使用评估报告,或者不按照评估报告载明的使用范围使用评估报告,例如不按评估目的和用途使用或者超过有效期使用评估报告等,所产生的不利后果评估机构和评估专业人员不承担责任。

13. 资产评估报告日

资产评估专业人员应当在评估报告中说明出具评估报告的日期。资产评估报告载明的资产评估报告日通常为评估结论形成的日期,可以不同于资产评估报告的签署日。

14. 资产评估专业人员签名和资产评估机构印章

评估报告编制完成后,经资产评估机构对资产评估专业人员编制的评估报告复核认可,至少由两名承办该业务的资产评估专业人员签名,最后加盖资产评估机构的印章。对于法定评估业务的资产评估报告,资产评估报告正文应当由至少两名承办该评估业务的资产评估师签名,并加盖资产评估机构印章。声明、摘要和评估明细表上通常不需要另行签名盖章。

(三)评估报告附件

1. 评估对象所涉及的主要权属证明资料

评估对象所涉及的主要权属证明资料包括:房地产权证、无形资产权利(权属)证明、交通运输设备的行驶证及相关权属证明、重大机器设备的购置发票等。另外,资产评估专业人员应当收集委托人和被评估单位的营业执照并装订在评估报告的附件中。涉及国有企业等特定评估项目,应当参考相关准则要求披露主要权属证明资料。

2. 委托人和其他相关当事人的承诺函

在资产评估中,委托人和其他相关当事人的承诺是评估报告附件中不可缺少的一部分。资产评估专业人员在撰写评估报告时应当收集到针对本次评估项目的委托人和其他相关当事人的承诺函。

通常情况下，委托人和被评估单位应当承诺如下内容：

（1）资产评估所对应的经济行为符合国家规定；

（2）我方所提供的财务会计及其他资料真实、准确、完整、合规，有关重大事项如实地充分揭示；

（3）我方所提供的企业生产经营管理资料客观、真实、完整、合理；

（4）纳入资产评估范围的资产与经济行为涉及的资产范围一致，不重复、不遗漏；

（5）纳入资产评估范围的资产权属明确，出具的资产权属证明文件合法、有效；

（6）纳入资产评估范围的资产在评估基准日至评估报告提交日期间发生影响评估行为及结果的事项，对其披露及时、完整；

（7）不干预评估机构和评估专业人员独立、客观、公正地执业；

（8）我方所提供的资产评估情况公示资料真实、完整。

3. 资产评估机构及签名资产评估专业人员的备案文件或者资格证明文件

评估报告应当将评估机构的备案公告、证券期货业务资格证书复印件，资产评估师的职业资格证书登记卡复印件作为评估报告附件进行装订。

4. 资产评估汇总表或明细表

为了让委托人和其他评估报告使用人能够更好了解委托评估资产的构成及具体情况，资产评估专业人员应当以报告附件的形式提供资产评估汇总表或明细表。

二、评估明细表

（一）基本要求

评估明细表可以根据相关准则要求和企业会计核算所设置的会计科目，结合评估方法特点进行编制。

（1）单项资产或者资产组合评估、采用资产基础法进行企业价值评估，评估明细表包括被评估资产负债会计科目的评估明细表和各级汇总表。

（2）采用收益法进行企业价值评估，可以根据收益法评估参数和盈利预测项目的构成等具体情况设计评估明细表的格式和内容。

（3）采用市场法进行企业价值评估，可以根据评估技术说明的详略程度决定是否单独编制符合市场法特点的评估明细表。

（二）格式和内容要求

1. 资产、负债会计科目的评估明细表格式和内容基本要求

（1）表头应当含有资产或负债类型（会计科目）名称、被评估单位、评估基准日、表号、金额单位、页码。

（2）表中应当含有资产负债的名称（明细）、经营业务或者事项内容、技术参数、发生（购、建、创）日期、账面价值、评估价值、评估增减幅度等基本内容。必要时，在备注栏对技术参数或者经营业务、事项情况进行注释。

（3）表尾应当标明被评估单位填表人员、填表日期和评估专业人员。

（4）评估明细表按会计明细科目、一级科目逐级汇总，并编制资产负债表（方式）的评估汇总表及以人民币万元为金额单位的评估结果汇总表。

（5）会计计提的减值准备在相应会计科目（资产负债类型）合计项下和相关科目汇总表中列示。

（6）评估结果汇总表应当按以下顺序和项目内容列示：流动资产、非流动资产、资产总计、流动负债、非流动负债、负债总计、净资产等类别和项目。

2. 采用收益法中的现金流量折现法进行企业价值评估的评估明细表

评估明细表通常包括以下内容：

（1）资产负债、利润调整表（如果有调整时）；

（2）现金流量测算表；

（3）营业收入预测表；

（4）营业成本预测表；

（5）税金及附加预测表；

（6）销售费用预测表；

（7）管理费用预测表；

（8）财务费用预测表；

（9）营运资金预测表；

（10）折旧摊销预测表；

（11）资本性支出预测表；

（12）折现率计算表；

（13）溢余资产和非经营性资产分析表。

收益法评估明细表表头应当含有评估参数或预测项目名称、被评估单位、评估基准日、表号、金额单位等。此外，被评估单位为两家以上时，评估明细表应当按被评估单位分别归集，自成体系。

第三节　资产评估报告的编制

一、资产评估报告的编制步骤

资产评估报告的制作是评估机构完成评估工作的最后一道工序，也是资产评估工作中的一个重要环节。编制资产评估报告主要有以下几个步骤：

（一）整理工作底稿和归集有关资料

资产评估现场工作结束后，有关评估人员必须着手对现场工作底稿进行整理，按资产的性质进行分类。同时对有关询证函、被评估资产背景材料、技术鉴定情况和价格取证等有关资料进行归集和登记。对现场未予确定的事项，还须进一步落实和查核。这些现场工作底稿和有关资料都是编制资产评估报告的基础。

（二）评估明细表的数字汇总

在完成现场工作底稿和有关资料的归集任务后，评估人员应着手评估明细表的数字汇总。明细表的数字汇总应根据明细表的不同级次先明细表汇总，然后分类汇总，再到资产负债表式的汇总。不具备采用电脑软件汇总条件的评估机构，在数字汇总过程中应反复核对各有关表格的数字的关联性和各表格栏目之间的数字勾稽关系，防止出错。

（三）评估初步数据的分析和讨论

在完成评估明细表的数字汇总，得出初步的评估数据后，应召集参与评估工作过程的有关人员，对评估报告的初步数据结论进行分析和讨论，比较各有关评估数据，复核记录估算结果的工作底稿，对存在作价不合理的部分评估数据进行调整。

（四）编写资产评估报告

编写评估报告的工作又可分两步：

第一步，在完成资产评估初步数据的分析和讨论，对有关部分的数据进行调整后，由具体参加评估各组负责人员草拟出各自负责评估部分资产的评估说明，同时提交全面负责、熟悉本项目评估具体情况的人员草拟出的资产评估报告。

第二步，将评估基本情况和评估报告书初稿的初步结论与委托方交换意见，听取委托方的反馈意见后，在坚持独立、客观、公正的前提下，认真分析委托方提出的问题和建议，考虑是否应该修改评估报告书，对评估报告中存在的疏忽、遗漏和错误之处进行修正，待修改完毕即可撰写资产评估正式报告。

（五）资产评估报告的签发与送交

评估机构撰写出资产评估正式报告书后，经审核无误，按以下程序进行签名盖章：先由负责该项目的注册评估师签章（两名或两名以上），再送复核人审核签章，最后送评估机构负责人审定签章并加盖机构公章。

资产评估报告签发盖章后即可连同评估说明及评估明细表送交委托单位。

二、资产评估报告编制的技术要点

资产评估报告编制的技术要点是指在资产评估报告编制过程中的主要技能要求，它具体包括了文字表达、格式与内容方面的技能要求，以及复核与反馈等方面的技能要求。

（一）文字表达方面的技能要求

资产评估报告既是一份对被评估资产价值有咨询性和公证性作用的文书，又是一份用来明确资产评估机构和评估人员工作责任的文字依据，所以它的文字表达技能要求既要清楚、准确，又要提供充分的依据说明，还要全面地叙述整个评估的具体过程。其文字的表达必须准确，不得使用模棱两可的措词；其陈述既要简明扼要，又要把有关问题说明清楚，不得带有任何诱导、恭维和推荐性的陈述。当然，在文字表达上也不能有大包大揽的语句，尤其是涉及承担责任条款的部分。

（二）格式和内容方面的技能要求

对资产评估报告格式和内容方面的技能要求，按照现行制度规定，应该遵循中国资产评估协会颁发的《资产评估执业准则——资产评估报告》，以及相关部门制定的评估报告规范。

（三）评估报告的复核及反馈方面的技能要求

资产评估报告的复核与反馈也是资产评估报告书制作的具体技能要求。通过对工作底稿、评估说明、评估明细表和报告书正文的文字、格式及内容的复核和反馈，可以使有关错误、遗漏等问题在出具正式报告书之前得到修正。对评估人员来说，资产评估工作是一项必须由多个评估人员同时作业的中介业务，每个评估人员都有可能因能力、水平、经验、阅历及理论方法的限制而产生工作盲点和工作疏忽，所以，对资产评估报告书初稿进行复核就成为必要。从对评估资产的情况熟悉程度来说，大多数资产委托方和占有方对委托评估资产的分布、结构、成新等具体情况总是会比评估机构和评估人员更熟悉，所以，在出具正式报告之前征求委托方意见，收集反馈意见也很有必要。

对资产评估报告必须建立起多级复核和交叉复核的制度，明确复核人的职责，防止流于形式的复核。收集反馈意见主要是听取委托方或占有方熟悉资产具体情况的人员的意见。对委托方或占有方意见的反馈信息，应谨慎对待，应本着独立、客观、公正的态度去接受其反馈意见。

（四）撰写报告应注意的事项

1. 实事求是，切忌出具虚假报告

报告必须建立在真实、客观的基础上，不能脱离实际情况，更不能无中生有。报告拟定人应是参与该项目并较全面了解该项目情况的主要评估人员。

2. 坚持一致性做法，切忌出现表里不一

报告文字、内容前后要一致，摘要、正文、评估说明、评估明细表内容与格式、数据要一致。

3. 提交报告要及时、齐全和保密

在正式完成资产评估工作后，应按业务委托合同的约定时间及时将报告送交委托方。送交报告时，报告及有关文件要送交齐全。此外，要做好客户保密工作，尤其是对评估涉及的商业秘密和技术秘密，更要加强保密工作。

第四节 资产评估报告的使用

资产评估报告由评估机构出具后，资产评估委托方、资产评估管理方和有关部门对资产评估报告及有关资料要根据需要进行使用。

一、委托方对资产评估报告书的使用

委托方在收到受托评估机构送交的正式评估报告及有关资料后，可以依据评估报告所揭示的评估目的和评估结论，合理使用资产评估结果。根据有关规定，委托方依据评估报告书所揭示的评估目的及评估结论，可以作为以下几种具体的用途进行使用：

（一）根据评估目的，作为资产业务的作价基础

根据评估目的，需要进行评估的事项主要有：

（1）整体或部分改建为有限责任公司或股份有限公司；

（2）以非货币资产对外投资；

（3）合并、分立、清算；

（4）除上市公司以外的原股东股权比例变动；

（5）除上市公司以外的整体或部分产权（股权）转让；

（6）资产转让、置换、拍卖；

（7）整体资产或者部分资产租赁给非国有单位；

（8）确定涉讼资产价值；

（9）国有资产占有单位收购非国有资产；

（10）国有资产占有单位与非国有资产单位置换资产；

（11）国有资产占有单位接受非国有资产单位以实物资产偿还债务；

（12）法律、行政法规规定的其他需要进行评估的事项。

（二）作为企业进行会计记录或调整账项的依据

委托方在根据评估报告所揭示的资产评估目的使用资产评估报告资料的同时，还可依照有关规定，根据资产评估报告中的资料进行会计记录或调整有关财务账项。

（三）作为履行委托协议和支付评估费用的主要依据

当委托方收到评估机构正式评估报告的有关资料后，在没有异议的情况下，应根据委托协议，将评估结果作为计算支付评估费用的主要依据，履行支付评估费用的承诺及其他有关承诺的协议。

此外，资产评估报告及有关资料也是有关当事人因资产评估纠纷向纠纷调处部门申请调处的申诉资料之一。

当然,委托方在使用资产评估报告及有关资料时也必须注意以下几方面问题:

(1) 只能按报告所揭示的评估目的使用报告,一份评估报告书只允许按一个用途使用。

(2) 只能在报告的有效期内使用报告,超过报告的有效期,原资产评估结果无效。

(3) 在报告有效期内,资产评估数量发生较大变化时,应由原评估机构或者说资产占有单位按原评估方法作相应调整后才能使用。

(4) 涉及国有资产产权变动的评估报告及有关资料必须经国有资产管理部门或授权部门核准或备案后方可使用。

(5) 作为企业会计记录和调整企业账项使用的资产评估报告书及有关资料,必须由有权机关批准或认可后方能生效。

二、资产评估管理机构对资产评估报告的使用

资产评估管理机构主要是指对资产评估行政管理的主管机关和对资产评估行业自律管理的行业协会。对资产评估报告的使用是资产评估管理机构实现对评估机构的行政管理和行业自律管理的重要过程。资产评估管理机构通过对评估机构出具的资产评估报告有关资料的运用,能大体了解评估机构从事评估工作的业务能力和组织管理水平。由于资产评估报告是反映资产评估工作过程的工作报告,通过对资产评估报告资料的检查与分析,评估管理机构能大致判断该机构的业务能力和组织管理水平;另一方面,也是对资产评估质量进行评价的依据。资产评估管理机构通过对资产评估报告进行核准或备案,能够对评估机构的评估结果质量的好坏作出客观的评价,从而能够有效实现对评估机构和评估人员的管理。同时,它能为国有资产管理提供重要的数据资料。通过对资产评估报告的统计与分析,可以及时了解国有资产占有和使用状况以及增减值变动情况,为进一步加强国有资产管理服务。

三、其他有关部门对资产评估报告的使用

除了资产评估管理机构可运用资产评估报告资料外,还有些政府管理部门也需要运用资产评估报告,包括证券监督管理部门、保险监督管理部门、工商行政管理、税务、金融和法院等有关部门。

证券监督管理部门对资产评估报告的运用,主要表现在对申请上市的公司有关申报材料招股说明书的审核过程,以及对上市公司的股东配售发行股票时申报材料配股说明书的审核过程。根据有关规定,公开发行股票公司信息披露至少要列示以下各项资产评估情况:

(1) 按资产负债表大类划分的公司各类资产评估前账面价值及固定资产净值;

(2) 公司各类资产评估净值;

(3) 各类资产增减值幅度;

(4) 各类资产增减值的主要原因。

此外,还应简单介绍资产评估时采用的主要评估方法。

公开发行股票的公司采用非现金方式配股,其配股说明书的备查文件必须附上资产评

估报告书。

当然，证券监督管理部门还可运用资产评估报告书和有关资料加强对取得证券业务评估资格的评估机构及有关人员的业务管理。

保险监督管理部门、工商行政管理部门、税务、金融和法院等部门也都能通过对资产评估报告的运用来达到实现其管理职能的目的。

第五节　资产评估档案

一、资产评估档案的基本概念与分类

（一）资产评估档案的基本概念

资产评估档案是指资产评估机构开展资产评估业务形成的，反映资产评估程序实施情况、支持评估结论的工作底稿、资产评估报告及其他相关资料。工作底稿是资产评估专业人员在执行评估业务过程中形成的，反映评估程序实施情况、支持评估结论的工作记录和相关资料。评估基本程序包括明确业务基本事项、订立业务委托合同、编制资产评估计划、进行评估现场调查、收集整理评估资料、评定估算形成结论、编制出具评估报告、整理归集评估档案等内容。工作底稿是判断一个评估项目是否执行了这些基本程序的主要依据，应反映资产评估专业人员实施现场调查、评定估算等评估程序，支持评估结论。

（二）工作底稿的分类

1. 按工作底稿的内容分类

按照工作底稿的内容，可以分为管理类工作底稿和操作类工作底稿。

管理类工作底稿是指在执行资产评估业务过程中，为受理、计划、控制和管理资产评估业务所形成的工作记录及相关资料。

操作类工作底稿是指在履行现场调查、收集评估资料和评定估算程序时所形成的工作记录及相关资料。

2. 按工作底稿的载体分类

按照工作底稿的载体，可以分为纸质文档、电子文档或者其他介质形式的文档。

资产评估机构及其资产评估专业人员应当根据资产评估业务具体情况谨慎选择工作底稿的形式。

二、工作底稿的基本要求与编制要求

（一）工作底稿的基本要求

1. 应当遵守法律、行政法规和资产评估准则

一方面，应当遵守工作底稿编制和管理涉及的法律、行政法规，如《中华人民共和国档案法》《中华人民共和国资产评估法》《国有资产评估管理办法》《国有资产评估管理若干问题的规定》等；另一方面，应当遵守相关资产评估准则对编制和管理工作底稿的规范要求，如《资产评估基本准则》《资产评估执业准则一－资产评估程序》《资产评估执业准则——资产评估档案》等。

2. 应当反映资产评估程序实施情况，支持评估结论

根据《资产评估基本准则》，工作底稿应当真实完整、重点突出、记录清晰，能够反映资产评估程序实施情况、支持评估结论。

（1）工作底稿必须如实反映和记录评估全过程。也就是说，在评估程序实施的各个阶段，如订立评估业务委托合同，编制资产评估计划，进行评估现场调查，收集整理评估资料，评定估算形成结论，编制出具评估报告等各阶段，都应当将工作过程如实记录和反映在工作底稿中。

（2）工作底稿必须支持评估结论。工作底稿是用来反映评估过程有关资料、数据内容的记录，是为最终完成评估业务服务的，其目的是支持评估结论。与评估报告有关或支持评估结论的所有资料均应当形成相应的工作底稿。

3. 应当真实完整、重点突出、记录清晰

（1）工作底稿应当真实完整地反映评估全过程。一是要求工作底稿反映的内容和情况应当是实际存在和实际发生的，强调评估委托事项、评估对象、评估程序实施过程的真实性。二是工作底稿所反映的评估内容是完整的。不仅要求工作底稿内容真实，而且要求全面反映评估程序实施过程，不能遗漏。如评估对象的现场调查和评定估算等都应有真实完整的记录。

（2）工作底稿必须重点突出。工作底稿应当真实完整，并不是说非重点资产的现场调查、评定估算不可以简略。一个企业，可能有几千项设备，采用成本法评估时，不可能、也不必要对数量巨大的同类设备逐一进行现场勘查，摘抄每台设备的名称、规格型号、生产厂家、技术参数，查看每台设备的使用情况、维护保养等情况。《资产评估执业准则——资产评估程序》规定“资产评估专业人员可以根据重要性原则采用逐项或者抽样的方式进行现场调查”。因此，重点突出是指评估工作底稿应当力求反映对评估结论有重大影响的内容。重点突出是要求对工作底稿中支持评估结论的资料要突出，凡对评估结论有重大影响的文件资料和现场调查、评定估算过程，都应当形成工作底稿。

记录清晰有两方面含义：一是记录内容要清晰，使审核人员、工作底稿使用者通过查阅对评估过程的描述，对评估过程有清晰的认识；二是记录字迹要清晰。现场调查的工作底稿大都在现场撰写，有些评估专业人员现场调查后，所做记录文字不清晰，给审核工作带来较大困难，也难以作为支撑评估结论的依据。所以手写的工作底稿一定要字迹清楚，不能模糊难识。

资产评估机构及其资产评估专业人员可以根据资产评估业务具体情况，合理确定工作底稿的繁简程度。

4. 委托人和其他相关当事人提供的档案应由提供方确认

在评估中，有相当部分的工作底稿是由委托方和相关当事方提供的，有些是反映委托方基本情况的重要资料，如企业的营业执照、国有资产产权登记证、房地产权证等，需要提供方进行确认；有些是确定评估范围的，如资产评估明细表，更需要提供方予以确认。确认方式包括签字、盖章或者法律允许的其他方式。这实际上是责任划分问题，提供资料的一方，原则上应当对资料的真实性、完整性、合法性负责。

（二）工作底稿的编制要求

评估工作底稿的编制不但直接影响到资产评估的质量，还是资产评估专业人员佐证自己在评估过程中客观、公正地履行程序的依据。资产评估专业人员在评估业务完成后，应及时整理工作底稿。评估工作底稿编制的具体要求包括：

1. 作为底稿的相关资料的确认

资产评估专业人员收集委托人和相关当事人提供的重要资料作为工作底稿，应当由提供方对相关资料进行确认，确认方式包括但不限于签字、盖章、法律允许的其他方式。

2. 编制目录和索引号

细化的工作底稿种类繁多，不编制索引号和页码将很难查找，利用交叉索引和备注说明等形式能完整地反映工作底稿间的勾稽关系并避免重复。资产评估专业人员应当根据评估业务特点和工作底稿类别，编制工作底稿目录，建立必要的索引号，以反映工作底稿间的勾稽关系。比如评估项目中的汇率，评估基准日 1 美元兑换 6.5 元人民币，评估过程中，在现金、银行存款、应收账款、应付账款等多个科目都要引用，编制工作底稿时，可以在现金的工作底稿中保存汇率的询价依据，其他科目的评估中只要注明交叉索引就能很方便地找到依据。

3. 底稿审核

工作底稿一般是评估项目组的成员在评估时编制的，由于种种原因，编制人可能产生差错、遗漏等问题，因此，在工作底稿的编制过程中，需要经过必要的审核程序，包括对文字、数字、计算过程等内容的审核。

三、工作底稿的内容

（一）管理类工作底稿

管理类工作底稿是指在执行资产评估业务过程中，为受理、计划、控制和管理资产评估业务所形成的工作记录及相关资料。管理类工作底稿通常包括以下内容：

（1）资产评估业务基本事项的记录；

（2）资产评估委托合同；

（3）资产评估计划；

（4）资产评估业务执行过程中重大问题处理记录；

（5）资产评估报告的审核意见。

以企业价值评估为例，记录评估业务基本事项的工作底稿应反映以下内容：

（1）评估项目的洽谈人，委托人名称、联系人，其他相关当事人（主要是被评估单位）名称、地址、法定代表人、企业性质、注册资金、经营期限、经营范围、联系人等基本情况；

（2）其他相关当事人和委托人的关系；

（3）评估报告使用人及与委托人、被评估单位等其他相关当事人的关系；

（4）相关经济行为的背景情况及评估目的；

（5）评估对象和评估范围；

（6）评估范围内的资产状况，包括评估对象基本情况及资产分布情况，资产的数量及各类资产、负债账面值，资产质量现状，实物资产存放地，账外资产、或有资产、或有负债、特殊资产情况，资产历次评估、调账情况，相关当事人所处行业、法律环境、会计政策、股权状况等相关情况；

（7）价值类型；

（8）评估基准日；

（9）评估假设、限制条件；

（10）评估报告提交期限和方式；

（11）评估服务费总额或者支付标准、支付时间及支付方式。

资产评估专业人员在项目承接洽谈阶段，应尽可能了解以上内容，以更好控制评估风险。

2. 资产评估项目风险评价

评估项目风险评价的工作底稿应反映以下内容：

（1）项目洽谈人通过对委托人和其他相关当事人的要求、评估目的、资产状况等基本情况的了解，对评估项目是否存在风险作出的判断；

（2）风险可控情况，化解风险、防范风险的主要措施；

（3）评估机构按规定流程通过对评估项目基本情况了解、评估项目风险调查分析，对是否承接项目作出的决定或签署的意见。

3. 资产评估委托合同

评估委托合同的工作底稿应反映评估委托合同签订以及评估目的、评估对象和范围、评估基准日、价值类型、评估服务费、评估报告类型、评估报告提交期限和方式发生变更等的过程。

4. 资产评估计划

评估计划工作底稿的主要内容为：

（1）对实施资产评估业务的主要过程及时间进度、人员安排等的安排；

（2）在评估过程中根据情况变化作出的调整记录；

（3）评估机构对评估计划的审核、批准情况。

5. 聘请专家的主要情况

评估项目聘用专家有关情况的工作底稿应反映聘请专家个人解决的问题，拟聘请专家个人的简况、专业或专长。

6. 资产评估过程中重大问题处理记录

评估过程中重大问题处理记录工作底稿应反映评估项目实施过程中，资产评估专业人员遇到重大问题逐级请示、资产评估专业人员根据批示意见处理的记录。

7. 资产评估报告审核情况

审核是评估机构保证评估质量、降低评估风险的重要手段，是评估机构内部质量控制程序的重要组成部分，审核工作底稿应反映评估机构内部各级审核情况，明确列示审核意见。此外，委托人提供的反馈意见、管理部门提出的评审意见，以及资产评估专业人员对相关意见的处理信息等也属于报告审核情况的工作底稿。

8. 资产评估专业人员在评估中形成的其他管理类工作底稿

资产评估专业人员在评估中形成的其他管理类工作底稿应于归档时一并保存，通常包括：

（1）与委托人、相关当事人和其他中介机构往来的资料；

（2）项目核准或备案文件；

（3）专家讨论会记录；

（4）资产评估专业人员认为需要保存的其他相关资料。

（二）操作类工作底稿

操作类工作底稿是指在履行现场调查、收集评估资料和评定估算程序时所形成的工作记录及相关资料。

1. 操作类工作底稿的内容

操作类工作底稿产生于评估工作的全过程，由资产评估专业人员及其助理人员编制，反映资产评估专业人员在执行具体评估程序时所形成的工作成果，主要包括以下几方面内容：

（1）现场调查记录与相关资料。

调查实物资产时，采用成本法与采用收益法、市场法对实物资产的调查重点是不同的。如：对机器设备的评估，采用成本法需了解机器设备的生产厂家、规格型号、主要参数，为重置价值提供依据，要了解机器设备的使用年限、使用情况、维修保养情况、产品质量情况，为判断成新率提供依据；采用收益法时，主要了解机器设备在企业中的地位、作用，了解主要机器设备的生产能力，与企业生产规模是否相适应，为预测企业的未来收益做准备；采用市场法时，主要了解相同或相似资产的交易信息。因此，不同评估方法下的现场调查工作底稿内容不同，资产评估专业人员应根据评估目的和资产状况，合理确定资产（含负债）的调查量，并编制相应的工作底稿,一般包括以下内容:委托人或者其他相关当事人提供的资料,如:资产评估明细表,评估对象的权属证明资料,与评估业务相关的历史、预测、财务、审计等资料,以及相关说明、证明和承诺等;现场勘查记录、函证记录等;其他相关资料。

(2)收集的评估资料。

在整个评估工作过程中,收集的与评估工作有关的操作类工作底稿具体包括以下内容:① 市场调查及数据分析资料;② 询价记录;③ 其他专家鉴定及专业人士报告;④ 其他相关资料。

(3)评定估算过程记录。

在评定估算阶段所做的工作,均需编制相应的工作底稿,以支持评估结论,一般包括以下内容:① 重要参数的选取和形成过程记录;② 价值分析、计算、判断过程记录;③ 评估结论形成过程记录;④ 其他相关资料。

2. 操作类工作底稿的分类

按照评估方法划分,操作类工作底稿一般可分为成本法工作底稿、收益法工作底稿和市场法工作底稿。

(1)成本法(或资产基础法)工作底稿。

资产评估专业人员运用资产基础法对企业进行整体价值评估时,应在工作底稿中反映被评估企业拥有的有形资产、无形资产以及应当承担的负债,记录根据其具体情况分别选用市场法、收益法、成本法的现场调查、评定估算过程。

(2)收益法工作底稿。

资产评估专业人员采用收益法评估企业资产价值时,应与委托人充分沟通,获得委托人关于被评估企业资产配置和使用情况的说明,包括对非经营性资产、负债和溢余资产状况的说明。资产评估专业人员进行现场调查后,应汇集资产的账面值、调查值形成工作底稿。

资产评估专业人员应在与委托人和其他相关当事人协商并获得有关信息的基础上,采用适当的方法,对被评估企业前几年的财务报表中影响评估过程和评估结论的相关事项进行必要的分析调整,以合理反映企业的财务状况和盈利能力。工作底稿应完整地反映对企业资产、负债、盈利状况进行调整的原因、内容、过程和结果,企业财务报表数据调整前后的变化。

资产评估专业人员应在工作底稿中反映以下内容:① 对企业财务指标进行分析的过程;② 对企业未来经营状况和收益状况进行的分析、判断和调整过程;③ 根据企业经营状况和发展前景,预测期内的资产、负债、损益、现金流量的预测结果,企业所在行业现状及发展前景,合理确定收益预测期,以及预测期后的收益情况及相关终值的计算,收益现值的计算过程;④ 综合考虑评估基准日的利率水平、市场投资回报率、加权平均资本成本等资本市场相关信息和企业、所在行业的特定风险等因素,合理确定资本化率或折现率的过程。

在采用收益法对企业整体价值进行分析和评估时,企业如有非经营性资产、负债和溢余资产,应当编制相应的非经营性资产、负债和溢余资产的现场调查、评定估算工作底稿。

(3)市场法工作底稿。

资产评估专业人员在采用市场法评估企业整体价值时，应在工作底稿中反映收集的参考企业、市场交易案例的资料，反映所选择的参考企业、市场交易案例与被评估企业具有可比性的资料。资产评估专业人员应对被评估企业与参考企业、市场交易案例之间的相似性和差异性进行比较、分析、调整的过程，以及对所选价值乘数计算的过程编制相应的工作底稿。

在评估股东部分权益价值时，应在工作底稿中反映资产评估专业人员对流动性和控制权对评估对象价值影响的处理情况。

四、资产评估档案的归集和管理

资产评估业务完成后，资产评估专业人员应将工作底稿与评估报告等归集形成评估档案后及时向档案管理人员移交，并由所在资产评估机构按照国家有关法律、法规及评估准则的规定妥善管理。

（一）资产评估档案的归集期限

资产评估专业人员通常应当在资产评估报告日后90日内将工作底稿、资产评估报告及其他相关资料归集形成资产评估档案，并由所在资产评估机构按照国家有关法律、行政法规和相关资产评估准则的规定妥善管理。重大或者特殊项目的归档时限不晚于评估结论使用有效期届满后30日。

（二）资产评估档案的保管期限

根据《中华人民共和国资产评估法》规定，一般评估业务的评估档案保存期限不少于15年，法定评估业务的评估档案保管期限不少于30年。评估档案的保存期限，自资产评估报告日起算。《资产评估执业准则——资产评估档案》规定，资产评估档案自资产评估报告日起保存期限不少于15年；属于法定资产评估业务的，不少于30年。对电子或者其他介质形式的资产评估档案，资产评估机构应当在法定保存期限内妥善保存。资产评估机构不得对在规定保存期内的资产评估档案非法删改或者销毁。

五、资产评估档案的保密与查阅

资产评估档案涉及客户的商业秘密，评估机构、资产评估专业人员有责任为客户保密。资产评估档案的管理应当严格执行保密制度。除下列情形外，资产评估档案不得对外提供：

（1）财政部门依法调阅的；

（2）资产评估协会依法依规调阅的；

（3）其他依法依规查阅的。

本机构评估专业人员需要查阅评估档案，应按规定办理借阅手续。

本章小结

资产评估报告是指资产评估机构及其资产评估专业人员遵守法律、行政法规和资产评估准则，根据委托履行必要的评估程序后，由资产评估机构对评估对象在评估基准日特定目的下的价值出具的专业报告。

资产评估报告主要有以下几方面的作用：资产评估报告对被评估资产提供价值意见；资产评估报告是明确各方责任的依据；资产评估报告是完善资产评估管理的手段；资产评估报告是归集评估档案资料的重要信息来源。

资产评估报告按法律定位划分可分为法定评估业务评估报告和非法定评估业务评估报告；按资产评估对象划分可分为整体资产评估报告和单项资产评估报告；按评估报告的繁简程度划分可分为完整型评估报告、简明型评估报告、限制型评估报告；按评估基准日划分可分为现时性评估报告、预测性评估报告、追溯性评估报告。

资产评估报告的内容包括：标题及文号、目录、声明、摘要、正文、附件。

评估报告正文的内容包括：(1)委托人及其他资产评估报告使用人；(2)评估目的；(3)评估对象和评估范围；(4)价值类型；(5)评估基准日；(6)评估依据；(7)评估方法；(8)评估程序实施过程和情况；(9)评估假设；(10)评估结论；(11)特别事项说明；(12)资产评估报告使用限制说明；(13)资产评估报告日；(14)资产评估专业人员签名和资产评估机构印章。

评估报告附件的内容包括：(1)评估对象所涉及的主要权属证明资料；(2)委托人和其他相关当事人的承诺函；(3)资产评估机构及签名资产评估专业人员的备案文件或者资格证明文件；(4)资产评估汇总表或明细表。

编制资产评估报告步骤主要有：(1)整理工作底稿和归集有关资料；(2)评估明细表的数字汇总；(3)评估初步数据的分析和讨论；(4)编写资产评估报告；(5)资产评估报告的签发与送交。

资产评估报告编制的技术要点主要有：(1)文字表达方面的技能要求；(2)格式和内容方面的技能要求；(3)评估报告的复核及反馈方面的技能要求；(4)撰写报告应注意的事项。

资产评估报告由评估机构出具后，资产评估委托方、资产评估管理方和有关部门对资产评估报告及有关资料要根据需要进行使用。

资产评估档案是指资产评估机构开展资产评估业务形成的，反映资产评估程序实施情况、支持评估结论的工作底稿、资产评估报告及其他相关资料。

工作底稿是资产评估专业人员在执行评估业务过程中形成的，反映评估程序实施情况、支持评估结论的工作记录和相关资料。按照工作底稿的内容，可以分为管理类工作底稿和操作类工作底稿。

根据《中华人民共和国资产评估法》规定，一般评估业务的评估档案保存期限不少于15

年，法定评估业务的评估档案保管期限不少于30年。

思考题

1. 什么是资产评估报告？
2. 资产评估报告有哪些作用？
3. 资产评估报告是如何进行分类的？
4. 资产评估报告的基本要求有哪些？
5. 资产评估报告的声明通常包括哪些内容？
6. 什么是特别事项？资产评估报告的特别事项说明主要有哪些？
7. 通常情况下，委托人和被评估单位应当承诺哪些内容？
8. 编制资产评估报告的步骤主要有哪些？
9. 什么是资产评估档案？
10. 什么是管理类工作底稿？管理类工作底稿通常包括哪些内容？

练习题

一、名词解释

资产评估报告　现时性评估报告　预测性评估报告　追溯性评估报告
资产评估档案　管理类工作底稿　操作类工作底稿

二、单项选择题

1. 以现在时点为评估基准日进行资产价值评估出具的评估报告称为(　　)。

A. 预测性评估报告　　B. 限制型评估报告
C. 追溯性评估报告　　D. 现时性评估报告

2. 法定评估业务的资产评估报告应当由(　　)名以上资产评估师签名。

A. 1　　B. 2　　C. 3　　D. 4

3. 一般评估业务的评估档案保存期限不少于(　　)。

A. 5年　　B. 10年　　C. 15年　　D. 20年

4. 法定评估业务的评估档案保管期限不少于(　　)。

A. 10年　　B. 20年　　C. 30年　　D. 40年

5. 评估机构三级审核制度中的三级审核人指的是(　　)。

A. 项目负责人　　B. 部门负责人　　C. 机构负责人　　D. 签名评估师

6. 评估报告摘要与评估报告正文两者关系表述正确的是(　　)。

A. 评估报告摘要的法律效力高于评估报告正文
B. 评估报告正文的法律效力高于评估报告摘要
C. 评估报告摘要与评估报告正文具有同等法律效力
D. 两者法律效力的高低由当事人协商确定

7. 资产评估专业人员通常应当在资产评估报告日后(　　)内形成资产评估档案。

A. 30 日　　B. 60 日　　C. 90 日　　D. 120 日

8. 资产评估重大或者特殊项目的归档时限不晚于评估结论使用有效期届满后(　　)。

A. 30 日　　B. 60 日　　C. 90 日　　D. 120 日

9. 通常,只有当评估基准日与经济行为实现日相距不超过(　　)时,才可以使用资产评估报告。

A. 1 个月　　B. 3 个月　　C. 6 个月　　D. 1 年

10. 下列不属于评估依据的是(　　)。

A. 法律和准则依据　　B. 权属依据

C. 方法依据　　D. 取价依据

三、多项选择题

1. 按照评估报告的繁简程度,资产评估报告也可以分为(　　)。

A. 完整型评估报告　　B. 简明型评估报告

C. 现时性评估报告　　D. 限制型评估报告

2. 按评估基准日划分,资产评估报告也可以分为(　　)。

A. 现时性评估报告　　B. 完整型评估报告

C. 预测性评估报告　　D. 追溯性评估报告

3. 资产评估报告的内容包括(　　)。

A. 声明　　B. 摘要　　C. 正文　　D. 附件

4. 下列属于评估依据的是(　　)。

A. 法律依据　　B. 准则依据　　C. 权属依据　　D. 取价依据

5. 下列属于资产评估管理机构的是(　　)。

A. 评估行政管理的主管机关　　B. 税务主管机关

C. 工商行政管理的主管机关　　D. 评估自律管理的行业协会

6. 按照工作底稿的内容,工作底稿可以分为(　　)。

A. 纸质文档　　B. 管理类工作底稿

C. 电子文档　　D. 操作类工作底稿

7. 按资产评估对象,资产评估报告可分为(　　)。

A. 整体资产评估报告　　B. 法定评估业务评估报告

C. 单项资产评估报告　　D. 非法定评估业务评估报告

8. 下列属于评估对象权属证明资料的是(　　)。

A. 房地产权证　　B. 无形资产权利证明

C. 交通运输设备的行驶证　　D. 原材料购置发票

9. 下列在履行合法手续后可以查阅评估档案的主体有(　　)。

A. 财政部门　　B. 资产评估协会

C. 法院　　D. 其他评估机构

10. 下列属于评估报告附件的是(　　)。

A. 评估对象的权属证明资料　　B. 委托人的承诺函

C. 评估人员的资格证明文件　　D. 资产评估委托合同

四、判断题

1. 资产评估报告应当由至少两名承办该项业务的资产评估师签名。(　　)

2. 预测性评估报告是指以未来时点为评估基准日进行资产价值评估出具的评估报告。(　　)

3. 通常,只有当评估基准日与经济行为实现日相距不超过半年时,才可以使用资产评估报告。(　　)

4. 评估报告摘要与评估报告正文具有同等法律效力。(　　)

5. 资产评估报告载明的资产评估报告日通常为评估结论形成的日期,必须与资产评估报告的签署日相同。(　　)

6. 重大或者特殊项目的归档时限不晚于评估结论使用有效期届满后90日。(　　)

7. 法定评估业务的评估档案保管期限不少于20年。(　　)

8. 资产评估报告的评估结论应尽可能满足委托人的要求。(　　)

9. 资产评估档案是指资产评估机构开展资产评估业务形成的,反映资产评估程序实施情况、支持评估结论的工作底稿及其他相关资料。(　　)

10. 资产评估结论必须是确定的数值。(　　)

附录　复利系数公式和复利系数表

1. 复利系数公式

各种复利系数公式如下：

复利系数名称	符　号	条　件	公　式
复利终值系数	(F/P,r,n)	已知现值求终值	$(1+r)^n$
复利现值系数	(P/F,r,n)	已知终值求现值	$\frac{1}{(1+r)^n}$或$(1+r)^{-n}$
年金终值系数	(F/A,r,n)	已知年金求终值	$\frac{(1+r)^n-1}{r}$
基金年存系数	(A/F,r,n)	已知终值求年金	$\frac{r}{(1+r)^n-1}$
年金现值系数	(P/A,r,n)	已知年金求现值	$\frac{(1+r)^n-1}{r(1+r)^n}$
投资回收系数	(A/P,r,n)	已知现值求年金	$\frac{r(1+r)^n}{(1+r)^n-1}$

从上述公式中，可以清楚地看出各种系数之间的关系。在复利终值系数和复利现值系数之间，年金终值系数和基金年存系数之间，年金现值系数和投资回收系数之间，都存在着一种倒数关系。

2. 复利系数表

为了便于时间价值的换算，根据上述公式计算的六种复利系数表附后。

1%复利系数表

年限	复利终值系数 已知现值求将来值	复利现值系数 已知将来值求现值	年金终值系数 已知年金求将来值	基金年存系数 已知将来值求年金	年金现值系数 已知年金求现值	投资回收系数 已知现值求年金
1	1.010 0	0.990 1	1.000 0	1.000 0	0.990 1	1.010 0
2	1.020 1	0.980 3	2.010 0	0.497 5	1.970 4	0.507 5
3	1.030 3	0.970 6	3.030 1	0.330 0	2.941 0	0.340 0
4	1.040 6	0.961 0	4.060 4	0.246 3	3.902 0	0.256 3
5	1.051 0	0.951 5	5.101 0	0.196 0	4.853 4	0.206 0
6	1.061 5	0.942 0	6.152 0	0.162 5	5.795 5	0.172 5
7	1.072 1	0.932 7	7.213 5	0.138 6	6.728 2	0.148 6
8	1.082 9	0.923 5	8.285 7	0.120 7	7.651 7	0.130 7
9	1.093 7	0.914 3	9.368 5	0.106 7	8.566 0	0.116 7
10	1.104 6	0.905 3	10.462 2	0.095 6	9.471 3	0.105 6
11	1.115 7	0.896 3	11.566 8	0.086 5	10.367 6	0.096 5
12	1.126 8	0.887 4	12.682 5	0.078 8	11.255 1	0.088 8
13	1.138 1	0.878 7	13.809 3	0.072 4	12.133 7	0.082 4
14	1.149 5	0.870 0	14.947 4	0.066 9	13.003 7	0.076 9
15	1.161 0	0.861 3	16.096 9	0.062 1	13.865 0	0.072 1
16	1.172 6	0.852 8	17.257 9	0.057 9	14.717 9	0.067 9
17	1.184 3	0.844 4	18.430 4	0.054 3	15.562 2	0.064 3
18	1.196 1	0.836 0	19.614 7	0.051 0	16.398 3	0.061 0
19	1.208 1	0.827 7	20.810 9	0.048 1	17.226 0	0.058 1
20	1.220 2	0.819 5	22.019 0	0.045 4	18.045 6	0.055 4
21	1.232 4	0.811 4	23.239 2	0.043 0	18.857 0	0.053 0
22	1.244 7	0.803 4	24.471 6	0.040 9	19.660 4	0.050 9
23	1.257 2	0.795 4	25.716 3	0.038 9	20.455 8	0.048 9
24	1.269 7	0.787 6	26.973 5	0.037 1	21.243 4	0.047 1
25	1.282 4	0.779 8	28.243 2	0.035 4	22.023 1	0.045 4

续表

年	复利终值系数	复利现值系数	年金终值系数	基金年存系数	年金现值系数	投资回收系数
限	已知现值求将来值	已知将来值求现值	已知年金求将来值	已知将来值求年金	已知年金求现值	已知现值求年金
26	1.295 3	0.772 0	29.525 6	0.033 9	22.795 2	0.043 9
27	1.308 2	0.764 4	30.820 9	0.032 4	23.559 6	0.042 4
28	1.321 3	0.756 8	32.129 1	0.031 1	24.316 4	0.041 1
29	1.334 5	0.749 3	33.450 4	0.029 9	25.065 8	0.039 9
30	1.347 8	0.741 9	34.784 9	0.028 7	25.807 7	0.038 7
31	1.361 3	0.734 6	36.132 7	0.027 7	26.542 3	0.037 7
32	1.374 9	0.727 3	37.494 1	0.026 7	27.269 6	0.036 7
33	1.388 7	0.720 1	38.869 0	0.025 7	27.989 7	0.035 7
34	1.402 6	0.713 0	40.257 7	0.024 8	28.702 7	0.034 8
35	1.416 6	0.705 9	41.660 3	0.024 0	29.408 6	0.034 0
40	1.488 9	0.671 7	48.886 4	0.020 5	32.834 7	0.030 5
45	1.564 8	0.639 1	56.481 1	0.017 7	36.094 5	0.027 7
50	1.644 6	0.608 0	64.463 2	0.015 5	39.196 1	0.025 5
55	1.728 5	0.578 5	72.852 4	0.013 7	42.147 2	0.023 7
60	1.816 7	0.550 4	81.669 6	0.012 2	44.955 0	0.022 2
65	1.909 4	0.523 7	90.936 6	0.011 0	47.626 6	0.021 0
70	2.006 8	0.498 3	100.676 3	0.009 9	50.168 5	0.019 9
75	2.109 1	0.474 1	110.912 8	0.009 0	52.587 0	0.019 0
80	2.216 7	0,451 1	121.671 5	0.008 2	54.888 2	0.018 2
85	2.329 8	0.429 2	132.978 9	0.007 5	57.077 7	0.017 5
90	2.448 6	0.408 4	144.863 2	0.006 9	59.160 9	0.016 9
95	2.573 5	0.388 6	157.353 7	0.006 4	61.143 0	0.016 4
100	2.704 8	0.369 7	170.481 3	0.005 9	63.028 9	0.015 9

2%复利系数表

年	复利终值系数	复利现值系数	年金终值系数	基金年存系数	年金现值系数	投资回收系数
限	已知现值求将来值	已知将来值求现值	已知年金求将来值	已知将来值求年金	已知年金求现值	已知现值求年金
1	1.020 0	0.980 4	1.000 0	1.000 0	0.980 4	1.020 0
2	1.040 4	0.961 2	2.020 0	0.495 1	1.941 6	0.515 1
3	1.061 2	0.942 3	3.060 4	0.326 8	2.883 9	0.346 8
4	1.082 4	0.923 8	4.121 6	0.242 6	3.807 7	0.262 6
5	1.104 1	0.905 7	5.204 0	0.192 2	4.713 5	0.212 2
6	1.126 2	0.888 0	6.308 1	0.158 5	5.601 4	0.178 5
7	1.148 7	0.870 6	7.434 3	0.134 5	6.472 0	0.154 5
8	1.171 7	0.853 5	8.582 9	0.116 5	7.325 5	0.136 5
9	1.195 1	0.836 8	9.754 6	0.102 5	8.162 2	0.122 5
10	1.219 0	0.820 3	10.949 7	0.091 3	8.982 6	0.111 3
11	1.243 4	0.804 3	12.168 7	0.082 2	9.786 8	0.102 2
12	1.268 2	0.788 5	13.412 0	0.074 6	10.575 3	0.094 6
13	1.293 6	0.773 0	14.680 3	0.068 1	11.348 4	0.088 1
14	1.319 5	0.757 9	15.973 9	0.062 6	12.106 2	0.082 6
15	1.345 9	0.743 0	17.293 4	0.057 8	12.849 2	0.077 8
16	1.372 8	0.728 4	18.639 2	0.053 7	13.577 7	0.073 7
17	1.400 2	0.714 2	20.012 0	0.050 0	14.291 8	0.070 0
18	1.428 2	0.700 2	21.412 2	0.046 7	14.992 0	0.066 7
19	1.456 8	0.686 4	22.840 5	0.043 8	15.678 4	0.063 8
20	1.485 9	0.673 0	24.297 3	0.041 2	16.351 4	0.061 2
21	1.515 7	0.659 8	25.783 2	0.038 8	17.011 2	0.058 8
22	1.546 0	0.646 8	27.298 9	0.036 6	17.658 0	0.056 6
23	1.576 9	0.634 2	28.844 9	0.034 7	18.292 2	0.054 7
24	1.608 4	0.621 7	30.421 8	0.032 9	18.913 9	0.052 9
25	1.640 6	0.609 5	32.030 2	0.031 2	19.523 4	0.051 2

续表

年限	复利终值系数	复利现值系数	年金终值系数	基金年存系数	年金现值系数	投资回收系数
	已知现值求将来值	已知将来值求现值	已知年金求将来值	已知将来值求年金	已知年金求现值	已知现值求年金
26	1.673 4	0.597 6	33.670 8	0.029 7	20.121 0	0.049 7
27	1.706 9	0.585 9	35.344 2	0.028 3	20.706 9	0.048 3
28	1.741 0	0.574 4	37.051 1	0.027 0	21.281 2	0.047 0
29	1.775 8	0.563 1	38.792 1	0.025 8	21.844 3	0.045 8
30	1.811 4	0.552 1	40.567 9	0.024 7	22.396 4	0.044 7
31	1.847 6	0.541 3	42.379 3	0.023 6	22.937 7	0.043 6
32	1.884 5	0.530 6	44.226 9	0.022 6	23.468 3	0.042 6
33	1.922 2	0.520 2	46.111 4	0.021 7	23.988 5	0.041 7
34	1.960 7	0.510 0	48.033 6	0.020 8	24.498 5	0.040 8
35	1.999 9	0.500 0	49.994 3	0.020 0	24.998 6	0.040 0
40	2.208 0	0.452 9	60.401 7	0.016 6	27.355 4	0.036 6
45	2.437 8	0.410 2	71.892 4	0.013 9	29.490 1	0.033 9
50	2.691 6	0.371 5	84.579 0	0.011 8	31.423 6	0.031 8
55	2.971 7	0.336 5	98.586 1	0.010 1	33.174 7	0.030 1
60	3.281 0	0.304 8	114.051 0	0.008 8	34.760 8	0.028 8
65	3.622 5	0.276 1	131.125 5	0.007 6	36.197 4	0.027 6
70	3.999 5	0.250 0	149.977 1	0.006 7	37.498 6	0.026 7
75	4.415 8	0.226 5	170.790 9	0.005 9	38.677 1	0.025 9
80	4.875 4	0.205 1	193.770 9	0.005 2	39.744 5	0.025 2
85	5.382 9	0.185 8	219.142 7	0.004 6	40.711 2	0.024 6
90	5.943 1	0.168 3	247.155 2	0.004 0	41.586 9	0.024 0
95	6.561 7	0.152 4	278.083 2	0.003 6	42.380 0	0.023 6
100	7.244 6	0.138 0	312.230 3	0.003 2	43.098 3	0.023 2

3%复利系数表

年限	复利终值系数 已知现值求将来值	复利现值系数 已知将来值求现值	年金终值系数 已知年金求将来值	基金年存系数 已知将来值求年金	年金现值系数 已知年金求现值	投资回收系数 已知现值求年金
1	1.030 0	0.970 9	1.000 0	1.000 0	0.970 9	1.030 0
2	1.060 9	0.942 6	2.030 0	0.492 6	1.913 5	0.522 6
3	1.092 7	0.915 1	3.090 9	0.323 5	2.828 6	0.353 5
4	1.125 5	0.888 5	4.183 6	0.239 0	3.717 1	0.269 0
5	1.159 3	0.862 6	5.309 1	0.188 4	4.579 7	0.218 4
6	1.194 1	0.837 5	6.468 4	0.154 6	5.417 2	0.184 6
7	1.229 9	0.813 1	7.662 5	0.130 5	6.230 3	0.160 5
8	1.266 8	0.789 4	8.892 3	0.112 5	7.019 7	0.142 5
9	1.304 8	0.766 4	10.159 1	0.098 4	7.786 1	0.128 4
10	1.343 9	0.744 1	11.463 9	0.087 2	8.530 2	0.117 2
11	1.384 2	0.722 4	12.807 8	0.078 1	9.252 6	0.108 1
12	1.425 8	0.701 4	14.192 0	0.070 5	9.954 0	0.100 5
13	1.468 5	0.681 0	15.617 8	0.064 0	10.635 0	0.094 0
14	1.512 6	0.661 1	17.086 3	0.058 5	11.296 1	0.088 5
15	1.558 0	0.641 9	18.598 9	0.053 8	11.937 9	0.083 8
16	1.604 7	0.623 2	20.156 9	0.049 6	12.561 1	0.079 6
17	1.652 8	0.605 0	21.761 6	0.046 0	13.166 1	0.076 0
18	1.702 4	0.587 4	23.414 4	0.042 7	13.753 5	0.072 7
19	1.753 5	0.570 3	25.116 9	0.039 8	14.323 8	0.069 8
20	1.806 1	0.553 7	26.870 4	0.037 2	14.877 5	0.067 2
21	1.860 3	0.537 5	28.676 5	0.034 9	15.415 0	0.064 9
22	1.916 1	0.521 9	30.536 8	0.032 7	15.936 9	0.062 7
23	1.973 6	0.506 7	32.452 9	0.030 8	16.443 6	0.060 8
24	2.032 8	0.491 9	34.426 5	0.029 0	16.935 5	0.059 0
25	2.093 8	0.477 6	36.459 3	0.027 4	17.413 1	0.057 4

续表

年限	复利终值系数 已知现值求将来值	复利现值系数 已知将来值求现值	年金终值系数 已知年金求将来值	基金年存系数 已知将来值求年金	年金现值系数 已知年金求现值	投资回收系数 已知现值求年金
26	2.156 6	0.463 7	38.553 0	0.025 9	17.876 8	0.055 9
27	2.221 3	0.450 2	40.709 6	0.024 6	18.327 0	0.054 6
28	2.287 9	0.437 1	42.930 9	0.023 3	18.764 1	0.053 3
29	2.356 6	0.424 3	45.218 8	0.022 1	19.188 5	0.052 1
30	2.427 3	0.412 0	47.575 4	0.021 0	19.600 4	0.051 0
31	2.500 1	0.400 0	50.002 7	0.020 0	20.000 4	0.050 0
32	2.575 1	0.388 3	52.502 7	0.019 0	20.388 8	0.049 0
33	2.652 3	0.377 0	55.077 8	0.018 2	20.765 8	0.048 2
34	2.731 9	0.366 0	57.730 2	0.017 3	21.131 8	0.047 3
35	2.813 9	0.355 4	60.462 1	0.016 5	21.487 2	0.046 5
40	3.262 0	0.306 6	75.401 2	0.013 3	23.114 8	0.043 3
45	3.781 6	0.264 4	92.719 8	0.010 8	24.518 7	0.040 8
50	4.383 9	0.228 1	112.796 8	0.008 9	25.729 8	0.038 9
55	5.082 1	0.196 8	136.071 6	0.007 3	26.774 4	0.037 3
60	5.891 6	0.169 7	163.053 4	0.006 1	27.675 6	0.036 1
65	6.830 0	0.146 4	194.332 7	0.005 1	28.452 9	0.035 1
70	7.917 8	0.126 3	230.594 0	0.004 3	29.123 4	0.034 3
75	9.178 9	0.108 9	272.630 7	0.003 7	29.701 8	0.033 7
80	10.640 9	0.094 0	321.362 9	0.003 1	30.200 8	0.033 1
85	12.335 7	0.081 1	377.856 7	0.002 6	30.631 2	0.032 6
90	14.300 5	0.069 9	443.348 7	0.002 3	31.002 4	0.032 3
95	16.578 2	0.060 3	519.271 7	0.001 9	21.322 7	0.031 9
100	19.218 6	0.052 0	607.287 4	0.001 6	31.598 9	0.031 6

4%复利系数表

年限	复利终值系数 已知现值求将来值	复利现值系数 已知将来值求现值	年金终值系数 已知年金求将来值	基金年存系数 已知将来值求年金	年金现值系数 已知年金求现值	投资回收系数 已知现值求年金
1	1.040 0	0.961 5	1.000 0	1.000 0	0.961 5	1.040 0
2	1.081 6	0.924 6	2.040 0	0.490 2	1.886 1	0.530 2
3	1.124 9	0.889 0	3.121 6	0.320 3	2.775 1	0.360 3
4	1.169 9	0.854 8	4.246 5	0.235 5	3.629 9	0.275 5
5	1.216 7	0.821 9	5.416 3	0.184 6	4.451 8	0.224 6
6	1.265 3	0.790 3	6.633 0	0.150 8	5.242 1	0.190 8
7	1.315 9	0.759 9	7.898 3	0.126 6	6.002 1	0.166 6
8	1.368 6	0.730 7	9.214 2	0.108 5	6.732 7	0.148 5
9	1.423 3	0.702 6	10.582 8	0.094 5	7.435 3	0.134 5
10	1.480 2	0.675 6	12.006 1	0.083 3	8.110 9	0.123 3
11	1.539 5	0.649 6	13.486 3	0.074 1	8.760 5	0.114 1
12	1.601 0	0.624 6	15.025 8	0.066 6	9.385 1	0.106 6
13	1.665 1	0.600 6	16.626 8	0.060 1	9.985 6	0.100 1
14	1.731 7	0.577 5	18.291 9	0.054 7	10.563 1	0.094 7
15	1.800 9	0.555 3	20.023 6	0.049 9	11.118 4	0.089 9
16	1.873 0	0.533 9	21.824 5	0.045 8	11.652 3	0.085 8
17	1.947 9	0.513 4	23.697 5	0.042 2	12.165 7	0.082 2
18	2.025 8	0.493 6	25.645 4	0.039 0	12.659 3	0.079 0
19	2.106 8	0.474 6	27.671 2	0.036 1	13.133 9	0.076 1
20	2.191 1	0.456 4	29.778 1	0.033 6	13.590 3	0.073 6
21	2.278 8	0.438 8	31.969 2	0.031 3	14.029 2	0.071 3
22	2.369 9	0.422 0	34.247 9	0.029 2	14.451 1	0.069 2
23	2.464 7	0.405 7	36.617 9	0.027 3	14.856 8	0.067 3
24	2.563 3	0.390 1	39.082 6	0.025 6	15.247 0	0.065 6
25	2.665 8	0.375 1	41.645 9	0.024 0	15.622 1	0.064 0

续表

年限	复利终值系数 已知现值求将来值	复利现值系数 已知将来值求现值	年金终值系数 已知年金求将来值	基金年存系数 已知将来值求年金	年金现值系数 已知年金求现值	投资回收系数 已知现值求年金
26	2.772 5	0.360 7	44.311 7	0.022 6	15.982 8	0.062 6
27	2.883 4	0.346 8	47.084 2	0.021 2	16.329 6	0.061 2
28	2.998 7	0.333 5	49.967 5	0.020 0	16.663 1	0.060 0
29	3.118 6	0.320 7	52.966 2	0.018 9	16.983 7	0.058 9
30	3.243 4	0.308 3	56.084 9	0.017 8	17.292 0	0.057 8
31	3.373 1	0.296 5	59.328 3	0.016 9	17.588 5	0.056 9
32	3.508 1	0.285 1	62.701 4	0.015 9	17.873 5	0.055 9
33	3.648 4	0.274 1	66.209 5	0.015 1	18.147 6	0.055 1
34	3.794 3	0.263 6	69.857 8	0.014 3	18.411 2	0.054 3
35	3.946 1	0.253 4	73.652 1	0.013 6	18.664 6	0.053 6
40	4.801 0	0.208 3	95.025 4	0.010 5	19.792 8	0.050 5
45	5.841 2	0.171 2	121.029 2	0.008 3	20.720 0	0.048 3
50	7.106 7	0.140 7	152.666 9	0.006 6	21.482 2	0.046 6
55	8.646 4	0.115 7	191.158 9	0.005 2	22.108 6	0.045 2
60	10.521 9	0.095 1	237.990 3	0.004 2	22.623 5	0.044 2
65	12.798 7	0.078 1	294.967 9	0.003 4	23.046 7	0.043 4
70	15.571 6	0.064 2	364.289 8	0.002 7	23.394 5	0.042 7
75	18.945 2	0.052 8	448.630 5	0.002 2	23.680 4	0.042 2
80	23.049 8	0.043 4	551.243 8	0.001 8	23.915 4	0.041 8
85	28.043 5	0.035 7	676.088 6	0.001 5	24.108 5	0.041 5
90	34.119 3	0.029 3	827.981 4	0.001 2	24.267 3	0.041 2
95	41.511 3	0.024 1	1 012.782 0	0.001 0	24.397 8	0.041 0
100	50.504 8	0.019 8	1 237.621 0	0.000 8	24.505 0	0.040 8

5%复利系数表

年限	复利终值系数	复利现值系数	年金终值系数	基金年存系数	年金现值系数	投资回收系数
	已知现值求将来值	已知将来值求现值	已知年金求将来值	已知将来值求年金	已知年金求现值	已知现值求年金
1	1.050 0	0.952 4	1.000 0	1.000 0	0.952 4	1.050 0
2	1.102 5	0.907 0	2.050 0	0.487 8	1.859 4	0.537 8
3	1.157 6	0.863 8	3.152 5	0.317 2	2.723 2	0.367 2
4	1.215 5	0.822 7	4.310 1	0.232 0	3.545 9	0.282 0
5	1.276 3	0.783 5	5.525 6	0.181 0	4.329 5	0.231 0
6	1.340 1	0.746 2	6.801 9	0.147 0	5.075 7	0.197 0
7	1.407 1	0.710 7	8.142 0	0.122 8	5.786 4	0.172 8
8	1.477 5	0.676 8	9.549 1	0.104 7	6.463 2	0.154 7
9	1.551 3	0.644 6	11.026 5	0.090 7	7.107 8	0.140 7
10	1.628 9	0.613 9	12.577 9	0.079 5	7.721 7	0.129 5
11	1.710 3	0.584 7	14.206 8	0.070 4	8.306 4	0.120 4
12	1.795 9	0.556 8	15.917 1	0.062 8	8.863 2	0.112 8
13	1.885 6	0.530 3	17.712 9	0.056 5	9.393 6	0.106 5
14	1.979 9	0.505 1	19.598 6	0.051 0	9.898 6	0.101 0
15	2.078 9	0.481 0	21.578 5	0.046 3	10.379 6	0.096 3
16	2.182 9	0.458 1	23.657 4	0.042 3	10.837 8	0.092 3
17	2.292 0	0.436 3	25.840 3	0.038 7	11.274 1	0.088 7
18	2.406 6	0.415 5	28.132 3	0.035 5	11.689 6	0.085 5
19	2.526 9	0.395 7	30.538 9	0.032 7	12.085 3	0.082 7
20	2.653 3	0.376 9	33.065 9	0.030 2	12.462 2	0.030 2
21	2.786 0	0.358 9	35.719 2	0.028 0	12.821 1	0.078 0
22	2.925 3	0.341 9	38.505 1	0.026 0	13.163 0	0.076 0
23	3.071 5	0.325 6	41.430 4	0.024 1	13.488 6	0.074 1
24	3.225 1	0.310 1	44.501 9	0.022 5	13.798 6	0.072 5
25	3.386 3	0.295 3	47.727 0	0.021 0	14.093 9	0.071 0

续表

年限	复利终值系数 已知现值求将来值	复利现值系数 已知将来值求现值	年金终值系数 已知年金求将来值	基金年存系数 已知将来值求年金	年金现值系数 已知年金求现值	投资回收系数 已知现值求年金
26	3.555 7	0.281 2	51.113 3	0.019 6	14.375 2	0.069 6
27	3.733 4	0.267 8	54.669 0	0.018 3	14.643 0	0.068 3
28	3.920 1	0.255 1	58.402 4	0.017 1	14.898 1	0.067 1
29	4.116 1	0.242 9	62.322 5	0.016 0	15.141 1	0.066 0
30	4.321 9	0.231 4	66.438 6	0.015 1	15.372 4	0.065 1
31	4.538 0	0.220 4	70.760 6	0.014 1	15.592 8	0.064 1
32	4.764 9	0.209 9	75.298 6	0.013 3	15.802 7	0.063 3
33	5.003 2	0.199 9	80.063 5	0.012 5	16.002 5	0.062 5
34	5.253 3	0.190 4	85.066 7	0.011 8	16.192 9	0.061 8
35	5.516 0	0.181 3	90.320 0	0.011 1	16.374 2	0.061 1
40	7.040 0	0.142 0	120.799 3	0.008 3	17.159 1	0.058 3
45	8.985 0	0.111 3	159.699 5	0.006 3	17.774 1	0.056 3
50	11.467 4	0.087 2	209.347 0	0.004 8	18.255 9	0.054 8
55	14.635 6	0.068 3	272.711 3	0.003 7	18.633 5	0.053 7
60	18.679 1	0.053 5	353.581 8	0.002 8	18.929 3	0.052 8
65	23.839 8	0.041 9	456.795 4	0.002 2	19.161 1	0.052 2
70	30.426 2	0.032 9	588.524 9	0.001 7	19.342 7	0.051 7
75	38.832 4	0.025 8	756.648 7	0.001 3	19.485 0	0.051 3
80	49.561 1	0.020 2	971.222 0	0.001 0	19.596 5	0.051 0
85	63.253 9	0.015 8	1 245.078 0	0.000 8	19.683 8	0.050 8
90	80.729 7	0.012 4	1 594.595 0	0.000 6	19.752 3	0.050 6
95	103.033 8	0.009 7	2 040.677 0	0.000 5	19.805 9	0.050 5
100	131.500 1	0.007 6	2 610.003 0	0.000 4	19.847 9	0.050 4

6%复利系数表

年限	复利终值系数	复利现值系数	年金终值系数	基金年存系数	年金现值系数	投资回收系数
	已知现值求将来值	已知将来值求现值	已知年金求将来值	已知将来值求年金	已知年金求现值	已知现值求年金
1	1.060 0	0.943 4	1.000 0	1.000 0	0.943 4	1.060 0
2	1.123 6	0.890 0	2.060 0	0.485 4	1.833 4	0.545 4
3	1.191 0	0.839 6	3.183 6	0.314 1	2.673 0	0.374 1
4	1.262 5	0.792 1	4.374 6	0.228 6	3.465 1	0.288 6
5	1.338 2	0.747 3	5.637 1	0.177 4	4.212 4	0.237 4
6	1.418 5	0.705 0	6.975 3	0.143 4	4.917 3	0.203 4
7	1.503 6	0.665 1	8.393 8	0.119 1	5.582 4	0.179 1
8	1.593 8	0.627 4	9.897 5	0.101 0	6.209 8	0.161 0
9	1.689 5	0.591 2	11.491 3	0.087 0	6.801 7	0.147 0
10	1.790 8	0.558 4	13.180 8	0.075 9	7.360 1	0.135 9
11	1.898 3	0.526 8	14.971 6	0.066 8	7.886 9	0.126 8
12	2.012 2	0.497 0	16.869 9	0.059 3	8.383 8	0.119 3
13	2.132 9	0.468 8	18.882 1	0.053 0	8.852 7	0.113 0
14	2.260 9	0.442 3	21.015 0	0.047 6	9.295 0	0.107 6
15	2.396 6	0.417 3	23.275 9	0.043 0	9.712 2	0.103 0
16	2.540 3	0.393 6	25.672 5	0.039 0	10.105 9	0.099 0
17	2.692 8	0.371 4	26.212 8	0.035 4	10.477 3	0.095 4
18	2.854 3	0.350 3	30.905 6	0.032 4	11.827 6	0.092 4
19	3.025 6	0.330 5	33.758 9	0.029 6	11.158 1	0.089 6
20	3.207 1	0.311 8	36.785 5	0.027 2	11.469 9	0.087 2
21	3.399 6	0.294 2	39.992 7	0.025 0	11.764 1	0.085 0
22	3.603 5	0.277 5	43.392 2	0.023 0	12.041 6	0.083 0
23	3.819 7	0.261 8	46.995 7	0.021 3	12.303 4	0.081 3
24	4.048 9	0.247 0	50.815 5	0.019 7	12.550 4	0.079 7
25	4.291 9	0.233 0	54.864 4	0.018 2	12.783 4	0.078 2
26	4.549 4	0.219 8	59.156 3	0.016 9	13.003 2	0.076 9

续表

年限	复利终值系数 已知现值求将来值	复利现值系数 已知将来值求现值	年金终值系数 已知年金求将来值	基金年存系数 已知将来值求年金	年金现值系数 已知年金求现值	投资回收系数 已知现值求年金
27	4.822 3	0.207 4	63.705 7	0.015 7	13.210 5	0.075 7
28	5.111 7	0.195 6	68.528 0	0.014 6	13.406 2	0.074 6
29	5.418 4	0.184 6	73.639 7	0.013 6	13.590 7	0.073 6
30	5.743 5	0.174 1	79.058 0	0.012 6	13.764 8	0.072 6
31	6.088 1	0.164 3	84.801 5	0.011 8	13.929 1	0.071 8
32	6.453 4	0.155 0	90.889 6	0.011 0	14.084 0	0.071 0
33	6.840 6	0.146 2	97.343 0	0.010 3	14.230 2	0.070 3
34	7.251 0	0.137 9	104.183 5	0.009 6	14.368 1	0.069 6
35	7.686 1	0.130 1	111.434 5	0.009 0	14.498 2	0.069 0
40	10.285 7	0.097 2	154.761 6	0.006 5	15.046 3	0.066 5
45	13.764 5	0.072 7	212.743 0	0.004 7	15.455 8	0.064 7
50	18.420 1	0.054 3	290.335 1	0.003 4	15.761 9	0.063 4
55	24.650 2	0.040 6	394.170 8	0.002 5	15.990 5	0.062 5
60	32.987 6	0.030 3	533.126 3	0.001 9	16.161 4	0.061 9
65	44.144 8	0.022 7	719.080 3	0.001 4	16.289 1	0.061 4
70	59.075 7	0.016 9	967.928 4	0.001 0	16.384 5	0.061 0
75	79.056 6	0.012 6	1 300.943 0	0.000 8	16.455 8	0.060 8
80	105.795 5	0.009 5	1 746.592 0	0.000 6	16.509 1	0.060 6
85	141.578 3	0.007 1	2 342.971 0	0.000 4	16.548 9	0.060 4
90	189.463 6	0.005 3	3 141.060 0	0.000 3	16.578 7	0.060 3
95	253.544 9	0.003 9	4 209.082 0	0.000 2	16.600 9	0.060 2
100	339.300 2	0.002 9	5 638.368 0	0.000 2	16.617 5	0.060 2

7%复利系数表

年限	复利终值系数 已知现值求将来值	复利现值系数 已知将来值求现值	年金终值系数 已知年金求将来值	基金年存系数 已知将来值求年金	年金现值系数 已知年金求现值	投资回收系数 已知现值求年金
1	1.070 0	0.934 6	1.000 0	1.000 0	0.934 6	1.070 0
2	1.144 9	0.873 4	2.070 0	0.483 1	1.808 0	0.553 1
3	1.225 0	0.816 3	3.214 9	0.311 1	2.624 3	0.381 1
4	1.310 8	0.762 9	4.439 9	0.225 2	3.387 2	0.295 2
5	1.402 6	0.713 0	5.750 7	0.173 9	4.100 2	0.243 9
6	1.500 7	0.666 3	7.153 3	0.139 8	4.766 5	0.209 8
7	1.605 8	0.622 7	8.654 0	0.115 6	5.389 3	0.185 6
8	1.718 2	0.582 0	10.259 8	0.097 5	5.971 3	0.167 5
9	1.838 5	0.543 9	11.978 0	0.083 5	6.515 2	0.153 5
10	1.967 2	0.508 3	13.816 5	0.072 4	7.023 6	0.142 4
11	2.104 9	0.475 1	15.783 6	0.063 4	7.498 7	0.133 4
12	2.252 2	0.444 0	17.888 5	0.055 9	7.942 7	0.125 9
13	2.409 8	0.415 0	20.140 7	0.049 7	8.357 7	0.119 7
14	2.578 5	0.387 8	22.550 5	0.044 3	8.745 5	0.114 3
15	2.759 0	0.362 4	25.129 1	0.039 8	9.107 9	0.109 8
16	2.952 2	0.338 7	27.888 1	0.035 9	9.446 7	0.105 9
17	3.158 8	0.316 6	30.840 3	0.032 4	9.763 2	0.102 4
18	3.379 9	0.295 9	33.999 1	0.029 4	10.059 1	0.099 4
19	3.616 5	0.276 5	37.379 0	0.026 8	10.335 6	0.096 8
20	3.869 7	0.258 4	40.995 5	0.024 4	10.594 0	0.094 4
21	4.140 6	0.241 5	44.865 2	0.022 3	10.835 5	0.092 3
22	4.430 4	0.225 7	49.005 8	0.020 4	11.061 2	0.090 4
23	4.740 5	0.210 9	53.436 2	0.018 7	11.272 2	0.088 7
24	5.072 4	0.197 1	58.176 8	0.017 2	11.469 3	0.087 2
25	5.427 4	0.184 2	63.249 1	0.015 8	11.653 6	0.085 8

续表

年限	复利终值系数 已知现值求将来值	复利现值系数 已知将来值求现值	年金终值系数 已知年金求将来值	基金年存系数 已知将来值求年金	年金现值系数 已知年金求现值	投资回收系数 已知现值求年金
26	5.807 4	0.172 2	68.676	0.014 6	11.825 8	0.084 6
27	6.213 9	0.160 9	74.484	0.013 4	11.986 7	0.083 4
28	6.648 8	0.150 4	80.697	0.012 4	12.137 1	0.082 4
29	7.114 3	0.140 6	87.346	0.011 4	12.277 7	0.081 4
30	7.612 3	0.131 4	94.460	0.010 6	12.409 0	0.080 6
31	8.145 1	0.122 8	102.073 2	0.009 8	12.531 8	0.079 8
32	8.715 3	0.114 7	110.218	0.009 1	12.646 6	0.079 1
33	9.325 4	0.107 2	118.933	0.008 4	12.753 8	0.078 4
34	9.978 1	0.100 2	128.259 0	0.007 8	12.854 0	0.077 8
35	10.676 6	0.093 7	138.237 1	0.007 2	12.947 7	0.077 2
40	14.974 5	0.066 8	199.635 5	0.005 0	13.331 7	0.075 0
45	21.002 5	0.047 6	285.750 5	0.003 5	13.605 5	0.073 5
50	29.457 1	0.033 9	406.530 0	0.002 5	13.800 7	0.072 5
55	41.315 1	0.024 2	575.930 2	0.001 7	13.939 9	0.071 7
60	57.946 6	0.017 3	813.522 8	0.001 2	14.039 2	0.071 2
65	81.273 1	0.012 3	1 146.759	0.000 9	14.109 9	0.070 9
70	113.989 8	0.008 8	1 614.140	0.000 6	14.160 4	0.070 6
75	159.876 6	0.006 3	2 269.666	0.000 4	14.196 4	0.070 4
80	224.235 3	0.004 5	3 189.075	0.000 3	14.222 0	0.070 3
85	314.501 6	0.003 2	4 478.594	0.000 2	14.240 3	0.070 2
90	441.104 9	0.002 3	6 287.213	0.000 2	14.253 3	0.070 2
95	618.672 6	0.001 6	8 823.894	0.000 1	14.262 6	0.070 1
100	867.720 4	0.001 2	2 381.720	0.000 1	14.269 3	0.070 1

8%复利系数表

年	复利终值系数	复利现值系数	年金终值系数	基金年存系数	年金现值系数	投资回收系数
限	已知现值求将来值	已知将来值求现值	已知年金求将来值	已知将来值求年金	已知年金求现值	已知现值求年金
1	1.080 0	0.925 9	1.000 0	1.000 0	0.925 9	1.080 0
2	1.166 4	0.857 3	2.080 0	0.480 8	1.783 3	0.560 8
3	1.259 7	0.793 8	3.246 4	0.308 0	2.577 1	0.388 0
4	1.360 5	0.735 0	4.506 1	0.221 9	3.312 1	0.301 9
5	1.469 3	0.680 6	5.866 6	0.170 5	3.992 7	0.250 5
6	1.586 9	0.630 2	7.335 9	0.136 3	4.622 9	0.216 3
7	1.713 8	0.583 5	8.922 8	0.112 1	5.206 4	0.192 1
8	1.850 9	0.540 3	10.636 6	0.094 0	5.746 6	0.174 0
9	1.999 0	0.500 2	12.487 6	0.080 1	6.246 9	0.160 1
10	2.158 9	0.463 2	14.486 6	0.069 0	6.710 1	0.149 0
11	2.331 6	0.428 9	16.645 5	0.060 1	7.139 0	0.140 1
12	2.518 2	0.397 1	18.977 1	0.052 7	7.536 1	0.132 7
13	2.719 6	0.367 7	21.495 3	0.046 5	7.903 8	0.126 5
14	2.937 2	0.340 5	24.214 9	0.041 3	8.244 2	0.121 3
15	3.172 2	0.315 2	27.152 1	0.036 8	8.559 5	0.116 8
16	3.425 9	0.291 9	30.324 3	0.033 0	8.851 4	0.113 0
17	3.700 0	0.270 3	33.750 3	0.029 6	9.121 6	0.109 6
18	3.996 0	0.250 2	37.450 3	0.026 7	9.371 9	0.106 7
19	4.315 7	0.231 7	41.446 3	0.024 1	9.603 6	0.104 1
20	4.661 0	0.214 5	45.762 0	0.021 9	9.818 1	0.101 9
21	5.033 8	0.198 7	50.423 0	0.019 8	10.016 8	0.099 8
22	5.436 5	0.183 9	55.456 8	0.018 0	10.200 7	0.099 0
23	5.871 5	0.170 3	60.893 3	0.016 4	10.371 1	0.096 4
24	6.341 2	0.157 7	66.764 8	0.015 0	10.528 8	0.095 0
25	6.848 5	0.146 0	73.106 0	0.013 7	10.674 8	0.093 7

续表

年限	复利终值系数 已知现值求将来值	复利现值系数 已知将来值求现值	年金终值系数 已知年金求将来值	基金年存系数 已知将来值求年金	年金现值系数 已知年金求现值	投资回收系数 已知现值求年金
26	7.396 4	0.135 2	79.954 5	0.012 5	10.810 0	0.092 5
27	7.988 1	0.125 2	87.350 9	0.011 4	10.935 2	0.091 4
28	8.627 1	0.115 9	95.338 9	0.010 5	11.051 1	0.090 5
29	9.317 3	0.107 3	103.966 0	0.009 6	11.158 4	0.089 6
30	10.062 7	0.099 4	113.283 3	0.008 8	11.257 8	0.088 8
31	10.867 7	0.092 0	123.346 0	0.008 1	11.349 8	0.088 1
32	11.737 1	0.085 2	134.213 7	0.007 5	11.435 0	0.087 5
33	12.676 1	0.078 9	145.950 8	0.006 9	11.513 9	0.086 9
34	13.690 1	0.073 0	158.626 9	0.006 3	11.586 9	0.086 3
35	14.785 4	0.067 6	172.317 0	0.005 8	11.654 6	0.085 8
40	21.724 5	0.046 0	259.056 9	0.003 9	11.924 6	0.083 9
45	31.920 5	0.031 3	386.506 2	0.002 6	12.108 4	0.082 6
50	46.901 7	0.021 3	573.771 1	0.001 7	12.233 5	0.081 7
55	68.914 0	0.014 5	848.924 7	0.001 2	12.318 6	0.081 2
60	101.257 3	0.009 9	1 253.216 0	0.000 8	12.376 6	0.080 8
65	148.780 2	0.006 7	1 847.252	0.000 5	12.416 0	0.080 5
70	218.606 9	0.004 6	2 720.086	0.000 4	12.442 8	0.080 4
75	321.205 3	0.003 1	4 002.566	0.000 2	12.461 1	0.080 2
80	471.956 0	0.002 1	5 886.950	0.000 2	12.473 5	0.080 2
85	693.458 3	0.001 4	8 655.729	0.000 1	12.482 0	0.080 1
90	1 018.918 0	0.001 0	12 723.980	0.000 1	12.487 7	0.080 1
95	1 497.125 0	0.000 7	18 701.560	0.000 1	12.491 7	0.080 1
100	2 199.768 0	0.000 5	27 484.610	0.000 0	12.494 3	0.080 0

9%复利系数表

年限	复利终值系数 已知现值求将来值	复利现值系数 已知将来值求现值	年金终值系数 已知年金求将来值	基金年存系数 已知将来值求年金	年金现值系数 已知年金求现值	投资回收系数 已知现值求年金
1	1.090 0	0.917 4	1.000 0	1.000 0	0.917 4	1.090 0
2	1.188 1	0.841 7	2.090 0	0.478 5	1.759 1	0.568 5
3	1.295 0	0.772 2	3.278 1	0.305 1	2.531 3	0.395 1
4	1.411 6	0.708 4	4.573 1	0.218 7	3.239 7	0.308 7
5	1.538 6	0.649 9	5.984 7	0.167 1	3.889 7	0.257 1
6	1.677 1	0.596 3	7.523 3	0.132 9	4.485 9	0.222 9
7	1.828 0	0.547 0	9.200 4	0.108 7	5.033 0	0.198 7
8	1.992 6	0.501 9	11.028 5	0.090 7	5.534 8	0.180 7
9	2.171 9	0.460 4	13.021 0	0.076 8	5.995 2	0.166 8
10	2.367 4	0.422 4	15.192 9	0.065 8	6.417 7	0.155 8
11	2.580 4	0.387 5	17.560 3	0.056 9	6.805 2	0.146 9
12	2.812 7	0.355 5	20.140 7	0.049 7	7.160 7	0.139 7
13	3.065 8	0.326 2	22.953 4	0.043 6	7.486 9	0.133 6
14	3.341 7	0.299 2	26.019 2	0.038 4	7.786 2	0.128 4
15	3.642 5	0.274 5	29.360 9	0.034 1	8.060 7	0.124 1
16	3.970 3	0.251 9	33.003 4	0.030 3	8.312 6	0.120 3
17	4.327 6	0.231 1	36.973 7	0.027 0	8.543 6	0.117 0
18	4.717 1	0.212 0	41.301 4	0.024 2	8.755 6	0.114 2
19	5.141 7	0.194 5	46.018 5	0.021 7	8.950 1	0.111 7
20	5.604 4	0.178 4	51.160 2	0.019 5	9.128 5	0.109 5
21	6.108 8	0.163 7	56.764 6	0.017 6	9.292 2	0.107 6
22	6.658 6	0.150 2	62.873 4	0.015 9	9.442 4	0.105 9
23	7.257 9	0.137 8	69.532 0	0.014 4	9.580 2	0.104 4
24	7.911 1	0.126 4	76.789 9	0.013 0	9.706 6	0.103 0
25	8.623 1	0.116 0	84.701 0	0.011 8	9.822 6	0.101 8

续表

年限	复利终值系　数 已知现值求将来值	复利现值系　数 已知将来值求现值	年金终值系　数 已知年金求将来值	基金年存系　数 已知将来值求年金	年金现值系　数 已知年金求现值	投资回收系　数 已知现值求年金
26	9.399 2	0.106 4	93.324 1	0.010 7	9.929 0	0.100 7
27	10.245 1	0.097 6	102.723 3	0.009 7	10.026 6	0.099 7
28	13.167 2	0.089 5	112.968 4	0.008 9	10.116 1	0.098 9
29	12.172 2	0.082 2	124.135 5	0.008 1	10.198 3	0.098 1
30	13.267 7	0.075 4	136.307 7	0.007 3	10.273 7	0.097 3
31	14.461 8	0.069 1	149.575 4	0.006 7	10.342 8	0.096 7
32	15.763 4	0.063 4	164.037 2	0.006 1	10.406 2	0.096 1
33	17.182 1	0.058 2	179.800 6	0.005 6	10.464 4	0.095 6
34	18.728 4	0.053 4	196.982 7	0.005 1	10.517 8	0.095 1
35	20.414 0	0.049 0	215.711 1	0.004 6	10.566 8	0.094 6
40	31.409 5	0.031 8	337.883 1	0.003 0	10.757 4	0.093 0
45	48.327 4	0.020 7	525.859 8	0.001 9	10.881 2	0.091 9
50	74.357 7	0.013 4	815.085 3	0.001 2	10.961 7	0.091 2
55	114.408 5	0.008 7	1 260.095 0	0.000 8	11.014 0	0.090 8
60	176.031 8	0.005 7	1 944.797 0	0.000 5	11.048 0	0.090 5
65	270.846 8	0.003 7	2 998.297	0.000 3	11.070 1	0.090 3
70	416.731 4	0.002 4	4 619.238	0.000 2	11.084 4	0.090 2
75	641.193 1	0.001 6	7 113.256	0.000 1	11.093 8	0.090 1
80	986.555 2	0.001 0	10 950.610	0.000 1	11.099 8	0.090 1
85	1 517.938 0	0.000 7	16 854.860	0.000 1	11.103 8	0.090 1
90	2 335.536 0	0.000 4	25 939.290	0.000 0	11.106 4	0.090 0
95	3 593.513 0	0.000 3	39 916.810	0.000 0	11.108 0	0.090 0
100	5 529.066 0	0.000 2	61 422.950	0.000 0	11.109 1	0.090 0

10%复利系数表

年限	复利终值系数	复利现值系数	年金终值系数	基金年存系数	年金现值系数	投资回收系数
	已知现值求将来值	已知将来值求现值	已知年金求将来值	已知将来值求年金	已知年金求现值	已知现值求年金
1	1.100 0	0.909 1	1.000 0	1.000 0	0.909 1	1.100 0
2	1.210 0	0.826 4	2.100 0	0.476 2	1.735 5	0.576 2
3	1.331 0	0.751 3	3.310 0	0.302 1	2.486 9	0.402 1
4	1.464 1	0.683 0	4.641 0	0.215 5	3.169 9	0.315 5
5	1.610 5	0.620 9	6.105 1	0.163 8	3.790 8	0.263 8
6	1.771 6	0.564 5	7.715 6	0.129 6	4.355 3	0.229 6
7	1.948 7	0.513 2	9.487 2	0.105 4	4.868 4	0.205 4
8	2.143 6	0.466 5	11.435 9	0.087 4	5.334 9	0.187 4
9	2.357 9	0.424 1	13.579 5	0.073 6	5.759 0	0.173 6
10	2.593 7	0.385 5	15.937 4	0.062 7	6.144 6	0.162 7
11	2.853 1	0.350 5	18.531 2	0.054 0	6.495 1	0.154 0
12	3.138 4	0.318 6	21.384 3	0.046 8	6.813 7	0.146 8
13	3.452 3	0.289 7	24.522 7	0.040 8	7.103 4	0.140 8
14	3.797 5	0.263 3	27.975 0	0.035 7	7.366 7	0.135 7
15	4.177 2	0.239 4	31.772 5	0.031 5	7.606 1	0.131 5
16	4.595 0	0.217 6	35.949 7	0.027 8	7.823 7	0.127 8
17	5.054 5	0.197 8	40.544 7	0.024 7	8.021 6	0.124 7
18	5.559 9	0.179 9	45.599 2	0.021 9	8.201 4	0.121 9
19	6.115 9	0.163 5	51.159 1	0.019 5	8.364 9	0.119 5
20	6.727 5	0.148 6	57.275 0	0.017 5	8.513 6	0.117 5
21	7.400 3	0.135 1	64.002 5	0.015 6	8.648 7	0.115 6
22	8.140 3	0.122 8	71.402 8	0.014 0	8.771 5	0.114 0
23	8.954 3	0.111 7	79.543 1	0.012 6	8.883 2	0.112 6
24	9.849 7	0.101 5	88.497 4	0.011 3	8.894 7	0.111 3
25	10.834 7	0.092 3	98.347 1	0.010 2	9.077 0	0.110 2

续表

年限	复利终值系数 已知现值求将来值	复利现值系数 已知将来值求现值	年金终值系数 已知年金求将来值	基金年存系数 已知将来值求年金	年金现值系数 已知年金求现值	投资回收系数 已知现值求年金
26	11.918 2	0.083 9	109.181 8	0.009 2	9.160 9	0.109 2
27	13.110 0	0.076 3	121.100 0	0.008 3	9.237 2	0.108 3
28	14.4211 0	0.069 3	134.210 0	0.007 5	9.306 6	0.107 5
29	15.863 1	0.063 0	148.631 0	0.006 7	9.369 6	0.106 7
30	17.449 4	0.057 3	164.494 1	0.006 1	9.426 9	0.106 1
31	19.194 4	0.052 1	181.943 5	0.005 5	9.479 0	0.105 5
32	21.113 8	0.047 4	201.137 9	0.005 0	9.526 4	0.105 0
33	23.225 2	0.043 1	222.251 7	0.004 5	9.569 4	0.104 5
34	25.547 7	0.039 1	245.476 8	0.004 1	9.608 6	0.104 1
35	28.102 5	0.035 6	271.024 5	0.003 7	9.644 2	0.103 7
40	45.259 3	0.022 1	442.592 8	0.002 3	9.779 1	0.102 3
45	72.890 5	0.013 7	718.905 3	0.001 4	9.862 8	0.101 4
50	117.390 9	0.008 5	1 163.909	0.000 9	9.914 8	0.100 9
55	189.059 3	0.005 3	1 880.593	0.000 5	9.947 1	0.100 5
60	304.481 9	0.003 3	3 034.819	0.000 3	9.967 2	0.100 3
65	490.371 2	0.002 0	4 893.712	0.000 2	9.979 6	0.100 2
70	789.747 8	0.001 3	7 887.478	0.000 1	9.987 3	0.100 1
75	1 271.897 0	0.000 8	12 708.970	0.000 1	9.992 1	0.100 1
80	2 048.403 0	0.000 5	20 474.030	0.000 0	9.995 1	0.100 0
85	3 298.973 0	0.000 3	32 979.730	0.000 0	9.997 0	0.100 0
90	5 313.030 0	0.000 2	53 120.300	0.000 0	9.998 1	0.100 0
95	8 556.688 0	0.000 1	85 556.880	0.000 0	9.998 8	0.100 0
100	13 780.630 0	0.000 1	137 796.300	0.000 0	9.999 3	0.100 0

11%复利系数表

年限	复利终值系数 已知现值求将来值	复利现值系数 已知将来值求现值	年金终值系数 已知年金求将来值	基金年存系数 已知将来值求年金	年金现值系数 已知年金求现值	投资回收系数 已知现值求年金
1	1.110 0	0.900 9	1.000 0	1.000 0	0.900 9	1.110 0
2	1.232 1	0.811 6	2.110 0	0.473 9	1.712 5	0.583 9
3	1.367 6	0.731 2	3.342 1	0.299 2	2.443 7	0.409 2
4	1.518 1	0.658 7	4.709 7	0.212 3	3.102 4	0.322 3
5	1.685 1	0.593 5	6.227 8	0.160 6	3.695 9	0.270 6
6	1.870 4	0.534 6	7.912 9	0.126 4	4.230 5	0.236 4
7	2.076 2	0.481 7	9.783 3	0.102 2	4.712 2	0.212 2
8	2.304 5	0.433 9	11.859 4	0.084 3	5.146 1	0.194 3
9	2.558 0	0.390 9	14.164 0	0.070 6	5.537 0	0.180 6
10	2.839 4	0.352 2	16.722 0	0.059 8	5.889 2	0.169 8
11	3.151 8	0.317 3	19.561 4	0.051 1	6.206 5	0.161 1
12	3.498 5	0.285 8	22.713 2	0.044 0	6.492 4	0.154 0
13	3.883 3	0.257 5	26.211 6	0.038 2	6.749 9	0.148 2
14	4.310 4	0.232 0	30.094 9	0.033 2	6.981 9	0.143 2
15	4.784 6	0.209 0	34.405 4	0.029 1	7.190 9	0.139 1
16	5.310 9	0.188 3	39.190 0	0.025 5	7.379 2	0.135 5
17	5.895 1	0.169 6	44.500 8	0.022 5	7.548 8	0.132 5
18	6.543 6	0.152 8	50.395 9	0.019 8	7.701 6	0.129 8
19	7.263 3	0.137 7	56.939 5	0.017 6	7.839 3	0.127 6
20	8.062 3	0.124 0	64.202 8	0.015 6	7.963 3	0.125 6
21	8.949 2	0.111 7	72.265 2	0.013 8	8.075 1	0.123 8
22	9.933 6	0.100 7	81.214 3	0.012 3	8.175 7	0.122 3
23	11.026 3	0.090 7	91.147 9	0.011 0	8.266 4	0.121 0
24	12.239 2	0.081 7	102.174 2	0.009 8	8.348 1	0.119 8
25	13.585 5	0.073 6	114.413 3	0.008 7	8.421 7	0.118 7

续表

年限	复利终值系数	复利现值系数	年金终值系数	基金年存系数	年金现值系数	投资回收系数
	已知现值求将来值	已知将来值求现值	已知年金求将来值	已知将来值求年金	已知年金求现值	已知现值求年金
26	15.079 9	0.066 3	127.998 8	0.007 8	8.488 1	0.117 8
27	16.738 6	0.059 7	143.078 6	0.007 0	8.547 8	0.117 0
28	18.579 9	0.053 8	159.817 3	0.006 3	8.601 6	0.116 3
29	20.623 7	0.048 5	178.397 2	0.005 6	8.650 1	0.115 6
30	22.892 3	0.043 7	199.020 9	0.005 0	8.693 8	0.115 0
31	25.410 5	0.039 4	221.913 2	0.004 5	8.733 1	0.114 5
32	28.205 6	0.035 5	247.323 7	0.004 0	8.768 6	0.114 0
33	31.308 2	0.031 9	275.529 2	0.003 6	8.800 5	0.113 6
34	34.752 1	0.028 8	306.837 5	0.003 3	8.829 3	0.113 3
35	38.574 9	0.025 9	341.589 6	0.002 9	8.855 2	0.112 9
40	65.000 9	0.015 4	581.826 1	0.001 7	8.951 1	0.111 7
45	109.530 3	0.009 1	986.638 7	0.001 0	9.007 9	0.111 0
50	184.564 9	0.005 4	1 668.771 0	0.000 6	9.041 7	0.110 6
55	311.002 5	0.003 2	2 818.205 0	0.000 4	9.061 7	0.110 4
60	524.057 3	0.001 9	4 755.067 0	0.000 2	9.073 6	0.110 2
65	883.067 1	0.001 1	8 018.792	0.000 1	9.080 6	0.110 1
70	1 488.019 0	0.000 7	13 518.360	0.000 1	9.084 8	0.110 1
75	2 507.399 0	0.000 4	22 785.450	0.000 0	9.087 3	0.110 0
80	4 225.114 0	0.000 2	38 401.030	0.000 0	9.088 8	0.110 0
85	7 119.562 0	0.000 1	64 714.200	0.000 0	9.089 6	0.110 0
90	11 996.880 0	0.000 1	109 053.400	0.000 0	9.090 2	0.110 0
95	20 215.440 0	0.000 0	183 767.600	0.000 0	9.090 5	0.110 0
100	34 064.180 0	0.000 0	309 665.300	0.000 0	9.090 6	0.110 0

12%复利系数表

年限	复利终值系数 已知现值求将来值	复利现值系数 已知将来值求现值	年金终值系数 已知年金求将来值	基金年存系数 已知将来值求年金	年金现值系数 已知年金求现值	投资回收系数 已知现值求年金
1	1.120 0	0.892 9	1.000 0	1.000 0	0.892 9	1.120 0
2	1.254 4	0.797 2	2.120 0	0.471 7	1.690 1	0.591 7
3	1.404 9	0.711 8	3.374 4	0.296 3	2.401 8	0.416 3
4	1.573 5	0.635 5	4.779 3	0.209 2	3.037 3	0.329 2
5	1.762 3	0.567 4	6.352 8	0.157 4	3.604 8	0.277 4
6	1.973 8	0.506 6	8.115 2	0.123 2	4.111 4	0.243 2
7	2.210 7	0.452 3	10.089 0	0.099 1	4.563 8	0.219 1
8	2.476 0	0.403 9	12.299 7	0.081 3	4.967 6	0.201 3
9	2.773 1	0.360 6	14.775 7	0.067 7	5.328 3	0.187 7
10	3.105 8	0.322 0	17.548 7	0.057 0	5.650 2	0.177 0
11	3.478 5	0.287 5	20.654 6	0.048 4	5.937 7	0.168 4
12	3.896 0	0.256 7	24.133 1	0.041 4	6.194 4	0.161 4
13	4.363 5	0.229 2	28.029 1	0.035 7	6.423 5	0.155 7
14	4.887 1	0.204 6	32.392 6	0.030 9	6.628 2	0.150 9
15	5.473 6	0.182 7	37.279 7	0.026 8	6.810 9	0.146 8
16	6.130 4	0.163 1	42.753 3	0.023 4	6.974 0	0.143 4
17	6.866 0	0.145 6	48.883 7	0.020 5	7.119 6	0.140 5
18	7.690 0	0.130 0	55.749 7	0.017 9	7.249 7	0.137 9
19	8.612 8	0.116 1	63.439 7	0.015 8	7.365 8	0.135 8
20	9.646 3	0.103 7	72.052 4	0.013 9	7.469 4	0.133 9
21	10.803 8	0.092 6	81.698 7	0.012 2	7.562 0	0.132 2
22	12.100 3	0.082 6	92.502 6	0.010 8	7.644 6	0.130 8
23	13.552 3	0.073 8	104.602 9	0.009 6	7.718 4	0.129 6
24	15.178 6	0.065 9	118.155 2	0.008 5	7.784 3	0.128 5
25	17.000 1	0.058 8	133.333 9	0.007 5	7.843 1	0.127 5

续表

年限	复利终值系数 已知现值求将来值	复利现值系数 已知将来值求现值	年金终值系数 已知年金求将来值	基金年存系数 已知将来值求年金	年金现值系数 已知年金求现值	投资回收系数 已知现值求年金
26	19.040 1	0.052 5	150.333 9	0.006 7	7.895 7	0.126 7
27	21.324 9	0.046 9	169.374 0	0.005 9	7.942 6	0.125 9
28	23.883 9	0.041 9	190.698 9	0.005 2	7.984 4	0.125 2
29	26.749 9	0.037 4	214.582 8	0.004 7	8.021 8	0.124 7
30	29.959 9	0.033 4	241.332 7	0.004 1	8.055 2	0.124 1
31	33.555 1	0.029 8	271.292 6	0.003 7	8.085 0	0.123 7
32	37.581 7	0.026 6	304.847 7	0.003 3	8.111 6	0.123 3
33	42.091 5	0.023 8	342.429 5	0.002 9	8.135 4	0.122 9
34	47.142 5	0.021 2	384.521 0	0.002 6	8.156 6	0.122 6
35	52.799 6	0.018 9	431.663 5	0.002 3	8.175 5	0.122 3
40	93.051 0	0.010 7	767.091 4	0.001 3	8.243 8	0.121 3
45	163.987 6	0.006 1	1 358.230 0	0.000 7	8.282 5	0.120 7
50	289.002 2	0.003 5	2 400.018 0	0.000 4	8.304 5	0.120 4
55	509.320 6	0.002 0	4 236.005 0	0.000 2	8.317 0	0.120 2
60	897.596 9	0.001 1	7 471.641 0	0.000 1	8.324 0	0.120 1
65	1 581.872 0	0.000 6	13 173.940	0.000 1	8.328 1	0.120 1
70	2 787.800 0	0.000 4	23 223.330	0.000 0	8.330 3	0.120 0
75	4 913.055 0	0.000 2	40 933.790	0.000 0	8.331 6	0.120 0
80	8 658.482 0	0.000 1	72 145.690	0.000 0	8.332 4	0.120 0
85	15 259.210 0	0.000 1	127 151.700	0.000 0	8.332 8	0.120 0
90	26 891.930 0	0.000 0	224 091.100	0.000 0	8.333 0	0.120 0
95	47 392.780 0	0.000 0	394 931.500	0.000 0	8.333 2	0.120 0
100	83 522.270 0	0.000 0	696 010.600	0.000 0	8.333 2	0.120 0

13%复利系数表

年限	复利终值系数 已知现值求将来值	复利现值系数 已知将来值求现值	年金终值系数 已知年金求将来值	基金年存系数 已知将来值求年金	年金现值系数 已知年金求现值	投资回收系数 已知现值求年金
1	1.130 0	0.885 0	1.000 0	1.000 0	0.885 0	1.130 0
2	1.276 9	0.783 1	2.130 0	0.469 5	1.668 1	0.599 5
3	1.442 9	0.693 1	3.406 9	0.293 5	2.361 2	0.423 5
4	1.630 5	0.613 3	4.849 8	0.206 2	2.974 5	0.336 2
5	1.842 4	0.542 8	6.480 3	0.154 3	3.517 2	0.284 3
6	2.082 0	0.480 3	8.322 7	0.120 2	3.997 5	0.250 2
7	2.352 6	0.425 1	10.404 7	0.096 1	4.422 6	0.226 1
8	2.658 4	0.376 2	12.757 3	0.078 4	4.798 8	0.208 4
9	3.004 0	0.332 9	15.415 7	0.064 9	5.131 7	0.194 9
10	3.394 6	0.294 6	18.419 7	0.054 3	5.426 2	0.184 3
11	3.835 9	0.260 7	21.814 3	0.045 8	5.686 9	0.175 8
12	4.334 5	0.230 7	25.650 2	0.039 0	5.917 6	0.169 0
13	4.898 0	0.204 2	29.984 7	0.033 4	6.121 8	0.163 4
14	5.534 8	0.180 7	34.882 7	0.028 7	6.302 5	0.158 7
15	6.254 3	0.159 9	40.417 4	0.024 7	6.462 4	0.154 7
16	7.067 3	0.141 5	46.671 7	0.021 4	6.603 9	0.151 4
17	7.986 1	0.125 2	53.739 0	0.018 6	6.729 1	0.148 6
18	9.024 3	0.110 8	61.725 1	0.016 2	6.839 9	0.146 2
19	10.197 4	0.098 1	70.749 4	0.014 1	6.938 0	0.144 1
20	11.523 1	0.086 8	80.946 8	0.012 4	7.024 8	0.142 4
21	13.021 1	0.076 8	92.469 9	0.010 8	7.101 5	0.140 8
22	14.713 8	0.068 0	105.490 9	0.009 5	7.169 5	0.139 5
23	16.626 6	0.060 1	120.204 8	0.008 3	7.229 7	0.138 3
24	18.788 1	0.053 2	136.831 4	0.007 3	7.282 9	0.137 3
25	21.230 5	0.047 1	155.619 4	0.006 4	7.330 0	0.136 4

续表

年限	复利终值系数 已知现值求将来值	复利现值系数 已知将来值求现值	年金终值系数 已知年金求将来值	基金年存系数 已知将来值求年金	年金现值系数 已知年金求现值	投资回收系数 已知现值求年金
26	23.990 5	0.041 7	176.850 0	0.005 7	7.371 7	0.135 7
27	27.109 3	0.036 9	200.840 4	0.005 0	7.408 6	0.135 0
28	30.633 5	0.032 6	227.949 7	0.004 4	7.441 2	0.134 4
29	34.615 8	0.028 9	258.583 1	0.003 9	7.470 1	0.133 9
30	39.115 9	0.025 6	293.199 0	0.003 4	7.495 7	0.133 4
31	44.200 9	0.022 6	332.314 8	0.003 0	7.518 3	0.133 0
32	49.947 0	0.020 0	376.515 7	0.002 7	7.538 3	0.132 7
33	56.440 2	0.017 7	426.462 7	0.002 3	7.556 0	0.132 3
34	63.777 4	0.015 7	482.902 9	0.002 1	7.571 7	0.132 1
35	72.068 4	0.013 9	546.680 3	0.001 8	7.585 6	0.131 8
40	132.781 4	0.007 5	1 013.703 0	0.001 0	7.624 4	0.131 0
45	244.641 0	0.004 1	1 874.162 0	0.000 5	7.660 9	0.130 5
50	450.735 2	0.002 2	3 459.502 0	0.000 3	7.675 2	0.130 3
55	830.450 3	0.001 2	6 380.387 0	0.000 2	7.683 0	0.130 2
60	1 530.050 0	0.000 7	11 761.930	0.000 1	7.687 3	0.130 1
65	2 819.018	0.000 4	21 677.070	0.000 0	7.689 6	0.130 0
70	5 193.858	0.000 2	39 945.060	0.000 0	7.690 8	0.130 0
75	9 569.345	0.000 1	73 602.660	0.000 0	7.691 5	0.130 0
80	17 630.900	0.000 1	135 614.600	0.000 0	7.691 9	0.130 0
85	32 483.770	0.000 0	249 867.500	0.000 0	7.692 1	0.130 0
90	59 849.240	0.000 0	460 371.100	0.000 0	7.692 2	0.130 0
95	110 268.300	0.000 0	848 210.200	0.000 0	7.692 2	0.130 0
100	203 162.200	0.000 0	1 562 779.000	0.000 0	7.692 3	0.130 0

14%复利系数表

年限	复利终值系数 已知现值求将来值	复利现值系数 已知将来值求现值	年金终值系数 已知年金求将来值	基金年存系数 已知将来值求年金	年金现值系数 已知年金求现值	投资回收系数 已知现值求年金
1	1.140 0	0.877 2	1.000 0	1.000 0	0.877 2	1.140 0
2	1.299 6	0.769 5	2.140 0	0.467 3	1.646 7	0.607 3
3	1.481 5	0.675 0	3.439 6	0.290 7	2.321 6	0.430 7
4	1.689 0	0.592 1	4.921 1	0.203 2	2.913 7	0.343 2
5	1.925 4	0.519 4	6.610 1	0.151 3	3.433 1	0.291 3
6	2.195 0	0.455 6	8.535 5	0.117 2	3.888 7	0.257 2
7	2.502 3	0.399 6	10.730 5	0.093 2	4.288 3	0.233 2
8	2.852 6	0.350 6	13.232 8	0.075 6	4.638 9	0.215 6
9	3.251 9	0.307 5	16.085 3	0.062 2	4.946 4	0.202 2
10	3.707 2	0.269 7	19.337 3	0.051 7	5.216 1	0.191 7
11	4.226 2	0.236 6	23.044 5	0.043 4	5.452 7	0.183 4
12	4.817 9	0.207 6	27.270 8	0.036 7	5.660 3	0.176 7
13	5.492 4	0.182 1	32.088 7	0.031 2	5.842 4	0.171 2
14	6.261 3	0.159 7	37.581 1	0.026 6	6.002 1	0.166 6
15	7.137 9	0.140 1	43.842 4	0.022 8	6.142 2	0.162 8
16	8.137 3	0.122 9	50.980 4	0.019 6	6.265 1	0.159 6
17	9.276 5	0.107 8	59.117 6	0.016 9	6.372 9	0.156 9
18	10.575 2	0.094 6	68.394 1	0.014 6	6.467 4	0.154 6
19	12.055 7	0.082 9	78.969 2	0.012 7	6.550 4	0.152 7
20	13.743 5	0.072 8	91.024 9	0.011 0	6.623 1	0.151 0
21	15.667 6	0.063 8	104.768 4	0.009 5	6.687 0	0.149 5
22	17.861 0	0.056 0	120.436 0	0.008 3	6.742 9	0.148 3
23	20.361 6	0.049 1	138.297 1	0.007 2	6.792 1	0.147 2
24	23.212 2	0.043 1	158.658 7	0.006 3	6.835 1	0.146 3
25	26.461 9	0.037 8	181.870 8	0.005 5	6.872 9	0.145 5

续表

年限	复利终值系数 已知现值求将来值	复利现值系数 已知将来值求现值	年金终值系数 已知年金求将来值	基金年存系数 已知将来值求年金	年金现值系数 已知年金求现值	投资回收系数 已知现值求年金
26	30.166 6	0.033 1	208.332 8	0.004 8	6.906 1	0.144 8
27	34.389 9	0.029 1	238.499 4	0.004 2	6.935 2	0.144 2
28	39.204 5	0.025 5	272.889 3	0.003 7	6.960 7	0.143 7
29	44.693 1	0.022 4	312.093 8	0.003 2	6.983 0	0.143 2
30	50.950 2	0.019 6	356.786 9	0.002 1	7.002 7	0.142 8
31	58.083 2	0.017 2	407.737 1	0.002 5	7.019 9	0.142 5
32	66.214 8	0.015 1	465.820 3	0.002 1	7.035 0	0.142 1
33	75.484 9	0.013 2	532.035 1	0.001 9	7.048 2	0.141 9
34	86.052 8	0.011 6	607.520 0	0.001 6	7.059 9	0.141 6
35	98.100 2	0.010 2	693.572 8	0.001 4	7.070 0	0.141 4
40	188.883 6	0.005 3	1 342.025 0	0.000 7	7.105 0	0.140 7
45	363.679 2	0.002 7	2 590.565 0	0.000 4	7.123 2	0.140 4
50	700.233 1	0.001 4	4 994.523 0	0.000 2	7.132 7	0.140 2
55	1 348.239 0	0.000 7	9 623.137 0	0.000 1	7.137 6	0.140 1
60	2 595.920 0	0.000 4	18 535.140 0	0.000 1	7.140 1	0.140 1
65	4 998.221	0.000 2	35 694.430	0.000 0	7.141 4	0.140 0
70	9 623.649	0.000 1	68 733.210	0.000 0	7.142 1	0.140 0
75	18 529.510	0.000 1	132 346.500	0.000 0	7.142 5	0.140 0
80	35 676.990	0.000 0	254 828.500	0.000 0	7.142 7	0.140 0
85	68 693.000	0.000 0	490 657.200	0.000 0	7.142 8	0.140 0
90	132 262.500	0.000 0	944 725.100	0.000 0	7.142 8	0.140 0
95	254 660.200	0.000 0	818 994.000	0.000 0	7.142 8	0.140 0
100	490 326.500	0.000 0	502 325.000	0.000 0	7.142 8	0.140 0

15%复利系数表

年限	复利终值系数 已知现值求将来值	复利现值系数 已知将来值求现值	年金终值系数 已知年金求将来值	基金年存系数 已知将来值求年金	年金现值系数 已知年金求现值	投资回收系数 已知现值求年金
1	1.150 0	0.869 6	1.000 0	1.000 0	0.869 6	1.150 0
2	1.322 5	0.756 1	2.150 0	0.465 1	1.625 7	0.615 1
3	1.520 9	0.657 5	3.472 5	0.288 0	2.283 2	0.438 0
4	1.749 0	0.571 8	4.993 4	0.200 3	2.855 0	0.350 3
5	2.011 4	0.497 2	6.742 4	0.148 3	3.352 2	0.298 3
6	2.313 1	0.432 3	8.753 7	0.114 2	3.784 5	0.264 2
7	2.660 0	0.375 9	11.066 8	0.090 4	4.160 4	0.240 4
8	3.059 0	0.326 9	13.726 8	0.072 9	4.487 3	0.222 9
9	3.517 9	0.284 3	16.785 8	0.059 6	4.771 6	0.209 6
10	4.045 6	0.247 2	20.303 7	0.049 3	5.018 8	0.199 3
11	4.652 4	0.214 9	24.349 3	0.041 1	5.233 7	0.191 1
12	5.350 3	0.186 9	29.001 7	0.034 5	5.420 6	0.184 5
13	6.152 8	0.162 5	34.351 9	0.029 1	5.583 1	0.179 1
14	7.075 7	0.141 3	40.504 7	0.024 7	5.724 5	0.174 7
15	8.137 1	0.122 9	47.580 4	0.021 0	5.847 4	0.171 0
16	9.357 6	0.106 9	55.717 5	0.017 9	5.954 2	0.167 9
17	10.761 3	0.092 9	65.075 1	0.015 4	6.047 2	0.165 4
18	12.375 5	0.080 8	75.836 4	0.013 2	6.128 0	0.163 2
19	14.231 8	0.070 3	88.211 8	0.011 3	6.198 2	0.161 3
20	16.366 5	0.061 1	102.443 6	0.009 8	6.259 3	0.159 8
21	18.821 5	0.053 1	118.810 1	0.008 4	6.312 5	0.158 4
22	21.644 7	0.046 2	137.631 6	0.007 3	6.358 7	0.157 3
23	24.891 5	0.040 2	159.276 4	0.006 3	6.398 8	0.156 3
24	28.625 2	0.034 9	184.167 9	0.005 4	6.433 8	0.155 4
25	32.919 0	0.030 4	212.793 0	0.004 7	6.464 1	0.154 7

续表

年限	复利终值系数 已知现值求将来值	复利现值系数 已知将来值求现值	年金终值系数 已知年金求将来值	基金年存系数 已知将来值求年金	年金现值系数 已知年金求现值	投资回收系数 已知现值求年金
26	37.856 8	0.026 4	245.712 0	0.004 1	6.490 6	0.154 1
27	43.535 3	0.023 0	283.568 8	0.003 5	6.513 5	0.153 5
28	50.065 6	0.020 0	327.104 1	0.003 1	6.533 5	0.153 1
29	57.575 5	0.017 4	377.169 7	0.002 7	6.550 9	0.152 7
30	66.211 8	0.015 1	434.745 2	0.002 3	6.566 0	0.152 3
31	76.143 6	0.013 1	500.957 0	0.002 0	6.579 1	0.152 0
32	87.565 1	0.011 4	577.100 5	0.001 7	6.590 5	0.151 7
33	100.699 8	0.009 9	664.665 5	0.001 5	6.600 5	0.151 5
34	115.804 8	0.008 6	765.365 3	0.001 3	6.609 1	0.151 3
35	133.175 5	0.007 5	881.170 1	0.001 1	6.616 6	0.151 1
40	267.863 6	0.003 7	1 779.090 0	0.000 6	6.641 8	0.150 6
45	538.769 3	0.001 9	3 585.128 0	0.000 3	6.654 3	0.150 3
50	1 083.658 0	0.000 9	7 217.717 0	0.000 1	6.660 5	0.150 1
55	2 179.622 0	0.000 5	14 524.150 0	0.000 1	6.663 6	0.150 1
60	4 383.999 0	0.000 2	29 219.990 0	0.000 0	6.665 1	0.150 0
65	8 817.787	0.000 1	58 778.580	0.000 0	6.665 9	0.150 0
70	17 735.720	0.000 1	118 231.500	0.000 0	6.666 3	0.150 0
75	35 672.870	0.000 0	237 812.500	0.000 0	6.666 5	0.150 0
80	71 750.880	0.000 0	478 332.600	0.000 0	6.666 6	0.150 0
85	144 316.700	0.000 0	962 104.300	0.000 0	6.666 6	0.150 0
90	290 272.400	0.000 0	1 935 142.000	0.000 0	6.666 6	0.150 0
95	583 814.500	0.000 0	3 892 270.000	0.000 0	6.666 7	0.150 0
100	1 174 314.000	0.000 0	7 828 750.000	0.000 0	6.666 7	0.150 0

20%复利系数表

年限	复利终值系数 已知现值求将来值	复利现值系数 已知将来值求现值	年金终值系数 已知年金求将来值	基金年存系数 已知将来值求年金	年金现值系数 已知年金求现值	投资回收系数 已知现值求年金
1	1.200 0	0.833 3	1.000 0	1.000 0	0.833 3	1.200 0
2	1.440 0	0.694 4	2.200 0	0.454 5	1.527 8	0.654 5
3	1.728 0	0.578 7	3.640 0	0.274 7	2.106 5	0.474 7
4	2.073 6	0.482 3	5.368 0	0.186 3	2.588 7	0.386 3
5	2.488 3	0.401 9	7.441 6	0.134 4	2.990 6	0.334 4
6	2.986 0	0.334 9	9.929 9	0.100 7	3.325 5	0.300 7
7	3.588 2	0.279 1	12.915 9	0.077 4	3.604 6	0.277 4
8	4.299 8	0.232 6	16.499 1	0.060 6	3.837 2	0.260 6
9	5.159 8	0.193 8	20.798 9	0.048 1	4.031 0	0.248 1
10	6.191 7	0.161 5	25.958 7	0.038 5	4.192 5	0.238 5
11	7.430 1	0.134 6	32.150 4	0.031 1	4.327 1	0.231 1
12	8.916 1	0.112 2	39.580 5	0.025 3	4.439 2	0.225 3
13	10.699 3	0.093 5	48.496 6	0.020 6	4.532 7	0.220 6
14	12.839 2	0.077 9	59.195 9	0.016 9	4.610 6	0.216 9
15	15.407 0	0.064 9	72.035 1	0.013 9	4.675 5	0.213 9
16	18.488 4	0.054 1	87.442 1	0.011 4	4.729 6	0.211 4
17	22.186 1	0.045 1	105.930 6	0.009 4	4.774 6	0.209 4
18	26.623 3	0.037 6	128.116 7	0.007 8	4.812 2	0.207 8
19	31.948 0	0.031 3	154.740 0	0.006 5	4.843 5	0.206 5
20	38.337 6	0.026 1	186.688 0	0.005 4	4.869 6	0.205 4
21	46.005 1	0.021 7	225.025 6	0.004 4	4.891 3	0.204 4
22	55.206 1	0.018 1	271.030 7	0.003 7	4.909 4	0.203 7
23	66.247 4	0.015 1	326.236 9	0.003 1	4.924 5	0.203 1
24	79.496 9	0.012 6	392.484 3	0.002 5	4.937 1	0.202 5
25	95.396 2	0.010 5	471.981 1	0.002 1	4.947 6	0.202 1
26	114.475 5	0.008 7	567.377 3	0.001 8	4.956 3	0.201 8
27	137.370 6	0.007 3	681.852 9	0.001 5	4.963 6	0.201 5
28	164.844 7	0.006 1	819.223 3	0.001 2	4.969 7	0.201 2
29	197.813 6	0.005 1	984.068 1	0.001 0	4.974 7	0.201 0
30	237.376 4	0.004 2	1 181.882 0	0.000 8	4.978 9	0.200 8
31	284.851 6	0.003 5	1 419.258 0	0.000 7	4.982 4	0.200 7
32	341.821 9	0.002 9	1 704.110 0	0.000 6	4.985 4	0.200 6
33	410.186 3	0.002 4	2 045.931 0	0.000 5	4.987 8	0.200 5
34	492.223 6	0.002 0	2 456.118 0	0.000 4	4.989 8	0.200 4
35	590.668 3	0.001 7	2 948.341 0	0.000 3	4.991 5	0.200 3
40	1 469.772 0	0.000 7	7 343.858 0	0.000 1	4.996 6	0.200 1
45	3 657.263 0	0.000 3	18 281.310 0	0.000 1	4.998 6	0.200 1
50	9 100.439 0	0.000 1	45 497.190 0	0.000 0	4.999 5	0.200 0

25%复利系数表

年	复利终值系　数	复利现值系　数	年金终值系　数	基金年存系　数	年金现值系　数	投资回收系　数
限	已知现值求将来值	已知将来值求现值	已知年金求将来值	已知将来值求年金	已知年金求现值	已知现值求年金
1	1.250 0	0.800 0	1.000 0	1.000 0	0.800 0	1.250 0
2	1.562 5	0.640 0	2.250 0	0.444 4	1.440 0	0.694 4
3	1.953 1	0.512 0	3.812 5	0.262 3	1.952 0	0.512 3
4	2.441 4	0.409 6	5.765 6	0.173 4	2.361 6	0.423 4
5	3.051 8	0.327 7	8.207 0	0.121 8	2.689 3	0.371 8
6	3.814 7	0.262 1	11.258 8	0.088 8	2.951 4	0.338 8
7	4.768 4	0.209 7	15.073 5	0.066 3	3.161 1	0.316 3
8	5.960 5	0.167 8	19.841 9	0.050 4	3.328 9	0.300 4
9	7.450 6	0.134 2	25.802 3	0.038 8	3.463 1	0.288 8
10	9.313 2	0.107 4	33.252 9	0.030 1	3.570 5	0.280 1
11	11.641 5	0.085 9	42.566 1	0.023 5	3.656 4	0.273 5
12	14.551 9	0.068 7	54.207 7	0.018 4	3.725 1	0.268 4
13	18.189 9	0.055 0	68.759 6	0.014 5	3.780 1	0.264 5
14	22.737 4	0.044 0	86.949 5	0.011 5	3.824 1	0.261 5
15	28.421 7	0.035 2	109.686 8	0.009 1	3.859 3	0.259 1
16	35.527 1	0.028 1	138.108 6	0.007 2	3.887 4	0.257 2
17	44.408 9	0.022 5	173.635 7	0.005 8	3.909 9	0.255 8
18	55.511 2	0.018 0	218.044 6	0.004 6	3.927 9	0.254 6
19	69.388 9	0.014 4	273.555 8	0.003 7	3.942 4	0.253 7
20	86.736 2	0.011 5	342.944 7	0.002 9	3.953 9	0.252 9
21	108.420 2	0.009 2	429.680 9	0.002 3	3.963 1	0.252 3
22	135.525 3	0.007 4	538.101 1	0.001 9	3.970 5	0.251 9
23	169.406 6	0.005 9	673.626 3	0.001 5	3.976 4	0.251 5
24	211.758 3	0.004 7	843.032 9	0.001 2	3.981 1	0.251 2
25	264.697 8	0.003 8	1 054.791 0	0.000 9	3.984 9	0.250 9
26	330.872 3	0.003 0	1 319.489	0.000 8	3.987 9	0.250 8
27	413.590 3	0.002 4	1 650.361	0.000 6	3.990 3	0.250 6
28	516.987 9	0.001 9	2 063.952	0.000 5	3.992 3	0.250 5
29	646.234 9	0.001 5	2 580.940	0.000 4	3.993 8	0.250 4
30	807.793 6	0.001 2	3 227.174	0.000 3	3.995 0	0.250 3
31	1 009.742	0.001 0	4 034.968	0.000 2	3.996 0	0.250 2
32	1 262.178	0.000 8	5 044.710	0.000 2	3.996 8	0.250 2
33	1 577.722	0.000 6	6 306.888	0.000 2	3.997 5	0.250 2
34	1 972.152	0.000 5	7 884.610	0.000 1	3.998 0	0.250 1
35	2 465.191	0.000 4	9 856.762	0.000 1	3.998 4	0.250 1
40	7 523.164	0.000 1	30 088.660	0.000 0	3.999 5	0.250 0
45	22 958.880	0.000 0	91 831.500	0.000 0	3.999 8	0.250 0
50	70 064.930	0.000 0	280 255.700	0.000 0	3.999 9	0.250 0

30%复利系数表

年限	复利终值系数 已知现值求将来值	复利现值系数 已知将来值求现值	年金终值系数 已知年金求将来值	基金年存系数 已知将来值求年金	年金现值系数 已知年金求现值	投资回收系数 已知现值求年金
1	1.300 0	0.769 2	1.000 0	1.000 0	0.769 2	1.300 0
2	1.690 0	0.591 7	2.300 0	0.434 8	1.360 9	0.734 8
3	2.197 0	0.455 2	3.990 0	0.250 6	1.816 1	0.550 6
4	2.856 1	0.350 1	6.187 0	0.161 6	2.166 2	0.461 6
5	3.712 9	0.269 3	9.043 1	0.110 6	2.435 6	0.410 6
6	4.826 8	0.207 2	12.756 0	0.078 4	2.642 7	0.378 4
7	6.274 8	0.159 4	17.582 8	0.056 9	2.802 1	0.356 9
8	8.157 3	0.122 6	23.857 7	0.041 9	2.924 7	0.341 9
9	10.604 5	0.094 3	32.015 0	0.031 2	3.019 0	0.331 2
10	13.785 8	0.072 5	42.619 5	0.023 5	3.091 5	0.323 5
11	17.921 6	0.055 8	56.405 3	0.017 7	3.147 3	0.317 7
12	23.298 1	0.042 9	74.326 9	0.013 5	3.190 3	0.313 5
13	30.287 5	0.033 0	97.625 0	0.010 2	3.223 3	0.310 2
14	39.373 7	0.025 4	127.912 4	0.007 8	3.248 7	0.307 8
15	51.185 9	0.019 5	167.286 2	0.006 0	3.268 2	0.306 0
16	66.541 6	0.015 0	218.472 0	0.004 6	3.283 2	0.304 6
17	86.504 1	0.011 6	285.013 6	0.003 5	3.294 8	0.303 5
18	112.455 3	0.008 9	371.517 7	0.002 7	3.303 7	0.302 7
19	146.191 9	0.006 8	483.972 9	0.002 1	3.310 5	0.302 1
20	190.049 4	0.005 3	630.164 8	0.001 6	3.315 8	0.301 6
21	247.064 3	0.004 0	820.214	0.001 2	3.319 8	0.301 2
22	321.183 5	0.003 1	1 067.278	0.000 9	3.323 0	0.300 9
23	417.538 5	0.002 4	1 388.462	0.000 7	3.325 3	0.300 7
24	542.800 1	0.001 8	1 806.000	0.000 6	3.327 2	0.300 6
25	705.640 0	0.001 4	2 348.800	0.000 4	3.328 6	0.300 4
26	917.332	0.001 1	3 054.440	0.000 3	3.329 7	0.300 3
27	1 192.532	0.000 8	3 971.772	0.000 3	3.330 5	0.300 3
28	1 550.291	0.000 6	5 164.303	0.000 2	3.331 2	0.300 2
29	2 015.378	0.000 5	6 714.594	0.000 1	3.331 7	0.300 1
30	2 619.991	0.000 4	8 729.971	0.000 1	3.332 1	0.300 1

35% 复利系数表

年 限	复利终值 系　数 已知现值 求将来值	复利现值 系　数 已知将来值 求现值	年金终值 系　数 已知年金 求将来值	基金年存 系　数 已知将来值 求年金	年金现值 系　数 已知年金 求现值	投资回收 系　数 已知现值 求年金
1	1.350 0	0.740 7	1.000 0	1.000 0	0.740 7	1.350 0
2	1.822 5	0.548 7	2.350 0	0.425 5	1.289 4	0.775 5
3	2.460 4	0.406 4	4.172 5	0.239 7	1.695 9	0.589 7
4	3.321 5	0.301 1	6.632 9	0.150 8	1.996 9	0.500 8
5	4.484 0	0.223 0	9.954 4	0.100 5	2.220 0	0.450 5
6	6.053 4	0.165 2	14.438 4	0.069 3	2.385 2	0.419 3
7	8.172 2	0.122 4	20.491 9	0.048 8	2.507 5	0.398 8
8	11.032 4	0.090 6	28.664 0	0.034 9	2.593 2	0.384 9
9	14.893 7	0.067 1	39.696 4	0.025 2	2.665 3	0.375 2
10	20.106 6	0.049 7	54.590 2	0.018 3	2.715 0	0.368 3
11	27.143 9	0.036 8	74.696 7	0.013 4	2.751 9	0.363 4
12	36.644 2	0.027 3	101.840 6	0.009 8	2.779 2	0.359 8
13	49.469 7	0.020 2	138.484 8	0.007 2	2.799 4	0.357 2
14	66.784 1	0.015 0	187.954 4	0.005 3	2.814 4	0.355 3
15	90.158 5	0.011 1	254.738 5	0.003 9	2.825 5	0.353 9
16	121.713 9	0.008 2	344.897 0	0.002 9	2.833 7	0.352 9
17	164.313 8	0.006 1	466.610 9	0.002 1	2.839 8	0.352 1
18	221.823 7	0.004 5	630.924 7	0.001 6	2.844 3	0.351 6
19	299.462 0	0.003 3	852.748 4	0.001 2	2.847 6	0.351 2
20	404.273 6	0.002 5	1 152.210 0	0.000 9	2.850 1	0.350 9
21	545.769 4	0.001 8	1 556.484	0.000 6	2.851 9	0.350 6
22	736.788 6	0.001 4	2 102.253	0.000 5	2.853 3	0.350 5
23	994.664 8	0.001 0	2 839.042	0.000 4	2.854 3	0.350 4
24	1 342.797	0.000 7	3 833.707	0.000 3	2.855 0	0.350 3
25	1 812.776	0.000 6	5 176.504	0.000 2	2.855 6	0.350 2
26	2 447.248	0.000 4	6 989.281	0.000 0	2.856 0	0.350 1
27	3 303.785	0.000 3	9 436.529	0.000 1	2.856 3	0.350 1
28	4 460.110	0.000 2	12 740.320	0.000 1	2.856 5	0.350 1
29	6 021.148	0.000 2	17 200.420	0.000 1	2.856 7	0.350 1
30	8 128.550	0.000 1	23 221.570	0.000 0	2.856 8	0.350 0

40%复利系数表

年限	复利终值系数 已知现值求将来值	复利现值系数 已知将来值求现值	年金终值系数 已知年金求将来值	基金年存系数 已知将来值求年金	年金现值系数 已知年金求现值	投资回收系数 已知现值求年金
1	1.400 0	0.714 3	1.000 0	1.000 0	0.714 3	1.400 0
2	1.960 0	0.510 2	2.400 0	0.416 7	1.224 5	0.816 7
3	2.744 0	0.364 4	4.360 0	0.229 4	1.588 9	0.629 4
4	3.841 6	0.260 3	7.104 0	0.140 8	1.849 2	0.540 8
5	5.378 2	0.185 9	10.945 6	0.091 4	2.035 2	0.491 4
6	7.529 5	0.132 8	16.323 8	0.061 3	2.168 0	0.461 3
7	10.541 4	0.094 9	23.853 4	0.041 9	2.262 8	0.441 9
8	14.757 9	0.067 8	34.394 7	0.029 1	2.330 6	0.429 1
9	20.661 0	0.048 4	49.152 6	0.020 3	2.379 0	0.420 3
10	28.925 5	0.034 6	69.813 6	0.014 3	2.413 6	0.414 3
11	40.495 6	0.024 7	98.739 1	0.010 1	2.438 3	0.410 1
12	56.693 9	0.017 6	139.234 7	0.007 2	2.455 9	0.407 2
13	79.371 5	0.012 6	195.928 7	0.005 1	2.468 5	0.405 1
14	111.120 0	0.009 0	275.300 1	0.003 6	2.477 5	0.403 6
15	155.568 1	0.006 4	386.420 1	0.002 6	2.483 9	0.402 6
16	217.795 3	0.004 6	541.988 2	0.001 8	2.488 5	0.401 8
17	304.913 4	0.003 3	759.783 4	0.001 3	2.491 8	0.401 3
18	426.878 7	0.002 3	1 064.697 0	0.000 9	2.494 1	0.400 9
19	597.630 2	0.001 7	1 491.576 0	0.000 7	2.495 8	0.400 7
20	836.682 2	0.001 2	2 089.205 0	0.000 5	2.497 0	0.400 5
21	1 171.355	0.000 9	2 925.888	0.000 3	2.497 9	0.400 3
22	1 639.897	0.000 6	4 097.213	0.000 2	2.498 5	0.400 2
23	2 295.856	0.000 4	5 737.140	0.000 2	2.498 9	0.400 2
24	3 214.198	0.000 3	8 032.995	0.000 1	2.499 2	0.400 1
25	4 499.877	0.000 2	11 247.190	0.000 1	2.499 4	0.400 1
26	6 299.828	0.000 2	15 747.070	0.000 1	2.499 6	0.400 1
27	8 819.759	0.000 1	22 046.900	0.000 0	2.499 7	0.400 0
28	12 347.660	0.000 1	30 866.660	0.000 0	2.499 8	0.400 0
29	17 286.730	0.000 1	43 214.320	0.000 0	2.499 9	0.400 0
30	24 201.420	0.000 0	60 501.050	0.000 0	2.499 9	0.400 0

45%复利系数表

年限	复利终值系数 已知现值求将来值	复利现值系数 已知将来值求现值	年金终值系数 已知年金求将来值	基金年存系数 已知将来值求年金	年金现值系数 已知年金求现值	投资回收系数 已知现值求年金
1	1.450 0	0.689 7	1.000 0	1.000 0	0.689 7	1.450 0
2	2.102 5	0.475 6	2.450 0	0.408 2	1.165 3	0.858 2
3	3.048 6	0.328 0	4.552 5	0.219 7	1.493 3	0.669 7
4	4.420 5	0.226 2	7.601 1	0.131 6	1.719 5	0.581 6
5	6.409 7	0.156 0	12.021 6	0.083 2	1.875 5	0.533 2
6	9.294 1	0.107 6	18.431 4	0.054 3	1.983 1	0.504 3
7	13.476 5	0.074 2	27.725 5	0.036 1	2.057 3	0.486 1
8	19.540 9	0.051 2	41.202 0	0.024 3	2.108 5	0.474 3
9	28.334 3	0.035 3	60.742 8	0.016 5	2.143 8	0.466 5
10	41.084 7	0.024 3	89.077 1	0.011 2	2.168 1	0.461 2
11	59.572 8	0.016 8	130.161 9	0.007 7	2.184 9	0.457 7
12	86.380 6	0.011 6	189.734 7	0.005 3	2.196 5	0.455 3
13	125.251 9	0.008 0	276.115 3	0.003 6	2.204 5	0.453 6
14	181.615 3	0.005 5	401.367 2	0.002 5	2.210 0	0.452 5
15	263.342 1	0.003 8	582.982 5	0.001 7	2.213 8	0.451 7
16	381.846 1	0.002 6	846.324 6	0.001 2	2.216 4	0.451 2
17	553.676 8	0.001 8	1 228.171 0	0.000 8	2.218 2	0.450 8
18	802.831 5	0.001 2	1 781.848 0	0.000 6	2.219 5	0.450 6
19	1 164.106 0	0.000 9	2 584.680 0	0.000 4	2.220 3	0.450 4
20	1 687.953 0	0.000 6	3 748.785 0	0.000 3	2.220 9	0.450 3
21	2 447.532	0.000 4	5 436.739	0.000 2	2.221 3	0.450 2
22	3 548.922	0.000 3	7 884.272	0.000 1	2.221 6	0.450 1
23	5 145.937	0.000 2	11 433.190	0.000 1	2.221 3	0.450 1
24	7 461.609	0.000 1	16 579.130	0.000 1	2.221 9	0.450 1
25	10 819.330	0.000 1	24 040.740	0.000 0	2.222 0	0.450 0
26	15 688.040	0.000 1	34 860.080	0.000 0	2.222 1	0.450 0
27	22 747.650	0.000 0	50 548.120	0.000 0	2.222 1	0.450 0
28	32 984.100	0.000 0	73 295.770	0.000 0	2.222 2	0.450 0
29	47 826.940	0.000 0	106 279.900	0.000 0	2.222 2	0.450 0
30	69 349.070	0.000 0	154 106.800	0.000 0	2.222 2	0.450 0

50%复利系数表

年限	复利终值系数	复利现值系数	年金终值系数	基金年存系数	年金现值系数	投资回收系数
	已知现值求将来值	已知将来值求现值	已知年金求将来值	已知将来值求年金	已知年金求现值	已知现值求年金
1	1.500 0	0.666 7	1.000 0	1.000 0	0.666 7	1.500 0
2	2.250 0	0.444 4	2.500 0	0.400 0	1.111 1	0.900 0
3	3.375 0	0.296 3	4.750 0	0.210 5	1.407 4	0.710 5
4	5.062 5	0.197 5	8.125 0	0.123 1	1.604 9	0.623 1
5	7.593 8	0.131 7	13.187 5	0.075 8	1.736 6	0.575 8
6	11.390 6	0.087 8	20.781 3	0.048 1	1.824 4	0.548 1
7	17.085 9	0.058 5	32.171 9	0.031 1	1.882 9	0.531 1
8	25.628 9	0.039 0	49.257 8	0.020 3	1.922 0	0.520 3
9	38.443 4	0.026 0	74.886 7	0.013 4	1.948 0	0.513 4
10	57.665 0	0.017 3	113.330 1	0.008 8	1.965 3	0.508 8
11	86.497 6	0.011 6	170.995 1	0.005 8	1.976 9	0.505 8
12	129.746 3	0.007 7	257.492 7	0.003 9	1.984 6	0.503 9
13	194.619 5	0.005 1	387.239 0	0.002 6	1.989 7	0.502 6
14	291.929 3	0.003 4	581.858 5	0.001 7	1.993 1	0.501 7
15	437.893 9	0.002 3	873.787 8	0.001 1	1.995 4	0.501 1
16	656.840 8	0.001 5	1 311.682	0.000 8	1.997 0	0.500 8
17	985.261 2	0.001 0	1 968.523	0.000 5	1.998 0	0.500 5
18	1 477.892 0	0.000 7	2 953.784	0.000 3	1.998 6	0.500 3
19	2 216.838 0	0.000 5	4 431.676	0.000 2	1.999 1	0.500 2
20	3 325.257 0	0.000 3	6 648.513	0.000 2	1.999 4	0.500 2
21	4 987.885	0.000 2	9 973.769	0.000 1	1.999 6	0.500 1
22	7 481.828	0.000 1	14 961.660	0.000 1	1.999 7	0.500 1
23	11 222.740	0.000 1	22 443.480	0.000 0	1.999 8	0.500 0
24	16 834.110	0.000 1	33 666.220	0.000 0	1.999 9	0.500 0
25	25 251.170	0.000 0	50 500.340	0.000 0	1.999 9	0.500 0
26	37 876.750	0.000 0	75 751.500	0.000 0	1.999 9	0.500 0
27	56 815.130	0.000 0	113 628.300	0.000 0	2.000 0	0.500 0
28	85 222.690	0.000 0	170 443.100	0.000 0	2.000 0	0.500 0
29	127 834.000	0.000 0	255 666.100	0.000 0	2.000 0	0.500 0
30	191 751.100	0.000 0	383 500.100	0.000 0	2.000 0	0.500 0

参考文献

1. 中国资产评估协会.资产评估基础[M].北京:中国财政经济出版社,2023.
2. 中国资产评估协会.资产评估实务(一)[M].北京:中国财政经济出版社,2023.
3. 中国资产评估协会.资产评估实务(二)[M].北京:中国财政经济出版社,2023.
4. 李继志,涂清梅.资产评估学[M].北京:人民邮电出版社,2017.
5. 俞明轩.企业价值评估[M].北京:高等教育出版社,2016.
6. 宋清,金桂荣.资产评估学[M].北京:人民邮电出版社,2016.
7. 刘玉平.资产评估学[M].北京:中国人民大学出版社,2015.
8. 姜楠.资产评估学[M].大连:东北财经大学出版社,2015.